普通高等学校
金融科技专业系列教材

金融科技概论

顾晓敏　梁力军　孙璐　马放　主编

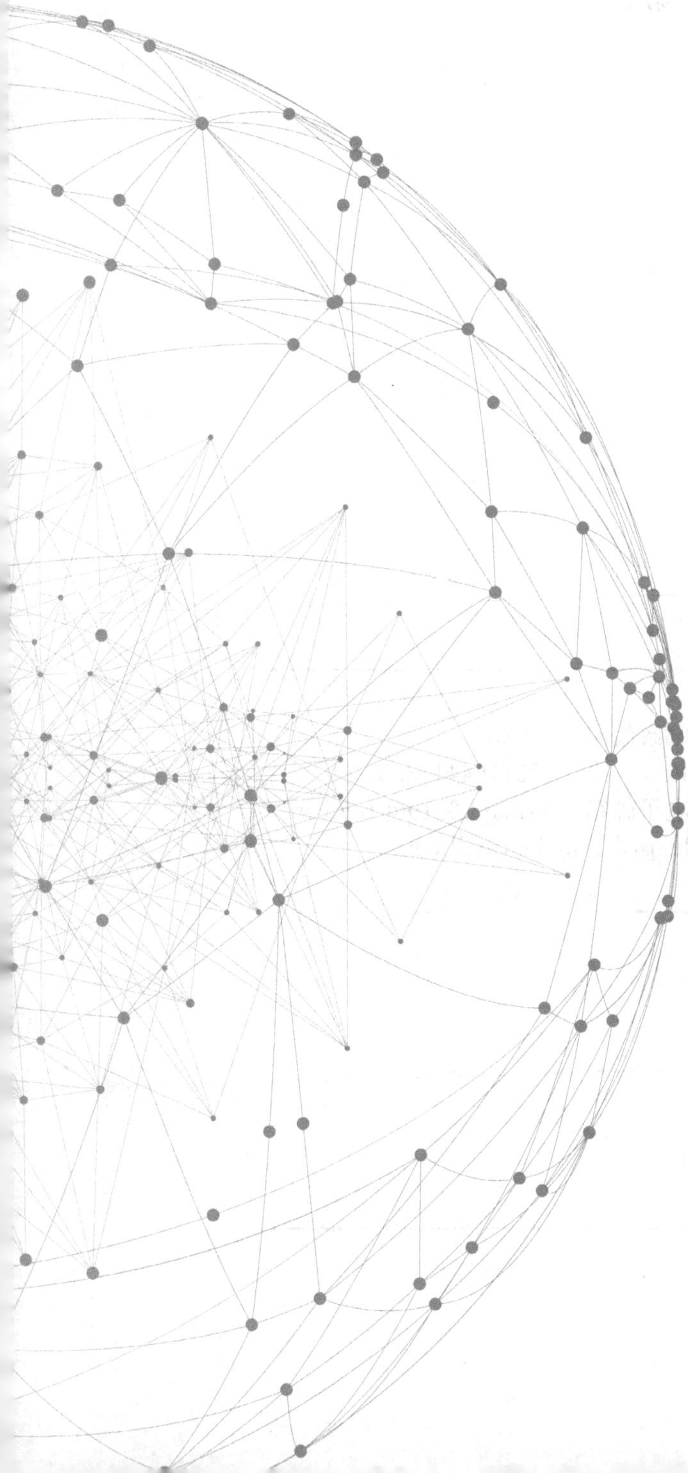

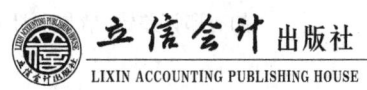

图书在版编目(CIP)数据

金融科技概论/ 顾晓敏等主编. —上海：立信会计出版社，2019.7(2025.8重印)
ISBN 978-7-5429-6147-1

Ⅰ.①金… Ⅱ.①顾… Ⅲ.①金融—科学技术—概论 Ⅳ.①F830

中国版本图书馆 CIP 数据核字(2019)第 155585 号

责任编辑　王艳丽

金融科技概论
JINRONG KEJI GAILUN

出版发行	立信会计出版社
地　　址	上海市中山西路 2230 号　　邮政编码　200235
电　　话	(021)64411389　　传　真　(021)64411325
网　　址	www.lixinaph.com　　电子邮箱　lixinaph2019@126.com
网上书店	http://lixin.jd.com　　http://lxkjcbs.tmall.com
经　　销	各地新华书店
印　　刷	上海万卷印刷股份有限公司
开　　本	787 毫米×1092 毫米　　1/16
印　　张	16.25
字　　数	380 千字
版　　次	2019 年 7 月第 1 版
印　　次	2025 年 8 月第 4 次
书　　号	ISBN 978-7-5429-6147-1 / F
定　　价	48.00 元

如有印订差错，请与本社联系调换

普通高等学校金融科技系列教材编委会

主　　编：顾晓敏

副 主 编：袁先智　殷林森　岳喜伟

成　　员：（按姓氏拼音排序）
　　　　　　陈霜华　陈　滢　管　刚
　　　　　　王品玲　杨　超　曾　慜

专家顾问：阎志鹏　汪寿阳　张　维
　　　　　　王　帆　李祥林　马小峰

丛书序言

金融科技(Fintech)强调金融和科技的深度融合，是基于移动互联网、云计算、大数据、智能化等高科技手段来促使金融服务更加富有效率的新兴金融业态。根据国际金融稳定理事会(Financial Stability Board，FSB)的定义，金融科技是指技术带来的金融创新，能够创造新的模式、业务、流程和产品。FSB把金融科技活动分为支付结算、存贷款与资本筹集、投资管理、市场设施等，并指出金融科技创新的供给侧驱动因素是不断演进的新技术和变化的金融监管，需求侧影响因素则是不断变化的企业与消费者偏好。

从近年来的传统金融发展及新金融发展趋势来看，随着大数据、云计算、人工智能以及区块链等技术的普及，新一代信息技术的发展和应用正在当下迭代，金融业正在大步迈入金融科技时代，而金融科技在驱动传统金融业转型升级的同时，正催生出更多的金融业态，金融与科技的全面融合正在提速。

美国、英国等发达国家的金融科技行业呈现出良好的发展势头，许多行业巨擘如IBM、惠普、微软、戴尔、埃森哲、高盛以及摩根大通，都在极力拥抱金融科技，成为该行业的重要参与者。根据毕马威(KPMG)发布的《金融科技脉搏——2018年下半年》报告显示，2018年全球金融科技融资上升至1 118亿美元，较2017年的508亿美元激增近120%；2018年全年金融科技领域并购和收购交易达成2 196宗，较2017年的2 165宗、2016年的1 893宗都有所增加。

从2017到2018年，无论从市场规模、融资金额，还是从企业发展、技术专利来看，我国金融科技发展势头都很好。据中关村互联网金融研究院发布的《中国金融科技与数字普惠金融发展报告(2018)》显示，2016年，美国金融科技领域专利申请数量高居榜首，达到4 523份，中国居第二，数量仅为美国的一半；到了2017年，中国在大数据、云计算、人工智能、生物识别、区块链五大技术领域的专利数量绝对值均已超过美国，并且大幅领先英国、法国等国家。另外，在毕马威发布的《2018年全球金融科技100强》报告中，在登榜企业数量上，中国排名第三位，仅次于美国和英国；而在排名前五的企业中，中国企业就有三家。

人才是行业竞争之本。伴随着金融科技创新的迅猛发展，金融科技人才培养与开发正成为各国政府布局金融科技生态系统的重要战略。美国启动纽约朗迪峰会吸引全球顶尖的金融科技人才，美国新兴科技金融机构积极推动相关政策；英国、新加坡、澳大利亚等发达国家均在布局把金融科技上升为国家发展战略。

金融科技具有高度的知识密集特征，需要具有丰富知识结构和实践能力，掌握金融业务和互联网技术的跨学科、复合型专门人才；从业者既需要掌握数据的量化分析、金融产品的定价以及风险防范等金融业务知识，同时还必须具备互联网思维，对互联网有全面和深度的了解；既要主动学习和掌握互联网、金融等领域新的发展方向及新成果，又要将这些学科的知识与技术结合起来，创新业务发展模式。

在金融科技的竞争浪潮中，培养适合现代金融服务业需要的跨学科、复合型专门人才，成为推动金融产业转型升级、提升全球竞争力与影响力的根本因素。

金融科技人才具有需求广泛、结构多样、多角度、多层面等特征，区别于传统的行业人才，高素质的金融科技人才很难单纯通过传统的教育和培训方式获得。产学合作、协同育人是实施金融科技人才战略的重要途径。

秉持建设特色鲜明的高水平应用型财经大学的办学定位，上海立信会计金融学院与慧科教育科技集团于2017年1月签订战略合作协议，共建全国首个金融科技学院，共同探索实践"互联网＋"背景下，金融科技领域应用型、复合型人才培养及大学转型的发展之路。

金融科技学院是上海立信会计金融学院探索校企合作、培养应用型人才的"试验田"，学校将努力把金融科技学院建设成为慧科教育科技集团与众多高校合作中的品牌学院，以及产学合作协同培育"新工科"人才的典范基地。

在上海市教育委员会及相关政府、行业及社会机构的支持下，在学校的领导组织下，上海立信会计金融学院自成立金融科技学院以来，一直在稳步推进金融科技专业的发展与教学资源内涵的丰富：2017年9月，上海市教育委员会批准建设金融工程（金融科技方向）应用型本科试点项目；2018年3月，教育部审核批准建设全国首个也是唯一一个金融科技专业，人民日报等多家媒体对此予以报道；2018年6月，"金融科技专业人才产教融合培养模式探索"项目获教育部产学合作协同育人项目立项；2018年6月，上海立信会计金融学院入选首批上海高等学校一流本科建设引领计划——"服务上海国际金融中心建设的金融学一流本科专业群"，其中，金融科技专业是金融学专业群的骨干专业；2019年4月，教育部批准上海立信会计金融学院与美国新泽西理工学院建设金融工程（金融科技方向）中美合作办学项目，这是2019年上海市高校唯一一个获批的国际合作项目，实现了学校本科层次中外合作办学项目的历史性突破。

金融科技专业作为一个新兴专业，目前还处于教学专业资源匮乏的状况，特别是金融科技专业的教材少且较为零散，应用性和系统性不强，成为当前金融科技专业建设的主要瓶颈。为了更好地为培养金融科技人才提供支撑，上海立信会计金融学院结合金融科技专业的培养定位及知识结构体系，编写了这套金融科技专业系列教材，包括《金融科技概论》《区块链原理与应用》《金融大数据方法与应用》《金融大数据风险管理》《金融支付体系导论》《大数据与人工智能》《数据湖与数据挖掘》《深度学习基础》共八本，计划在三年内完成并出版。

这套教材结合金融科技行业的发展特点及跨学科的知识体系特色，采取由高校教师与行业专家共同设计、共同编写的方式，发挥各自的优势特色，期望达到产学研结合、产教融合的效果，力求更好地契合行业、更好地注重应用、更好地强化行业案例。

本套教材可以作为各高校金融科技专业或相关专业的教材以及相关行业的培训用书，以期为培养适合金融科技行业发展需要的复合型、应用型人才提供更好的保证。

顾晓敏
2019年4月

前　言

预见未来的发展趋势，最好的办法是回溯人类发展的历程，从《人类简史》的叙述中我们可以追溯历史、展望未来。对于我们所处的时代，洞察和想象不妨基于我们已知的事实和那些深刻而富有前瞻的思想，而这样的思想常常存在于与新时代保持一致的思想家的著作中和在探索中砥砺前行的企业者的行动中。

凯文·凯利在他1994年发表的著作《失控》中就描述、预言过一些在今天已经变为现实的纷繁内容：一个蜂群、一组代码、一个封闭的实验基地、人工智能、网络经济。如果生物进化思想是可以用于分析未来的互联网经济、人工智能、物联网等，那么我们知道至少有一些东西是永恒的，如系统性、辩证性、多维性、动态分析。当一个分布式中的个体都按照同一个简单而有效的规则做出行为反应时，它就像深海中外形变幻莫测而又内在强大有力的鱼群，微小的单元集合能够组合演化成一个巨型的"智能生物"。

我们现在已经在讨论基于互联网或分布式技术的协同共享经济运作机制，更有著作中提出"零边际成本社会"的概念。《新经济新规则》中曾经提到，组合技能一般是成功企业的有效壁垒，但是这种组合技能有时候也反过来成为企业进一步创新的阻碍。这时候，生态系统中会出现"边缘突破"和"边缘创新"，它们往往阻力最小、形式最新、环境适应性最强，用悄无声息的方式，在边缘地带生存发展、侵蚀壮大，直到将中心地带取而代之，最终成为新的中心。这是另外一种规律，是从边缘创新走向核心创新的规律。

回归我们的人才培养之道，我们发现"厚基础、宽口径、强能力、重素质"的人才培养理念在这个新的时代里是一个很好却又很容易丢失方向的理念。我们了解金融，却看到数据成为资产和金融行业交叉整合、平台泛金融化成为商业发展的主流趋势；我们解释风险，却看到从金融产品到金融服务的产业链条整体加长，新的金融商业生态经济空间和边界不断扩展。现代金融业的底层物质技术结构正在发生变化，因此我们需要找出能够把握、追溯和教给学生的线索和规律。

金融科技可能曾经有很多其他名字。不管怎样，它是我们想表达的存在。在基于现实和回溯历史之间，我们做了大量的信息收集和归类，包括行业归类、案例事件归类、参与主体归类、核心技术归类、用户特征与行为归类、金融监管归类等。本书作为面向经济类专业本科学生的教材和对金融学科有兴趣的专业人士的参考书籍，从侧重技术到侧重应用场景进行展开，几经思考、争论与反复，目录也一改再改，最终我们选择了回归金融技术本源的方式。本书试图跳出纷繁的行业热点迷雾，摆脱由于边缘创新到核心创新所带来的震惊而产生的束缚，以金融产业商业生态、技术发展政策鼓励为起点篇，以分布式技术和大数据技术的应用、人工智能与区块链与金融技术的结合与演进为技术篇，以金融基础业务（借贷和投资）、金融基础服务（信用和风险分析）、互联网金融创新业务形态作为应用场景篇，再到把金融监管放在本书的最后一个篇章，最终形成了较为完整而逻辑严谨的架构。本书最后突出了金融科技风险及其监管的篇章，关于如何在创新和安全性中做出平衡，如何对一个像庞大的"智能生物"般的产业进行动态中的监管，这也是当前中国和世界各国金融监管机构正在完成的创新任务的重点和难点。

在此要感谢上海立信会计金融学院特聘教授、苏州大学金融工程研究中心讲座教授、中山大学管理学院及高级金融研究院特聘教授袁先智老师，他为本书最初的方向奉献了几个重点专题分析领域，具体包括宏观金融系统风险、金融大数据征信、动态风险管理以及互联网供应链金融；感谢凡普金科集团有限公司首席数据官陈宸先生在互联网金融技术应用领域给出的清晰的技术演进路径指向；感谢华夏金融集团有限公司副总裁段念先生针对2016—2018年度互联网金融在中国金融版图中所呈现的影响和行业人才未来需求结构给出的趋势分析；感谢北京信息科技大学信息管理学院计算机审计系主任梁力军老师和上海立信会计金融学院金融科技学院副院长殷林森教授在手稿编撰期间给出的整体结构优化建议。

感谢各位作者所付出的时间、智慧和辛勤。本书共十二章，整体框架由顾晓敏、孙璐整体设计，具体编写分工如下：第一章、第二章的第三节和第四节、第五章的第一节和第三节、第六章、第八章由孙璐编写；第二章的第一节和第二节、第四章、第五章的第二节由刘宗编写；第三章由黄甫昊编写；第七章由任米阳编写；第九章、第十章由顾晓敏、马放编写；第十一章、第十二章由梁力军编写。此外，感谢韩冰和刘洁在本书编写过程中高效、有序地完成了大量的信息收集和文献整理工作；感谢孙璐老师和马放老师针对手稿完成了认真细致的统稿工作。

感谢立信会计出版社的窦瀚修社长和王艳丽编辑，他们和团队以极大的责任心来审看文稿，提出了不少中肯的修改意见。

最后，希望本书的出版能为学习、研究金融科技的读者总体理解金融科技轮廓与基本内容提供一扇窗口。

顾晓敏

2019 年 4 月

目　录

第一篇　概述

第一章　金融科技的生存基础 …………………………………………………… 3
　　第一节　金融科技的起源 ……………………………………………………… 3
　　第二节　中国金融科技发展的内在驱动力 …………………………………… 4
　　第三节　金融科技的内涵 ……………………………………………………… 9
　　第四节　金融科技商业设计指导基础 ………………………………………… 11

第二章　中国的金融科技产业实践 ……………………………………………… 14
　　第一节　中国金融科技发展现状与涵盖范围 ………………………………… 14
　　第二节　数字普惠金融与 G20 杭州峰会 ……………………………………… 18
　　第三节　数字普惠金融未来发展趋势 ………………………………………… 20
　　第四节　理解互联网金融的现实意义 ………………………………………… 22
　　第五节　金融科技的基础设施 ………………………………………………… 27

第三章　金融科技的生态结构 …………………………………………………… 31
　　第一节　金融科技的生态主体 ………………………………………………… 31
　　第二节　金融科技的业务分类 ………………………………………………… 35

第二篇　金融科技中的技术理解

第四章　金融科技的技术要求 …………………………………………………… 45
　　第一节　云计算及其在金融领域的运用 ……………………………………… 45
　　第二节　大数据技术及其在金融领域的应用 ………………………………… 66

第五章　金融科技中的新兴 IT 技术 …………………………………………… 78
　　第一节　人工智能技术概要 …………………………………………………… 78
　　第二节　区块链技术背景 ……………………………………………………… 88
　　第三节　信息技术下的金融创新 ……………………………………………… 104

001

第三篇　金融科技的商业应用

第六章　金融科技在网络借贷中的重点应用 115
- 第一节　信用评级与信用管理 115
- 第二节　全面风险管理 120
- 第三节　金融消费者用户画像 121

第七章　财富管理与金融科技 126
- 第一节　量化投资策略和量化投资工具 126
- 第二节　智能投研和智能投顾 134
- 第三节　社交投资平台 142
- 第四节　普惠金融产品的大数据营销 145

第八章　第三方金融大数据服务 149
- 第一节　大数据技术优化征信体系建设 149
- 第二节　大数据金融应用 152
- 第三节　金融舆情分析 155
- 第四节　大数据反欺诈 157

第九章　创新性金融服务平台 161
- 第一节　网络借贷平台 161
- 第二节　股权众筹平台 168
- 第三节　互联网支付平台 173

第十章　供应链金融的发展与应用 182
- 第一节　供应链融资 182
- 第二节　互联网技术在供应链金融中的应用 185
- 第三节　物联网技术颠覆供应链金融的经营模式 188

第四篇　金融科技风险及其监管

第十一章　金融科技风险的认知 195
- 第一节　金融科技风险的内涵及特点 195
- 第二节　金融科技风险成因与表现分析 198

第十二章 金融科技风险的监管与防范 …………………………………………… 213
  第一节 金融科技风险监管的国际借鉴 ………………………………………… 213
  第二节 金融科技风险的监管困局与监管动因分析 …………………………… 219
  第三节 金融科技风险的监管科技 ……………………………………………… 223
  第四节 我国金融科技风险监管的发展与展望 ………………………………… 227

参考文献 …………………………………………………………………………… 239

第一篇

金融科技概述

第一篇

古湖沼与环境

Chapter 1

第一章　金融科技的生存基础

第一节　金融科技的起源

金融科技来源于英文"Fintech"一词，由 finance 和 technology 这两个单词合成而来。事实上，追溯历史时我们可以发现，金融的演进一直伴随着科学发展和技术进步。20 世纪 90 年代，美国花旗银行成立金融服务技术联盟（Financial Services Technology Consortium），这是最早期的 Fintech。在全球范围内的 Fintech 定义，被广为认可的有以下三类解读。

第一类定义中的 Fintech 主要指金融和科技相融合后所形成的业务模式，具体体现为数字支付、数字货币、智能投顾、网络借贷以及股权众筹等。例如，维基百科上认为 Fintech 的主体为初创公司，Fintech 本身就代表了"用科技颠覆传统金融系统的一系列初创公司"；沃顿商学院将 Fintech 定义为"用技术改进金融体系效率的经济行业"；*Fintech Weekly* 将 Fintech 定义为企业通过软件或系统向客户提供金融服务的一种创新，而 Fintech 公司是指对人工服务为主的金融公司造成颠覆的初创公司；美国商务部借鉴以上解释，定义 Fintech 公司为"应用软件和科技来为客户提供金融服务的公司"。

然而，我们发现传统金融机构却一直是 Fintech 的默默参与者和实践者。目前，越来越多的传统金融机构开始重视自身的 Fintech 业务，这时候再限定 Fintech 的主体是"初创企业"已经不再符合现实。英国贸易与投资总署对这个定义做了更详细的划分，将 Fintech 分为传统 Fintech 和新兴 Fintech：传统 Fintech 主要是指传统金融机构通过高科技厂商为客户提供服务的业务模式；新兴 Fintech 主要是指致力于去中介化的新型金融机构，它们更倾向于提供新的技术解决方案来服务现有金融需求的创新业务模式。

总之，在第一类定义下，Fintech 是一种业务模式，是通过新兴技术应用来改进现存传统金融服务，提高效率，降低成本，给客户更为优质的用户体验。

第二类定义是把 Fintech 看作科学技术。《牛津英语词典》将 Fintech 解释为"用来支持银行业和其他金融服务的电脑程序和其他科技"，包括互联网、大数据、云计算、区块链以及人工智能等；爱尔兰都柏林的国家数码研究中心把 Fintech 定义为"一种金融服务行业的技术创新"，同时认为这词已经扩展到指称更广泛的金融领域；投资百科将 Fintech 定义为"21 世纪运用于金融领域的所有科技的集合"，中国目前对于 Fintech 的定义也更倾向于这个角度，即更关注技术形态本身，而且国内的监管形态也更适合这种定义，因为中国的金融业务只有和持牌金融机构合作才能得以开展，仅仅只是技术公司则不被许可直接从事金融业务。

我国对 Fintech 较为公认的界定,是指"技术带来的金融创新,它能创造新的业务模式、应用、流程或产品,从而对金融市场、金融机构或金融服务的提供方式造成重大影响"。*

第三类定义包容的范围更广泛,Fintech 既含有前端产品,也包括后台技术。例如,金融稳定委员会将 Fintech 定义为"技术带来的金融创新",它所可能提供的范围涵盖了新的业务模式、应用、流程或产品,目的是对金融市场、金融机构或金融服务的提供方式带来更新性影响。这个角度定义的 Fintech 主体包含了传统金融机构、互联网金融公司、第三方金融服务企业等,因而也逐渐被专家学者和从业人员所采纳。

第二节 中国金融科技发展的内在驱动力

关于什么是金融这个问题,简单的定义为:"金融是跨时间、跨空间的价值交换。"金融的作用是对未来充满不确定性的交易风险而做定价。然而,这更像是金融工程要解决的事情。金融包括货币的发行、流通和回笼,贷款的发放和收回,存款的存入和提取,汇兑的往来等经济活动,提供给人们支付的通道、价值跨期配置的场所,也为人们给出关于价值评判的标准。它的核心功能包括了支付、借贷、投资、信息中介,其中,信用在各分支功能上都起着极其重要的作用。

一、金融行业关注的核心问题

(一) 信息不对称

信息不对称理论贯穿于金融的发展历史中。在自由市场中,由于买卖双方的信息不同,卖方更容易掌握精确的商品信息,导致买方在市场中处于劣势地位;但买方也不会被动吃亏,而会选择相对适中水平的出价。在这个价格水平下,优质商品的卖方不愿意出售,市场上劣质商品的比例就会增加。买卖双方的信息不对称现象,会逐步导致市场难以发挥有效的资源匹配功能。金融市场服务于虚拟经济,信息不对称的情况使得金融市场上更容易出现逆向选择,从而削弱市场定价的公信力。从原理上讲,正确的市场信号可以把信息不对称的难题加以修正,信息传递和信息管理对于解决信息不对称问题非常重要。

(二) 信用管理

信用管理在金融中的实际体现很大程度上意味着信息管理。市场运作的成功和有效性取决于人们能够获取信息的数量和质量,比如,小微金融个体的信息分布非常分散且实时变化,需要金融机构作为中介力量来进行收拢和整合,但由于信息不对称的客观存在,使得金融机构收集足够有效的金融个体的信息假设成为不可能。

历史上,资金充裕者和资金短缺者之间的借贷行为常常是被局限在一个范围很小的社交圈内,全社会的资金流通是由一个个小的微循环构成,资金使用效率极低。商业银行的出现标志着一次飞跃的产生,资金充裕者不需要依靠宗族、熟人或者其他社交圈来获取贷款者

---

* 文中信息来自国家金融与发展实验室金融科技研究中心与金融科技 50 人论坛(CFT50)发布的《中国金融科技运行报告(2018)》。

的信用甄别信息,资金短缺者也不需要为身边没有这样的社交圈而苦恼,商业银行此时就相当于一个信用中介,它代替了借贷双方,对信息进行规模化的搜集和有规律的甄别,并按标准发放贷款。商业银行的出现使社会交易成本大幅降低、资金配置效率大幅提升。

融资模式的第二次飞跃是在资本市场出现以后——企业的融资不再局限于商业银行,而是通过资本市场向社会公开融资。资本市场运作的一个重要前提就是信息的充分披露,这相当于资本市场代替了银行的信息搜集和甄别功能,从而成为商业银行模式的有效补充。

(三)信息中介规模化

金融中介理论认为,生产、传递和处理信息是金融中介的主要功能,而规模经济是金融中介存在的重要原因。作为金融业务的经营载体,金融中介是向金融市场提供信息、撮合资金供给和需求双方达成交易的中间商。金融中介的专业经理人可以获取专业的信息,金融中介的管理水平和其获得的非公有信息成正比。金融中介的规模经济体现在以下两个方面。

(1)如果没有金融中介,单个筹资者和投资者之间发生交易时就需要付出较高的交易成本,当金融中介汇集了不同的筹资者需求和投资者投资资金时,通过金融中介交易能够降低单位货币和单位投资者的交易成本。

(2)金融中介可以通过专业化的金融产品设计,解决投资者的资金供给和筹资者的资金需求在时间和金额上不能恰好匹配的问题。

与传统金融中介提供的信息源是一个有限集合不同,互联网中的每一个节点都有可能生产信息、传递信息,互联网的网络化特征使得互联网的使用在信息生产、传递、处理等各个环节,都会对金融中介产生影响。金融科技使得金融中介信息转变为网络化信息,其效益也会随着互联网上金融业务用户数量的增加而呈现指数化增长。

同时,互联网的网络化特征改变了信息传播的传统方式,实现了信息在最短时间内的传播,从而提升了信息的传播效率;信息网络化和传播速度的提高又进一步增强了金融中介的业务处理能力。在当今金融科技产业条件下,金融中介能够迅速完成资金集聚和转移,降低了交易成本,极大地提高了金融中介服务的效率,比如,在投资者和融资者之间快速完成资产期限与规模的匹配、资产转换等动作。

二、中国金融业务面临的挑战

中国经济正在进行结构化转型,其主要目标是从传统的粗犷式发展模式转变为低耗能、低污染、附加值高、科技含量高的发展模式。经济结构转型的内在驱动力主要来源于宏观经济风险现状的分析,要面对的问题包括经济增速的周期性减慢、社会杠杆率不断攀升、资本密集型行业产能过剩、第二产业正在向第三产业转移、出口贡献不容乐观、居民内部消费短时期难以提升、投资通道有限、投资结构不平衡等。近年来,"去产能化""去杠杆""供给侧改革"等政策导向,无一不是在经济增速放缓的情况下做出的经济结构改善的重要措施。在这个转型进程中,亟需金融体系的有效支撑。同时,中国的金融结构和体制的转型进程也相当缓慢。就中国目前的金融产品和金融服务的提供情况来看,其所面临的挑战也相当突出。

(一)金融结构不匹配经济发展

全球金融危机爆发以后,许多发达国家的金融资产增速停滞甚至下降,美国的金融资产规模也经历了下降之后才开始回升。与这些国家相反,近年来中国的金融资产规模扩张非常快,在2012年时首度超过日本,成为仅次于美国的金融资产大国。根据中国银行保险监督管理委员会和中国证券业协会的统计数据,截至2017年10月底,我国银行业金融机构总资产为241.58万亿元,保险业总资产达到16.62万亿元,证券业总资产达到5.81万亿元。银行业总资产在金融总资产规模中的占比超过90%。

中国金融资产扩张的主要推动力是信贷扩张。信贷扩张的一个直接表现是中国的企业债务与股权比率居高不下;另一个表现是居民债务占GDP的比重较低,多数债务集中在住房。同时,中国飞速发展但监管相对不成熟的非银行金融机构,对信贷扩张也有显著贡献,中国非银行金融机构的资产、信贷和短期融资占GDP的比重不断上升,占中国金融全部资产、信贷和短期融资总额的比重也有一定程度上升。在2015年,基金业年末总资产为13.61万亿元,同比增长高达104%,而同期的银行业年末总资产同比增长只有15.47%。金融组织、金融工具、金融商品价格、金融业务活动等的组合,亦即金融整体中各个部分的组合,属于经济结构的范畴,从资金价值和信用的角度反映整个经济的结构。人们一般从金融体系结构、金融工具结构和利率结构三个方面来概括金融结构。其中,金融体系结构主要是指各种金融机构的设置比例和金融机构内部的组织状况。

金融体系由众多的金融机构组成,包括中央银行、商业银行、保险公司、信托投资公司、证券公司、信用合作社等。这些机构在金融体系中所处的地位和作用便是金融体系结构的主要内容。

一般地,金融结构越复杂,即金融机构、金融工具、金融市场及其组合的种类越多、分布越广、规模越大,金融功能就越强,金融发展的水平和层次也就越高。中国的金融体系结构较为单一,产品设计基础、价值评价和风险评级逻辑也相对比较趋同,能够为经济社会提供的金融服务和便利就比较有局限性,从数量和质量上都难以满足经济实体中需求者的金融服务需求,难以为所有类型的企业经营或个人生活中的各种不确定性风险提供保障。

金融结构对经济发展的影响主要表现在两个方面:第一,优化金融结构有利于提高储蓄、投资水平,有效配置资金可以促进经济增长;第二,优化金融结构、完善服务功能和风险管理可以提高经济发展的水平,即通过大量提供具有特定内涵与特性的金融工具、金融服务、交易方式和融资技术等成果,可以增加金融商品与服务的效用,从而增强金融的基本功能,提高金融运作的效率,满足不断增加的各种金融需求,有利于提升人们经济生活的质量并增加社会总福利。

从历史的线索看,如果只有金融总量的增长,没有金融结构的演进,金融发展只能是同一水平或层次上的数量扩张;只有通过结构的变化,才能增加或提升金融功能,出现跨越式的金融发展。

(二) 融资成本高

中小企业融资难是困扰中国金融业服务定位和实体经济发展多年的难题。2014年以来,社会融资成本高成为各界密切关注的问题。国务院常务会议和经济形式座谈会中多次提出应当降低企业融资成本,并特别强调了中小企业和"三农"融资难、融资贵的问题。从微观层面看,融资成本是企业成本构成的重要组成部分,对企业盈利和持续经营起到关键作用;从宏观层面看,社会融资成本是一项重要经济指标,反映了金融业与实体经济之间的利益分配关系。在宏观处于经济下行周期的背景下,企业整体盈利水平下滑,降低融资成本对于经济的稳定和增长显得尤为重要。

当企业感受到融资成本高的时候,可能有两种情况:总体财务费用上升或者是资金成本率上升,前者是总量,后者是比率,两者的成因不同因而解决之道也不同。当总体财务费用上升时,其原因很可能是贷款总额过大、负债率过高。根据中国社会科学院发布的《中国国家资产负债表(2013)》,中国全社会债务规模在2012年已经达到111.6万亿元,占当年GDP的215%。

中国债务的突出特点是非金融企业债务占比极高,2012年,中国企业部门杠杆率已达113%,超过了经济合作与发展组织(Organisation for Economic Co-operation and Development,OECD)成员国家90%的阈值。一般而言,降低负债率的主流办法是引入投资、补充资本,或提升自我积累、减少贷款。在企业效益无法短时间内显著提升的前提下,证券市场低迷、企业上市成本高等进一步阻碍了企业借由资本市场寻求资金支援的解决通路。

如果用资金成本率作为衡量社会融资成本的指标,那么首先需要了解融资成本的组成,融资成本包括利息成本和非利息成本,其中,利息成本指贷款利率、债券发行利率等。2004年以来,中国人民银行公布的人民币贷款加权利率在6%~7%浮动且变化幅度不是很大,虽然有上浮利率存在,但是总体影响有限。因此,社会融资成本高还和非利息成本有关。非利息成本包括财务顾问费、咨询费、资产评估费、审计费、保险费、担保费、抵押物评估费、工商查询费、公证费等,与银行业务相关时,还可能绑定了其他的隐含成本,如开设工资账户、购买银行理财产品等成本。有数据表明,企业的综合融资成本可能会高达20%左右。对于小微企业来说,贷款利率所占比重只是约占总体融资成本的三分之一,因此通过降息来降低其融资成本的收效甚微,甚至有可能进一步拉大小微企业与大型企业的融资成本差距。

(三) 征信数据信息待完善

中国人民银行征信系统包括企业信用信息基础数据库和个人信用信息基础数据库。截至2015年4月底,征信系统已经收录了8.64亿自然人(其中有信贷记录的自然人为3.61亿人)、2 068万户企业及其他组织(其中有中征码的企业及其他组织1 023万户)。

《征信系统建设运行报告(2004—2014)》显示,接入征信系统的机构数量逐年增加。目前,央行征信系统接入了所有商业银行、信托公司、财务公司、租赁公司、资产管理公司等。企业和个人征信系统基本覆盖了全国信贷市场,已接入的机构包括银行类金融机构和其他类型机构,前者主要包括全国性商业银行、城市商业银行、农村信用社、外资银行、村镇银行、财务公司、信托投资公司、金融租赁公司、汽车金融公司等;后者主要有小额贷款公司、住房公积金管理中心、保险公司、信托投资公司、金融资产管理公司、融资性担保公司等。截至2014年年底,企业和个人征信系统已接入的机构数分别为1 724家和1 811家。

征信系统的数据采集方向包括基本信息采集、信贷信息采集和反映信用状况的其他信息采集。

1. 基本信息采集

个人征信系统采集的个人基本信息主要有四大类:一是标识信息,即姓名、证件类型和证件号码这三项身份标识信息;二是身份信息,即个人性别等基本属性以及配偶信息和联系方式等;三是职业信息,即个人单位名称及地址等职业相关信息;四是居住信息,即个人居住地址及居住状况等信息。

个人基本信息的采集渠道主要有两个：一是从社会保险经办机构或住房公积金管理中心采集个人身份和职业信息；二是在商业银行与个人发生信贷业务时采集个人基本信息，报送给个人征信系统。

企业征信系统采集的企业基本信息分为五大类：一是机构标识信息，即证件类型、证件号码等机构的身份标识信息，通过标识信息可以在企业征信系统准确定位一家企业；二是登记注册信息，即企业（机构）在登记注册主管部门进行登记注册时产生的关于企业基本属性的信息，以及办公地址和联系电话等联络信息；三是高管及主要关联人信息；四是重要股东信息，用以说明持股5%以上及银行认为重要的股东情况；五是财务信息，主要包括企业的各类财务报表信息。

企业基本信息的采集渠道主要有两个：一是企业在人民银行申领贷款卡和办理贷款卡年审、申领机构信用代码时，主动提交基本信息材料，由人民银行分支机构或金融机构审核后录入企业征信系统；二是商业银行在与企业发生信贷业务时采集企业的基本信息，并报送给企业征信系统。

2. 信贷信息采集

企业征信系统采集的企业信贷信息主要有五大类：一是信贷交易合同信息；二是企业负债信息；三是企业还款记录信息；四是信贷资产质量分类信息；五是其他反映信贷交易特性的数据项。2014年，企业征信系统采集了519.7万户企业和其他组织共计21 894.1万条信贷信息。

个人征信系统采集的个人信贷信息主要包括五大类：一是贷款信息，即贷款发放及还款情况等；二是信用卡信息，即信用卡的发卡和还款信息；三是担保信息，即体现个人为其他主体担保的情况；四是特殊交易信息；五是特别记录信息。截至2014年年底，个人征信系统累计收集信贷账户记录12.52亿个，其中贷款账户记录4.52亿个、信用卡账户记录7.99亿个。

3. 反映信用状况的其他信息采集

征信系统采集的反映信用状况的其他信息主要有三大类：一是履行相关义务的信息，包括社会保险参保缴费信息、住房公积金缴存信息、车辆抵押交易信息等；二是后付费的非金融负债信息，主要有电信等公用事业缴费信息；三是公共部门的相关信息，包括获得资质信息、行政许可信息、行政处罚信息、获得奖励信息、执业资格信息、法院判决和执行信息、欠税信息、低保救助信息、上市公司监管信息等。

截至2014年年底，企业征信系统采集的反映信用状况的其他信息已达12类，共有3 320.2万条。从反映信用状况的其他信息占比情况来看，公积金、养老保险和电信数据量比较大，其中，公积金数据量占比超过了50%；其他9类信息的数据量均较小，除税务之外，其他几类数据量占比均不足3%。

截至2014年年底，个人征信系统采集的8类公共信息共计2.59亿个账户信息，与12.52亿个信贷信息账户数相比，占全部数据量的20.69%。在公共信息中，占比最大的是住房公积金缴存信息，为51.14%，其次是社保信息，为42.99%，这两类信息量占比超过90%，其他几类数据量占比均在5%以下。

目前，中国的整体征信体系形成了以央行征信为主、各地行业协会数据共享平台为辅的一整套数据归集体系,但暂时仍然缺乏明确的规范性文件,信用数据收集的覆盖程度也在整体金融服务需求群体中占比偏小。自 2012 年上海推出全国第一个政府数据开放平台后,截至 2018 年 4 月,全国共有 8 个省级行政区、7 个副省级城市和 31 个地、市上线数据开放平台。其中,贵阳、上海、青岛、哈尔滨、东莞等地政府数据平台在数据集总量和开放数据容量两方面都居全国前列。从数据类型看,目前社会民生和经贸工商两类数据最丰富,而信用服务、社保就业等数据相对偏少。

良好的社会信用环境是金融生态环境有序运行的前提,社会信用环境建设水平的高低也直接制约金融生态环境的好坏。金融领域已经成为社会信用体系建设的重要组成部分,2018 年 6 月,中国人民银行、银保监会等五部门联合印发《关于进一步深化小微企业金融服务的意见》,提出引导金融机构聚焦单户授信 500 万元及以下小微企业的信贷投放;2018 年 9 月,国务院发布《完善促进消费通知机制实施方案(2018—2020 年)》,提出建立健全消费领域信用体系,加快消费信贷管理模式和产品创新,不断提升消费金融服务质效。

在国家社会信用体系建设方针指导下,与信用相关的数据越多地被用于借款人风险评估。借款人的信用风险被揭示得越充分,信用评分就会更加客观,更接近借款人的实际风险。与信用相关的其他数据收集渠道是基于互联网用户和业务场景的第三方信用机构,它们的加入,力图打破信息不对称、信用不对称问题,完善金融信用,降低个人及小微企业信用信息服务门槛,提供多层次、专业化的信用产品及服务,推动全行业信用信息互联互通与信用成果共享共用,赋能信用体系及信用社会建设。事实上,互联网金融公司利用大数据进行风控时,都是利用多维度数据来识别借款人风险的。

第二节 金融科技的内涵

金融科技作为金融和科技融合的产物,不仅具有传统金融服务的所有特点,而且由于金融科技自身的技术范式和商业服务战略而呈现出独特的行业特征。

一、强调用户体验

金融科技通过高科技产品或互联网应用来为普惠大众提供便捷的金融服务,其本质是用科技手段提高传统金融机构的服务效率和服务质量。因此,与传统金融机构相比,金融科技一定要非常注重用户体验。

只有产品的客户体验好,客户才会使用。当客户体验好的时候,客户流量就会增加,更多的流量又会吸引更多的产业链上下游的合作伙伴,其提供的服务就会更加丰富、更有吸引力,这样消费者就有了更多更丰富的选择,从而形成业务发展的良性循环。对于进入金融科技的企业,产品创新要成功,就必须高度关注客户体验。提升客户体验关键要做到以下两点。

(1)要将客户体验贯穿产品创新全过程。一切从客户的角度出发,从客户金融投资理财的角度出发,不盲从一时的潮流,不追求大而全的功能,而是要从客户的角度出发,紧紧抓住客户需求,根据客户需求的变化进行持续改进。

（2）要击中客户"痛点",满足客户的核心价值需求,这是提升客户体验的核心。如果企业开发的产品不能很好地解决客户的金融服务问题,那么服务再好、UI设计再怎么美观都是徒劳的。当击中客户"痛点"时,产品就容易取得成功,这点和互联网行业的基本逻辑一致。

二、基于数据分析

大数据已经成为整个社会关注的热点,然而数据分析和应用需要大量的基础设施投入,但实现业务与技术的深度融合又需要对接技术的深入挖掘,这给基于数据分析的互联网金融应用带来了挑战。

一般认为,大数据主要是指数据规模,然而事实不仅仅如此。

充分利用大数据的相关技术,金融科技可以有效地支撑互联网金融的征信、授信审批、风险控制、洗钱套现识别、保险定价等业务。大数据主要参与者,包括投资者、融资者和监管者,会基于投资产品价格、影响因素、融资成本、交易过程等信息做出自己的决策。

金融科技很重要的一个发展方向是智能化,就是利用人工智能相关的技术替代一些特殊的岗位和人员,如客户经理、信贷审核专员等。大数据分析和应用是人工智能的基础,它是基于数据分析技术和方法,辅以机器学习、人工智能等,提升金融科技技术的水平和能力,促使互联网金融业务的智能化。

人工智能时代的到来,首先要解决的就是金融机构与普通人之间的信息不对称问题。传统金融无法获取用户在互联网上的大量浏览信息,而人工智能通过技术、数据的手段可以构建出一个信用模型,通过对更全面的数据(数据的广度)、强相关数据(数据的深度)、实效性数据(数据的鲜活度)进行整合分析,从而形成用户信用评级,客观地反映用户风险水平,进而判定是否能够授信。

三、注重信息安全

既然金融科技是基于信息技术和互联网而产生的金融业务模式,那么海量的金融数据在存储和传输过程中,一旦发生泄露、盗取或被非法添加和篡改等事件,都可能会使各方蒙受巨大的经济损失,甚至可能危及国家金融经济体系的稳定,因此信息安全对于金融科技来讲非常重要,是金融科技行业非常关注的问题。

信息系统中信息安全涉及的范围非常广泛,包括信息的保密性、真实性、完整性、未授权复制和所寄生系统的安全性等多个方面。针对金融科技,一些带有互联网特色的技术风险也日渐突出,如终端安全风险、平台安全风险、网络安全风险等。技术风险带来的最大问题是信息安全问题,技术的不成熟会导致信息泄露、丢失、被截取、被篡改,进而影响到信息的保密性、完整性、可用性。这些信息安全问题进而又会造成用户隐私泄露,威胁用户资金安全。因此,在金融科技业务中,信息安全问题应注意如下两点。

（1）要保证数据系统的安全。一是保证后台存储信息的安全可靠。后台数据库安全要解决核心数据资源面临的"安全漏洞、越权使用、权限滥用、权限盗用"等安全威胁。二是保证数据传输安全。数据在传输的过程中要保证安全可靠,不能够被窃取、监听。数据传输安全可以通过结合数字证书等安全认证机制和传输加密机制来保障数据传输安全。三是保证数据容灾备份，备份是数据安全的一项基础安全防护措施。

（2）要在金融科技涉及的业务中建立可靠的电子凭证。以当前新金融中热门的线上供应链融资为例，大量的合同、订单、仓单、提货单等各类凭证为了实现互联网操作，必然需要实现凭证电子化，在网络支付、P2P网贷以及其他业态中同样有类似的需求，电子凭证的发展决定着金融服务能否受到公平公正的法律保护。因此，国家要建立完善的司法认证体系，同时规范电子签名并推广可靠的电子签名应用。

第四节　金融科技商业设计指导基础

一、金融科技的业务分类

巴塞尔银行监管委员会指出，金融科技主要覆盖四个核心应用领域——存贷款与融资服务、支付与清结算服务、投资管理服务以及市场基础设施服务。其中，支付与清结算服务包括移动支付、P2P汇款等内容；存贷款与融资服务领域包括网贷、征信、众筹等产品；投资管理服务领域的典型代表是智能投顾与智能投研等；市场基础设施服务的内容则最为广泛，意指人工智能、区块链、云计算、大数据、安全等技术所带来的金融产品的创新。

在金融稳定理事会（Financial Stability Board，FSB）对金融科技的界定中，金融科技指因技术而带来的金融创新，金融科技能够产生新的商业模式、应用、过程或产品，从而对金融市场、金融机构或金融服务的提供方式产生重大影响。

二、建立完善中小企业信用担保体系

企业信用评级公司或信用担保公司也是金融服务企业。从世界各国的经验来看，由政府出资设立担保公司是不可回避的一环。目前，中国既积极鼓励各级行政主管单位和地方政府牵头设立服务于中小企业的信用担保公司，同时也积极吸引民间资金注入。信用担保公司也会产生金融风险，比如其对股东的贷款做关联担保等。2015年的"e租宝事件"就是典型的关联担保。金融监管也需要进一步加强和改进信用担保机构的重组、监管和发展，完善担保公司的治理结构，界定实行所有权和经营权相分离，将完善信用担保机制和加强社会信用建设做系统的整合，联合银行机构、财税部门、工商部门、第三方服务机构等重要关联主体，建立包括信用征集、信用评价、信用担保在内的专业信息平台，切实改善金融机构与企业之间的信息不对称问题。

三、通过小微金融服务缓解金融抑制程度

金融抑制是由美国经济学家爱德华·肖（Edward S. Shaw）提出的理论，他认为民间借贷产生和生生不息的根源是金融抑制。金融抑制会产生割裂储蓄与投资关系的后果，从而导致资金在某类阶层中被低效率使用，而大量民营的、私人的、非公有制的主体得不到所需要的资金支持。金融抑制描述了计划方式下企业金融行为现象产生的原因。政府信贷配给以及体制内金融机构的业务偏见或歧视，导致民营企业产生了求助民间借贷机构的强烈

诉求。

解决企业融资难除了要保持银行"管道"的畅通外，还需要增设新的"管道"。在小微企业众多的地区，配套鼓励成立地方性的小微金融机构，能够发挥当地银行与企业的密切联系，同时，发展小额贷款公司是缓解和改善小微企业融资难的有效途径之一。互联网金融的蓬勃开展，特别是网络小贷与股权众筹等模式，可以为小微企业提供间接或直接融资。互联网金融在融资渠道上有别于传统的金融机构，它们有更为广泛的基础用户触动通道，可提高资金的融通效率、降低交易成本、分散风险。

在互联网金融业务的带动下，商业银行也逐渐意识到了小微企业的市场价值，逐步转变了对小微企业的审视观点，把它们作为重要客户，建立起业务申请、审批、贷款发放、贷后管理等系统化的管理机制，甚至为其打造创新的金融产品。

四、金融创新的原则是服务实体经济

互联网金融的第一个逻辑是，金融由商业驱动，并为商业服务。最早的银行诞生于意大利和荷兰，是为了服务当时的大规模海上国际贸易；中国的支付宝起源于阿里巴巴集团，是为了支持大规模电商交易平台中的买卖信用和支付问题。

互联网金融的第二个逻辑是，金融的本质要素是渠道、数据和技术。历史上数百年间，技术的升级和迭代不断推进着金融创新。在互联网技术、大数据技术、云计算和人工智能技术带来对渠道、数据、技术的深刻变革时，信息获取、交换、整合方式也必然会发生巨大变化，同时降低的是金融的营销成本和运营成本，随之而来的是金融产品的变化和创新。金融机构会为此做出响应和改变，金融的变革也就会自然发生。

扩展阅读

近日，央行征信中心上线了新版征信报告，自2019年5月启用。

新版征信报告主要有以下五大变化。

（1）显示5年内的不良记录。新版征信报告只展示消费者最近5年的逾期记录，如欠款一直未还，则不受年限限制。新版征信报告的预期信息起记时间是2009年的10月份，此前的不再展示。

（2）新增还款金额，还款记录保留5年。新版征信报告展示最近5年的还款记录，最近一次还款信息也有显示。新版征信报告的还款记录分为上下两行，第1行是还款基础信息，第2行是金额，显示具体数值。

（3）账户销户、未激活账户也有记录。旧版征信报告之前已销户的，不会显示还款记录。新版征信报告销卡也有还款记录，同样也是记录最近的5年。未激活账户的信息也有显示。

（4）多类证件合并。旧版只能以身份证查询，新版征信报告增加了护照、军官证等有效证件信息查询。

（5）新增防欺诈警示。这是关于征信本人的警示，防止个人信息被人盗用。

 **思考题**

1. 金融科技出现以来,科技改变了金融中的什么元素?金融行业有哪些"改变"与"不变"?
2. 尝试分析金融机构或类金融企业中"关注用户"现象背后的内在驱动力。
3. 一个国家的金融产业有其自身的金融结构。从最熟悉的环境入手,如何看待金融结构对金融服务导向所产生的影响?

第二章　中国的金融科技产业实践

第一节　中国金融科技发展现状与涵盖范围

一、中国金融科技产业发展历程

同国际上其他成熟的金融市场一样,金融产业的发展伴随着科技的若干次飞跃。中国金融科技产业整体的发展历程一般可以被归纳为四个阶段。

(一) 第一阶段:金融电子化

20世纪下半叶,随着电子技术的发展,中国金融行业开始探索电子技术在银行业务中的应用。1993年,《国务院关于金融体制改革的决定》明确指出要加快金融电子化建设。在国务院的统一部署下,中国人民银行和银行业金融机构共同深入探索行业电子化建设之路,通过持续运用现代通信技术、计算机技术等开展金融业务和管理,提升服务的工作效率,提高业务的自动化水平。

(二) 第二阶段:金融信息化

2001—2005年,中国金融机构在利用现代通信网络技术的基础上,更加注重数据库技术的应用。中国银行业尝试以现代通信网络和数据库技术为基础,将银行业务数据逐步集中、汇总,提升服务水平和管理水平。

(三) 第三阶段:互联网金融

2006年之后,金融机构移动互联网技术和业务深入融合。信息技术与金融业务紧密结合,渗透到金融业务的方方面面,系统整合、业务流程再造、金融系统互联和信息共享、信息安全保障体系和风险防控体系建设、标准化体系建立成为这一阶段的关键任务。同时,移动互联技术的发展催生出大量的业务模式、新的载体和业态。

(四) 第四阶段:金融科技

金融基础设施建设是金融体系的基础,也是金融健康发展的基石,支付信用、信用环境、法律环境、公司治理、消费者保护、金融监管等方面的建设,为金融科技的发展奠定了基础。2013年至今,中国在大数据、云计算、区块链、人工智能、移动互联网等新一代信息技术方面的应用逐渐增多,科技在提升金融效率、改善金融服务方面的影响日渐显著,金融科技已全面融入支付、借贷、保险、证券、财富管理、征信等金融领域。

二、中国金融科技行业现状

根据国际著名调研机构CB Insights的2016年度报告,中国金融科技领域的融资金额已经占到了全球总量的46%,成为全球金融科技行业发展最重要的组成部分。基于巴塞尔银行监管委员会对金融科技行业的分类方法,我们可以将中国的互联网金融企业、金融服务企业等按照细分行业所对应的业务大类归纳如下(见表2-1)。

表2-1 金融科技公司分类*

大领域	细分行业
借贷与融资类	P2P
	消费金融
	征信
	众筹
支付结算类	企业端支付
	个人端支付
投资管理类	智能投顾
	产品经纪
	证券经纪
	保险经纪
市场设施类	数字货币
	金融信息

基于上述分类,我国近几年新成立的金融科技公司从数量上来看也有一些较大浮动。2008—2012年,每年新注册的金融科技公司数量一直呈稳定增长的趋势(见图2-1),增长率

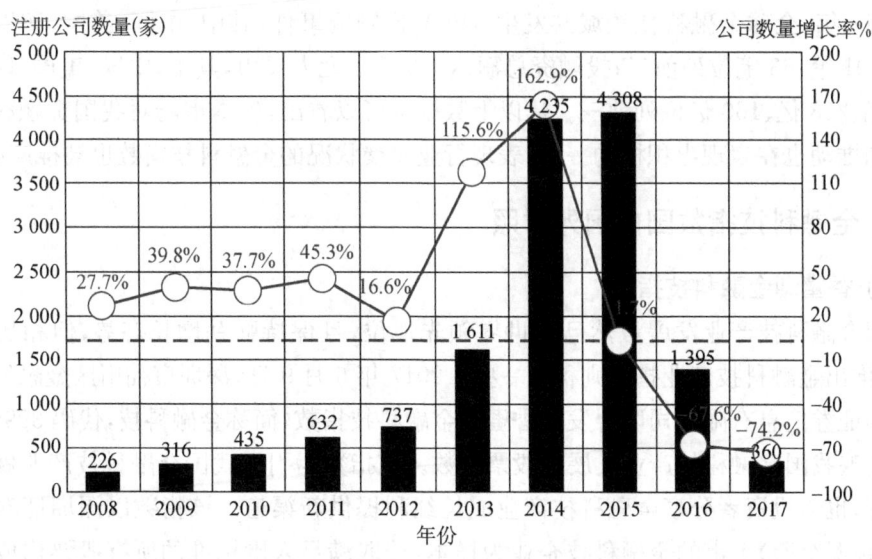

图2-1 2008—2017年金融科技公司注册数量变化**

---

* 表中信息来自兴业银行2016年研究报告。
** 图中信息来自清华大学五道口金融学院的中国金融科技企业数据库。

在17%~45%;2013—2015年,随着互联网的普及,金融科技行业呈现出迅猛发展的态势,公司增长率达到100%以上,这种增长在2015年达到顶峰,共有4 308家金融科技公司成立。在这一阶段,出现了量化派、百融金服等金融科技公司。同期,蚂蚁金服独立成立金融服务公司,并推出余额宝;京东金融也开始独立运营,定位为服务金融机构的科技公司。从2016年开始,由于相关政策法规的出台,对新进行业公司的门槛有了较高要求,新公司注册数量明显有了下降,到2017年,仅有360家新公司成立。

另外,在研究机构的调研中发现,经济发达的省份和直辖市,金融科技公司较多,发展水平较好。北京、上海、浙江和广东的金融科技公司的数量占据全国前4位,均超过1 000家;除此之外,山东、江苏、福建、四川、湖北和安徽6个省份排在5~10名,公司数量均超过250家;而西藏、新疆、青海、甘肃、宁夏、内蒙古、吉林、黑龙江和海南9个省份(自治区)的金融科技公司数量不足50家。将金融科技公司的数量同各省(自治区)GDP进行对比可以看出,公司数量排名前10位省份的GDP均进入到全国前13位,而公司数量排名在后10位省份的GDP也都在全国的后11位。由此可以发现,经济发达省份的金融科技发展水平更好,具体如图2-2所示。

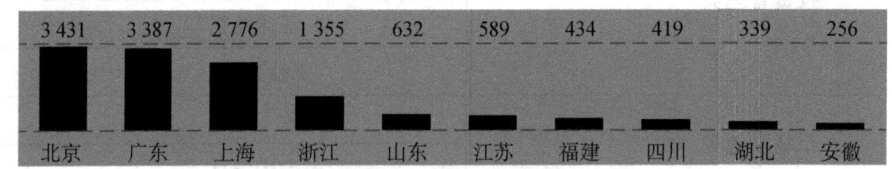

图2-2 2017年中国各省(市)金融科技公司数分布

最后,零壹财经2018年1月发布的《2017全球金融科技发展指数(GFI)与投融资年报》显示:2017年,全球金融科技领域共发生649笔投融资事件,其中,中国、美国、印度分别以328笔、101笔、63笔位列前三;投融资总额达1 397亿元人民币,其中,中国、美国、印度分别以796亿、258亿、160亿位列前三。从以上数据也可以看出,资本市场对我国金融科技行业的发展和推动也在表现出积极的一面,表现行业发展状况的金融科技指数也被推广应用。

三、金融科技指数国内国外对照

(一) 香蜜湖金融科技指数

我国金融科技产业发展虽然已居世界领先地位,且保持强劲增长态势,但相比美国来说,我国推出金融科技产业指数则稍晚一些。2017年6月9日,深圳市福田区金融发展事务署与深圳证券信息有限公司联合发布香蜜湖金融科技指数(简称金融科技,代码399699),成为首支反映我国金融科技产业发展的股票指数。该指数为引导我国金融科技产业做大做强提供支持,也为投资者分享金融科技产业成长红利提供新渠道。该指数以深圳证券交易所(以下简称深交所)上市的金融科技企业为样本,选取满足入围标准的所有股票构成指数样本股,以2017年5月26日为基日,基点为3 000点。

深交所发布的金融科技指数,从产业角度来看,包括分布式技术(区块链、云计算)、互联技术(电子及网络支付)、金融安全以及互联网金融(网络借贷等)等领域。截至2017年年底，A股市场与金融科技相关的上市公司共71家，其中59家在深交所上市，总市值超过6 400亿元（见表2-2）。随着科技的发展，越来越多的金融科技企业被纳入指数，其中也包括

表2-2　香蜜湖金融科技指数样本（56家上市公司）*

	代码	简称	权重	行业类别		代码	简称	权重	行业类别
1	300059	东方财富	9.29%	互联网金融	29	300226	上海钢联	1.44%	互联网金融
2	002065	东华软件	5.98%	分布式技术	30	300322	硕贝德	1.36%	互联技术
3	000997	新大陆	4.14%	互联技术	31	002095	生意宝	1.22%	互联技术
4	002183	怡亚通	3.76%	互联网金融	32	000555	神州信息	1.19%	金融安全
5	300033	同花顺	3.64%	互联网金融	33	300339	润和软件	1.19%	互联网金融
6	002410	广联达	3.30%	互联网金融	34	300178	腾邦国际	1.18%	互联网金融
7	000977	浪潮信息	3.14%	金融安全	35	002177	御银股份	1.15%	分布式技术
8	002439	启明星辰	3.09%	金融安全	36	300300	汉鼎宇佑	1.13%	互联网金融
9	002195	二三四五	3.06%	互联网金融	37	002197	证通电子	1.04%	互联技术
10	300324	旋极信息	2.76%	金融安全	38	002103	广博股份	1.03%	分布式技术
11	002152	广电运通	2.64%	分布式技术	39	002537	海立美达	0.94%	分布式技术
12	300077	国民技术	2.46%	互联技术	40	300369	绿盟科技	0.91%	金融安全
13	300079	数码视讯	2.25%	互联技术	41	300333	兆日科技	0.91%	金融安全
14	002368	太极股份	2.19%	分布式技术	42	300386	飞天诚信	0.83%	分布式技术
15	002153	石基信息	2.07%	互联技术	43	300368	汇金股份	0.77%	互联网金融
16	002104	恒宝股份	2.07%	分布式技术	44	300205	天喻信息	0.75%	互联技术
17	002268	卫士通	2.05%	分布式技术	45	002315	焦点科技	0.75%	互联技术
18	002285	世联行	2.00%	互联网金融	46	300465	高伟达	0.73%	分布式技术
19	300352	北信源	1.72%	金融安全	47	300130	新国都	0.69%	互联技术
20	002376	新北洋	1.72%	金融安全	48	002017	东信和平	0.68%	互联技术
21	002647	宏磊股份	1.69%	互联技术	49	300248	新开普	0.65%	互联技术
22	300096	易联众	1.68%	互联技术	50	000948	南天信息	0.63%	互联技术
23	002657	中科金财	1.61%	互联技术	51	300468	四方精创	0.62%	分布式技术
24	300085	银之杰	1.57%	互联网金融	52	300290	荣科科技	0.49%	互联技术
25	002711	欧浦智网	1.56%	互联网金融	53	300330	华虹计通	0.48%	互联技术
26	002668	奥马电器	1.55%	互联网金融	54	300349	金卡股份	0.46%	互联技术
27	300377	赢时胜	1.55%	分布式技术	55	300380	安硕信息	0.41%	分布式技术
28	300297	蓝盾股份	1.47%	金融安全	56	300399	京天利	0.38%	互联技术

* 表中信息均来自深交所公告。

一些业务转型的金融科技公司。从 2018 年 7 月 2 日公布的数据来看，共纳入 69 个成份股，其中包括 36 个中小板股票、29 个创业板股票以及 4 个主板股票。根据《证券日报》等多家媒体的调研数据，金融科技上市公司在 2018 年上半年盈利状况基本都非常良好，特别是从上半年披露业绩的 15 家成份股公布的数据可以了解到，其中 13 家公司营业收入同比增长、2 家下降；在净利润方面，12 家公司净利润同比增长、3 家下降，其中净利润增幅超过 100% 的公司达 5 家。

从深交所公布的数据来看，金融科技指数包含的金融科技公司的主要服务对象为商业银行，其次为券商、保险公司。目前，商业银行业务增速较快的领域集中于云服务、人工智能等。另外，部分金融科技公司也通过服务于金融监管的科技升级来实现销售收入的增长。

（二）纳斯达克金融科技

2016 年 7 月，美国 KBW 投资银行、Stifel 金融公司和纳斯达克共同宣布发行 KBW 纳斯达克金融科技指数（KBW NASDAQ financial technology index，KFTX），旨在准确追踪那些利用高科技在金融产品和服务方面具有影响力的公司的表现。该指数包含了 49 家科技金融公司，包括知名金融机构美国运通、信用卡霸主 Visa 和 Mastercard、互联网金融行业的佼佼者 Lending Club、评级巨擘穆迪和标准普尔、老牌交易平台芝加哥商品交易所集团、网络支付领军企业贝宝、财经媒体巨头汤森路透、金融咨询界的邓白氏、信用评分机构费爱哲等。据 KBW 投资银行介绍，这些公司在美国金融领域中的占比为 18%，市值高达 7 850 亿美元。

从业务方面来看，美国金融科技公司业务种类多样。这 49 家公司的主营业务包括支付、信息咨询、大数据分析、交易平台、评级、金融软件服务、网络银行及网贷 8 个类型，其中，支付企业 18 家，信息咨询企业 11 家，大数据分析企业 7 家，交易平台企业 5 家，评级机构 3 家，金融软件服务商 2 家，网络银行 2 家，网贷企业 1 家。由以上数据可知，支付企业几乎占据了一半，成为美国金融科技行业的主要代表。

从业绩方面来看，除小部分公司业绩表现不太理想外，金融科技公司整体发展稳健且区域发展水平相对均衡。根据美国上市公司 2016 年第二季度公布的报告来看，在 18 家支付公司中，有 17 家在最近四个季度累计收益都表现良好；7 家大数据分析公司的单季美国收益也都取得良好的成绩，且它们的业务重叠性并不明显，这与支付公司明显不同；而大数据分析公司的业绩总水平位于金融科技行业的中下游。交易平台公司和评级机构的业绩水平则在 49 家公司中名列前茅。

第二节　数字普惠金融与 G20 杭州峰会

2005 年，联合国在"国际小额信贷年"活动中首次提出了普惠金融的概念，将其定义为能有效、全方位、方便地为社会所有阶层和群体提供服务的金融体系。2008 年 9 月，普惠金融联盟在泰国曼谷成立，主要成员包括印度尼西亚、马来西亚、埃及、巴西等 60 多个发展中国家。中国也于 2011 年加入该联盟。2009 年 9 月，20 国集团在美国华盛顿成立了普惠金融专家组。

2015 年底，国务院在《推进普惠金融发展规划（2016—2020 年）》的通知中首次明确了普惠金融在我国国家层面的定义：普惠金融是指立足机会平等要求和商业可持续原则，通过加大政策引导扶持、加强金融体系建设、健全金融基础设施，以可负担的成本为有金融服务需求的社会各阶层和群体提供适当的、有效的金融服务。

在我国，金融机构和类金融机构是普惠金融服务的主体，具体包括银行、金融公司、信用合作社、信托公司、金融租赁公司、小贷公司、互联网金融公司等，以及外围的服务机构，如评级机构、征信公司、支付系统、信息技术、技术服务供应商和一些培训机构。小微企业、农民、城镇低收入人群、贫困人群和残疾人、老年人等特殊群体是普惠金融服务的主要对象。普惠金融旨在让大众都能享受到金融服务。值得注意的是，这种金融服务强调在可负担的成本以及遵循商业前提下开展，政府的扶贫项目不涵盖在此。

一、数字普惠金融

数字普惠金融是在移动互联、网络和通信服务、移动数据、云计算等数字化的技术基础上，使人们都能长期享有由各金融机构以及类金融机构通过不同方式提供的多种多样的金融服务，包括存款、支付、融资、保险、理财等金融服务。这些服务是有偿的并且充分符合用户的需求，是在客户可负担、服务提供商可持续的价格基础上提供的。数字普惠金融既包括传统的金融机构对原有产品的数字创新，也包括一些新兴的类金融机构提供的互联网金融产品。

（一）普惠金融与传统金融的区别

与传统金融相比，普惠金融服务的对象更为广泛。受历史等诸多因素的影响，国有商业银行作为我国传统金融市场主要的金融服务供给方，其贷款资金更倾向于支持大型企业，对个人和中小企业的信贷和融资支持力度明显不足。普惠金融服务强调让社会上的所有成员享受应该享有的金融服务，包括中低收入阶层和规模较小的民营中小企业。

与传统的金融相比，普惠金融的参与机构更加多元化、产品也更加的丰富。普惠金融的服务提供机构主要有三类：第一类是银行类的金融机构，主要包括农业银行、邮政银行等；第二类是非银行的机构，主要包括P2P网贷平台、众筹平台、消费金融公司、小额贷款公司、保险公司等；第三类是合作性质、协会性质、基金会性质的机构，主要包括农村信用合作社、农村资金互助社等。普惠金融除了为用户提供储蓄、贷款服务以外，还为用户提供养老金、理财、代理、资金转账、汇款、保险等多种业务。

（二）数字普惠金融的特点及优势

1. 数字普惠金融的可获得性更高

数字普惠金融依托于互联网、网络和通信服务、云计算等数字技术，突破了金融服务的地域限制，在很大程度上保障了用户得到金融服务的可能性。用户可以通过数字化的交易平台进行支付、转账、投资等服务，由此产生的交易数据可以为相关的征信机构提供征信依据，以便为用户提供更好的金融服务。此外，民间资金可以通过P2P网贷平台、众筹平台等普惠金融机构，在基于网络和移动通信技术基础上实现"面对面"融资，从而加大金融市场的供给，提高农户、特殊人群和中小企业融资的可获得性。

2. 数字普惠金融的覆盖范围更广

数字普惠金融利用移动通信、网络等提供金融服务，其能够覆盖的范围更加的广泛，尤其是在农村地区。中国互联网络信息中心（China Internet Network Information Center，

CNNIC)数据显示,截至2016年6月,农村互联网普及率达到31.7%,移动互联网用户达到10.3亿户。数字普惠金融改变了原有的服务提供方式,不论用户在偏远的地区还是在大城市,只要有电脑或者手机就可以获得金融服务,而不再需要通过固定的营业网点。以信贷为例,P2P网贷平台可以实现在线信用贷款,不需要用户提交纸质的资料,并且审核时间较短,通过审核平台后,客户就可以在线获得借款,并且在线完成还款。

3. 数字普惠金融的成本低

传统金融机构的服务范围主要依赖其分支机构的数量和分布位置,服务范围的扩大必然伴随着营业网点的增多,而办公场地、人工服务等都需要成本的支出,如果为农村和偏远地区人口提供金融服务,则成本和难度都会增加。数字普惠金融改变了传统金融服务所依赖的基础设施,不需要物理网点,通过互联网、手机等就可以获得金融服务,成本支出明显下降。

数字普惠金融还改变了风险管理的方式,通过互联网、云计算等对数据进行挖掘分析。例如,腾讯征信数据来源主要是社交网络上的海量信息,如支付、社交、游戏等,为用户建立基于互联网信息的征信报告。电子商务平台的(阿里、京东、苏宁)征信数据来源主要是大量的消费者和平台商户及供应商的交易数据、退换货数据等,通过对这些数据进行分析,能够准确地衡量个人以及企业的信用等级,从而降低信息收集、线下审核和风险管理的成本。

二、数字普惠金融高级原则

2016年在杭州召开的G20峰会中,《G20数字普惠金融高级原则》作为峰会的重要议题之一,得到了许多国家及国际组织的积极响应。随着移动互联网、大数据、云计算、人工智能、生物识别等技术的飞速提升,普惠金融中的各个难点正在被破除,但国际上还缺乏统一的数字普惠金融的原则性指引。《G20数字普惠金融高级原则》是数字普惠金融在国际社会上高级别的指引性文件,涵盖了数字普惠金融发展中的创新与风险、法律和监管框架、数字金融服务基础设施、金融消费者保护以及数字技术和金融知识普及等内容。未来,数字普惠金融势必将成为全球大趋势,实现社会所有阶层和群体平等的共享金融服务。

《G20数字普惠金融高级原则》旨在促使G20领导人采取行动,运用数字方法实现普惠金融,以及实现包容性发展和提高妇女经济活动参与度等G20相关的目标。该原则认为,金融机构需要为无法获得金融服务或缺乏金融服务的群体提供高质量、合适的金融产品和服务,同时也在可能的情况下利用数字技术实现该目标;对缺乏足够金融服务的群体以及老年人和残疾人等弱势群体进行特别关注;除此之外,金融机构也要对无法获得数字金融服务或者不愿意接受数字金融服务的部分人群进行风险评估,提供更多的解决办法。

第三节 数字普惠金融未来发展趋势

一、宏观政策制度支持力度

随着我国对普惠金融的提倡以及数字化技术对普惠金融推动作用的日益明显,针对数字普惠金融的监管政策将逐步完善。从国际经验来说,对互联网金融企业的监管主要应从行为监管的角度设置监管标准。目前,监管层对互联网金融沿用了传统的"一行二会"分业监管的思路,但是《互联网金融风险专项整治工作实施方案的通知》强调穿透式监管,即透过表面判定业务本质属性、监管职责和应遵循的行为规则与监管要求。可见,未来我国对于互联网金融机构的监管机制将进一步完善,各个业态的监管政策也将逐步出台。

征信体系建设和宽带建设是开展数字普惠金融的重要基础设施建设,未来,国家对信用体系建设的扶持力度有望进一步加大,互联网等基础设施的建设也将进一步健全。随着芝麻信用分、腾讯征信的上线,大数据征信、云征信解决了传统官方征信机构信息覆盖范围有限的缺陷,使个人信用的维度更加多元化。征信是开展数字普惠金融的核心要求,未来,政府对民间征信业的发展政策有望进一步拓宽。近年来,宽带网络作为我国战略性公共基础设施建设,各项政策利好不断,"宽带中国"战略将继续推进,到2020年,我国行政村通宽带比例将超过98%。

二、普惠金融与数字化技术的融合

随着传统金融机构的转型和互联网金融公司的扩张,尽管数字普惠金融已经得到了很大的发展,然而目前的普惠现状依然只是走出了非常小的一步。不论是传统金融机构,还是互联网金融公司,其数字化的应用主要在于提高了金融服务覆盖面、降低了金融产品的可得成本,接下来的普惠金融还需要更深度地将数字变革渗入到金融流程中。

首先是身份识别,客户的身份信息已经逐步转向数字化,而网络安全问题又逐渐凸显,因此,通过技术化的手段精确地进行数字识别是保障数字金融顺利开展的第一步。目前,互联网金融巨头已经开始着力收购指纹识别、瞳孔识别等更高层次的防伪技术来保障客户利益。

其次是用户行为匹配,当前互联网网民人均周上网时长达到26.5小时,考虑到这是一个平均数,部分重度互联网居民已经接近于非睡觉即上网的地步。这样长时间的上网行为所留下的数据痕迹,足以给出一个较为清晰的用户画像了,其中包括用户的工作情况、资产情况、家庭情况、社交情况、交通情况、健康情况等,金融机构需要将这些数据清晰地匹配到具体的用户身上,用于鉴别某一用户属于哪一类型,判断其需求是融资、理财还是保险。

三、普惠金融与互联网金融相关

普惠金融是一种理念,是一种能有效、全方位为社会所有阶层和群体提供服务的金融体系,它实际上就是让所有老百姓享受更多的金融服务,更好地支持实体经济发展。

党的十八届三中全会提出了发展普惠金融,其具体内容主要包括以下四方面。首先,每个人只有拥有并实际获得金融服务的权利,才有机会参与经济发展,才能实现共同富裕,构建和谐社会。其次,实现普惠金融的途径是进行金融体系创新,包括制度创新、机构创新、产品创新和科技创新。再次,普惠金融的主要任务是为传统或正规金融机构体系之外的广大中低收入阶层甚至贫困人口提供机会,为贫困、低收入人口和小微企业提供适用性的金融服务。最后,实现普惠金融的制度保障主要有三个方面:一是在法律和监管政策方面提供适当空间;二是允许新建小额信贷机构的发展,鼓励传统金融机构开展小额信贷业务;三是加强社会信用体系建设。

对此，2014年6月29日在北京国家会议中心举行的第一届新金融联盟峰会的主题为"新金融时代：改变的力量"。顾名思义，"新金融"指的就是当时最受关注的互联网金融，在互联网和信息技术革命推动下，金融业构架中的"底层物质"正在发生深刻变化。移动互联、云计算、大数据等技术引发了金融业的"基因突变"。这种变化使得传统金融业的版图日益模糊，促使传统金融业务与互联网技术融合，通过优化资源配置与技术创新，产生出新的金融生态、金融服务模式与金融产品，反映在金融市场上具体表现为金融要素市场化和金融主体的多元化，金融产品的快速迭代过程正在发生，因此称之为"新金融"，而"新金融"发展的目标也正是让更多的人从金融服务中受益，这也与普惠金融的理念完全一致。

普惠金融商业生态与互联网金融行业发展强相关。在金融行业不断快速发展进程中，无论是普惠金融还是互联网金融的模式，其根本都是利用最新的服务模式服务于金融行业的发展和对金融服务有需求的人群，以促进实体经济的发展。随着移动互联的普及和应用，金融服务将会让更多的人群受益。实际上，互联网金融并未在金融本质上做出改变，而是在交易的环节和形式上做了一些创新。传统银行业是个媒介，大部分用户可能并不知道自己的钱去了哪里，而现行的互联网金融是具有穿透性的，特别是一些比较优秀的互联网金融平台，大部分用户是可以了解到钱去了哪里。总之，无论是普惠金融还是互联网金融，其根本宗旨都是服务于广大用户群体，帮助用户实现更好的发展。

第四节　理解互联网金融的现实意义

一、互联网金融的定义

在中国人民银行发布的《中国金融稳定报告（2014）》中，对互联网金融做出了解释和定义。该报告称，广义的互联网金融既包括作为非金融机构的互联网企业从事的金融业务，也包括金融机构通过互联网开展的业务；狭义的互联网金融则仅包括互联网企业开展的基于互联网的金融业务。

广义的互联网金融是泛指借助于互联网等新技术实现的资金融通，其中，互联网是工具、渠道、媒介，而互联网金融仍是金融，只是实现了资金的融通。从这个意义上讲，互联网金融既包括传统金融的互联网技术化（即传统金融机构利用互联网技术所进行的业务模式创新），也包括互联网的金融化（即非金融机构借助于互联网技术进行金融活动）；而狭义的互联网金融仅指后者。基于广义理解，可把互联网金融界定为一种"金融行为"或"金融模式"，它不是固化的"金融业态"概念，而是传统的金融体系的动态创新变革与延伸。

互联网金融依托大数据、云计算和移动支付等信息技术以及高度普及的互联网开展金融活动，深刻影响和改变着支付、信贷、证券和保险等传统的金融业务模式。总之，互联网金融是互联网技术与传统金融的结合，是借助于互联网和移动通信技术实现资金融通、支付和信息中介功能的一种新兴的金融服务模式。

二、互联网金融的起源和发展

互联网技术起源于20世纪70年代的美国，并在20世纪90年代开始广泛的商业化应用。在近20年的互联网高速发展期间,互联网对传统金融行业的影响和变革最终促使"互联网金融"这一概念在我国出现。

互联网金融的发展,按照参与互联网金融活动的主导者,可以大致分为两个阶段:第一阶段是互联网金融的起源阶段,即以传统金融行业互联网化为主导;第二阶段是大量互联网企业参与金融市场活动,是互联网金融快速发展阶段,促进了新的支付方式、投融资渠道和投融资方法的创新。

虽然西方发达国家尚无"互联网金融"的提法,但自20世纪90年代中期互联网技术真正被商业化应用开始,到20世纪90年代末互联网技术不断成熟和网速提高,互联网技术逐渐对传统金融行业产生了巨大影响。事实上,互联网金融起源于传统的金融机构——银行、保险公司和证券公司等将线下业务转移到线上的过程。1995年10月美国的安全第一网络银行(Security First Network Bank,SFNB)的成立,标志着传统银行服务和产品从线下向线上的转移。随后,学术界与金融界相继提出了电子金融(e-finance)、在线银行(online bank)、网络银行(network bank)等概念。其中,电子金融概念较为宽泛且被广泛接受。电子金融是基于通信、信息网络以及其他网络的金融活动,包括在线银行、电子交易以及如保险、抵押贷款、经纪业务等金融产品和服务的提供和清算。此时,对电子金融的认识还是强调运用电子技术处理所有与商业、金融和银行业务相关的产品和服务的购买、销售和支付过程中所涉及的信息收集、数据处理、检索和传输等环节。在20世纪90年代中后期先后出现的互联网证券交易、互联网保险等传统金融机构基于互联网提供的金融产品或服务都可视为电子金融。当互联网技术发展到21世纪,人们意识到电子金融已经开始打破原有的商业模式,且正在创造新经济。因此,虽然国外尚无互联网金融的提法,但早在20世纪90年代后期提出的电子金融概念与现在我国提出的互联网金融其实有异曲同工之处,一般认为这一时期是互联网金融的起源阶段。

互联网金融快速发展的阶段是2000年前后至今。这期间,一方面,传统金融机构继续加强互联网技术对金融业务的改造,如银行、证券和保险公司的线上服务已经从网络银行扩展到手机银行、移动银行、手机证券、网络保险淘宝模式等新方式;另一方面,传统金融机构的组织结构和运营模式仍然在被互联网所改变。2013年,阿里巴巴、中国平安和腾讯联合设立了众安在线财产保险公司,这是首家不设立实体分支机构、纯粹以互联网进行销售和理赔等业务的保险公司。此外,由于电子商务的快速发展,促进了第三方互联网支付的高速发展,互联网技术公司在与传统金融机构合作的过程中逐渐参与金融领域的相关服务。同时,互联网技术公司逐渐在支付、投融资渠道等方面产生了新的解决方法和商业模式,被称为"互联网金融"。

2013年被称为"互联网金融发展元年",依托社交网络、移动支付、大数据分析、云计算等技术,互联网金融发展出多种创新模式,对传统金融机构造成了巨大冲击。截至2014年12月底,中国互联网金融整体市场超过10万亿元规模,其中,第三方支付交易额达7.76万亿元,股权众筹募集资金达10.31亿元,P2P业务突飞猛进,平台达到2 028家,累计交易突破6 800亿元,参与投资人数达50万人。猛进的增长与活跃的创新离不开监管对创新的包容和支持,2015年7月4日,国务院下发《关于积极推进"互联网+"行动指导意见》,明确"互联网+普惠金融"为重点行动,并通过《关于促进互联网金融健康发展的指导意见》(银发

〔2015〕221号)明确了互联网金融监管的基本框架,这足以看出监管部门对互联网金融行业健康发展的持续关注。

三、互联网金融的特点

互联网金融是现代金融业发展的一个趋势,它与传统金融最显著的区别在于技术基础的不同。互联网给金融业带来的不仅仅是技术的改进和发展,更重要的是运行方式和行业理念的变化。

(一)基于信息技术运用的虚拟化

互联网金融在本质上仍是金融,但它不同于以往以物理形态存在的传统金融。互联网金融主要存在于电子空间,形态虚拟化,运作方式网络化,以大数据、云计算、社交网络、搜索引擎、移动互联等现代信息技术为基础,挖掘客户信息并管理信用风险。互联网金融通过网络生成和传播信息,运用搜索引擎对信息进行组织、排序和检索,通过云计算进行处理,从而有针对性地满足用户在信息挖掘和信用风险管理上的要求。在现代计算机信息技术的支撑下,互联网金融的运营场所、运营方式、金融服务呈现出明显的虚拟化特征。

与传统金融相比,网络技术的应用使得金融信息和业务处理的方式更加先进,系统化和自动化程度大大提高,突破了时间和空间的限制,而且能为客户提供更加丰富多样、自主灵活、方便快捷的金融服务。互联网金融的发展使得金融机构与客户的联系从柜台式接触变为通过网络的交互式联络,这种交流方式不仅缩短了市场信息的获取和反馈时间,而且有助于金融创新的深入发展。

(二)基于高效便捷的经济性

互联网金融业务主要通过计算机联网处理,突破了时间和空间的限制,实现了随时、随地、随渠道的"3A"(anytime、anywhere、anyhow)式金融服务,具有更好的灵活性和流动性。在互联网金融模式下,交易双方通过网络平台自行完成信息分析、市场匹配、结算清算、交易转账等业务,操作流程标准、简单,交易成本显著降低,金融服务的便捷性进一步拓展,大大提高了服务效率。尤其随着平板电脑、智能手机等移动终端的普及,其随时上网、携带方便、便于操作的特点,使客户可以随时随地享用互联网金融提供的金融服务,不需要前往营业网点,节省了排队等候的时间,用户体验也更好。

互联网金融服务的高效便捷使其较传统金融而言,是一种更具经济性的金融服务模式。这种经济性不仅体现在接受服务的客户端,也体现在提供服务的互联网金融供给端。例如,"阿里小贷"依托电商积累的信用数据库,经过数据挖掘和分析,引入风险分析和资信调查模型,从商户申请贷款到发放只需几秒钟,日均可以完成1万笔贷款,成为真正的"信贷工厂"。

(三)基于直接、小额、分散的普惠性

互联网金融既不同于传统商业银行的间接融资,也不同于资本市场的直接融资,而是以点对点直接交易为基础进行的金融资源配置,其资金和金融产品的供需信息在互联网上发布并匹配,供需双方可以直接联系和达成交易,交易环境更加透明。在互联网金融模式下,客户能够突破时间和地域的限制,在互联网上寻找需要的金融资源,金融服务更直接,客户

基础更广泛,实现了为社会各阶层,包括小微企业主、社区居民、农民等,提供金融服务的可能性,因而具有普惠性金融的特征。

传统金融机构由于营业网点和工作人员有限,往往更着力于开发"二八定律"中20%的高净值客户;而互联网金融更注重发展80%的"长尾"小微客户,关注小微企业和个体工商户的金融需求,覆盖了部分传统金融机构的服务盲区,客户基础更加广泛。

(四) 基于金融本质和网络技术的风险性

互联网金融的金融本质使其不可避免地存在常规的金融风险,如信用风险、市场风险、操作风险、法律风险等,同时还存在一定的网络技术风险。因此,在互联网金融模式下,风险控制和金融监管已成为必不可少的环节。

由于我国信用体系和相关法律监管体系不完善,互联网金融违约成本较低,特别是现阶段因为准入门槛低和缺乏监管,P2P网络借贷平台成为不法分子从事非法集资和诈骗等犯罪活动的手段。此外,由于互联网金融的业务及大量风险控制工作均是由计算机程序和软件系统完成,因此,电子信息系统的技术性和管理性安全风险以及技术解决方案的选择性风险,就成为互联网金融面临的最重要的技术风险。

四、互联网金融业务的主要表现形式

(一) 第三方支付

第三方支付(third-party payment)狭义上是指具备一定实力和信誉保障的非银行机构,借助通信、计算机和信息安全技术,采用与各大银行签约的方式,在用户与银行支付结算系统间建立连接的电子支付模式。

根据央行2010年在《非金融机构支付服务管理办法》中给出的非金融机构支付服务的定义,从广义上讲第三方支付是指非金融机构作为收款人和付款人的支付中介所提供的网络支付、预付卡、银行卡收单以及中国人民银行确定的其他支付服务。第三支付已不仅仅局限于最初的互联网支付,而是成为线上线下全面覆盖、应用场景更为丰富的综合支付工具。

(二) P2P网络贷款平台

P2P(peer-to-peer)网络贷款是指通过第三方互联网平台进行资金借、贷双方的匹配,即需要借贷的人群可以通过网站平台寻找到有出借能力并且愿意基于一定条件出借的人群,贷款人通过和其他贷款人一起分担一笔借款额度来分散风险,同时借款人也能在充分比较的信息中选择有吸引力的利率条件。

P2P平台的盈利主要是向借款人收取一次性费用以及向投资人收取评估和管理费用;贷款的利率确定一般是由放贷人竞标确定或者是由平台根据借款人的信誉情况和银行的利率水平提供参考。

(三) 众筹

"众筹"大意为大众筹资或群众筹资,是指用"团购+预购"的形式,向网友募集项目资金的模式。众筹本意是利用互联网和SNS传播的特性,让创业企业、艺术家或个人对公众展示他们的创意及项目,以获取大家的关注和支持,进而获得所需要的资金援助。众筹平台的运作模式大同小异——需要资金的个人或团队将项目策划交给众筹平台,经过相关审核后,

便可以在平台的网站上建立属于自己的页面,用来向公众介绍项目情况。众筹的规则有三个:一是每个项目必须设定筹资目标和筹资天数;二是在设定天数内达到目标金额即成功,发起人即可获得资金,项目筹资失败则已获资金全部退还支持者;三是众筹不是捐款,所有支持者一定要设有相应的回报,众筹平台也会从募资成功的项目中抽取一定比例的服务费用。

(四) 互联网金融门户

互联网金融门户是指利用互联网进行金融产品的销售以及为金融产品销售提供第三方服务的平台。它的核心就是"搜索+比价"的模式,采用金融产品垂直比价的方式,将各家金融机构的产品放在平台上,用户通过对比挑选合适的金融产品。互联网金融门户多元化创新发展,形成了提供高端理财投资服务和理财产品的第三方理财机构,提供保险产品咨询、比价、购买服务的保险门户网站等。这种模式不存在太多政策风险,因为其平台既不负责金融产品的实际销售,也不承担任何不良的风险,同时资金也完全不通过中间平台。目前,在互联网金融门户领域,针对信贷、理财、保险、P2P等细分行业的公司有融360、91金融超市、好贷网、银率网、格上理财、大童网、网贷之家等。

五、互联网金融与金融科技

"互联网金融"与"金融科技"在含义上有非常大程度的重叠,即都是利用IT技术来服务金融业务。从表2-3中,可以看到两者的区分与偏重。

表2-3 互联网金融与金融科技的对比

对比因素	互联网金融	金融科技
核心业务	金融业务	信息技术
发展动因	从事金融业务	技术改变金融服务
社会基础	工业社会	信息社会

从"金融科技"的定义上看,金融科技强调技术革新对金融的赋能作用,和国内互联网金融的定义趋于一致。移动互联网改变了金融的触达能力,大数据改变了信用数据搜集的成本和处理效率,改变了甄别风险的能力,进而改变了金融的成本和效率。从这个角度看,金融科技和互联网金融在业务表现上是重合的。

另外,从国内外互联网金融的实际发展看,由于国内外金融市场环境的不同、用户习惯的不同、法律监管的行业不同以及企业阶段性发展的差异,因此中国的互联网金融行业虽然起步略晚,但是发展迅猛,无论是在网络支付领域、网络融资领域还是在互联网理财领域,中国互联网金融企业的业务规模和增速都远远超过美国和英国的同类企业。

事实上,中国当代的金融创新基本上都与科技发展有着密切关联,"互联网金融"(the internet finance)是中国在数字化的金融实践中创造出来的;美国将基于信息技术和互联网技术的金融创新统称为"金融科技";英国则将类似的业务归纳为"补充金融"(alternative finance)。

第五节　金融科技的基础设施

一、金融科技基础设施的概述

"基础设施建设"是我们日常工作或生活中经常可以听到的行业术语,但相比它来说,"金融科技基础设施建设"这个说法却并没有常被提及,在金融科技具体实践中,金融科技的基础设施建设至关重要,既包括金融领域的基础设施建设,也包括互联网相关技术的基础设施建设。一般政府报告中所提及的基础设施建设,主要是指为社会生产和居民生活提供公共服务的物质工程设施,是用于保证国家或地区社会经济活动正常进行的公共服务系统,如房屋、交通、邮电、桥梁、环保等有形设施。但对于金融科技行业,基础设施往往是由一些无形或有形设施组合而成。概括来说,金融科技的基础设施是指金融运行的硬件设施,主要包括支付体系的建设、征信体系的建设、反洗钱以及由金融监管、中央银行的最后贷款人职能、投资者保护制度等组成的金融安全网等。

二、金融科技基础设施的建设方向

（一）金融基础设施

狭义的金融基础设施是指以中央银行为主体的支付清算体系。广义的金融基础设施是指以中央银行为主体的支付清算体系、确保金融市场有效运行的法律程序、会计与审计体系、信用评级、监管框架以及相应的金融标准与交易规则。金融基础设施主要包括三大体系,即市场交易体系、支付结算体系、支持保障体系。

市场交易体系主要是由交易主体、交易平台、交易工具构成,为广大投资者提供便利活跃的交易场所,包括有形场所和无形场所,以及各类交易手段。

支付结算体系是由支付服务机构、支付工具、运行设施、支付网络等构成,为广大投资者提供快捷、准确、安全的结算渠道。

支持保障体系是由信用保障、科技保障、后台运作保障、信息保障、规则规范保障等构成,是维护金融安全运行、提高资金流动效率的支持系统。

简单来说,金融基础设施就像一个"交通网络"（资金流动体系）,市场交易体系是网络中的"城市"和"村镇"（金融机构、网点和企业等）,是网络的连接点,支付结算体系就是连接这些点的线（资金运行的线路）,有"航空线""铁路线""航海线""高速公路""普通公路"等,而支持保障体系就是交通规则、交通信息、后勤服务等。有了城镇和乡村,有了连接它们的路线,有了交通支持和保障,各类交通工具就可以顺畅地在城乡之间运行。具体到金融系统,就是使资金快速流转,提高资金的使用效率和社会效益,实现劳动力、生产资料、资金等生产要素在全社会的合理配置。

（二）监管政策基础设施

金融科技基础设施的另一个要素是监管制度和法律法规。现代金融监管旨在提高金融市场信息效率,保护消费者权益免受欺诈和渎职的侵害,保持金融系统的稳定。在经济运行中形成的金融体系是脆弱的,发生在银行、保险、证券等任何一个领域中的风险都有可能发展成强大的破坏力,因此,建立起一种能够有效防范金融风险的监管体制是非常重要的。目前,金融科技涉及的法律系统范围很广,既包括金融领域的法律法规,也包括新业态下的互联网金融的相关法律法规。

我国从互联网金融萌芽开始,在监管上就面临着双重维度目标:一方面是维护互联网行业的创新动力和市场活力,保持国内甚至是国际竞争力,这就要求政策必须尊重互联网行业的特性,降低政策执行成本和不必要的反市场约束;另一方面则是必须按照金融的基本规律办事,防范系统性的金融风险,避免得不偿失。为了促进中国金融科技业务的稳健发展,监管者也在寻求创新与风险的平衡。

(三)科技发展基础设施

金融科技能够实现快速发展,多样化的 IT 技术手段是其中非常重要的一个推动力。金融是一个信息密集型产业,信息、技术、制度构成金融业的三大基石。从 19 世纪 30 年代电报的兴起,到后来的电话、计算机,乃至今天的互联网、移动互联网,每一次通信信息技术的变革都对金融业产生了巨大的影响。特别是物联网、社交网络、云计算、移动互联网等新兴信息技术的不断涌现,改变了传统的信息产生、传播和加工利用方式,信息不对称程度大幅下降,信息的获取和处理成本大幅减少,资源的配置效率大幅提升,这些都对金融业产生了巨大的影响。

目前,金融科技依赖的技术手段主要涵盖以下六个方面。

1. 平台技术

平台技术是目前金融科技技术中的一个重要组成部分,也是面向客户提供的主要服务手段,金融业的发展正逐步向平台化演进,客户也越来越习惯于利用互联网平台来享受"自助服务"。

2. 物联网

在物联网技术发展之前,金融服务的业务渠道只停留在结构化数据和非结构化数据的阶段,仅仅是由线下到线上的整合,缺乏用户体验;而物联网是人与物的结合,对于用户习惯的收集与量化可以帮助金融科技机构设计出适合用户特性的个性化金融产品。

借助物联网在用户体验上的优势,金融科技由现在以平台为主的模式向物联网金融转变。物联网金融实质上是建立一个线上交易模式的金融体系。

3. 大数据技术

大数据是当前市场非常热门的话题,很多国家都给予了高度重视,美国政府甚至将其上升到国家战略高度。大数据具有规模大(volume)、速度快(velocity)、类型多(variety)、价值大(value)和真实性(veracity)的"5V"特征,其不仅是适应时代发展的技术产物,更是一种全新的思维理念,即基于数据资产的商业经营模式。在金融领域,大数据技术正促使融资评估模式从"线下核实"向"线下信息"转变。

4. 云计算技术

云计算有狭义和广义两种定义。狭义的云计算是指 IT 基础设施的交付和使用模式,指通过网络以按需、易扩展的方式获得所需的资源(硬件、平台、软件)。广义的云计算是指服务的交付和使用模式,指通过网络以按需、易扩展的方式获得所需的服务。

云计算技术如同物理世界中的水、电、煤气,实现了用户需求与物理、虚拟资源的动态配置,在计算机物理硬件短期内难以突破的情况下,借助分布式计算、网络存储等方式大大提高了海量数据的计算和储存能力,云计算特别适用于金融这种运算能力需求极强的行业。

5. 区块链技术

区块链技术最重要的是解决中介信用问题。在过去,两个互不认识的人要达成协作是很难的,必须要依靠第三方。基于区块链技术,比特币是人类第一次在没有任何中介机构参与下,完成双方可以互信的转账行为。这是区块链技术的重大突破。

区块链概念可以应用到房地产产权保险、共享经济、电力、银行、支付、股票股权交易、反洗钱、物联网、股权证明等诸多领域。

6. 移动互联网

移动互联网(mobile internet,MI),就是将移动通信和互联网两者结合起来成为一体,是互联网技术、平台、商业模式和应用与移动通信技术结合并付诸实践的活动总称。

目前,在互联网的发展过程中,移动互联网呈现较快速发展的一个重要原因就是手机上网速度越来越快,已经能满足用户不断增长的各种多媒体需求;同时,人们通过使用移动互联网来使用金融服务的需求也越来越旺盛。

(四) 人才储备基础设施

金融科技作为聚集金融业务、各种新兴信息化技术于一体的新的金融业态,需要大量高端、复合型人才聚集,是一个人才、技术密集型的产业。目前,从事该产业的工作人员已不能完全满足新金融模式发展的需要,急需培养大量具备金融业务、前沿科学技术、市场营销、风险管理等多种知识和技能于一体的应用型人才,这些都对金融科技的人才培养提出了新的诉求和挑战。

首先,这些人才需要了解金融业务,对于金融行业的股票、基金、期货、信托、衍生品等业态有一定的知识,并掌握金融产品的运作思路。

其次,这些人才需要具有互联网思维,能够把互联网行业的创新思维应用到金融科技的工具上,成为金融科技产品的设计师,并能够组织团队进行开发运营。

最后,这些人才需要具备一定的技术能力。传统金融行业是客户主动上门要求服务,依据孤立的内部数据源进行分析和决策;而金融科技则是汇聚了大数据、云计算、人工智能等领域的前沿技术,需要复合型的综合知识技能人才。

另外,加强面向公众的普惠金融教育,增强家庭金融消费意识和个人金融风险防范意识,也是金融科技产业健康发展的重要保障。

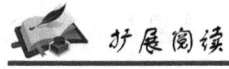

G20 数字普惠金融高级原则的主要内容

原则一:倡导利用数字技术推动普惠金融发展

促进数字金融服务成为推动包容性金融体系发展的重点,包括采用协调一致、可监测和可评估的国家战略和行动计划。

原则二：平衡好数字普惠金融发展中的创新与风险

在实现数字普惠金融的过程中，平衡好鼓励创新与识别、评估、监测和管理新风险之间的关系。

原则三：构建恰当的数字普惠金融法律和监管框架

针对数字普惠金融，充分参考G20和国际标准制定机构的相关标准和指引，构建恰当的数字普惠金融法律和监管框架。

原则四：扩展数字金融服务基础设施生态系统

扩展数字金融服务生态系统，包括加快金融和信息通信基础设施建设，用安全、可信和低成本的方法为所有相关地域提供数字金融服务，尤其是农村和缺乏金融服务的地区。

原则五：采取负责任的数字金融措施保护消费者

创立一种综合性的消费者和数据保护方法，重点关注与数字金融服务相关的具体问题。

原则六：重视消费者数字技术基础知识和金融知识的普及

根据数字金融服务和渠道的特性、优势及风险，鼓励开展提升消费者数字技术基础知识和金融素养的项目并对项目开展评估。

原则七：促进数字金融服务的客户身份识别

通过开发客户身份识别系统，提高数字金融服务的可得性，该系统应可访问、可负担、可验证，并能适应以基于风险的方法开展客户尽职调查的各种需求和各种风险等级。

原则八：监测数字普惠金融进展

通过全面、可靠的数据测量评估系统来监测数字普惠金融的进展。该系统应利用新的数字数据来源，使利益相关者能够分析和监测数字金融服务的供给和需求，并能够评估核心项目和改革的影响。

 **思考题**

1. 中美证券市场上不约而同地推出了"金融科技指数"，比较分析两者所收录的企业名录，并尝试探讨在经济环境下，中美两国对金融科技产业认知的异同点。

2. 数字普惠金融、互联网金融、金融科技，这三个术语都在当前中国新金融环境下被认可和提及。请从以上概念的来源、描述重点、应用范围等方面入手，构建自己的理解框架，并进一步寻找现实事例来说明。

3. 为什么说我们的普惠金融在互联网金融发展起来之后，才又一次重新回到行业关注的视野并具备了现实意义？搜集并参考G20杭州峰会上的讨论要点，探讨我国支持普惠金融的行业发展可能会重点在哪些领域产生影响？

第三章 金融科技的生态结构

第一节 金融科技的生态主体

随着互联网技术的成熟与普遍应用,在金融业进一步发展的过程中,金融科技的实力得到了进一步凸显。金融科技可以帮助金融机构在获客、风控、贷后等业务场景完成作业效率的提升或成本的降低,也可以为金融机构提供软件即服务(software as a service,SaaS)、平台即服务(platform as a service,PaaS)、基础设施即服务(infra structure as a service,IaaS)的底层基础设施,或者用IT解决方案来提升银行的信息化程度;同时,更有实力的企业可以将底层的系统搭建和业务场景结合起来为银行提供一站式的金融科技服务。因此,参与金融科技领域市场竞争的企业分为如下四类。

(1)银行以及银行系金融科技企业。国有五大行以及部分股份制银行拥有极强的盈利能力和互联网人才储备,且在业务领域积累了深厚的认知,所以它们在部分金融科技领域有自我建设的能力,或者通过子公司来完成相关的能力建设并在市场中进行竞争。例如:兴业数金、招商云创等。

(2)掌握技术工具的IT科技企业。毫无疑问,2000年之后的互联网大潮之中,有一大批中国企业通过产品和技术的领先获取了差异化的竞争优势,从而在进一步的发展中发现可以把此类技术用于金融业务,并独立孵化了金融服务相关的企业。例如:蚂蚁金服、京东金融等。

(3)基础设施运营者。在金融科技成熟之前,金融机构也曾向外部采购过数字化信息系统,以完成自身的数字化和信息化建设。例如:华为、中兴等。

(4)独立的金融服务初创企业。由于金融业务的交易链条长、风控标准高,所以市场上也诞生了一批服务金融机构的垂直化企业,比如在交易中进行人脸识别、指纹识别等部分组件的供应商。例如:旷视科技、科大讯飞等。

一、银行以及银行系金融科技企业

中国银行业监督管理委员会(以下简称银监会)*在2015年要求银行对安全可控信息技术的应用逐年增加15%,到2019年达到不低于75%的占比,且预计未来3年银行业IT解决方案的市场规模增速为20%以上,2021年市场规模预计在700亿元以上(见图3-1)。因此,部分银行选择自建IT体系或者设立旗下金融科技公司的方式形成相关能力。传统金

---

* 视该机构已更名为中国银行保险监督管理委员会,简称银保监会。

机构拥有 B 端客户基础和存量客户业务数据,但是缺乏精细的客户画像,大数据既能解决传统金融业务的风控问题,也能进一步让金融实现智能化。

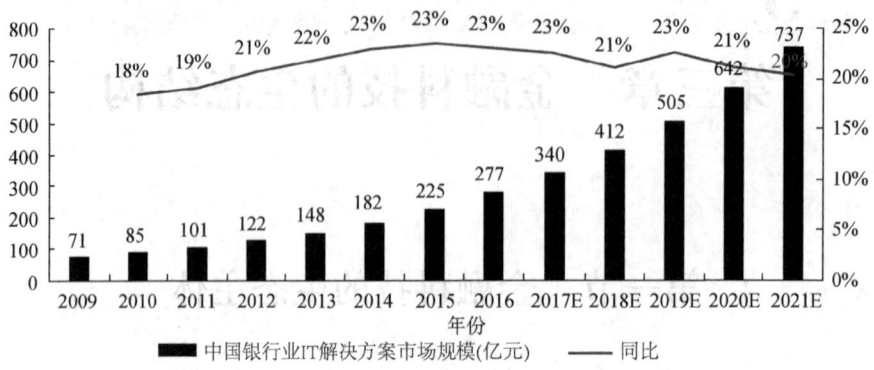

图 3-1　中国银行业 IT 解决方案市场规模图①

从交易的链条来看,客户触达、风险筛选、产品匹配、风险定价、风险控制、客户服务为一个较为完整的服务周期,底层的系统支持和内部运营则为以上的交易流程服务,如图 3-2 所示。

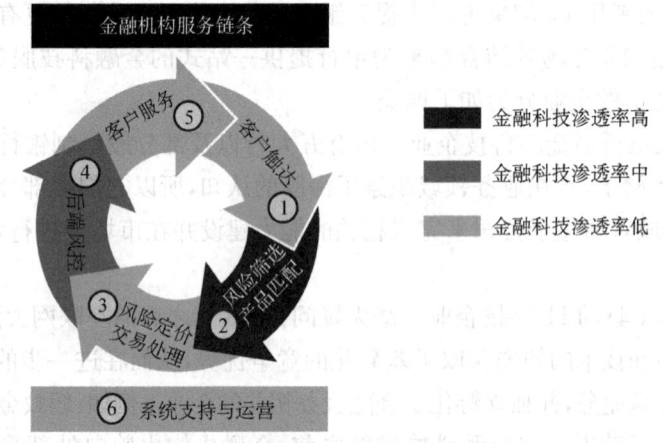

图 3-2　金融机构服务链条图

1. 兴业数金

兴业数金入局最早,与 IBM、华为、联想等 IT 企业合作,为金融行业提供全套解决方案,如基础云服务 IaaS、通用及金融应用 PaaS+SaaS 等。其业务应用方案有银行云、非银云、普惠云、数金云,已经服务了包括村镇银行、城商行、农商行、民营银行在内的 300 多家银行客户;定位是为中小银行、非银行金融机构、中小企业提供金融信息云服务,开展数字化业务;优势产品为面向小银行的票据、理财 IT 服务。2017 年 6 月,兴业数金拿下了资产规模超 6 000 亿元的城市商业银行——天津银行的大单。

2. 招商云创

招商云创入局晚于兴业数金,与 IBM 合作,提供基础云架构服务为主,混合云服务,也

---

① 资料来源:IDC 预测.光大证券研究所。

是国内唯一支持大型机和小型机云化服务的团队。其核心团队成员均来自原招商银行数据中心，不难发现其业务模式上有招商银行的影子。它主要在安全、审计领域为金融业提供合规要求的服务支持。综合来看，其有如下四个特点。

（1）业务驱动，自上而下：提供 IT 规划、咨询、金融业务流程、软件开发与运营、系统集成、培训等全面的金融服务解决方案，改变了银行只提供金融产品的传统经营模式。

（2）补齐云计算技术短板：技术实施层面需与技术公司（IBM、华为等）合作，补齐云计算方面短板。

（3）从同业客户切入：具有向中小银行、新审批的民营银行、城商行、农商行等输出金融科技的能力。

（4）构建行业云为主：BATJ*以公有云为主，对数据加密性要求最高的金融业而言，将系统搭在行业云上，更受监管认可。

二、掌握技术工具的 IT 科技企业

金融科技正在逐步渗透到金融业务的核心环节，金融业务运行逻辑未变，技术是工具和手段，深度嵌入业务场景的产品和解决方案是核心。叠加各种服务的金融云模式是互联网公司的主要方向，目前市场上有两种主要的业务模式：独立方案模式和金融科技服务模式，金融科技服务模式如图3-3所示。

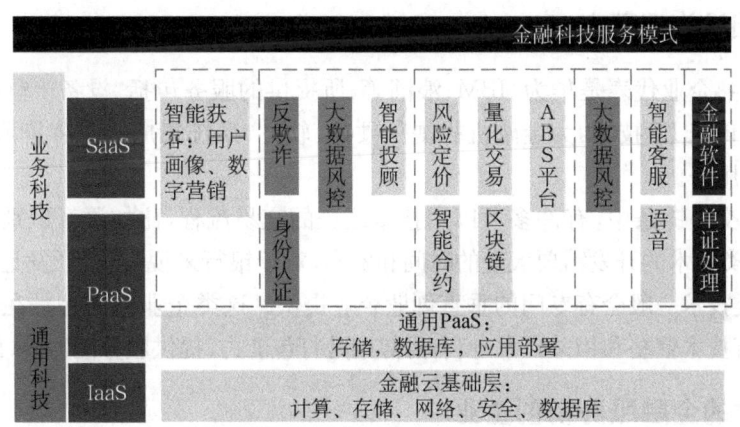

图3-3　金融科技服务模式图

1. 蚂蚁金服

蚂蚁金服入局3年多，偏行业全套方案；同时完成了 IaaS＋PaaS＋SaaS 的部署和搭建，但偏 PaaS 化产品平台。其优势是互金场景、数据和金融服务，先切入互金体量比较小的客户作为首批试点。总体来看，它入局比较早，偏基础设施的提供。

2. 腾讯金融

腾讯金融入局3年，同样是提供全套业务解决方案，主要的产品特征是通过社交产品

---

* BATJ：百度（Baidu）、阿里巴巴（Alibaba）、腾讯（Tencent）、京东（JD）的首字母缩写，被认为是当前中国互联网行业中的领军企业，此处用来代表前沿的互联网技术类公司。

（微信、QQ）获取大量社交数据，用大数据的方式实现业务规模化并降低成本。预计该公司未来利润大部分来自 SaaS 服务，其定位从最早的行业解决方案提升到金融云，优势则是已拥有微众银行及腾讯生态体系外多家金融客户。

3. 百度金融

百度金融晚于蚂蚁金服和腾讯金融，属于市场中的追赶者。其优势是依靠着积累了 10 余年的搜索引擎技术和产品，在流量、搜索能力、数据方面有差异化优势；劣势则是百度的产品在使用时无需登录，所以没有账户体系和账户特性，用户黏性差，对于用户的数据没有很多积累。

4. 京东金融

京东金融入局相对较晚，2017 年 11 月正式发布相关业务布局。它在 IaaS、PaaS、SaaS 基础上提供 FaaS(Fintech as a service)，打造客户生态，服务于传统金融机构。

综合来看，这类机构有如下两个特点。

（1）互联网科技公司（BATJ）基于云服务的底层基础能力，针对金融行业推出金融云解决方案，为银行、证券、基金、保险以及互联网金融企业提供量身定制的云计算服务，推动传统 IT 向云计算的转型。

（2）互联网科技公司（BATJ）向轻资产转型，牵手"四大行"及其他中小银行，输出金融科技，提供流量入口以及大数据风控。例如，百度与农业银行、阿里与建设银行、京东与工商银行、腾讯与中国银行均建立了合作关系。

三、基础设施运营者

此类的成熟企业代表是华为、IBM、浪潮等，所提供的服务包括"设备＋软件＋服务"等。这些公司擅长传统 IT 技术：为金融机构提供硬件、软件、系统集成或者咨询服务，也包括一些流程外包的服务。

在金融的交易链条中，有许多可以用技术改进的交易流程，比如语音识别、指纹识别、面部识别等。这类技术的开发需要大量的时间和资本，对于银行来说，自行开发是一个不经济的行为，所有此类技术一般会有专门的垂直创业企业提供。这类企业的优势是在专项领域中达到领先水平，有技术壁垒和相关技术专利；劣势则是打包能力、提供服务能力差，议价空间小。

四、独立的金融服务初创企业

1. 科大讯飞

科大讯飞的核心技术为语音合成、语音识别、自然语言处理等。其在金融领域的应用是身份验证、智能客服等。其金融机构类的代表客户包括京东、汇丰银行、工商银行、平安集团。

2. 旷视科技

旷视科技的核心业务为 face ID 在线身份验证、face++ 人工智能开放平台，主要客户领域为金融和安防。其金融机构类的代表客户包括蚂蚁金服、优分期、小米金融、中信银行、北京银行、招商银行等。

3. 众安科技

众安科技的核心技术为大数据、云计算、区块链、人工智能，核心产品为区块链产品、数据智能产品(身份核验、风控、反欺诈、用户画像、智能客服)、保险科技产品、金融科技产品,客户包括众安保险、积分豆、鉴面签等。

4. 同盾科技

同盾科技的核心产品为反欺诈技术、信贷风控、信息核验,优势是数据资源丰富、数据处理能力强;客户超过7 000家,涉及银行、保险、互金等,互金客户包括宜人贷、微粒贷、拍拍贷,银行客户包括中信银行、招商银行、北京银行、兴业银行、民生银行等。

5. 融都科技

融都科技的核心产品为系统建设,包括互金、网贷、银行资管、票据业务、保理、交易所业务运营管理与担保综合业务管理等,服务的客户总量超1 000家,范围包括传统金融机构、小贷担保、融资租赁和创新金融业务。其中,来源于互联网金融领域的客户有网金社、九云小贷等;来源于传统金融机构的典型客户有西南证券、中融信托、邮储银行、中泰证券、阳光保险、农业银行等。

第二节 金融科技的业务分类

金融科技是由技术驱动的金融创新,为金融发展注入了新的活力,但同时也给金融安全带来了巨大的挑战。2017年被称作是"金融科技元年",大数据、人工智能、区块链等新技术在金融科技领域的应用愈发频繁。2017年5月,央行成立金融科技委员会,旨在加强金融科技工作的研究规划和统筹协调。当前,全球金融科技已从互联网技术向大数据、区块链、云计算、人工智能等在金融领域的应用慢慢转变,预计未来的一段时间里,金融科技不仅会大大改变金融服务的组织方式和金融风险的管理模式,而且也将同样深刻改变金融管理的实践形式。

人工智能可以在很多业务层面代替柜员的作用;云计算改变了金融信息数据的存储、管理模式,极大地提高了数据处理速度,为金融机构利用大数据进行风险管理提供了底层系统支持;区块链技术的发展既是数字货币发展的基础能力,又为金融交易创造了一个高度保密的环境。金融科技不能改变传统意义上资金融通的本质,但改变了这一流程的步骤和效率。其技术能力的定位从过去的后台支持、辅助性,变成了前台的业务性,这一改变肯定会带来金融管理实践的巨大挑战。同时,在可以见的未来,金融监管一定是更多地偏向基于技术的监管,而创造大数据监管环境、提高非现场监测能力,注定会成为提升金融监管效率的方向。

金融科技行业从2012年以来发展异常迅猛,相关从业者看到了支付宝的成功之后,多个细分行业公司都有风投基金下注,导致融资并购新闻屡屡出现,业务规模急速上升。中国的金融科技行业由于模式先进、规模巨大,在世界格局中已形成一股不可忽视的力量。

参考巴塞尔银行监管委员会的归类方法,可以将金融科技公司按功能特性分为四大类:借贷与融资类、投资管理类、支付结算类和市场设施类,如表3-1所示。这四大类金融科技公司又由很多细分领域构成,面对不同的目标人群满足不同的需求。按各个金融业务产生收入的方式有别,金融科技公司也可分成重资产模式和轻资产模式。金融科技企业一个很大的特征是大部分公司的变现模式都是轻资产收取服务费的模式,这种不消耗资本的模式在互联网扩张边际成本几乎为零的特性下拥有指数式成长的前景。

表 3-1 金融科技公司分类

大领域	细分行业	服务客群	重资产/轻资产
借贷与融资	P2P	企业、个人	重资产
	消费金融	个人为主	重资产
	征信	企业、个人	轻资产
	众筹	企业为主	轻资产
支付结算	企业端支付	企业	轻资产
	个人端支付	个人	轻资产
投资管理	智能投顾	企业、个人	轻资产
	产品经纪	企业、个人	轻资产
	证券经纪	个人	轻资产
	保险经纪	个人	轻资产
市场设施	数字货币	企业、个人	轻重资产都有
	金融信息	企业为主	轻资产

一、支付结算类

从全球的角度来看,中国的支付行业特别是移动支付行业的增速远远高于世界其他国家,第三方支付机构发展势头迅猛。在第三方网络支付交易规模中,移动支付是最主要的业务类型。比较商业银行与第三方支付机构的市场占有率,银行仍是支付清算的重要渠道,其在大额支付、单位资金结算和跨境支付方面占主要地位。

现在,中国第三方支付市场的情况有如下几个特征:第一,用户规模不断扩张,移动支付用户增速更为显著;第二,交易规模仍在快速增长,移动支付交易规模增长更为迅速;第三,在交易规模结构细分中,个人应用在 2016 年异军突起,场景不断丰富。一方面,大数据、区块链、人工智能等先进技术持续迭代,推进了支付服务更加便捷和安全,支持和引导了金融科技时代支付行业的创新发展。另一方面,在金融与科技融合过程当中,相关商业的模式同样实现了创新,支付清算、资产转化、风险管理和信息处理等功能相互融合,形成了新的场景,创造出了新的金融业态。支付行业的相关金融科技业务不断完善,得益于我国金融科技发展的天然土壤:首先是智能手机等移动通信设备广泛普及,银行卡和支付账户在我国有着广泛使用;其次是支付服务的市场结构有利于金融科技发展,支付机构在金融科技领域的创新活动反过来又带动了传统银行业金融机构试用更多的新技术。

第三方支付在业务上有如下四个特征。第一,市场的参与主体趋于多元化。金融科技推动支付上下游产业不断延伸,在原有以卡组织为主的支付清算模式上,增加了互联网企业、商户、电信运营商、终端提供商和平台服务商等,更多的参与方分布在金融、服务、信息等各个产业。市场参与主体趋于多样化,支付产业网络效应和规模效应愈发显著。第二,支付产品和渠道趋于多元化。支付方式从传统的现金、纸质票据、银行卡支付拓展到网上支付、二维码支付、手机支付、穿戴支付等。市场参与主体和支付服务产品的不断扩大,重新构建了支付清算领域的生态环境。第三,推动支付与商业服务场景进行整合。金融科技提供支付创新,将线上、线下的边界打破并深度融合,推动商业模式重塑,使线上、线下的商业服务和支付服务更加一体化,将支付业务与商业服务场景紧密关联,推进金融服务和商业服务共同向信息化、智能化和个性化发展。第四,推动支付与其他金融服务进行整合。金融科技推动支付正在加速向其他金融服务领域渗透,基于支付延伸的消费信贷、投资理财、保险等金融服务快速增长,支付与其他金融服务融合的趋势越来越显著。

1. 企业端支付

企业服务端的细分行业公司竞争激烈,由于企业大额支付对于支付成本和交易便捷性的要求没有对个人用户端产品的要求那么高,而是对其安全性要求特别高,所以企业端大额支付市场将长时间区别于个人端支付市场。不同行业地区对于支付的要求也有所不同,因此,企业端支付市场将来的竞争也将以行业区域布局为重。

2. 个人端支付

在个人端支付领域,支付宝和财付通两家已经形成巨头垄断局面,两家合计占据市场接近90%的份额,也占据了行业大部分的利润。这两家公司在用户规模上的巨大优势和用户对其产品的巨大黏性预计将慢慢蚕食细分市场,行业新进入者很难有突围的机会。

二、借贷与融资类

(一) P2P 与网络借贷

P2P 公司是从事网络借贷最主要的互联网金融形式。P2P 公司在国内整个网络借贷领域甚至在整个金融科技领域中数量占比较大,这与其商业模式不无关系,P2P 的核心商业模式是匹配个人与小微企业借贷和中小额投资,诚然,这种匹配肯定不是传统商业银行主营业务的领域,而且该模式前期的技术门槛不高,所以大量地方小贷公司建了网站、做了 App,就变成了 P2P 公司。根据网贷之家的数据,国内目前 P2P 公司数量已经稳定在 6 000 家以下。目前来看,行业仍在大规模洗牌,问题平台数量不断增多,而正常经营平台在近一年几乎减少了 900 家。从 P2P 行业的成交额来看,行业集中度较高,排名前 1% 的平台占据了行业 30% 的份额,且集中度还在不断提升,整个行业处在整合期,如图 3-4 所示。

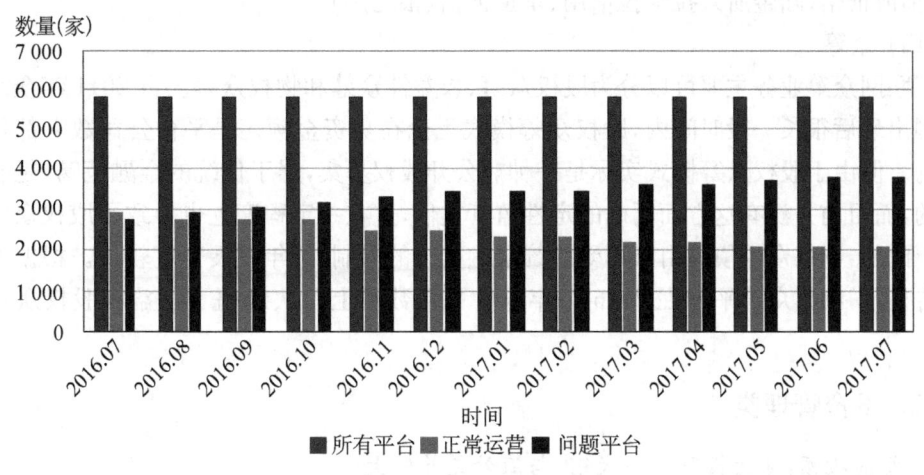

图 3-4　P2P 平台概况

(二) 消费金融

同样是债权融资的消费金融行业近年发展较快,居民消费信贷余额近3年快速增长,复合增长率超过20%。其中,互联网消费金融增速更快,复合增速超过了300%,而且在整体居民消费信贷中占比越来越高,互联网消费金融余额占居民整体消费金融余额从2014年的不到1%已经增长到2016年的超过5%,如图3-5所示。

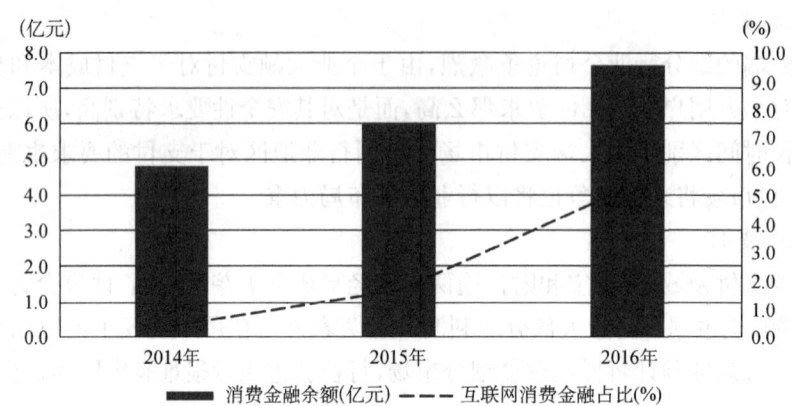

图 3-5 消费金融领域概况

(三) 征信产品

企业征信业务较市场化,个人征信业务仍有待放开。征信业务同样受益于国内信贷市场快速增长的需求,近年发展也较快,主要是受益于央行对于市场的逐步开放。易观千帆数据显示,针对企业和个人的征信主体从2012年的52家增长到了2016年的138家。其中,企业征信主体增长了1倍以上,个人征信主体增长了4倍。这主要得益于牌照的放开和市场需求的增长,但也可以观察到目前监管机构对于征信业务的态度:企业征信业务基本已经市场化了;而个人征信虽然增速快,实际上央行并未正式下发个人征信牌照,目前的10家只包含2015年1月第一批央行批准的8家个人征信公司和第二批准备批准的2家。首批批准的8家个人征信公司中有5家具有金融科技股东背景,分别是芝麻信用(阿里巴巴)、腾讯征信、前海征信(陆金所)、拉卡拉信用、华道征信(银之杰)。

(四) 众筹

互联网众筹业务主要可以分为股权众筹、权益性众筹和物权众筹。自2011年众筹业务在中国出现后很长一段时间内,股权众筹模式无论在募资金额还是平台公司数上都是占比最高的。但由于股权众筹模式实际是一种非公开股权募集,属于传统的金融范畴,是有监管需求的,而目前并没有这方面明确的定性监管文件,这在一定程度上也导致了股权众筹发展停滞。此外,物权众筹模式由于不受传统金融监管的限制,近年发展速度较快。根据人创咨询报告显示,物权众筹平台在2016年年末的平台数量上首次赶超了权益和股权众筹平台数量。

三、投资管理类

1. 智能投顾:名为投顾实则代销,与海外差异较大

智能投顾这个产品近年可谓在互联网金融行业中受关注度越来越高,尤其是华泰证券

收购了美国智能投顾公司Assetmark,招商银行推出了摩羯智投。这两大金融细分行业中的零售巨头纷纷布局智能投顾领域。但实际上这个行业由于受制于各种因素,在国内的发展与海外成熟模式有较大差异。例如,海外智能投顾主要推荐配置低费率的交易型开放式指数基金(exchange traded funds,ETF)产品,而国内这类产品选择面还是较少;在权益类资产配置上还是以一些高收费的主动基金为主。此外,由于海内外对于理财规划的需求和金融知识普及度上也存在较大差异,智能投顾在国内目前更像是智能代销基金平台而非海外智能投顾的概念。因此,综合来看,目前国内智能投顾还未出现比较成熟的模式。

2. 产品经纪:与传统机构从竞争慢慢转向合作

电子经纪类中的产品经纪主要指通过互联网销售基金产品。这类公司一开始普遍是以金融业务类公司出现,2013年余额宝及后来一大堆"宝宝类"产品的推出开创了国内该领域的先河。这些平台普遍依靠自身互联网流量优势杀入基金代销领域,打乱了原来的竞争状态。根据天弘基金增利宝2017年第二季度财报,其基金规模已经达到1.4万亿元,遥遥领先于其他所有的基金公司。但是,正是因为这些互联网销售平台最初并不具有长期的资产管理经验,其产品基本局限在了货币基金上,而在看清其商业模式还是代销后,发现货币基金销售收入比主动管理的权益类基金低很多。为了拓展收入来源,这些公司都开始寻求与基金公司更进一步的合作。蚂蚁财富于2017年3月推出了"财富号",第一批合作的基金公司包括博时、兴全、天弘、南方等。在原来基金超市的基础架构下,蚂蚁金服又推出为基金公司提供用户触达、数据和营销等一揽子服务,加大了基金公司合作的度。京东金融于2017年4月份推出了"京东行家",首期9家基金公司合作,同样提供大数据分析服务,依靠自身平台数据,为基金公司提供关于基金组合和智能投资工具开发的支持。京东金融强调:不与基金公司"抢生意"。

3. 保险经纪:大幅降低门槛,近五年增长百倍

由于互联网保险公司的出现大大降低了保险的购买和投资门槛,因此互联网保险行业近年发展迅速。保观数据显示,互联网保费从2011年的23亿元增长到了2016年的2347亿元,增长超过100倍。互联网保险公司降低购买门槛主要是通过以下四点:设计出各种小额保险产品;设计简单易懂的条款;根据场景需求设计出各种易推广的产品;服务流程更简便。

4. 证券经纪:自营与合作并行,增长迅速

自2015年网上开户推出后,互联网证券经纪才算有了一个合适的发展场景,与股票投资相关的巨大流量突然有了变现的方式。由于证券经纪业务是牌照业务,互联网证券经纪公司整体可分为两类:一类是自己收购券商牌照直接从事经纪业务;另一类是与券商合作,通过导流参与分成。第一类公司主要是以东方财富为代表,该公司于2015年4月收购了西藏同信证券,从而自己拥有了证券经纪牌照,通过自己旗下巨大的股票流量平台——淘股吧将大量流量引导到自家旗下的东方财富证券。截至2017年上半年,东方财富证券增长了1.08%的经纪业务份额,是所有券商中近三年经纪业务份额中增长最大的。第二类公司是以同花顺、雪球为代表的未持牌机构。它们都是通过将自己平台流量引导到合作券商开户收取一定分成。这类公司由于本身拥有互联网基金,产品在用户交互设计上都胜过传统券

商。另外,除了拥有更优化的交易功能外,这些公司也提供了一些非交易功能,如社交互动、直播等新兴功能。

四、市场设施类

金融科技市场设施类主要包含了数字货币及区块链和金融信息资讯。这类公司并不直接进入业务端,而是对金融业务提供支持。

1. 数字货币及区块链:由货币属性延伸出各种商业模式

数字货币及区块链行业可以说是由于比特币的诞生而产生的。2009年,一个网名叫中本聪的人最早提出了比特币的概念,之后,数字货币及区块链行业便一发不可收拾。目前,以比特币为主的数字货币也延伸出了多种商业模式,可以说基本法币有的模式比特币也是一应俱全,从支付结算到股权融资一整套传统金融领域现有的模式在数字货币领域也全都有相应的解决方案,只是将结算的货币换成比特币或者其他数字货币。

2. 金融信息资讯:寡头业务同质化,技术推动发展

金融信息资讯公司主要是指面向金融机构客户提供数据的公司。目前,国内这块业务主要由万得资讯和东方财富垄断,这两家公司占到了行业90%的份额。这两家公司的产品Wind和Choice客户端上提供的数据包括UI都几乎是一致的,同质化非常严重。从海外公司经验来看,已经有些金融信息公司开始使用新技术。过去金融信息资讯行业的信息都是靠人工采集一些官方渠道的公开信息,而现在人工智能技术和整个社会的信息爆炸让获取信息的渠道更丰富了,如海外已经出现的应用案例的自然语义分析(nature language processing,NLP),可以将社交媒体、门户网站、传统媒体中的杂乱信息通过人工智能技术进行过滤,提取有效信息。这将大大扩充可以获得的金融数据量和速度。

扩展阅读

中国金融科技研究热点

本研究对中文文献的计量集中在中国学术期刊网络出版总库、中国中药会议论文全文数据库、国际会议论文全文数据库、中国重要报纸全文数据库等数据库,相关文献的发表时间锁定在2015年1月1日至2017年3月15日。

从1988年至今,与金融科技相关的论文共有799篇,并在2016年呈现爆发式增长(见图3-6)。

第一,国内与金融科技相关的研究文献(见图3-7)集中于金融科技相关的关键底层技术,如大数据及数据分析、区块链等方面。

第二,金融科技底层科技与具体的金融范畴融合所带来的创新商业模式,如电子支付、电子银行、虚拟货币、传统金融业务的互联网化,研究频次较高。

第三,金融科技相关的投、产、融如何结合,如金融信息化、金融创新等研究频次较高。

第四,金融科技与社会进步的关系,如促进普惠金融、提升金融效率、改良信息不对称、改善客户体验等,关注的群体较多。

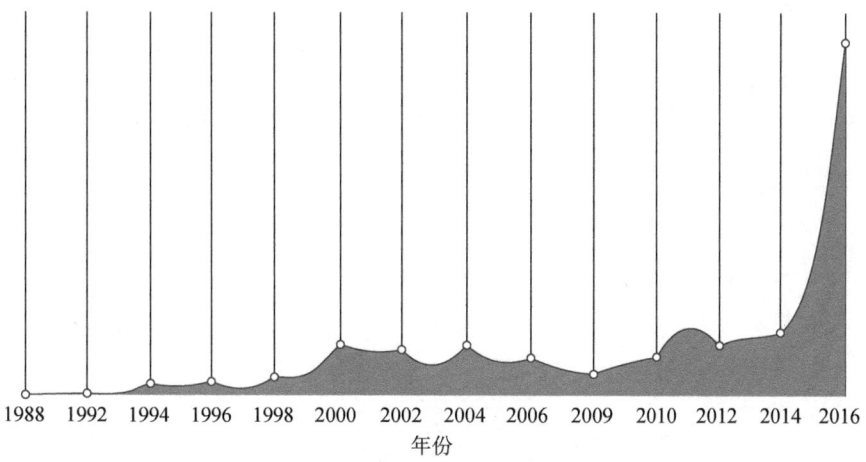

图 3-6 金融科技研究走势

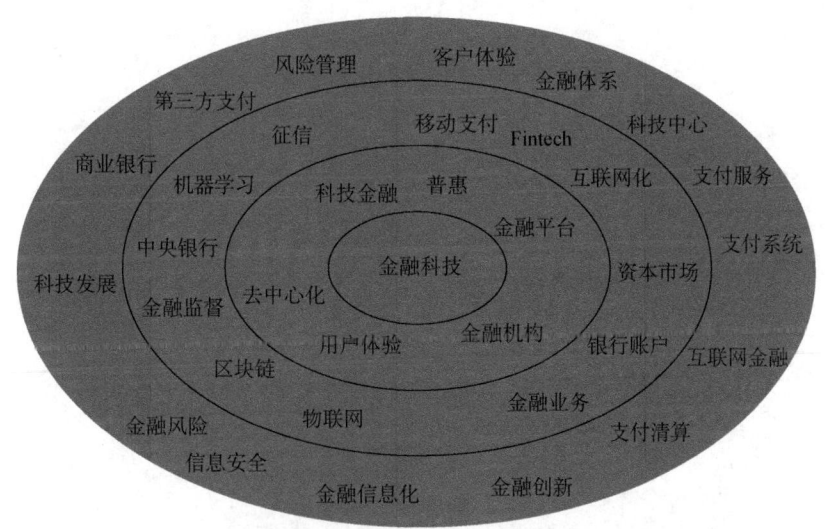

图 3-7 国内金融科技研究热点

第五,已有学者、机构开始关注金融科技带来的金融风险、信息科技风险等。

第六,金融科技的法治与监管问题,如信息安全、金融监管等,引发了积极的思考。

 思考题

1. 收集资料并查阅文献,论述"商业生态系统"的基本概念、构成主体、核心关联、分析框架或其他你所感兴趣的内容。

2. 提及商业模式时,何为"重资产"或"轻资产"? 在互联网商业模式下关注边际成本,那么在互联网金融的商业模式下,是否也遵循这个原则?

第二篇

金融科技中的技术理解

第四章 金融科技的技术要求

第一节 云计算及其在金融领域的运用

一、云计算技术演进

"云计算"的概念是由美国的谷歌公司较早提出的。27岁的谷歌高级工程师克里斯托夫·比希利亚在2006年首次向谷歌董事长兼CEO施密特提出"云计算"的概念,在施密特的支持下,谷歌推出了"Google 101计划",并正式提出"云"的概念。2006年8月9日,施密特在搜索引擎大会(search engine strategies 2006 in San Jose)正式提出"云计算"(cloud computing)概念,由此拉开了计算技术以及商业模式的时代变革。

谷歌的云计算是一种形象的说法,是以浪漫主义手法来描述谷歌的商业模式和计算机技术架构,因此云计算包含两个层次的含义:一是商业层面,即"云";二是技术层面,即"计算"。把"云"和"计算"相结合,形象地说明了谷歌在商业模式及计算架构上有别于传统的软件和硬件公司。

云计算是由分布式计算(distributed computing)、并行处理(parallel computing)、网格计算(grid computing)发展来的,是一种新兴的商业计算模型。目前,鉴于人们对云计算的认识还在不断发展变化,云计算没有一个公认的定义。关于云计算的定义有以下几种。

维基百科将云计算定义为:云计算是将IT相关的能力以服务的方式提供给用户,允许用户在不了解提供服务的技术、没有相关知识以及设备操作能力的情况下,通过互联网获取所需服务。

中国云计算网将云计算定义为:云计算是分布式计算、并行计算和网格计算的发展,或者说是这些科学概念的商业实现。

美国国家标准与技术研究院(National Institute Standards and Technology,NIST)将云计算定义为:云计算是一种按使用量付费的模式,这种模式提供可用的、便捷的、按需的网络访问,进入可配置的计算资源共享池(资源包括网络、服务器、存储、应用软件、服务),这些资源能够被快速地提供,只需投入很少的管理工作,或与服务供应商进行很少的交互。

简单地讲,云计算是一种基于互联网的超级计算模式,它将计算机资源汇集起来,进行统一的管理和协同合作,以便提供更好的数据存储和网络计算服务。

云计算服务有以下几种基本类型,即SaaS模式、PaaS模式和IaaS模式。

(一) SaaS——软件即服务

SaaS是提供软件服务的应用模式,要求能够支持不同租户之间数据和配置的隔离,从而保证每个租户数据的安全与隐私,以及用户对诸如界面、业务逻辑、数据结构等的个性化需求。由于SaaS同时支持多个租户,每个租户又有很多用户,这对支撑软件的基础设施平台的性能、稳定性、扩展性提出了很大挑战。

最早的SaaS模式当属在线电子邮箱,它极大地降低了个人与企业使用电子邮件的门槛,进而改变了人与人、企业与企业之间的沟通方式。发展至今,SaaS的种类与产品已经非常丰富。其中,面向个人用户的服务包括账务管理、文件管理、照片管理、在线文档编辑、表格制作、资源整合、日程表管理、联系人管理等;面向企业用户的服务包括在线存储管理、网上会议、项目管理、客户关系管理(CRM)、企业资源管理(ERP)、人力资源管理(HRM)、销售管理(STS)、协调办公系统(EOA)、财务管理、在线广告管理以及针对特定行业和领域的应用服务等。

(二) PaaS——平台即服务

PaaS是把服务器平台、开发环境或者业务基础平台作为一种服务,以SaaS模式提交给用户的一种商业模式。因此,PaaS模式也是SaaS模式的一种应用,但是PaaS的出现可以加快SaaS的发展,尤其是加快SaaS应用的开发速度。

PaaS模式的典型案例有以下三种。

(1) 应用程序开发/运行平台,如Google App Engine。

(2) 在线数据库服务,如亚马逊在线简单数据库服务。

(3) 云操作系统,如Window Azure。

(三) IaaS——架构即服务

消费者可以通过互联网从完善的计算机基础设施之中获得服务,这类服务称为基础设施服务。基于互联网的服务(如存储和数据库)是IaaS的一部分。

IaaS模式的典型案例包括以下五种。

(1) 云主机。

(2) 云存储。

(3) 云容灾备份。

(4) 虚拟防火墙。

(5) 弹性计算平台。

各种云服务的分类示意见图4-1。

二、云平台与信息系统基本结构

(一) 云平台的基本架构

一个典型的云平台一般由资源层、平台层、应用层、管理层以及用户访问层组成,图4-2是云平台的典型架构图。

1. 资源层

资源层即IaaS层,位于云平台架构的底层,主要由服务器、存储设备和网络设备组成,为上层的平台层提供计算、网络通信和数据存储服务。

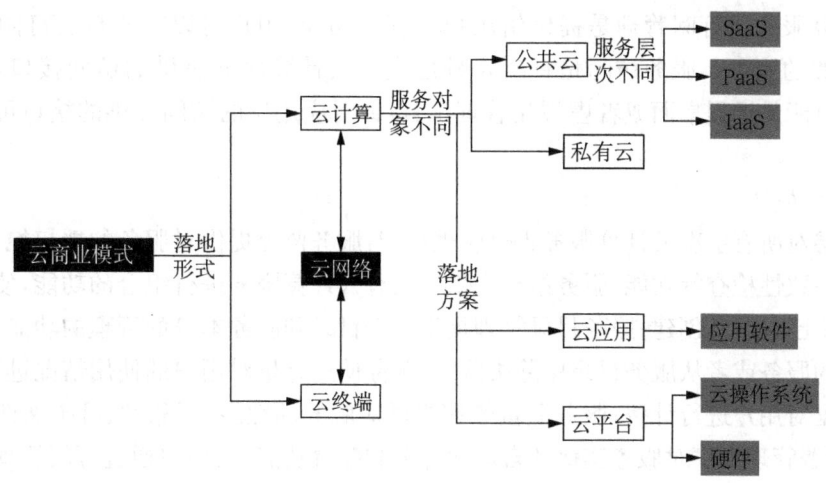

图 4-1 各类云服务模式

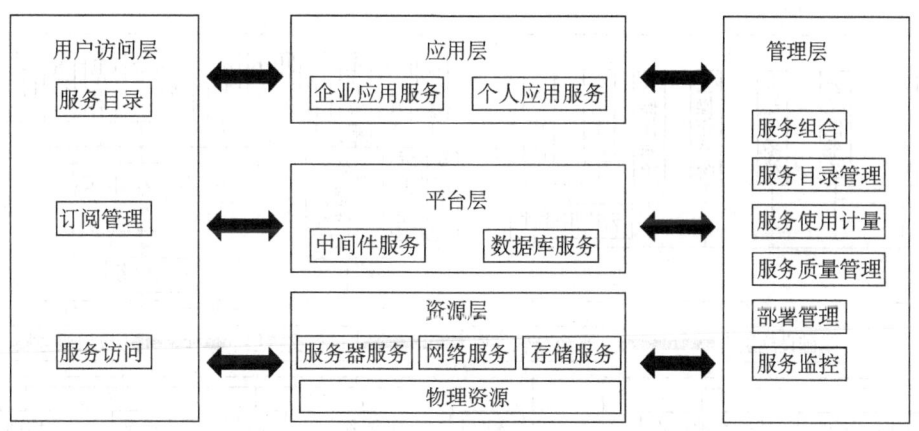

图 4-2 云平台的典型架构

2. 平台层

平台层即 PaaS 层,位于资源层之上、应用层之下,对资源层的各种计算、存储和网络资源进行封装和抽象化,为上层直接提供计算平台和解决方案作为服务,以方便应用程序部署,从而节省购买和管理底层硬件和软件的成本。具体应用如谷歌应用程序引擎(Google App Engine),这种服务可以让开发人员编译基于 Python 的应用程序,并可免费使用谷歌的基础设施来进行托管。

3. 应用层

应用层即 SaaS 层,云应用利用云软件架构,往往不再需要客户在自己的电脑上安装和运行该应用程序,从而减轻软件维护、操作和售后支持的负担。具体应用如 Facebook 的网络应用程序、谷歌企业应用套件 Google Apps。

4. 用户访问层

用户访问层是方便用户使用云计算服务所需的各种支撑服务,针对每个层次的云计算服务都需要提供相应的访问接口。服务目录是一个服务列表,用户可以从中选择需要使用的云计算服务。订阅管理是提供给用户的管理功能，用户可以查阅自己订阅的服务或者终止订阅的服务。服务访问是针对每种层次的云计算服务提供的访问接口，针对资源层的访问可能是远程桌面或者虚拟化管理工具，针对应用层的访问提供的接口可能是web服务。

5. 管理层

管理层对所有层次云计算服务提供管理功能：服务监控提供对服务的授权控制、用户认证、审计、一致性检查等功能；服务组合提供对已有云计算服务进行组合的功能，使得新的服务可以基于已有服务创建；服务目录管理提供服务目录和服务本身的管理的功能，管理员可以增加新的服务或者从服务目录中除去服务；服务使用计量对用户的使用情况进行统计，并以此为依据对用户进行计费；服务质量管理提供对服务的性能、可靠性、可扩展性进行管理的功能；部署管理提供对服务实例的自动化部署和配置功能，当用户通过订阅管理增加新的服务订阅后，部署管理模块自动为用户准备服务实例。

图4-3为云平台架构全景图，全面体现了云计算的各个相关应用部分和所处的位置。

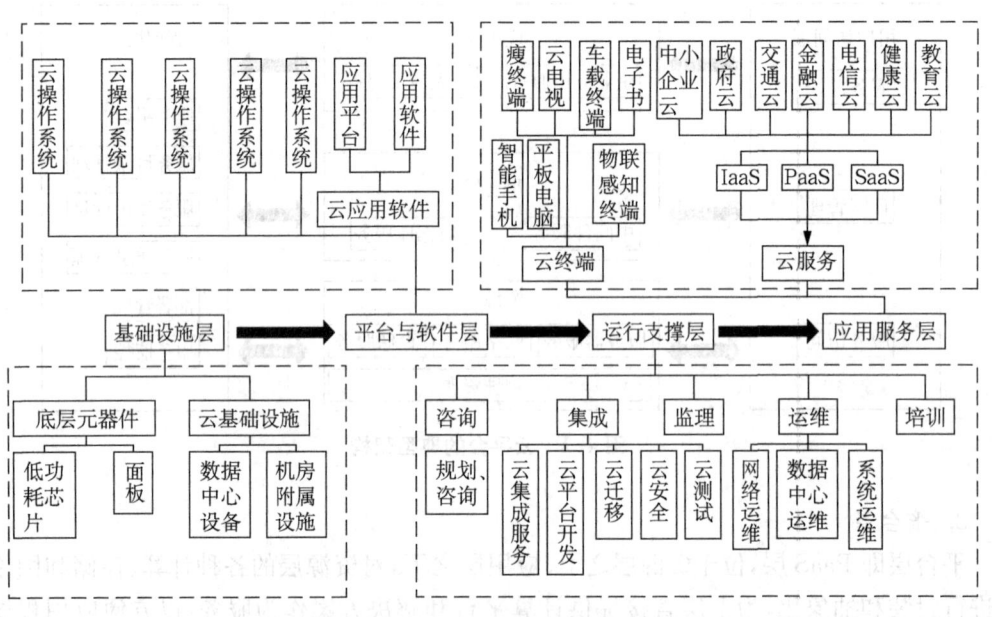

图4-3　云平台基本架构示意图

(二) 云计算的特点

云计算通过把计算分布在大量的分布式计算机上而非本地计算机或远程服务器中，使得企业数据中心的运行与互联网更相似。引入云计算，企业就能够将资源切换到需要的应用上，根据需求访问计算机和存储系统。这好比是从古老的单台发电机模式转向了电厂集中供电的模式，它意味着计算能力也可以作为一种商品进行流通，就像煤气、水、电一样，取用方便，费用低廉，但云计算能力是通过互联网而不是有形的管道进行传输的。云计算有以下八个特点。

1. 超大规模

"云"具有相当的规模，谷歌云计算已经拥有100多万台服务器，亚马逊、IBM、微软、雅虎等的"云"均拥有几十万台服务器。企业的私有"云"一般拥有数百或上千台服务器。"云"能赋予用户前所未有的计算能力。

2. 虚拟化

云计算支持用户在任意位置、使用各种终端获取应用服务。其所请求的资源来自"云"，而不是固定的有形的实体。应用在"云"中某处运行，但实际上用户无需了解也不用担心应用运行的具体位置，只需要一台笔记本或者一个手机，就可以通过网络服务来实现我们需要的一切，甚至包括超级计算这样的任务。

3. 高可靠性

"云"使用了数据多副本容错、计算节点同构可互换等措施来保障服务的高可靠性，使用云计算比使用本地计算机可靠。

4. 通用性

云计算不针对特定的应用，在"云"的支撑下可以构造出千变万化的应用，同一个"云"可以同时支撑不同的应用运行。

5. 高可扩展性

"云"的规模可以动态伸缩，满足应用和用户规模增长的需要。

6. 按需服务

"云"是一个庞大的资源池，你可以按需购买；"云"可以像水、电、煤气那样计费。

7. 极其廉价

由于"云"的特殊容错措施可以采用极其廉价的节点来构成，"云"的自动化集中式管理使大量企业无需负担日益高昂的数据中心管理成本，"云"的通用性使资源的利用率较之传统系统大幅提升，因此用户可以充分享受"云"的低成本优势，经常只要花费几百美元、几天时间就能完成以前需要数万美元、数月时间才能完成的任务。

云计算可以彻底改变人们未来的生活，但同时也要重视使用环境问题，这样云计算才能真正为人类进步做贡献，而不是简单的技术提升。

8. 潜在的危险性

云计算服务除了提供计算服务外，还必然提供了存储服务。但是云计算服务当前垄断在私人机构（企业）手中，而它们仅仅能够提供商业信用，因此政府机构、商业机构（特别像银行这样持有敏感数据的商业机构）对于选择云计算服务应保持足够的警惕。一旦商业用户大规模使用私人机构提供的云计算服务，无论其技术优势有多强，都不可避免地会让这些私人机构以"数据（信息）"的重要性挟制整个社会。对于信息社会而言，"信息"是至关重要的。另一方面，云计算中的数据对于数据所有者以外的其他云计算用户是保密的，但是对于提供云计算的商业机构而言却毫无秘密可言。所有这些潜在的危险是商业机构和政府机构选择云计算服务，特别是选择国外机构提供云计算服务时不得不考虑的一个重要的前提。可以说，云计算是计算机网络技术发展到一定水平后的必然产物，因为它解决了个人电脑时代无法解决的问题，图4-4总结了云计算促进IT系统升级的几个方面。

（三）典型的云计算平台介绍

云计算平台简单来说就是一个云端，是服务器端数据存储和处理中心，可以通过客户端进行操作，发出指令，而数据的处理会在服务器进行，然后将结果反馈给用户。云端平台数

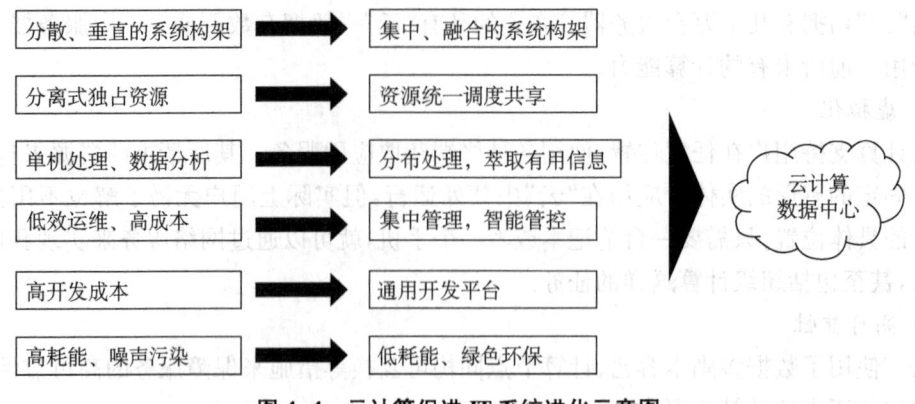

图 4-4 云计算促进 IT 系统进化示意图

据可以共享,可以在任意地点对其进行操作,这样不但可以节省大量资源,还有以下两大好处:第一,云端可以同时对多个对象组成的网络进行控制和协调;第二,云端各种数据可以同时被多个用户使用。以下是一些典型的云计算平台的介绍。

1. 谷歌的云计算平台

谷歌的硬件条件优势、大型的数据中心、搜索引擎的支柱应用,促进了谷歌云计算的迅速发展。谷歌的云计算主要由 MapReduce、GFS、Bigtable 组成。它们是谷歌内部云计算基础平台的三个主要部分。谷歌还构建了其他云计算组件,包括一个领域描述语言 Sawzall 以及分布式数据锁服务机制 Chubby 等。Sawzall 是一种建立在 MapReduce 基础上的领域语言,专门用于大规模的信息处理。Chubby 是一个高可用、分布式数据锁服务,当有机器失效时,Chubby 使用 Paxos 算法来保证备份。

2. IBM 的"蓝云"计算平台

"蓝云"解决方案是由 IBM 云计算中心开发的企业级云计算解决方案。该解决方案可以对企业现有的基础架构进行整合,通过虚拟化技术和自动化技术,构建企业自己拥有的云计算中心,实现企业硬件资源和软件资源的统一管理、统一分配、统一部署、统一监控和统一备份,打破了应用对资源的独占,从而帮助企业实现云计算理念。

IBM 的"蓝云"计算平台是一套软、硬件平台,它将互联网上使用的技术扩展到企业平台上,使得数据中心使用类似于互联网的计算环境。"蓝云"大量使用了 IBM 先进的大规模计算技术,结合了 IBM 自身的软件、硬件系统以及服务技术,支持开放标准与开放源代码软件。

3. 亚马逊的弹性计算云

亚马逊是最大的在线零售商,为了应对交易高峰,不得不购买了大量的服务器。但在大多数时间,大部分服务器是闲置的,这造成了很大的浪费。为了合理利用空闲服务器,亚马逊建立了自己的弹性计算云(elastic compute cloud,EC2),并且它是第一家将基础设施作为服务出售的公司。

亚马逊将自己的弹性计算云建立在公司内部的大规模集群计算的平台上,而用户可以通过弹性计算云的网络界面去操作在云计算平台上运行的各个实例(instance)。用户使用实例的付费方式由用户的使用状况决定,即用户只需为自己所使用的计算平台实例付费,运行结束后计费也随之结束。这里所说的实例即是由用户控制的完整的虚拟机运行实例,通过这种方式,用户不必自己去建立云计算平台,节省了设备购买与维护费用。

4. 微软的 Windows Azure 云平台

Windows Azure 是微软基于云计算的操作系统,和 Azure Services Platform 一样,是微软"软件和服务"技术的名称。Windows Azure 的主要目标是为开发者提供一个平台,帮助其开发可运行在云服务器、数据中心、web 和 PC 上的应用程序。云计算的开发者能使用微软全球数据中心的储存、计算能力和网络基础服务。

Windows Azure 以云技术为核心,提供了"软件+服务"的计算方法,是 Azure 服务平台的基础。Windows Azure 用于帮助开发者开发可以跨越云端和专业数据中心的下一代应用程序,在 PC、web 和手机等各种终端间创造完美的用户体验。Windows Azure 能够将处于云端的开发者个人能力,同微软全球数据中心网络托管的服务,比如存储、计算和网络基础设施服务,紧密结合起来。这样,开发者就可以在"云端"和"客户端"同时部署应用,使得企业与用户都能共享资源。

5. 阿里巴巴集团的阿里云

阿里云创立于 2009 年,是中国的云计算平台,其服务范围覆盖全球 200 多个国家和地区。阿里云致力于为企业、政府等组织机构提供最安全、可靠的计算和数据处理能力,让计算成为普惠科技和公共服务,为万物互联的数据技术世界提供源源不断的新能源。

在阿里云的服务群体中,活跃着微博、知乎、魅族、锤子科技、小咖秀等一大批明星互联网公司。在天猫"双十一"全球狂欢节、12306 春运购票等极富挑战的应用场景中,阿里云保持着良好的运行记录。此外,阿里云在金融、交通、基因、医疗、气象等领域广泛地输出一站式的大数据解决方案。

2014 年,阿里云曾帮助用户抵御全球互联网史上最大的分布式拒绝服务(distributed denial of service,DDoS)攻击,峰值流量达到每秒 453.8GB。在 Sort Benchmark 2015 世界排序竞赛中,阿里云利用自主研发的分布式计算平台 ODPS,用 377 秒完成了 100TB 数据排序,刷新了 Apache Spark 1 406 秒的世界纪录。

阿里云在全球各地部署了高效节能的绿色数据中心,利用清洁计算支持不同的互联网应用。目前,阿里云在新加坡、美国硅谷、俄罗斯、日本以及我国杭州、北京、青岛、深圳、上海、千岛湖、内蒙古、香港等地设有数据中心,未来还将在欧洲、中东等地设立新的数据中心。

"为知笔记"的个人服务已全面基于阿里云计算平台,提供国内最可靠的商业品质云服务。无论是在技术保障还是商业诚信上,"为知笔记"都为用户提供了国内最优品质的服务。

阿里云数据中心的架构如图 4-5 所示,负责管理由通用服务器构成的大规模集群,提供弹性、高效的分布式存储和计算服务。

阿里云数据中心部分主要由以下几个模块组成。

1) 飞天大规模分布式计算系统

飞天大规模分布式计算系统(Apsara)负责管理集群系统资源,控制分布式程序运行,隐藏下层故障恢复和数据冗余等细节,有效地提供弹性计算和负载均衡的服务,支持 PB 级以上数据仓库、邮箱和搜索等高性能海量数据级别应用。

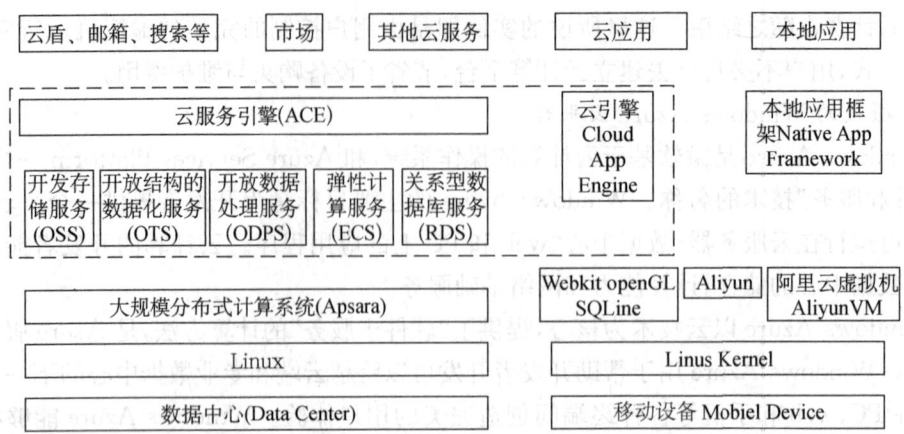

图 4-5　阿里云数据中心架构

2）开放存储服务

开放存储服务（OSS）是构建在飞天之上的高速、可靠的无结构数据对象存储服务，采用加密和访问控制策略来保证数据的安全性，为用户提供符合 RESTful 规范的应用接口。

3）开放结构化数据服务

开放结构化数据服务（OTS）是构建在飞天之上的结构化和半结构化数据服务，以提供实时存储和查询。OTS 以数据表的形式组织数据，通过 RESTful API 提供服务。OTS 适用于对数据规模和实时性要求高的互联网应用和物联网应用。

4）开放数据处理服务

开放数据处理服务（ODPS）是构建在飞天之上的离线海量数据处理服务，能够提供每天 PB 级别的数据流量的处理能力。ODPS 以 RESTful API 的形式支持基于描述性查询语言 SQL 的数据处理，并提供数据驱动的多级流水线并行计算框架。ODPS 适用于海量数据统计、数据模型、数据挖掘、数据商业智能等互联网应用。

5）弹性计算服务

弹性计算服务（ECS）是构建在飞天之上的为广大互联网站长和开发者提供弹性可扩展的虚拟化服务。它具有自助管理、数据安全保障、自动故障恢复和防网络攻击等高级功能，能够帮助用户简化开发部署过程，降低运维成本，构建按需扩展的网站架构，从而更适应互联网应用快速增长、灵活多变的特征。

6）云数据库

云数据库（RDS）是一种即开即用、稳定可靠、可弹性伸缩的在线数据库服务。它基于飞天和高性能存储，RDS 支持 MySQL、SQL Server、PostgreSQL 和 PPAS（高度兼容 Oracle）引擎，并且提供了容灾、备份、恢复、监控、迁移等方面的全套解决方案。

（四）云计算关键技术

1. 虚拟化技术

虚拟化是指计算机元件在虚拟的基础上而不是在真实的基础上运行。虚拟化技术可以扩大硬件的容量，简化软件的重新配置过程。CPU 的虚拟化技术可以单 CPU 模拟多 CPU 并行，允许一个平台同时运行多个操作系统，并且应用程序都可以在相互独立的空间内运行而互不影响，从而显著提高计算机的工作效率。

虚拟化也是一个广义的术语，是一个为了简化管理、优化资源设计的解决方案。例如，在空旷、通透的写字楼，整个楼层几乎看不到墙壁，用户可以用同样的成本构建出更加自主适用的办公空间，进而节省成本，发挥空间最大利用率。这种把有限的固定资源根据不同需求进行重新规划以达到最大利用率的思路，在 IT 领域就叫做虚拟化技术。

1）虚拟化技术分类

（1）平台虚拟化（platform virtualization），这是针对计算机和操作系统的虚拟化。

（2）资源虚拟化（resource virtualization），这是针对特定的系统资源的虚拟化，如内存、存储、网络资源等。

（3）应用程序虚拟化（application virtualization），包括仿真、模拟、解释技术等。

2）硬件虚拟化

CPU 的虚拟化技术是一种硬件方案，支持虚拟技术的 CPU 带有经特别优化过的指令集来控制虚拟过程，通过这些指令集，虚拟机可以很容易地提高性能，相比纯软件的虚拟化技术，会在更大程度上提高其性能。

3）纯软件的虚拟化技术

在纯软件虚拟化解决方案中，虚拟机中的操作系统其实是真实操作系统下的一个应用程序，因此，从虚拟操作系统上的应用程序到实际操作系统就要比通常的应用程序多经过一个通信层。

虚拟化软件主要有以下几种。

（1）RedHat KVM。虚拟化方式：完全虚拟化。

（2）VmWare ESX。虚拟化方式：完全虚拟化。

图 4-6 所示为 VmWare 服务器虚拟化的基础概念。

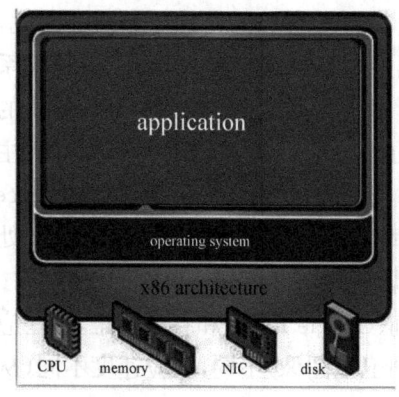
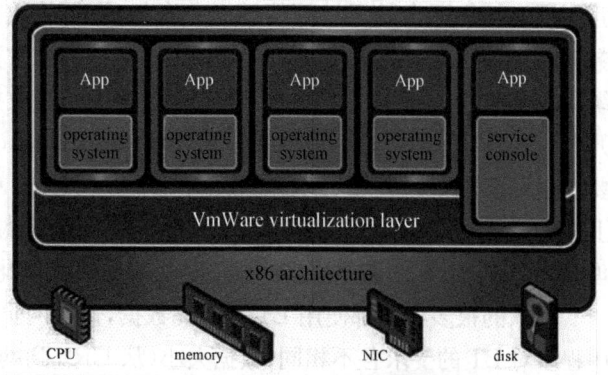

虚拟化前：
- 每台主机一个操作系统
- 每台硬件紧密结合
- 在同一主机上运行多个应用程序通常会遭遇冲突
- 系统的资源利用率低
- 硬件成本高昂而且不够灵活

虚拟化后：
- 打破了操作系统和硬件的互相依赖
- 通过封装到虚拟机的技术，管理操作系统和应用程序为单一的个体
- 强大的安全和故障隔离
- 虚拟机是独立于硬件的，它们能在任何硬件上运行

图 4-6　VmWare 服务器虚拟化示意图

金融科技概论

(3) Citrix XenServer。虚拟化方式：半虚拟化(Linux 安装 Linux)、全虚拟化(Linux 安装 Windows)、硬件辅助虚拟化。

(4) Microsoft Hyper-V。虚拟化方式：半虚拟化。

可以想象一下，未来的虚拟化发展将会是多元化的，包括服务器、存储、网络等更多的元素，用户将无法分辨哪些是虚、哪些是实。虚拟化将改变现在的传统 IT 架构，而且将互联网中的所有资源全部连在一起，形成一个大的计算中心，而我们却不用关心所有这一切，只需关心提供给自己的服务是否正常。虽然虚拟化技术前景看好，但是这一过程还有很长的路要走，因为还没有哪种技术是不存在潜在缺陷甚至"陷阱"的。不过我们相信，虚拟化技术将会成为未来的主要发展方向。

2. 海量数据分布存储技术

云计算系统采用分布式存储的方式存储数据，用冗余存储的方式保证数据的可靠性。云计算系统中广泛使用的数据存储系统是基于谷歌的 GFS 和 Hadoop 团队开发的 GFS 的开源系统 HDFS，GFS 即谷歌文件系统(google file system)，它是个可扩展的分布式文件系统，是对大型的、分布式的、大量数据进行访问的应用，GFS 的设计思想不同于传统的文件系统，是针对大规模数据处理和谷歌应用特性而设计的。它虽然运行于廉价的普通硬件上，但可以提供容错功能，可以给大量的用户提供总体性能较高的服务。一个 GFS 集群由一个主服务器(master)和大量的块服务器(chunks-server)构成，并被许多客户(client)访问。主服务器存储文件系统中所有的元数据，包括名字空间、访问控制信息、从文件到块的映射以及块的当前位置。它还控制系统活动范围，如块租约(lease)管理、鼓励块的垃圾收集、块服务器间的块迁移。主服务器定期通过"心跳消息"(heartbeat)与每一个块服务器通信，并收集它们的状态信息。

3. 海量数据管理技术

海量数据管理技术是指对大规模数据的计算、分析和处理的技术，如各种搜索引擎。以互联网为计算平台的云计算能够对分布的、海量的数据进行有效可靠的处理和分析。因此，数据管理技术必须能够高效地管理大量的数据，通常数据规模达 TB 甚至 PB 级。云计算系统中的数据管理技术主要是谷歌的 BT(big table)数据管理技术，以及 Hadoop 团队开发的开源数据管理模块 HBase 和 Hive。作为基于 Hadoop 的开源数据工具，HBase 和 Hive 主要用于存储和处理海量结构化数据。BT 是建立在 GFS、SchedLockService 和 MapReduce 上的一个大型的分布式数据库，有别于传统的关系数据库，它把所有数据都作为对象来处理，形成一个巨大的表格，用来分布存储大规模结构化数据。

谷歌的很多项目都使用 BT 来存储数据，包括网页查询、Google Earth 和谷歌金融，这些应用程序对 BT 的要求各不相同：数据大小(从 URL 到网页到卫星图像)不同，反应速度不同(从后端的大批处理到实时数据服务)。对于不同的要求，BT 都成功地提供了灵活高效的服务。

4. 并行计算技术

并行计算(parallel computing)技术是指同时使用多种计算资源解决计算问题的过程，是提高计算机系统计算速度和处理能力的一种有效手段。并行计算是相对于串行计算而言的。它是一种一次可执行多个指令的算法，目的是提高计算速度及通过扩大问题求解规模，解决大型而复杂的计算问题。其基本思想是用多个处理器来协同求解同一问题，即将被求解的问题分解成若干个部分,各部分均由一个独立的处理器来并行计算。并行计算系统既可以是专门设计的、含有多个处理器的超级计算机,也可以是以某种方式互连的若干台独立计算机构成的集群。通过并行计算集群完成数据的处理,再将处理的结果返回给用户。

所谓并行计算可分为时间上的并行和空间上的并行。时间上的并行就是指流水线技术,而空间上的并行则是指用多个处理器并发的执行计算。

5. 云计算平台管理技术

云计算资源规模庞大,是一个系统服务器数量众多、结构不同并且分布在不同物理地点的数据中心,同时它还运行着成千上万种应用。如何有效地管理云环境中的这些服务器,保证整个系统提供不间断服务必然是一个巨大的挑战。云计算平台管理系统可以看作是云计算的"指挥中心",通过云计算系统的平台管理技术能够使大量的服务器协同工作,方便地进行业务部署和开通,快速发现并恢复系统正常工作,通过自动化、智能化的手段实现大规模系统的可靠运营和管理。

1) 云终端

在云计算技术中,运行、计算、存储都在云端,充分利用服务器资源,对于终端性能要求很低,可以说是"超瘦"终端,只需要一台能上网的设备,用户通过互联网就能实现文档处理和资料存储。因此,本书把能使用云应用的设备都叫云终端,而不局限于仅能运行云应用的终端。它的基本要求就是有稳定的网络连接和基本的计算能力,必须适应不同用户群和云计算发展的要求。

云计算是未来的趋势,而最终要把云计算带给用户还得通过终端,因此云终端也必须能够适应和满足云计算的要求和用户不同的应用场景需求。云计算带来了4C融合,即计算(computer)、通信(communication)、消费电子(consumer eletronics)、内容(content)之间的融合;4C的融合也带动了终端之间的融合,也意味着各种便携网络设备、PC、手机、家电之间的界限越来越模糊。可以想象,手机发展到一定程度,除可以便携通话、上网、控制家电外,还可以外接屏幕和输入设备,用户相当于拥有了一台高清播放设备或办公电脑,而且内容方面可以和所有的终端共享。可以预见,具有强大便携、移动和娱乐性及利用云计算进行办公能力的云终端产品将会成为市场的主流。图4-7为云终端的架构示意图。

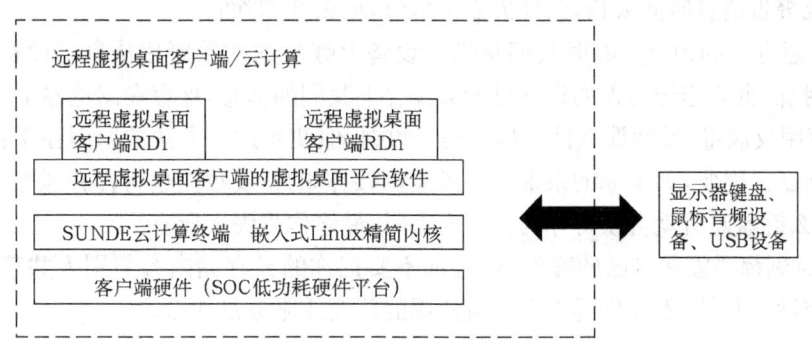

图4-7 云终端的架构

2) 云安全

云安全(cloud security)是一个由云计算演变而来的新名词。云安全的策略构想是:使用者越多，每个使用者就越安全，因为如此庞大的用户群足以覆盖互联网的每个角落，只要某个网站被袭击或某个新木马病毒出现，就会立刻被截获。

云安全通过网状的大量客户端对网络中软件行为的异常进行监测，获取互联网恶意程序的最新信息，并推送到 Server 端进行自动分析和处理，再把病毒和木马的解决方案分发到每一个客户端。

在云时代，安全问题变得更为重要，个人应该更加注意自己的信息安全，以下是提高个人信息安全的十个重要方法。

（1）密码优先。如果我们讨论的是理想的情况，那么你的用户名和密码对于每一个服务或网站都应该是唯一的，而且要得到许可。理由很简单：如果用户名和密码都是同一组，那么当其中一个被盗了，其他的账户也同样暴露了。

（2）检查安全问题。在设置访问权限时，尽量避开那些瞥一眼就能看出答案的问题，如 Facebook 头像；最好的方法是选择一个问题，而这个问题的答案却是另一个问题的答案。例如，如果你选择的问题是"小时候住在哪里"，答案最好是"黄色"之类的。

（3）试用加密方法。无论这种方法是否可行，它都不失为一个好的想法。加密软件需要来自用户方面的努力，但它也有可能需要你去抢夺代码凭证，因此没有人能够轻易获得它。

（4）管理密码。你可能有大量的密码和用户名需要跟踪照管，为了管理这些密码，你需要有一个应用程序和软件，它们将会帮助你做这些工作，其中一个不错的选择是 LastPass。

（5）双重认证。在允许用户访问网站之前会有两种使用模式，因此除了用户名和密码之外，唯一验证码也是必不可少的。这一验证码可能是以短信的形式发送到你的手机上，然后进行登录。通过这种方法，即使其他人得到了你的凭证，但他们得不到唯一的验证码，这样他们的登录就会遭到拒绝。

（6）不要犹豫，立刻备份。当涉及云中数据保护时，人们被告知要在物理硬盘上进行数据备份，这听起来可能有些奇怪，但这确实是需要你去做的事，你应该直接在你的外部硬盘上备份数据，并随身携带。

（7）完成后立即删除。为什么在有无限的数据存储选择时，我们还要找麻烦去做删除工作呢？原因在于，你永远不知道有多少数据会变成潜在的危险。如果来自于某家银行账户的邮件或警告信息时间太长，已经失去了价值，那么就删除它。

（8）注意登录的地点。有时我们从别人设备上登录的次数要比从自己设备上多得多。当然，有时我们也会忘记他人的设备可能会保存下我们的信息，保存在浏览器中。

（9）使用反病毒、反间谍软件。尽管是云数据，但使用这一方法的原因在于你第一次从系统中访问云。因此，如果你的系统存在风险，那么你的在线数据也将存在风险。一旦你忘记加密，那么键盘监听就会获得你的云厂商密码，最终你将失去所有。

（10）时刻都要管住自己的嘴巴，永远都不要把你的云存储内容与别人共享，必须保持密码的秘密性。此外，不要告诉别人你所使用的厂商或服务是什么。

三、典型金融平台架构设计需求

小微金融等新兴银行金融业务亟需一种新型的弹性架构来应对高并发、大流量的业务冲击，同时要满足应用快速版本迭代升级、敏捷运维管理等需求。可以利用互联网应用架构与 Docker 容器技术帮助银行业应对互联网+的挑战,建设基于 PaaS 平台的敏捷 IT 架构。

移动互联网渠道创新是传统企业无法也不能躲避的业务变革,无论是接入或者自建互联网渠道都需要回答如下问题:现在的 IT 架构能否应对互联网渠道创新业务的爆炸性冲击?什么样的 IT 架构才能够解决这个问题并具备应对未来需求的良好扩展能力?以银行业为例,传统的银行渠道比较单一,基本上围绕各个分支机构和营业网点运营,整个 IT 系统的建设性能指标在整个指标体系中的重要性往往要低于其业务可靠性。然而,这一切正在发生改变,围绕互联网渠道的渠道创新业务已经改变了这种现状。

银行业已经告别了传统的以银行业务为中心的业务模式,开始转变成以客户需求为核心进行业务设计与金融创新,这也正是场景金融的内涵。无论是传统的电子银行业务,还是渠道创新的直销银行业务,以及互联网金融的各种"宝宝们",都是为满足客户各种场景金融需求而建立的金融业务。图 4-8 是现代银行的一些业务及其运营所基于的运营平台。

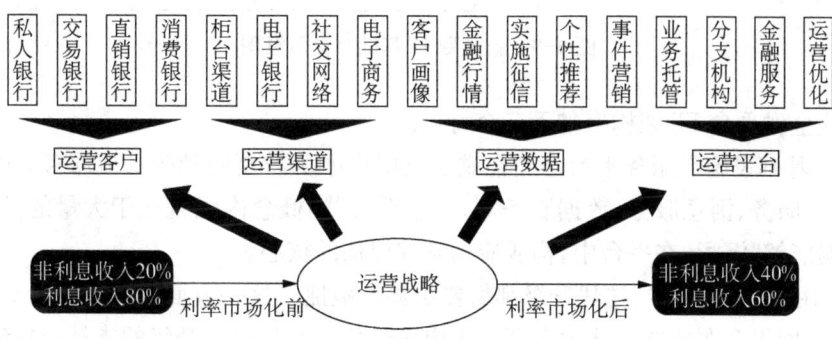

图 4-8 现代银行业务及运营平台

围绕客户、渠道、数据和平台,银行业需要解决以下三个主要问题。
(1) 如何快速实现业务上线来应对快速变化的市场?
(2) 应用架构如何应对互联网渠道带来的瞬时大规模并发请求带来的负载压力?
(3) 如何实现大量业务应用、服务与数据的统一化管理并确保上述两个问题的解决?
采用过去"烟囱式"建设模式具有如下三个弊端。
(1) 建设周期过长。传统的建设模式要经历规划、采购、开发、上线、试运行等阶段才能上线一个新的业务应用,时间跨度从几个月到几年,十分漫长。例如,基于互联网事件的营销类应用需要及时对事件做出响应,对业务上线周期具有十分苛刻的要求,传统模式显然无法满足。
(2) 扩展性不能满足业务需要。传统的应用一般都是基于规划容量进行设计与开发,用户的规模是可以估计的,在极端的条件下可以通过排队等机制降低负载压力;而"秒杀""抢购"等应用模式却不具有这样的前提条件,用户规模会在极短的时间内爆炸性增加。简单的排队策略会让用户大大降低对产品和服务的质量评价,无法满足快速扩展的需要。
(3) 业务封闭。传统的业务与业务之间很少互相访问,业务服务在设计上与运营过程中也缺乏复用的考虑,更不用说满足多个场景并发访问的需求。

新金融 IT 基础平台的建设思路为：重平台、轻应用、服务化。图 4-9 为新金融 IT 基础平台示意图。

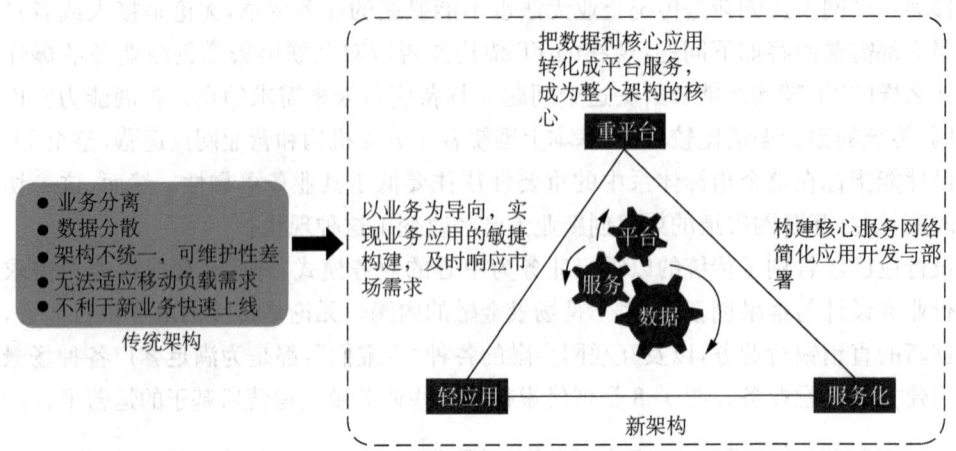

图 4-9　新金融 IT 基础平台示意图

新一代金融平台 IT 架构有如下三个特点。

（1）IT 基础设施与服务平台已经集成了应用程序所需要的基础件或服务，比如资源申请服务、调度服务、消息服务、数据服务等。"重平台"的概念内涵就在于大量的基础服务或者经验数据能够"沉积"在平台中，构成应用基础架构的核心。

（2）应用的开发、上线、迭代升级都需要足够的敏捷。这一方面依赖于平台集成的基础服务，另一方面平台要能够快速地实现对于应用封装、发布、迭代升级的支持，具备一键式部署、升级等特性。

（3）应用的架构需要由平台服务或组件封装而成，服务或组件能够提高系统的并发性，同时具备可并行化特征，除了能降低服务响应延迟外，最重要的是可以通过整个平台服务来支撑"大并发"访问需求。

从业务需求的角度来说，"轻应用"的平台能够快速"组装"出新的业务形态来满足市场快速变化的需求；"服务化"一方面加强了各个业务之间更多的关联，提高了服务质量，另一方面可以把优秀的经验和实践固化下来增强企业业务竞争力；"重平台"特性可通过整个平台的能力有效支撑业务负载压力，确保应用的资源需求、扩展性需求、并发需求等得到满足。

当然，上述特性不是天然就具备的，需要从应用架构优化和平台创新两个方面进行改变来确保目标达到。

1. 应用架构优化

移动互联网模式下应用具备的特点有如下三点。

（1）需要能够应对大量用户同时并发访问需求，即应用架构要具有优秀的并发性和弹性。

（2）应用要能够快速迭代，一方面满足业务发展需要，另一方面可以不断对性能进行调优来改进服务质量。

（3）应用架构要满足能够快速"组装"出新的业务应用来支撑快速变化的市场需要，也就是说，应用架构要具备：①强大的并发能力；②灵活的弹性；③敏捷的迭代能力；④标准化可组装性。

这几种能力的获得需要从多个角度对系统进行优化，典型的优化包括负载均衡、异步IO、消息队列、数据库读写分离/分库分表、服务拆分、内存缓存、索引系统、分布式存储系统/CDN、空间换时间优化等手段。

1）负载均衡

根据业务模型和业务服务协议，一般可选择的负载均衡方案包括链路层负载均衡、IP层负载均衡、http反向代理、DNS域名解析负载均衡、http重定向负载均衡，大型网站或业务服务往往采用多种手段进行流量的负载均衡，例如，首先基于DNS实现多数据中心的负载均衡，其次根据IP实现数据中心内多业务负载均衡，最后再基于反向代理实现统一业务的不同服务器之间的负载均衡，具体如图4-10所示。

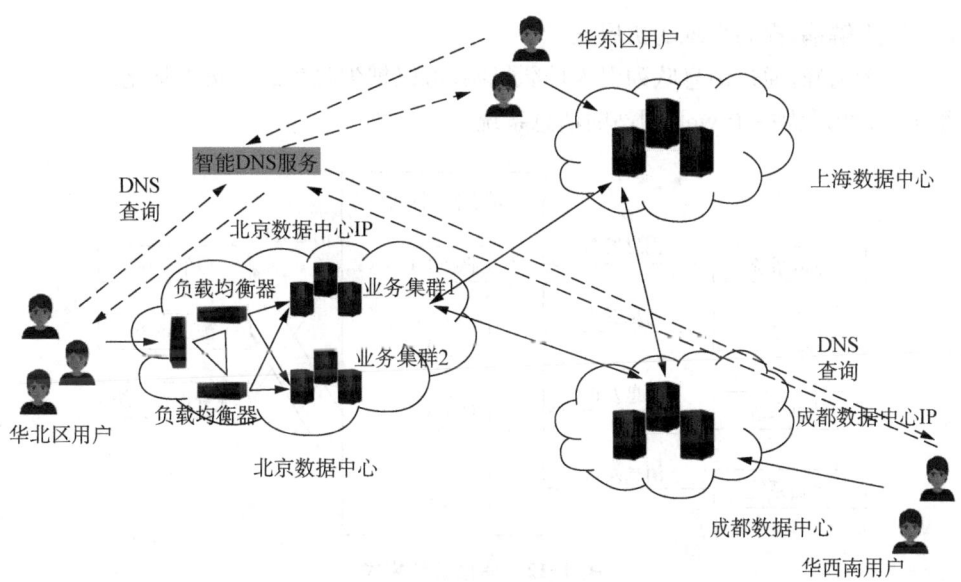

图4-10 负载均衡模式

2）异步IO

异步IO（输入输出）是提高系统并发性的重要技术，和异步IO共同出现的还有任务（消息）队列、线程池和持久化连接等技术。异步IO技术是事件驱动的编程模型实际应用的典范：用户请求先被放入任务队列，然后唤醒任务分发器，任务分发器从任务队列取下任务分发到空闲的线程上，线程触发异步IO操作并注册回调方法，当IO返回后，回调方法重新从任务队列中把任务取下并把结果返回。整个过程如图4-11所示。

3）消息队列

消息队列对于提高系统并发性能具有四个方面的作用。

（1）通过消息队列实现异步处理，如上述异步IO中的任务队列就是可以基于消息队列实现的。

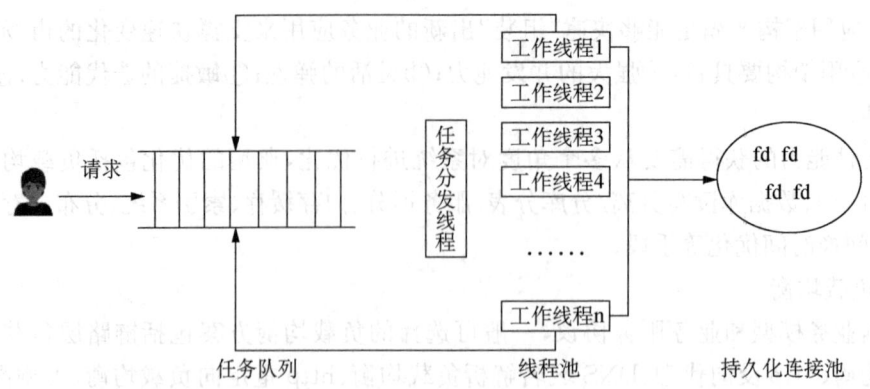

图 4-11 异步 IO 模式

（2）分发任务并行执行，通过消息队列可以把传统串行执行的任务尽量改造成可并行的程序。

（3）应用解耦，提高系统的扩展性。

（4）流量削峰，通过消息队列引入排队机制，可以把尖峰负载尽量平整化。

图 4-12 所示为一个 web 网站的消息系统。

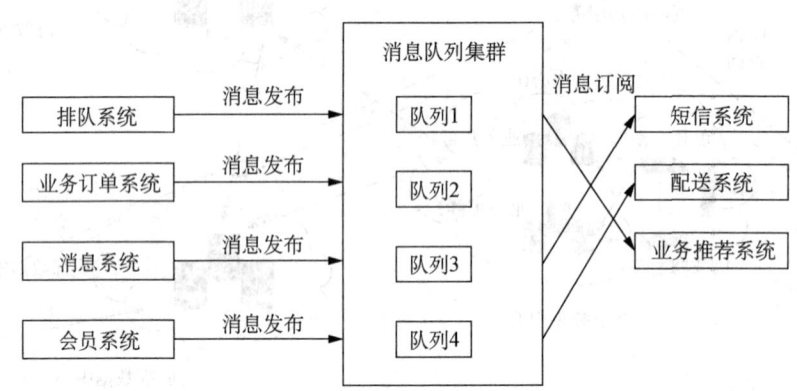

图 4-12 消息队列模式

4）数据库读写分离/分库分表

随着访问量的增多，数据库系统的压力会越来越大。在一个信息系统中，数据库系统的性能往往是对系统整体性能影响最为关键的指标。从数据库架构设计的角度来看，常用的优化手段为读写分离与分库分表。读写分离是采用读写请求分别从路由到不同的库中来降低数据库系统压力的一种技术，采用该技术可以最大程度地提高系统的并发读写能力，特别是对读多写少的访问模式十分有效。两个库之间通过数据同步，可以确保数据的一致性。读写分离模式如图 4-13 所示。

随着业务的运行，数据库中的数据量随之不断增多。当达到一定的记录条目时，一次查询往往需要消耗很长时间才能返回结果，这时分库分表设计就提上了日程。分库设计一般根据业务把不同的内容存到不同的数据库中，也称为垂直拆分。这种拆分模式比较灵活，也易于操作，不足之处在于需要考虑跨多数据库的符合业务查询连接问题。分表设计也叫水

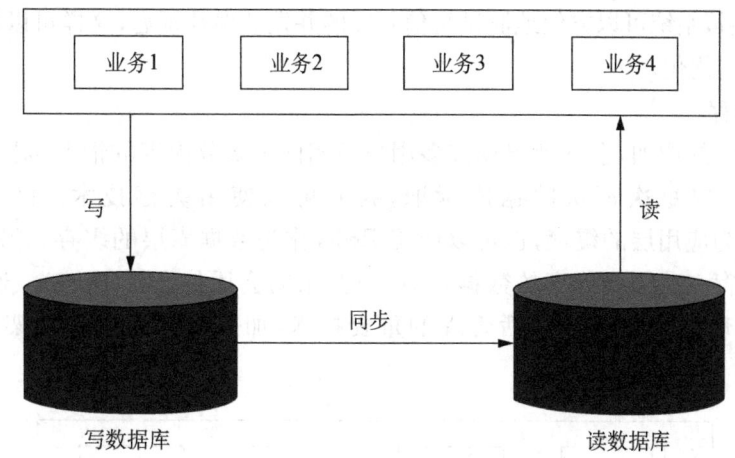

图 4-13　读写分离模式

平拆分,就是把同一个表中的数据拆分到两个甚至多个数据库中。产生数据水平拆分的原因是某个业务的数据量或者更新量达到了单个数据库的瓶颈,这时就可以把这个表拆分到两个或更多个数据库中。Mycat 是最为常用的分库中间件,图 4-14 为 Mycat 的架构,感兴趣的读者可以前往 Mycat 官方网站进一步学习了解。

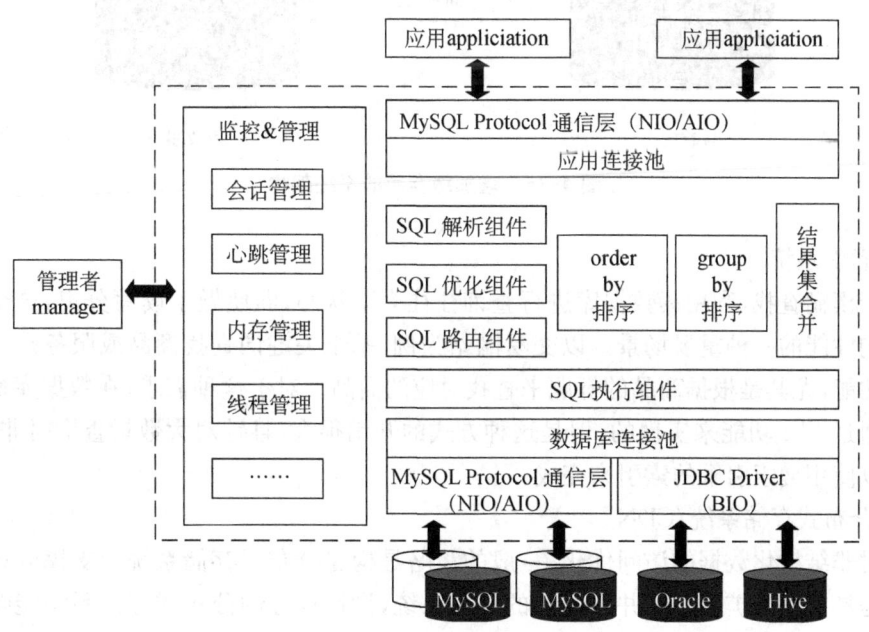

图 4-14　Mycat 架构

5）服务拆分

服务拆分是把过去全部运行在一个应用容器内部的业务逻辑子系统拆分出来,单独运行在独立的容器内部。这样做有两个好处:①可以降低系统耦合度,使得业务具备快速迭代能力;②方便定位影响性能的子系统,针对性地进行性能优化。例如,短息子系统从整个系统中拆分出来后,系统可以方便地测试短信收发的并发效率及延迟,这样可以针对性地进行设计改进与架构优化。

6) 内存缓存

随着访问量的增加,会逐渐出现许多用户访问同一部分内容的情况,对于这些比较热门的内容,没必要每次都从数据库读取,我们可以使用缓存技术。例如,可以使用 Memcached 作为应用层的缓存,也可以使用 Redis 作为数据库层的缓存。另外,缓存系统也可以用来保存一些需要分享的数据,如用户登录的会话信息(session)。通过缓存系统共享会话是实现单点登录及会话管理的重要技术,加入缓存后的系统架构如图 4-15 所示。

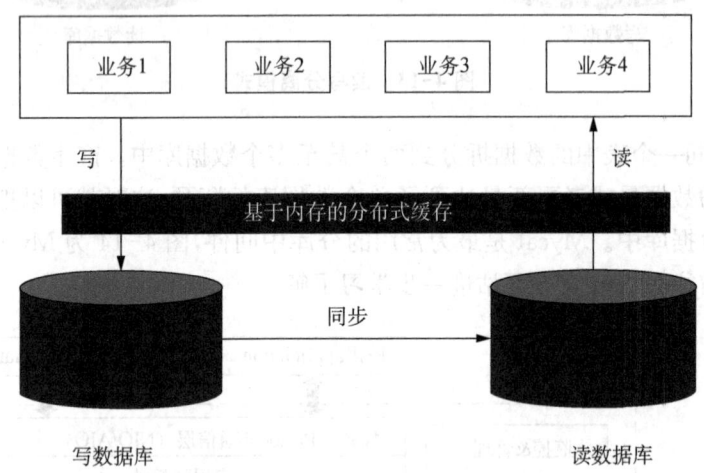

图 4-15　增加缓存后的系统架构

7) 索引系统

对于模糊查找,利用读数据库进行查询往往力不从心,即使做了读写分离,这个问题依然是影响性能的一种重要场景。以交易网站为例,基于关键词查找商品或服务是一种最为常用的功能,尤其是根据商品的标题来查找对应的商品。对于这种需求,在数据库操作中一般都是通过 like 功能来实现的,但是这种方式的开销很大,且针对大数量查询时非常耗时,此时可以使用搜索引擎的索引来完成。

8) 分布式存储系统/CDN

针对非结构化数据的访问优化,一般的策略是构建分布式存储系统。支撑分布式存储系统的是具备良好扩展性和并发性能的存储系统,设计良好的分布式存储系统能够实现访问文件的快速定位、加速读写、实现高并发性。例如,Ceph 就是一个优秀的开源分布式存储系统。

CDN 是更大尺度的优化手段,通常用于大型或超大型网络服务运营。利用 CDN 可以把不常变化的资源放置在网络的边缘,加速终端用户获取资源的速度。

9) 空间换时间优化

空间换时间优化的一个典型应用场景是应对不同分辨率屏幕时向用户提供统一图片的

不同分辨率的版本,这是根据常见的屏幕分辨率,在用户上传图片时自动生成不同分辨率的图片,避免用户请求时实时进行转换的开销。这种优化对于视频、多格式存储文件等也非常有用。

综上所述,利用各种优化手段后整个互联网应用架构如图 4-16 所示。

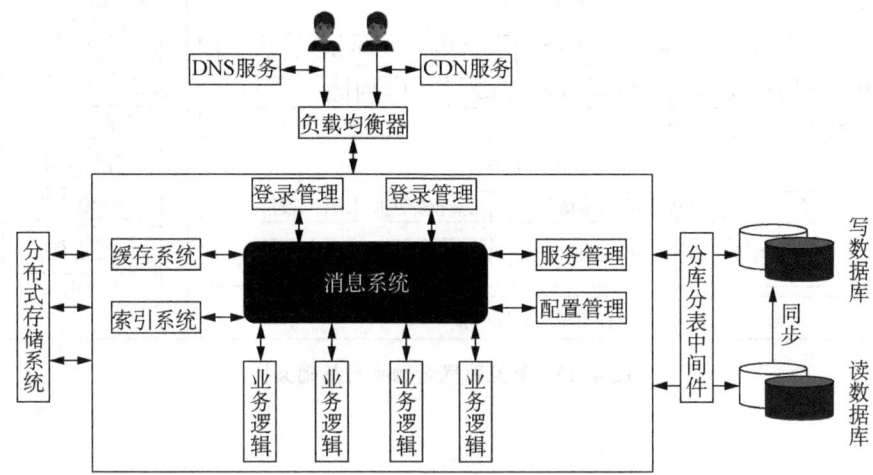

图 4-16　应用架构的各种优化模式

2. 平台创新

上述架构的落地还面临一系列挑战,包括如下内容。

(1) 如何部署实施这么复杂的系统?

(2) 如何快速定位高负债压力瓶颈子系统并自动进行扩容处理?

(3) 版本的迭代升级如何可控有序地得到执行?

上述问题如何解决? 新一代平台架构的三个特性为"重平台、轻应用、服务化",其中重平台和服务化的特性就是上述问题的解决思路与方向。

重平台和服务化概念的背后是整个平台已经固化了大量可独立对外提供服务的组件或子系统,应用只需要负责业务逻辑的部分即可完成整个系统的部署上线。要实现这一点,需要做到以下三点。

(1) 应用需要进行业务逻辑、数据存储和服务组件的分离,实现业务逻辑、数据和组件服务的独立运行。

(2) 平台要具备根据业务、数据和服务(组件)定义(编排)业务架构的能力,能够实现业务的编排部署。

(3) 平台要能够实现对业务、组件(服务)和数据存储子系统的运维管理,确保其在负载压力增大时能够自动弹性伸缩,以提升用户体验。

图 4-17 为某互联网金融平台基础架构。其中,基础设施子平台:负责管理平台的基础设施,除了服务器、存储、网络等基础设施外,还包括围绕应用相关的基础组件管理,如镜像仓库、容器、组件等;应用管控子平台:负责管理平台上的各类应用,提供应用部署、维护、日

志等管理管控,同时实现多租户环境,实现基于服务目录的应用发布服务;一体化监控子平台:负责对整个平台中的资源、应用、通信等进行监控,并以可视化形式对外呈现系统各类监控信息。

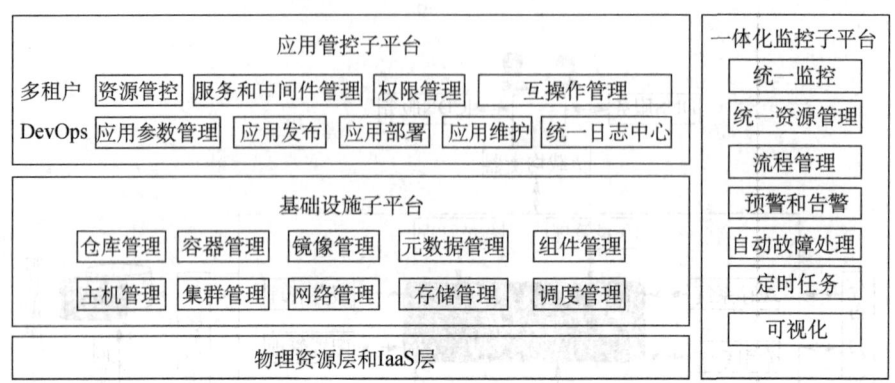

图 4-17　某互联网金融平台基础架构

四、云计算带来的金融变革

云计算技术的发展给各行各业带来了颠覆性变革。按需交付成为主流的 IT 服务于应用的交付模式,它可以极大地降低了 IT 资源成本,为企业减负;小企业与大企业同台竞争的门槛显著降低,为广大中小企业提供了一个与大企业同台竞争的机会;用户更加关注服务本身的质量和优势,而不是技术细节;云计算出现后,企业信息化系统的安全防御体系变得更加复杂,企业信息系统的安全风险大大增加;SaaS 作为一种新的软件应用模式得到了越来越多企业用户的青睐。在 SaaS 软件模式的巨大冲击下,传统软件市场空间正在逐渐缩小。同样,云计算也促进了金融行业的变革。下面,我们汇总梳理了云计算技术给金融行业带来的变革推动。

（一）革新 IT 基础建设,满足弹性发展需求

在金融行业信息化转型进程中,受互联网大数据的冲击,作为信息化的核心载体,早期的 IT 设备架构部署已然跟不上业务的发展,而云服务器快速部署、弹性扩容的特性从时间和空间两个维度实现按需部署。在时间维度上,金融行业可以根据不同阶段业务需求快速完成设备升级扩容,实现按需付费的投资模式,比如当网站访问量与在线用户激增对带宽、服务器形成压力时,就可以在不中断业务的前提下根据负载情况对 CPU、内存、带宽等及时调整;在空间维度上,金融行业分支覆盖地域广,在业务扩展时不需要重新部署机房,只需将终端接入云主机,进行简单配置,就能快速启动业务上线。云主机完全摆脱了传统服务器升级、维护成本过高等不稳定因素,能为金融业务提供更专业的技术支撑,满足其弹性发展需求。

云计算让企业级用户实现从 IT 架构管理到 IT 服务自动化交付,同时让 IT 服务使用者实现 IT 服务自我选择和管理。目前,互联网金融的服务类型大致分为第三方支付、P2P 贷款、第三方理财、众筹、金融信息化以及互联网金融门户等各种互联网服务。不同的服务类

型需求对云计算能力提出了极大的挑战。服务于金融行业的技术应该具备相当高的可靠性，以及针对业务和数据的安全性。因此，互联网金融对于云平台的要求非常苛刻。云计算平台在互联网金融行业的应用，可以尽可能发挥出它本身的巨大优势，为互联网金融行业带来便利。

（1）加速系统资源整合、降低成本。通过云计算的数据集中存储，可以实现绿色节能、服务器整合、机房规模化，利用虚拟化技术则可大大降低维护成本和提高资源的利用率。

（2）具有高可靠性及动态可扩展性。云计算服务器端提供了可靠的数据存储中心，用户数据在服务器端存储，应用程序也在服务器端运行，计算还是由服务器端来处理，所有的服务分布在不同的服务器上。在云计算体系中，可以将服务器实时加入到现有服务器群中，提高云处理能力，如果某计算节点出现故障，则通过相应策略抛弃掉该节点，并将其任务交给别的节点，而在节点故障排除后可实时加入现有集群中。

（3）提高系统的计算和存储能力。金融信息系统用户可以在任何时间、任意地点，采用任何设备登录到云计算系统，之后就可以进行计算服务；云计算云端是由成千上万台甚至更多服务器组成的集群，具有大量存储空间和非常快的处理速度。

（4）提高对于安全威胁和安全事件的风险应对能力。云安全体系的安全威胁发现和响应覆盖了从网络层到应用层的各个层次，而防护阵线也贯穿了云端、网关、终端等多个不同的位置和区域；云安全体系可以提供更加及时有效的威胁识别能力、关联分析能力，可以把监控范围扩展到全球范围，更好地发现安全威胁和定位威胁位置，更准确地了解异常事件所带来的风险态势。

（二）变革金融业务营销模式，实现精准营销

金融行业每天都在产生海量的交易数据，如何将这些纷杂的数据转化为商业价值成为金融企业能否成功的关键因素。基于 Hadoop 框架的弹性大数据技术帮助我们从海量信息中识别和提取有价值的数据，整合包括地域分布等属性数据，购物行为、浏览行为等行为数据，以及兴趣爱好、人脉关系等社交数据，建立立体的客户数据模型，以个体客户为单位进行精细化分析，及时获知客户行为，预测客户的潜在需求，并向客户推送相关产品与个性化服务，快速响应客户需求，真正实现精准营销推广。例如，根据客户的年龄、资产规模、理财偏好等，对客户群进行精准定位，分析出其潜在金融服务需求，推送相关产品服务，真正做到以客户为中心开发设计产品并实现精准营销而不是以银行为中心制造、推销产品。

（三）促进新的行业秩序和规则形成，构建互联网金融风控体系

贯穿互联网金融业务的核心命题是风险控制，我们需要全面整合客户的多渠道交易数据，突破传统单纯以财务信息作为评价要素的做法，引入交易行为、客户评价、公用事业缴费记录等多维度的关联数据，以大数据思维通过弹性大数据＋对象存储服务＋关系型数据库等云技术帮助我们决策，对海量数据进行高效处理，构建互联网信用评价模型，更精确、更有效地评估客户风险状况并进行授信，有效提升贷前风险判断和贷后风险预警能力。

（四）制定合理资源分配方案，降低安全风险

金融行业每天都存在大量的信息数据流通，包括业务数据、客户信息隐私等。随着金融

对互联网的依赖越来越大,安全风险对金融市场的影响也随之攀升,只有从多个层面夯实安全防护工作,才能保证金融业的稳健发展。通过严格执行统一身份认证体系,对"云""管""端"各层子系统进行签名校验和信息传递保护,形成整体的平台安全体系,从而为金融企业安全提供全方位保护。

第二节　大数据技术及其在金融领域的应用

一、大数据基本原理

(一) 大数据的定义

麦肯锡全球研究所给大数据所做的定义是:一种规模大到在获取、存储、管理、分析方面大大超出了传统数据库软件工具能力范围的数据集合,具有海量的数据规模(volume)、快速的数据流转(velocity)、多样的数据类型(variety)和价值密度低(value)四大特征,简称大数据的"4V"特点。

大数据概念是伴随着云计算、移动互联网、物联网、4G 通信等技术发展而出现的,是信息技术发展的必然产物。云计算的出现,使计算机处理数据突破了规模的限制,为大数据的出现奠定了基础;移动互联网、物联网、4G 通信能够让数据更快更好地生产、传递和应用,为大数据的出现创造了有利条件。2012 年维克托·舍恩伯格出版了《大数据时代:生活、工作与思维的大变革》一书,数据管理专家涂子沛出版了《大数据:正在到来的数据革命》一书,大数据概念正式走入大众视野,并开始风靡全球。

2014 年 5 月,美国白宫发布了 2014 年全球大数据研究报告《大数据:抓住机遇、守护价值》,报告鼓励应用大数据以技术推动社会进步;同时指出也需要建立相应的大数据应用标准、规范和法规,保护大数据的行业应用安全以及保护个人数据隐私,确保数据能够公平、公正地为公众服务。

2015 年 9 月,我国国务院印发《促进大数据发展行动纲要》,系统部署大数据发展工作。该纲要部署了三方面主要任务。

(1) 加快政府数据开放共享,推动资源整合,提升治理能力。大力推动政府部门数据共享,稳步推动公共数据资源开放,统筹规划大数据基础设施建设,支持宏观调控科学化,推动政府治理精准化,推进商事服务便捷化,促进安全保障高效化,加快民生服务普惠化。

(2) 推动产业创新发展,培育新兴业态,助力经济转型。发展大数据在工业、新兴产业、农业农村等行业领域应用,推动大数据发展与科研创新有机结合,推进基础研究和核心技术攻关,形成大数据产品体系,完善大数据产业链。

(3) 强化安全保障,提高管理水平,促进健康发展。健全大数据安全保障体系,强化安全支撑。

(二) 大数据的分类

依据不同的维度,大数据有不同的分类方法。

从数据结构上分类，大数据可以分成结构化数据、半结构化数据和无结构数据。结构化数据一般指有严谨结构逻辑的数据，一般指存储在 MySQL、Oracle 等关系数据库中的数据；无结构数据与结构化数据恰恰相反，它一般没有固定的结构，比如文本、图片、视频都属于这一类；半结构化数据指介于以上两种数据之间的数据，比如 XML 文档、HTML 文档、JSON 数据等。

从处理方式上分类，大数据可以分成实时数据和离线数据。实时数据一般指由系统实时产生或采集的数据，它有一个重要维度就是时间，比如股票的实时交易数据、实时天气数据等；离线数据指存储在数据库或者文件系统中的数据，比如股票的历史交易数据、天气的历史数据等。

从数据来源和行业上分类，大数据可以分成网络数据、社交媒体数据、医疗数据、农业数据、身体健康数据、设备监测数据等。

（三）大数据技术构成

大数据技术是一系列相关技术的集合，一般包括数据采集技术、数据预处理技术、数据存储技术、数据分析挖掘技术、数据可视化技术以及可应用于各环节的大数据并行处理技术，具体如图 4-18 所示。

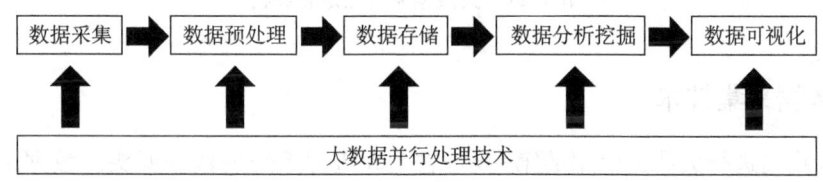

图 4-18　大数据技术构成

（1）数据采集：解决数据的来源问题，可以通过硬件的手段或者软件的手段来实现，比如 RFID 技术、条码技术、传感器技术是常见的硬件采集方法；互联网爬虫、ERP 系统则是常见的软件采集方法。

（2）数据预处理：现实世界中数据大体上都是不完整的，不一致的原始数据无法进行分析处理，为了提高数据分析挖掘的质量需要对数据进行预处理。

（3）数据存储：解决数据存在哪里以及怎么存储的问题，通常数据可以存储在文件中或者数据库中。数据库又可以分成关系型数据库和 NoSQL 数据库。根据不同的业务需要，数据存储可以采用不同的存储方案。

（4）数据分析挖掘：根据数据仓库中的数据信息，选择合适的分析工具，应用统计方法、事例推理、决策树、规则推理、模糊集、神经网络、遗传算法等方法处理信息，得出有用的分析信息。

（5）数据可视化：以图表、图形、报表等方式将大数据分析处理的结果直观地、可视地展示给用户的过程。数据可视化是大数据技术非常重要的一环，关系到数据处理的最终效果和用户体验。

（四）大数据系统的逻辑架构

图 4-19 所示为大数据系统的逻辑架构。

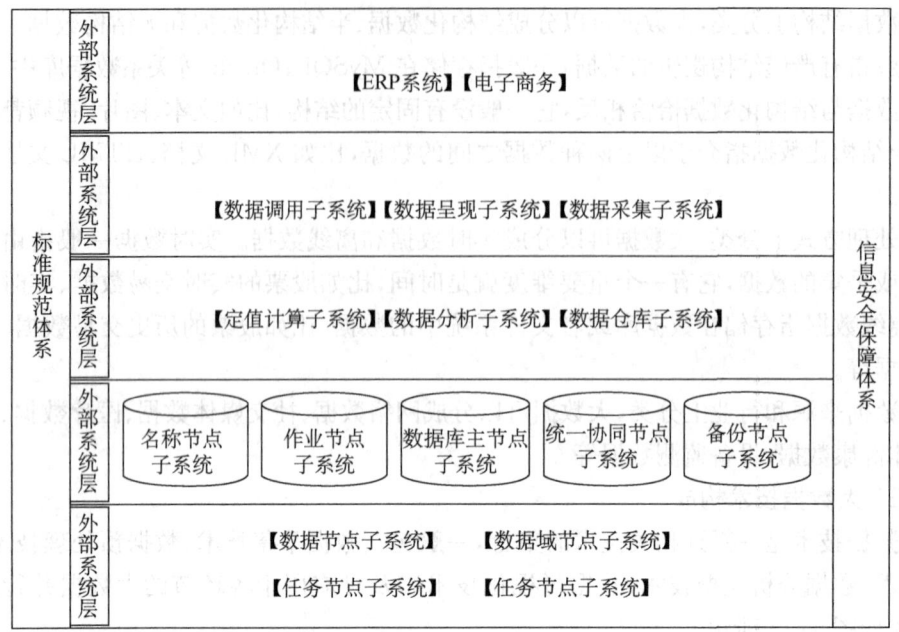

图 4-19 大数据系统的逻辑架构

二、数据采集技术

数据采集是进行大数据应用的第一步,它是大数据系统的数据源头。数据采集技术可以分成基于硬件的数据采集技术和基于软件的数据采集技术。基于硬件的数据采集技术包括传感器技术、条码技术和 RFID 技术等;基于软件的数据采集技术包括网络爬虫、ERP 系统、社交网络等。随着技术的进步,单靠硬件或软件都不能完整地完成数据采集任务,数据采集系统一般都是由硬件、软件协同组成的,分别负责不同类型数据的采集工作。互联网金融中应用最广泛的数据采集技术就是网络爬虫技术。

网络爬虫的工作原理如下:第一,挑选一些种子 URL,一般可以挑选一些内容丰富、访问流量大的 URL 作为种子;第二,将种子 URL 存入待处理的 URL 队列;第三,依次处理 URL 队列中的 URL,并下载对应网页内容,对网页内容进行分析处理,提取网页内 URL 地址;第四,对提取的 URL 地址进行过滤,将未处理过的 URL 地址加入 URL 队列;第五,从网页中抽取需要的内容存入内容数据库。具体工作原理参见图 4-20。

三、数据预处理技术

数据预处理的目的是为了去除原始数据中的脏数据,提高数据质量,降低数据挖掘所需时间。数据预处理技术包括数据集成、数据规约、数据清洗、数据变换等过程。

1. 数据集成

数据集成是把不同来源、格式、特点性质的数据在逻辑上或物理上有机地集中,从而为企业提供全面的数据共享。常见的数据集成技术包括联邦数据库技术、中间件技术和数据仓库技术。数据仓库是应用最为广泛的数据集成技术。数据仓库是在数据库已经大量存在

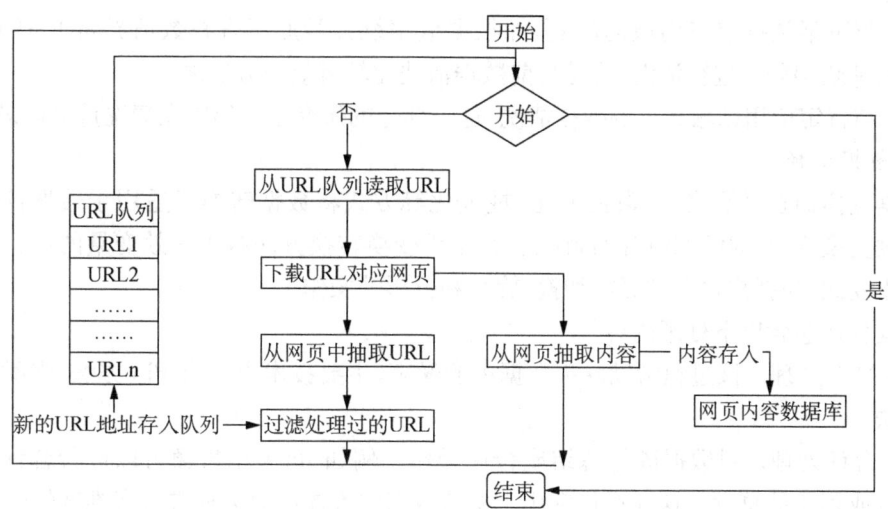

图 4-20 网络爬虫工作原理

的情况下,为了进一步挖掘数据资源和决策需要而产生的。目前,大部分数据仓库还是用关系数据库管理系统来管理的,但它绝不是所谓的"大型数据库"。

数据仓库方案建设的目的是将前端查询和分析作为基础,由于有较大的冗余,需要的存储容量也较大。数据仓库是一个环境,而不是一件产品,提供用户用于决策的当前和历史数据,这些数据在传统的操作型数据库中很难或不能得到。数据仓库技术是为了有效地把操作型数据集成到统一的环境中以提供决策型数据访问的各种技术和模块的总称,其所做的一切都是为了让用户更快、更方便地查询所需要的信息,提供决策支持。

2. 数据规约

数据规约是通过数据规约技术可以得到小得多但仍然接近于保持原数据的完整性数据集的规约表示,以提高数据挖掘分析效率。数据规约的目的是在尽可能保持数据原有特点的基础上对数据进行精简。数据规约可以分成特征规约、样本规约以及特征值规约几类,在具体应用时,要根据业务需要选择相应的数据规约方法。数据在经过数据规约处理后,可以降低脏数据对分析结果的影响,提高数据分析质量;可以显著减少数据挖掘分析所用时间,提高数据分析效率;可以节约存储空间,降低数据的存储成本。

3. 数据清洗

数据清洗是将数据库中那些不完整的、含噪声的、不一致的数据清理掉,将完整、正确、一致的数据信息存入数据仓库中。数据清洗的任务是过滤或者修改那些不符合要求的数据。不符合要求的数据主要有不完整的数据、错误的数据和重复的数据三大类。

数据清洗的原理为:利用有关技术,如统计方法、数据挖掘方法、模式规则方法等将脏数据转换为满足数据质量要求的数据。数据清洗按照实现方式与范围,可分为以下四种。

(1) 通过人工检查,只要投入足够的人力、物力与财力,也能发现所有错误,但效率低下。

(2) 通过编写专门的应用程序能解决某个特定的问题,但不够灵活,特别是在清洗过程需要反复进行(一般来说,数据清洗一遍就达到要求的很少)时,导致程序复杂,清洗过程变化时工作量大。

（3）解决某类特定应用域的问题，如根据概率统计学原理查找数值异常的记录，对姓名、地址、邮政编码等进行清洗，这是目前数据清洗比较有效的方法之一。

（4）与特定应用领域无关的数据清洗，这一部分的研究主要集中在清洗重复记录上。

4. 数据变换

数据变换通过平滑聚集、数据概化、规范化等方式将数据转换成适用于数据挖掘的形式。数据变换主要是找到数据的特征表示，用维变换转换方法减少有效变量的数目或找到数据的不变式，包括规格化、归约、切换、旋转和投影等操作。

数据变换包含以下处理内容。

（1）平滑处理。该过程帮助除去数据中的噪声，主要技术方法有 Bin 方法、聚类方法和回归方法。

（2）合计处理。对数据进行总结或合计操作。例如，每天销售额可以进行合计操作以获得每月或每年的总额。这样操作常用于构造数据立方体或对数据进行多维度的分析。

（3）数据泛化处理。用更抽象或更高层次的概念来取代低层次或数据层的数据对象。例如，体重属性可以映射到更高层次概念，像肥胖、瘦弱、正常等。

（4）规格化。规格化就是将有关属性数据按比例投射到特定小范围之中。例如，将体重属性值映射到(0,1)之间。

四、数据存储技术

数据存储指将大数据处理过程中产生的数据、结果存储到文件或者数据库中。在互联网金融实践中，主流的应用还是将数据存储在数据库中。最流行的两种数据库就是传统的关系型数据库和新兴的 NoSQL 数据库。例如，微软的 SQL Server 数据库、IBM 的 DB2 数据库、甲骨文的 Oracle 库、开源的 MySQL 数据库都是典型的关系型数据库。NoSQL 数据库是近年来随着大数据技术发展而兴起的一种数据库技术，NoSQL 数据库依据存储对象和存储方法的不同又可以分成列存储数据库、文档型数据库、键值型数据库、图存储数据库。

1. 列存储数据库

列存储数据库是以列相关存储架构进行数据存储的一种数据库，其特点是方便存储结构化和半结构化数据，方便数据压缩，对基于列的查询有非常大的优势，部分代表有 HBase、Cassandra、Hypertable。

2. 文档型数据库

文档型数据库一般用类似 Json 的格式存储，存储的内容是文档型的，可以对某些字段建立索引，实现关系数据库某些功能，部分代表有 MongoDB、CouchDB。

3. 键值型数据库

键值型数据库的特点是可以通过键快速查询到其值，部分代表有 Berkeley DB、MemcacheDB。

4. 图存储数据库

图存储数据库的特点是将数据存储在图状网络的节点上及它们之间的关系中，注意图不是指图形图像，而是一种数据存储结构，部分代表有 Neo4J、FlockDB。

关系型数据库和 NoSQL 数据库是不同技术时期发展起来的两种主流数据存储技术。关系型数据库具有操作方便、易于维护、访问数据灵活等优点,提供了一套完整的数据访问和操作语言 SQL。随着互联网技术的发展,尤其是 Web 2.0 技术的使用更注重用户和服务器以及用户和用户之间的交互作用,用户既是网站内容的浏览者,也是网站内容的制造者,传统的关系数据库遇到了一些瓶颈,比如满足不了数据库高并发的读写需求,满足不了对海量数据的高效存储和访问需求,在对数据的高可扩展性和高可用性方面也显得力不从心,为了解决这些问题,NoSQL 应运而生。NoSQL 具有高可扩展性,能够支持横向和纵向扩展;高经济性,NoSQL 存储对存储硬件的要求大大降低;高可用性,能够快速对数据进行备份和恢复。但是,NoSQL 数据库由于是一项新技术,其成熟度还不够好,商业支持和服务也没有关系数据库那么全面,在数据分析与商业智能方面也做得还不够好。因此,在进行互联网金融业务时,需要根据业务的具体需要,选择合适的数据库。

在互联网金融应用中,选择合适的数据存储技术变得尤为重要。一般来讲,严谨的数据结构对数据的可靠性要求高,经常需要对数据进行商业智能分析,这类数据库适合存储在关系数据库中,一般可以选择开源的 MySQL 数据库;相反,那些数据量特别大,对数据的扩展性要求高,对数据库的可用性要求高,对存储效率和恢复响应要求高的数据则适用于 NoSQL 数据库。有如此多类型的 NoSQL 数据库,而每种类型的 NoSQL 又有很多不同产品,选择 NoSQL 数据库的类型是一个非常重要的问题,影响选择的因素有很多,而选择也可能有多种,随着业务场景、需求的变更选择也会变化。我们常常需要根据以下情况考虑。

(1) 数据结构特点,包括结构化、半结构化、字段是否可能变更、是否有大文本字段、数据字段是否可能变化。

(2) 写入更新特点,包括插入操作所占比例、更新操作所占比例、是否经常更新数据的某一个小字段、原子更新需求。

(3) 查询特点,包括查询的条件、查询热点的范围,比如用户信息的查询可能就是随机的,而新闻的查询就是按照时间,越新的越频繁。

其实,NoSQL 数据库仅仅是关系数据库在某些方面(性能、扩展)的一个弥补。单从功能上讲,NoSQL 的几乎所有功能在关系数据库上都能够满足,所以选择 NoSQL 的原因并不在功能上。在互联网实践中,一般会把 NoSQL 和关系数据库进行结合使用,各取所长,需要使用关系特性的时候我们使用关系数据库,需要使用 NoSQL 特性的时候我们使用 NoSQL 数据库,各得其所。

关系数据库和 NoSQL 数据库结合使用可以分为两种模式。

(1) NoSQL 数据库作为辅助存储。在这种模式下,把所有的数据都存放在关系数据库中,可能被经常频繁读取的数据再存放在 NoSQL 数据库中一份,其目的是提高数据的查询速度,减少关系数据库的并发访问负载。

(2) NoSQL 数据库作为主存储。在这种模式下,把所有的数据存储在 NoSQL 数据库中,为了一些特殊业务或功能的需要,在将数据存入 NoSQL 的时候,同时存储到关系数据库一份。数据存储和查询主要是由 NoSQL 数据库完成,少量的数据从关系数据库读取。

五、大数据分析中的价值挖掘方法

在大数据时代,数据分析挖掘是大数据应用最关键的工作。大数据的分析挖掘是从海量的、不完全的、有噪声的、模糊的、随机的大型数据库中发现隐含在其中有价值的、潜在有用的信息和知识的过程,也是一种决策支持过程。其主要基于人工智能、机器学习、模式学习、统计学等技术,通过对大数据高度自动化的分析,做出归纳性的推理,从中挖掘出潜在的模式,可以帮助企业、商家、用户调整市场政策、减少风险、理性面对市场,并做出正确的决策。

目前,在很多领域尤其是在商业领域如银行、电信、电商、互联网金融等领域,数据挖掘可以解决很多问题,包括市场营销策略制定、背景分析、企业管理危机、金融风险控制等。大数据挖掘常用的方法有分类、回归分析、聚类、关联规则、神经网络方法、web 数据挖掘等。这些方法从不同的角度对数据进行挖掘。图 4-21 所示为数据分析挖掘技术示意图。

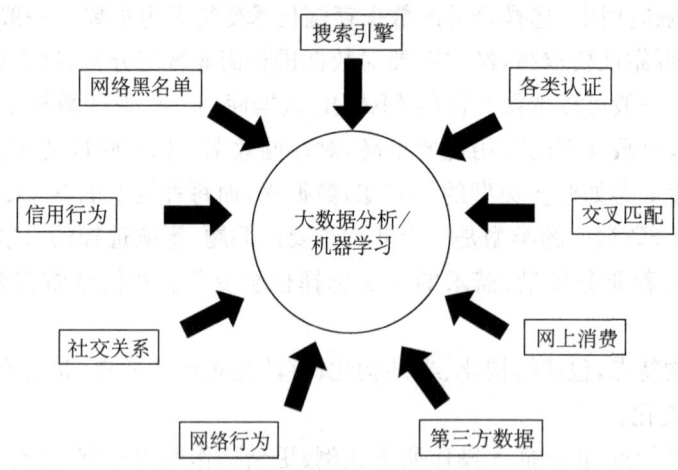

图 4-21 大数据分析挖掘技术

(一) 分类

分类是找出数据库中一组数据对象的共同特点并按照分类模式将其划分为不同的类,其目的是通过分类模型将数据库中的数据项映射到某个给定的类别中。分类可以运用到涉及应用分类、趋势预测等应用中。例如,在互联网金融实践中,可以记住用户对互联网金融产品的偏好,对互联网金融用户进行划分,在合适的时机给不同用户推荐合适的金融产品。

(二) 回归分析

回归分析反映了数据库中数据的属性值的特性,通过函数表达数据映射关系来发现属性值之间的依赖关系。它可以应用到对数据序列的预测及相关关系的研究中去。在市场营销中,回归分析可以被应用到各个方面。例如,通过对本季度销售的回归分析,对下一季度的销售趋势做出预测并做出针对性的营销改变。

(三) 聚类

聚类类似于分类,但与分类的目的不同,是针对数据的相似性和差异性将一组数据分为几个类别。属于同一类别的数据间的相似性很大,但不同类别之间数据的相似性很小,跨类的数据关联性很低。

(四) 关联规则

关联规则是隐藏在数据项之间的关联或相互关系,即可以根据一个数据项的出现推导出其他数据项的出现。关联规则的挖掘过程主要包括两个阶段:第一阶段为从海量原始数据中找出所有的高频项目组;第二阶段为从这些高频项目组中产生关联规则。关联规则挖掘技术已经被广泛应用于金融企业中用以预测客户的需求,各银行在自己的 ATM 机上通过捆绑客户可能感兴趣的信息供用户了解并获取相应信息来改善自身的营销。

(五) 神经网络方法

神经网络作为一种先进的人工智能技术,因其自身自行处理、分布存储和高度容错等特性非常适合处理非线性的以及那些以模糊、不完整、不严密的知识或数据为特征的问题,十分适合解决数据挖掘问题。典型的神经网络模型主要分为三大类:第一类是用于分类预测和模式识别的前馈式神经网络模型,其主要代表为函数型网络、感知机;第二类是用于联想记忆和优化算法的反馈式神经网络模型,以 Hopfield 的离散模型和连续模型为代表;第三类是用于聚类的自组织映射方法,以 ART 模型为代表。虽然神经网络有多种模型及算法,但在特定领域的数据挖掘中使用何种模型及算法并没有统一的规则,而且人们很难理解网络的学习及决策过程。

(六) web 数据挖掘

web 数据挖掘是一项综合性技术,指 web 从文档结构和使用的集合 C 中发现隐含的模式 P,如果将 C 看作是输入,P 看作是输出,那么 web 挖掘过程就可以看作是从输入到输出的一个映射过程。当前越来越多的 web 数据都是以数据流的形式出现的,因此对 web 数据流进行挖掘就具有很重要的意义。目前常用的 web 数据挖掘算法有 PageRank 算法、HITS 算法以及 LOGSOM 算法。这三种算法提到的用户都是笼统的用户,并没有区分用户的个体。目前 Web 数据挖掘面临着一些问题,包括用户的分类问题、网站内容时效性问题、用户在页面停留时间问题、页面的链入与链出数问题等。在 web 技术高速发展的今天,这些问题仍旧值得研究并加以解决。

六、数据可视化技术

数据可视化起源于 1960 年计算机图形学。那时候人们使用计算机创建图形图标,可视化提取出来的数据可以将数据的各种属性和变量呈现出来。随着计算机硬件的发展,人们创建了更复杂、规模更大的数字模型,于是发展了数据采集设备和数据保存设备,而此时也需要更高级的计算机图形学技术及方法来创建这些规模庞大的数据集。随着数据可视化平台的拓展,应用领域的增加,表现形式的不断变化,以及增加了诸如实时动态效果、用户交互使用等,数据可视化像所有新兴概念一样边界不断扩大。

对于一个对大数据一窍不通的人来说,让数据实现可视化无疑是让使用者了解大数据最方便快捷的方法了,这样一来,大数据可以更贴近用户的使用习惯和使用需求,就像我们开车行驶在公路上,对于交通指示牌的各种标识代表的含义了如指掌,从而可以准确到达目的地一样,在某种意义上大数据可视化也是这个道理。由此可见,恰当合适的标识可以在数据选择路径以及数据分析、信息传递的时候减小误差,数据可视化还应有适当的交互性,它们必须设计良好、易于使用、易于理解、有意义、更容易被人接受。

我们熟悉的那些饼图、直方图、散点图、柱状图等，可以说是最原始的统计图表，它们是数据可视化最基础、最常见的应用。作为一种统计学工具，统计图形技术可用于创建一条快速认识数据集的捷径，并成为一种令人信服的沟通手段，传达存在于数据中的基本信息。所以我们可以在大量PPT、报表、方案中见到统计图形。

但以上最原始统计图表只能呈现基本的信息，面对复杂或大规模异型数据集，比如商业分析、财务报表、人口状况分布、媒体效果反馈、用户行为数据等，数据可视化面临处理的状况会复杂很多，可能要经历包括数据采集、数据分析、数据治理、数据管理、数据挖掘在内的一系列复杂数据处理，然后由设计师设计一种表现形式，比如是立体的、二维的、动态的、实时的还是允许交互的，最终由工程师创建对应的可视化算法及技术实现手段，包括建模方法、处理大规模数据的体系架构、交互技术、放大缩小方法等。动画工程师考虑表面材质、动画渲染方法等，交互设计师也会介入进行用户交互行为模式的设计。所以一个数据可视化作品或项目的创建，需要多领域专业人士的协同工作才能取得成功。因此，数据可视化在进行大数据分析工作时应当被研究工作者加以重视并进一步提升。

数据可视化的开发和大部分项目开发一样，也是根据需求、数据维度或属性进行筛选，根据目的和选取的用户群来判断表现方式。同一份数据可以呈现多种看起来截然不同的可视化形式。

有的可视化目标是为了观测、跟踪数据，所以就要强调实时性、变化、运算能力，可能会生成一份不停变化、可读性强的图表；有的为了分析数据，所以要强调数据的呈现度，可能会生成一份可以检索、交互式的图表；有的为了发现数据之间的潜在关联，可能会生成分布式的多维的图表；有的为了帮助普通用户或商业用户快速理解数据的含义或变化，会利用漂亮的颜色、动画创建生动、明了并具有吸引力的图表；还有的图表可以被用于教育、宣传或政治，被制作成海报、课件，出现在街头、广告、杂志和集会上，这类图表拥有强大的说服力，使用强烈的对比、置换等手段，可以创造出极具冲击力的图像。

七、大数据在金融领域的应用

金融作为经济的一个重要组成部分，有着极其重要的作用。金融科技也不例外，它的发展对于整个互联网经济有着重要意义。由于金融科技对于数据的数量、质量有着很高的要求，随着大数据的快速发展，大数据也逐渐应用到了金融科技领域当中，集中表现在量化投资、智能投顾、大数据营销、征信、风险控制等多个方面。

（一）风险管理

大数据技术通过采集更全面、更及时、更真实的数据，快速地找出不同变量之间的相关关系，挖掘数据背后的风险信息，帮助金融科技机构迅速准确的识别和监控风险，改善风险决策模式，提高风险管理效率。例如，美国的一家网贷公司采用大数据技术，实时跟踪店主的销售、顾客流量、商品评价、物流、店主在Facebook以及微博等社交平台上与客户互动的信息，通过各类信息的交叉验证分析，在数分钟内即可评估出店主的信用风险水平，并计算出合适的贷款额度和利率，快速实现房贷。通过将互联网各个角度的信息转化为个体的信用信息，这家网贷公司实现了传统金融机构一般不愿涉足的小微网点贷款业务。这得益于大数据技术迅速采集和处理多渠道、多结构数据的能力。

中国互联网用户将近7亿,有一半左右的人在央行征信系统没有信用记录。随着P2P网贷的蓬勃发展,曾盛行一时的抵押类业务逐渐遭遇瓶颈,同时,信用贷款已经有迹象成为P2P的发展方向。P2P平台对征信的需求显得非常迫切,当借款方出现欺诈、逾期不还、跑路等行为时,平台就需要通过征信手段提前预支其行为。由于借款人负债情况无法统计,数据没有统一的处理平台,审核及监管尺度不严,重复借款现象普遍,导致征信系统不健全已成为制约企业发展的关键因素之一。

将P2P去中心化理念引入征信行业的蜜蜂数据,是我国首个脱离中央数据库的分布式征信系统。蜜蜂数据实行用户自行管理自由数据,系统仅负责通信、对接,不存储任何数据。它作为互联网金融外围生态圈中的征信项目,依托网贷行业的数据资源,整合优质行业的征信数据,充分发挥征信信息在P2P平台风险管理中的作用。蜜蜂数据通过连接大数据(包括P2P平台、小额信贷机构、征信机构、银行、第三方支付、互联网大数据等)从而连接不同的应用场景,增加借款人违约成本,提供去中心化分布式查询,打破行业内信息各自孤立而形成信息漏洞的现状。创建大数据共享体系,统一标准,把孤立在各机构、公司和互联网的数据按照一定规范共享,这些将是未来大数据在征信领域的发展趋势。

(二)金融创新,发现新业务

大数据的基本特征是数据的收集和信息的处理,而这也是金融科技模式的核心。数据的收集能力和信息处理能力对金融业务的成本控制、风险控制有很大的影响,大数据的应用能有效地提升金融科技的创新。大数据能对交易数据进行有效的分析,从而识别出市场交易模式,并帮助决策者制定高效的套利策略。大数据能对微博、社交网络市场的信息进行分析,并对搜索引擎中的搜索热点进行重点关注,从而快速、高效的做出投资策略。同时大数据能对中小型企业的日常交易行为数据进行分析,还能判断出财务管理制度不健全的企业的经营状况及信用情况。

为解决信息不对称的问题,传统的商业银行需要投入大量的人力、物力、财力进行信息收集、分析、整理。互联网金融平台能利用自身的优势将交易双方信息收集起来,并建立新的信息来源途径,其他网络平台也会收集大量的信息,如物流运输公司、网络支付企业等会收集到大量的运输信息、价格信息、支付信息等,这些信息可以成为衡量客户、个人信用的重要依据。这就打破了传统的金融机构垄断客户信息的现象。社交网络具有很强大的信息传播功能,云计算具有很强的信息处理能力,搜索引擎具有很强大的信息检索能力,这些技术为创建成本低、更新快、精准度高的信息平台提供了有力的依据。

(三)发现金融漏洞维护金融安全

除了能够从中挖掘出各种商机、发现投资机会外,大数据在反洗钱领域的能力也开始崭露头角。蚂蚁金服就已经在利用大数据找出藏匿于网络空间的洗钱黑手,建立起智能的反洗钱体系。仅最近半年,蚂蚁金服的反洗钱团队就向反洗钱监测分析中心报送多份可疑交易报告,其中部分已经移送公安机关。

目前的反洗钱工作主要通过大额可疑信息报告制度完成,具体到可以交易识别、预警、报告等过程,均需要大量金融机构的前台柜员来参与。这样不仅增加了信息搜集和报告的边际成本,而且还存在覆盖面窄、误报率高等缺点。因为掌握了大数据,蚂蚁金服在反洗钱工作中采取了先利用数据智能化排查,待发现可疑交易后再进行人工甄别的方式,从而大大提高了效率,也减少了误报率。

由于掌握的不仅仅是简单的交易数据，还包含消费者行为等各种维度的信息，这些信息可以让反洗钱人员一改线下静态、片面的信息采集方式，可以动态、持续地了解客户，破除洗钱人员的各种伪装，综合资金、非资金关联关系和电子商务等动态信息，查出犯罪分子。

展望未来，在金融科技领域，随着数据信息的日益丰富，大数据有非常大的发展潜力，在金融科技的各个领域都将发挥巨大的作用。

（四）有效整合互联网金融资源，促进资源优化

在金融科技中应用大数据，能有效地促进资源优化配置。互联网能促进投资、融资双方的信息发布、交流、匹配，不需要银行、证券、基金等部门的参与。例如美国的Lending Club公司在为会员提供贷款业务时，是利用P2P网贷平台进行的，并没有利用银行机构；而Google在IPO时采用在线荷兰式的方法进行拍卖，并没有利用传统的投行路演、询价报价进行拍卖。近年来，我国涌现出大量的P2P平台，这些平台既有银行参与的融资项目，也有金融信息服务企业组建的网络贷款平台，这些平台为中小型企业的筹资指明了方向，也为投资人提供了低成本、高收入的投资渠道。大数据能有效地整合金融科技资源，为金融市场提供快速、高效的运营平台，对金融科技的发展有十分重要的作用。

扩展阅读

大数据才刚刚开始出现，我们管理后端的方式也在不断变化。我们需要强有力的工具通过使数据有意义的方式实现数据可视化，还有数据的可交互性；我们还需要跨学科的团队，而不是单个数据科学家、设计师或数据分析员；我们更需要重新思考我们所知道的数据可视化，图表和图形还只能在一个或两个维度上传递信息，那么怎样才能与其他维度融合到一起深入挖掘大数据呢？此时就需要倚仗大数据可视化工具。这里列举一些常见的数据可视化工具。

➢ Excel

Excel作为一个入门级工具，是快速分析数据的理想工具，也能创建供内部使用的数据图，但Excel在颜色、线条和样式上可选择的范围有限。

➢ D3

D3（Date Driven Document）是支持SVG渲染的另一种JavaScript库，能够提供大量线性图和条形图之外的复杂图表样式，例如Voronoi图树形图、圆形集群和单词云等。

➢ VIsual.ly

VIsual.ly的主要定位是"信息图设计师的在线集市"，同时也提供了大量信息图模板。

➢ R语言

R语言作为用来分析大数据集的统计组件包，拥有强大的社区和组件库，但R是一个相对复杂的开源工具。

➢ Gephi

Gephi是进行社交图谱数据可视化分析的工具，不但能处理大规模数据集并生成漂亮的可视化图形，还能对数据进行清洗和分类。

➤ Tableau

Tableau 更适合企业和部门进行日常数据报表和数据可视化分析工作,产品涵盖 Tableau Desktop、Tableau Server 以及 Tableau Public。

 思考题

1. 云计算架构的基本设计思路是什么?

2. 大数据技术按照操作逻辑具体需要经过哪些环节?对应某一类具体的金融业务领域应用,这些环节可能的设计方案都有哪些要考虑的因素?

3. 结合自己身边的某个业务情景或者是实验用的案例,尝试亲自完成一项大数据金融应用方向的基础操作,并想一想可以利用哪些工具来完成?

第五章　金融科技中的新兴 IT 技术

第一节　人工智能技术概要

约瑟夫·熊彼特指出:"市场中真正占据主导地位的,并非价格竞争,而是新技术,新产品的竞争,它冲击的不是现存企业的盈利空间和产出能力,而是他们的基础和生命。"

一、人工智能在全球范围落地生根

1956 年夏天,美国东部的达特茅斯召开了一届传奇色彩的学术会议,会上首次提出了"人工智能"这个术语。人们首次决定将像人类那样思考的机器称为"人工智能"。出席会议的还有约翰·麦卡锡(John McCarthy)、马文·明斯基(Marvin Minsky)、艾伦·纽维尔(Allen Newell)、赫伯特·西蒙(Herbert Simon)。

2013 年,谷歌公司成功收购由英国伦敦大学杰弗里·欣顿(Geoffrey Hinton)教授创立的风投企业——DNNresearch,而杰弗里·欣顿教授正是当今人工智能领域热门技术——深度学习的开创者。谷歌之所以收购 DNNresearch,是因为杰弗里·欣顿教授和他的学生们。

2014 年,谷歌又收购了英国的 DeepMind Technologies 公司,这个只有十几个人的小公司,作为目标公司被谷歌和脸谱网激烈追逐,最终谷歌以 4 亿美元的天价胜出。

2014 年,中国最大的搜索引擎公司百度成立了深度学习研究院,同时聘请在深度学习领域享有全球盛誉的斯坦福大学副教授吴恩达担任研究院院长。

二、人工智能底层技术基础

人工智能的基础命题是"我们可以用计算机来模拟和实现人类智能"。因为人的大脑与电路本质上非常相近。在人的大脑里分布着很多神经元,电信号在其中穿梭往来。在大脑神经元细胞生长有一些叫作"突触"的部分,当电压积累到了一定水平后,它们会释放神经递质。这些神经递质被传递到下一个神经元,电信号也随之得以传递。大脑本身就是一种电路。大脑通过电路来回传递电流的方式来进行工作,并且当进行了一定的学习之后,这个电路就会发生一定的变化。

很多人工智能专家希望通过研究能对智能做出"建构性"解释。也就是说,通过制作来进行理解。他们期望人类的所有大脑活动,包括思维、识别、记忆、感情都可以通过计算机得以实现。与此相对应的描述关键词是"分析性"。专门研究大脑的脑科学家,通常倾向于描述和分析智能从何而来。飞机发明的例子常常被用来类比和探讨人工智能的研究方向。人们曾经无数次的模仿鸟类的飞行,制造出了很多可以"扇动翅膀"的飞行器,但最终都以失败告终。直到莱特兄弟终于制作了一架搭载引擎、固定机翼的飞机。所以,研究并归纳出鸟类飞行时候所需要的"升力",用工程学的方法找到如何获得升力,是解决飞行问题的关键。同样的,找到智能的原理并通过计算机将其实现,是当今人工智能的出发背景。

（一）机器学习

机器学习技术的产生和发展是建立在文字识别等模式识别领域的长年积累,以及互联网的推行下生成的海量数据的基础上的。处理网页文本的自然语言处理技术的基本思路是:不考虑语法结构和上下文意思,只是机械地找出对译概率较高的词语拼成句子即可。在搜索引擎大行其道的 20 世纪 90 年代末和 21 世纪初期,机器学习技术以已有数据为前提条件,相关研究取得了极大进展。

机器学习的核心原理是处理大量数据并为之进行"区分"。区分方法是要被学习的,这里的学习可以分为"有监督学习"和"无监督学习"。

有监督学习指的是事先需要准备好输入和正确输出相配套的训练数据,让计算机进行学习,直到它被输入某个数据时候能够得到正确的输出,也就是"教会"计算机正确的区分方法。这里通常都需要人来作为教师角色,来教给计算机正确的区分方法,也就是常说的分类。

无监督学习则是仅提供输入数据,需要计算机自己找出数据内在结构的一种情况,也就是说,目的是让计算机在大量数据中抽取出关联规则。将整体数据分为包含某项共性指标的群组,是一种很典型的处理方法,即聚类分析。

现在,让计算机自己找出分类方法或者聚类方法并不困难,这项技术已经在 web 及大数据领域应用得相当广泛。但是机器学习的难点并不在于此。机器学习的难点我们叫它"特征工程"(feature engineering),即特征量的设计,也就是机器学习在输入时候用到的变量究竟是什么。选取什么数据作为对预测对象的定量表示,将会对预测精度产生很大影响。制作好的特征量是难度很大的工作,但是目前这个环节只有靠人来完成。

人是非常善于抓取特征量的。我们能够很自然地在看到某些相同的对象时,凭本能或经验察觉到其中的内在特征。当某个领域的前辈分析一些事情时候,能够用极为简洁的提炼将其梳理清楚;当我们用视觉分辨某个动物是大象还是斑马时,也会瞬间得到结论。对计算机而言,如何理解斑马也是一种"有斑纹的马"是一个极为困难的事情。

（二）深度学习

2012 年,在图像识别领域的国际大赛——大型视觉辨识挑战竞赛(imagenet large scale visual recognition challenge, ILSVRC)上,首次参赛的加拿大多伦多大学以错误率 15% 的绝对优势,力压东京大学、牛津大学、耶拿大学、施乐公司等多家著名大学和机构,获得冠军。在 2012 年的机器学习领域,大家的错误率都在 26% 左右,每降低 1% 都需要拥有专业知识和长年工作经验的研究人员花费一年的时间,凭借算法的优化和更优的特征量的设计才能达到。多伦多大学的成绩震惊了当年的图像识别研究者,也让研究领域由此注意到杰弗里·欣顿教授领衔开发的新式的机器学习技术——深度学习。

深度学习以数据为基础,由计算机来自动生成特征量,而不需要人来设计特征量。计算机靠高性能计算来自动获取高层特征量,并以此来对图像进行分类。在营销的调研结果分析中,常常会用到"主成分分析"这个技巧,即在众多影响因素中排除那些并不会产生实质性影响的因素。深度学习技术引入了这个思路,通过把具有相关性的东西聚合成组提取特征量,进而在利用这些特征量提取更高层的特征量,经过四五次对特征量的抽象后,寻找到"典型的"概念,再提取出用这些高层特征量所表示的概念,即对概念和名称进行绑定。

这很像刚刚出生的婴儿,通过眼睛和耳朵获取海量的数据,又以惊人的速度进行着运算,识别出哪些是相关的,哪些是独立的,通过预测后找到答案再确认,反反复复操作直到发现"妈妈"代表的是什么。

三、人工智能与金融服务模式

不管是互联网金融还是金融科技,金融创新本来就诞生于科技进步。首先,金融创新的目的之一会是支撑实体经济的科技创新。其次,发挥金融的资源配置功能,发挥金融的风险管理功能,就需要对科技创新的应用做更有力的优化和推广。特别是发挥互联网金融贴近小微企业、普通百姓的支持作用。这其中包括金融机构组织结构的改变、对服务产品的创新、提高金融服务的针对性、有效性和可获得性。

金融机构需要降低服务成本,提高服务效率,延长服务时间,对科技创新企业提供全天候的优质服务,帮助金融市场中服务的经济实体对接多种融资渠道。这里面既包括了银行服务、风险投资、天使投资等金融服务模式,也包括科技部门、地方政府的密切协作,建立在财税、税收支持等方面的长效机制。因此,金融创新是一个系统性的工作,定义它的服务主体究竟是谁非常重要。

过去线下为主的一切人类活动都是分散的、无迹可寻的、难以留下痕迹的;通过人力物力的调查和跟踪,往往时效性、准确性又非常差。但是现在换到了互联网上,有大数据分析技术以来,所有的一切用户活动都可以主动抓取获得,可以瞬间精准捕捉、及时分析、顺利挖掘。我们可以认为思想支配行动,行动是思想的反映,所以通过大数据来分析当事人的行为轨迹,可以了解这个当事人的思想、偏好等这些抽象的信息。随着社会中自然人的行为向互联网和移动互联网上的迁移,我们发现传统调查手段难以获得的结论现在通过大数据分析技术和人工智能技术可以实现。

以新浪财经大数据为例,以新浪财经积累的资讯、用户行为数据为驱动,通过重点产品不断沉淀新数据,再将数据应用于金融产品创新、业务创新以及合作创新,形成数据生态,目标就是建成开放、共享的财经领域首选互联网数据平台。新浪财经的实际应用偏重于资本市场、A股市场的交易和操作,偏重于交易产生的数据。利用这些数据,金融机构就可以挖掘高手、发现策略、开发创新性金融产品。

改革开放以来,金融的改革整体滞后于经济体制改革,其中存在的巨大的问题是信用的缺失。金融机构会对金融业务特别是贷款发放要求担保、抵押、质押,这样一来,直接导致了交易成本上升,交易效率低下,金融资产配置严重不公平,中小微企业贷款困难、融资困难的现象长达二十年没有得以解决。

创新工场董事长兼CEO李开复曾表示,人工智能最好的应用领域之一就是金融领域,因为金融领域是唯一纯数字和钱的领域,而金融业其实也早已开始了去拥抱人工智能。日本央行在 2017 年 4 月 13 日召开"在金融中运用人工智能"为主题的会议。刚刚进入 2017 年时日本几家保险公司就宣布将在分析能力要求比较高的理赔环节，用人工智能量化计算手段代替人工服务；欧美国家纷纷将人工智能技术引入金融领域，特别是传统的高端投资顾问服务；注册特许金融分析师（chartered financial analyst，CFA）协会表示将人工智能、智能投顾以及大数据分析方法在 2019 年纳入考纲，希望持证人能充分利用人工智能来指导投资决策。

有一个报道的描述非常形象：当你在吃饭时，机器人在读研报；当你在喝星巴克的咖啡时，机器人在读研报。机器人不会疲倦、不用休息，可以 24 小时工作。在股票估值模型上，人工智能在速度和准确性上的优势更加明显。

人工智能正在加速金融生态变革，掌握数据流量的大型企业和公司有着天然优势，而中小型创业企业的机会将会出现在垂直领域。目前传统金融机构的主流人工智能相关商业服务有四种形态：①投资银行和卖方研究尝试自动报告生成；②金融智能搜索；③公募、私募基金通过人工智能辅助量化交易；④财富管理公司在探索智能投资方向。

除此之外，互联网金融企业在致力于包括金融产品重新打包分发销售、征信产品提供、普惠金融风险控制、反欺诈和动态审计等方面。

（一）自动生成报告

自动报告生成主要运用自然语言处理技术（natural language processing，NLP）中的两种技术：自然语言理解（natural language understanding，NLU）和自然语音生成（natural language generation，NLG）。前者是将日常话语消化理解并转化为机器可后续处理的数据结构；后者的作用是将机器分解拆好的结构化数据，以人们能看懂的自然语句表达出来。

国内外有这样几家公司，介绍如下。

1. 文因互联

文因互联是一家智能金融技术服务提供商，主要提供自动化公告摘要、自动化研报摘要、自动化报告写作、金融查询机器人、金融搜索等智能金融核心工具，目前已在新三板上市。

2. 搜狐

搜狐公司的智能报盘提供的服务包括根据交易数据进行的模版写作，并在公开领域发表。据说，智者报盘比人工编辑快五分钟，所以其特点是速度快，有时间优势。

3. 今日头条

新闻写作机器人"张小明"是今日头条实验室的研发成果，是由头条实验室与北大计算所联合研发而成。作为国内第一款可以报道奥运赛事的人工智能机器人，它结合了自然语言处理、机器学习和视觉图像处理技术，通过语法合成与排序学习生成新闻。

4. Automated Insights

Automated Insights 的主打产品是 Wordsmith 自动化报告生成平台，主要用户包括美联社、雅虎等公司。Wordsmith 可以根据用户输入，找到关联数据，进而进一步丰富报告的内容。

5. Narrative Science

Narrative Science 由西北大学的新闻系和计算科学系联合创立，旨在通过给定主题的数据分析，自动生成文章报告。该公司著名的数据分析平台 Quill 可以分析结构化数据，将人工智能与大数据进行技术融合，理解这些数据的重要性，从而产生简短的文字表述或结构化的报告内容——主要面向对象为金融服务提供商，如表 5-1 所示。

表 5-1 金融报告分类

报告类型	报告主题	处理手段
信息披露	股转书、公开转让说明书	部分自动化
	信贷审批报告	
	债券评级报告	
研究报告	券商卖方研究报告	数据处理自动化
	基金买方研究报告	
	咨询研究报告	
日常报告	公告、研报摘要	模版性自动化
	企业、市场跟踪报告	
	企业信息图、基本要素 PPT	
转述文章	知识介绍	人工报告
	观点分析	
	八卦新闻	

（二）金融搜索引擎

金融面临的具体问题总的来说集中在"价值判断"和"风险评估"这两个大问题上。但具体怎么做到价值判断和风险评估，以往的经验是依靠人工。比如请并购行业的前辈来讲讲怎么找到合适的壳公司，他可能会说实际控制人应该是大学毕业，40～50 岁之间；问 VC 合伙人如何判断是否投资一个项目，他可能会看项目的来源，看谁在背书。很多重大决定是在 5 分钟之间作出的，似乎不符合"理性"要求。

金融决策的特点是要考虑的因素实在是太多，金融产品可能是最复杂的商品。经验之所以在这个行业里宝贵，就是因为有经验的经理人能够基于方方面面的要素来作出价值判断和风险评估。

人工智能想要解决的问题是，如何也能让机器像人一样进行判断。这也就意味着，需要依次解决五个问题。这五个问题每一个都依赖前一个问题的解决，但是每一个问题的解决，都可以让我们更多地利用机器的力量，获得更智能的工具来做出价值判断和风险评估，从而解放人力，有更多的时间去做只有人才能获得的"洞察"(insights)，如图 5-1 所示。

第一个问题是从物理世界获得数字化的数据。

大多数买方和卖方的数据，其实是很难被机器甚至人去访问的。很多时候还是需要人面对面的交谈、亲临现场的访问，才能得到决策的依据。甚至仅仅是获得一个行业里中小企业的名录，往往都是很困难的事。让数据获取成本降下来，并使后续的机器处理成为可能。我们叫这样的数据阶段叫"脏数据"。

第二个问题是从"脏数据"中获得"干净数据"。

数字化数据中大量的数据是非结构化的，例如上市公司的披露材料中有扫描件，大

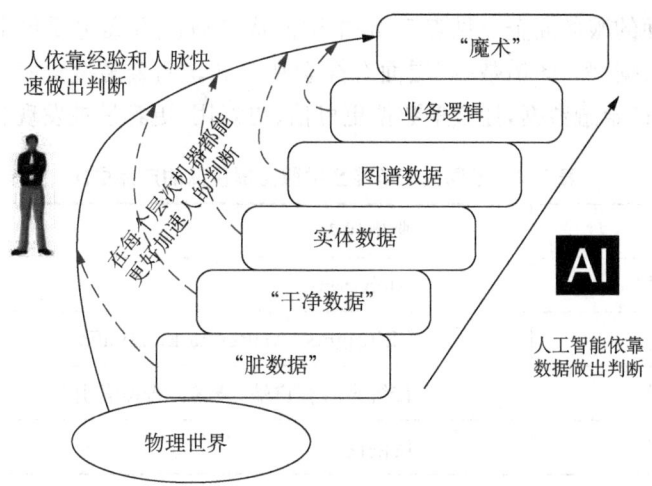

图 5-1　人工智能在金融行业中要关注的数据层递

量的财务数据用不规范的表格展示，网络上的新闻数据、研究报告形式千差万别，还有很多数据隐藏在图片中难以提取，更不用说分析比较。现在各家机构都在用实习生、初级研究员做这些数据的提取工作。这个步骤的目标是数据清洗，也就是期望获得"干净数据"。

第三个问题是从数据中辨认出经济"实体"。

实体（entity）包括企业、投资机构、人（高管、股东、投资人、合伙人等）、行业、产品、事件、案例、法规等。例如，一次公开发行的定增公告里会提到项目、产品、定增对象（人或者机构）；供应商和收入来源里会提到上下游企业；投资人简历里会提到学历和以前的职务。这些实体和它们的属性关联起来很有价值。在做研究报告时，股东、基金的名字不仅仅是字符串，更需要分析师理解它是什么样的机构、有哪些地域属性、分类属性。只有做好实体的识别，才能把这些信息串起来。

第四个问题是发现经济实体之间的关系，形成知识图谱。

比如投资公司对企业的投资，往往通过各种子公司和"壳"来完成，仅仅依赖股东披露或工商注册信息（包括子公司、孙公司的工商信息）是不够的，需要一些规则和数据挖掘来发现隐藏得很深的关系。单纯从披露数据和工商数据，只能获得投资公司一半的投资事件，而通过深度规则挖掘，才能获得它比较完整的投资组合。不仅仅是投资，其他的经济行为，例如行业对标关系、供应链上下游关系、股权变更历史、定增与重大资产重组的关系、多张财务报表之间的数据交叉验证，都需要深入关联来自多个源头、多个时期、多个企业之间的数据关系。

第五个问题是在知识图谱的基础上表达业务逻辑。

每一个金融业务场景都会有自身的逻辑。很多金融研究员在学习 Python、R、Matlab，因为他们发现自己脑子里的逻辑，难以用文字或者 Excel 表格表达出来，也没有一个好用的工具帮助他们在数据的基础上，把被经验验证有效的业务逻辑清晰地表现出来。为了避免总是要做简单重复劳动，他们把这些逻辑的表达变成数字化的处理规则，或者是展示模版，也就是把比较初级的价值判断和风险评估交给机器来做。

目前各个层面的服务商企业见表 5-2,中国的成熟解决方案主要集中在"干净数据"这一层面,在"实体数据"和"图谱数据"层面有探索和尝试。而金融搜索服务的实质在于提供优质的、经过整理的金融数据,让金融数据更可信、更好用、更容易被发现和获得。

表 5-2 不同人工智能金融服务提供商的产品层次

业务类型	典型代表
图谱数据	AlphaSense
实体数据	CBInsights, Mattermark, DataFox
干净数据	传统金融客户端,披露公告搜索引擎
"脏数据"	巨潮网

还是以文因搜索为例,搜索的关键字可以是企业的名称或者行业关键字,如图 5-2 所示。

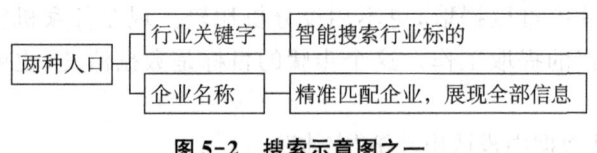

图 5-2 搜索示意图之一

通过企业名称搜索,可以通过企业简称、股票代码、汉语拼音搜索,如图 5-3 所示。

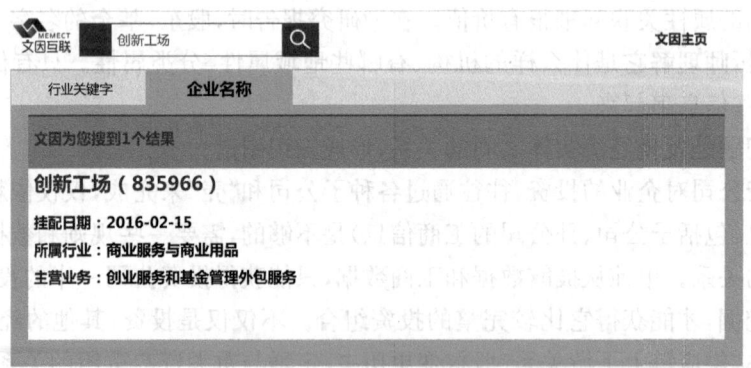

图 5-3 搜索示意图之二

通过行业关键字搜索,可以按产品或者行业的名称寻找该行业所属企业,或者该产品的提供商;行业关键字搜索,还可以搜索到所有对相关行业的新三板企业进行投资的投资机构,按投资次数排序。这可以告诉我们在某个行业上各投资机构的投入力度,了解各大机构的投资偏好,如图 5-4 所示。

对每一家基金,可以看到它在新三板上的直接参股情况和子公司投资情况,如图 5-5 所示。

图 5-4 搜索示意图之三

图 5-5 搜索示意图之四

通过高管姓名搜索，还可以直接定位到该名高管的简历，如图 5-6 所示。

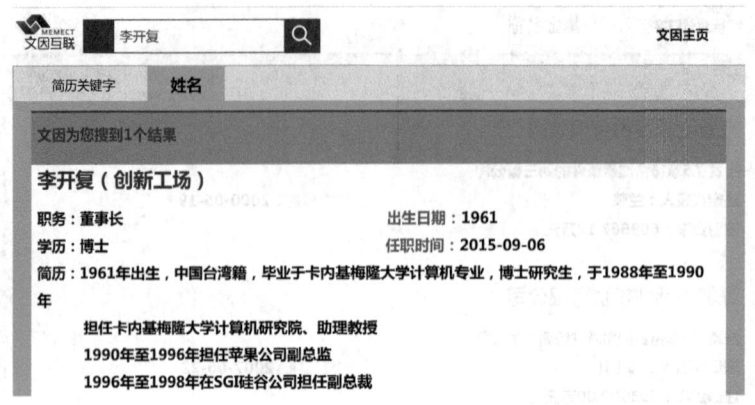

图 5-6　搜索示意图之五

专业的金融搜索引擎需要具备的特点是干净、尽可能降低噪声、界面简洁、会联想关键词之间的潜在关系、多维度的数据过滤和排序以及异常事件提醒等。总之，这样的搜索引擎不同于百度，只展示最有价值的数据。

（三）量化交易

量化投资作为一种日趋成熟的投资方法，近年来在中国市场的发展十分迅速，市场规模和份额不断扩大，受到越来越多业内投资者的认可。截至 2016 年第三季度，A 股市场量化对冲产品的规模超过 2 500 亿元，在普通权益投资中占比 8.4%，并且仍然在迅速扩大。另外，由量化投资基金经理管理但发行时未标明量化的基金产品规模也十分庞大。量化投资意味着采用数据和模型的方法对投资组合进行预测和管理。例如，对证券市场的股票产品进行投资选择时，考虑以基本面为选股角度，构造基本面因子，并进行投资组合管理。另外，还有其他因子，例如市场价格、市场情侣等指标也会被加入考虑之内。

2000—2007 年，是量化投资发展的黄金时代，在美国的华尔街，在互联网泡沫回落、市场情绪低迷的环境下，量化基金的表现优异，资产管理规模不断扩大，美国机构投资者所发行的量化产品规模最高曾超过 7 000 亿美元。当时，最著名的资产管理公司聚集了全球最顶尖的会计学、金融学的教授，比如巴克莱全球资本、高盛资产管理公司等。但在这一时期，基金经理普遍采用了类似的因子模型和组合方法，导致所选股票的相似度很高。由于某大型量化基金的流动性赎回所引发的蝴蝶效应，使得量化产品在短短一周内普遍遭受了巨额损失，终于在 2007 年夏季，引发了股市的量化崩盘。2008 年进入金融危机，此后量化投资变得复杂起来，阿尔法收益率下降，贝塔波动率上升，美国和日本等成熟资本市场难以获取超额收益，于是量化投资者的目光开始转向以中国为代表的亚洲新兴资本市场。

量化投资实际上也是概率的游戏，主动投资管理人将自己对市场的理解和判断进行系统科学的表达，利用程序的执行来克服心理学上的弱点，坚守投资纪律，从而以大概率获得超额收益。模型建立的本质是对大量数据的统计分析，即大数定理，收益依据来源是分析特定股票池中所有样本所呈现的统计意义上的规律。量化投资的目的是通过寻求有利的阿尔法因子去获得超额收益。

量化投资的游戏规则建立在简单的框架之下:①市场几乎是有效的,但不是完全有效;②量化投资实现的是统计意义层面的套利机会;③量化投资分析应建立在坚实的逻辑和理论基础之上;④量化模型在一定时期内应呈现持续且稳定的表现;⑤相对基准的超额收益只有在不确定、足够小的情形下才有意义。

中国的 A 股市场呈现很高的同涨和同跌趋势,买入并持有的价值投资理念会因为趋势投资而面临巨大质疑。同时,A 股市场散户占大比例,存在大量的噪声,导致市场长期处于无效状态,价格修正过程要比美国成熟市场花费更长的时间。这对中国的价值投资者是个机遇。事实上,量化投资在中国正处于蓬勃发展时期。同时,倡导和实践价值投资理论是改善 A 股投资环境的关键手段之一。在 A 股市场上,内部人、机构投资者曾广泛参与市场操纵,利用内幕信息、概念炒作和制度缺陷牟取超额利益,这些违规炒作的行为会导致 A 股市场投资环境的恶化。利用价值投资和择时策略可以帮助投资人发现被低估的股票,也能帮助市场决策者制定更为合理的制度。

(四)智能投顾

智能投顾是用机器和程序替代人力,把复杂的被动投资决策自动化。智能投顾主要采用被动投资策略管理资产,它主要通过问卷提问方式了解客户,结合个人投资者的理财目标和风险偏好,代替客户合理配置以交易所交易基金(exchange traded funds,ETF)为主的资产,赚取 β 收益*。

智能投顾降低了交易门槛,让更多的客户享受到投资顾问的服务。相比起传统人工投资顾问的起投点在 100 万美元以上,美国中产家庭的 10 万美元以下的投资需求,主要是在资产保值方面,可以由机器承担的智能投资顾问服务填补空白。同时,这样的服务费用相对性价比更高。传统的人工服务管理费至少在 1% 以上,而智能投顾的管理费则在 0.5% 以下;如果理财服务规模可以进一步扩大,意味着边际成本得以进一步降低,金融机构服务于个人理财需求的业务也可以产生规模化效益,而并不需要扩大理财顾问的专家团队。

智能投顾的投资标的通常以 ETF 基金为主,被动管理的指数成分股作为基金投资组合基础,基金经理人既省去了特定的投资研究分析费用,也倾向于长期持有证券而不需要频繁交易,因而其交易成本也相对较低。

智能投顾原则上会为客户提供信息更为透明的公平服务,理财服务过程为程序执行的过程,不会出现因为人工投资顾问因为私利而误导客户操作的现象发生。而传统投顾公司和基金公司是代销关系,基金公司会在投顾公司成功销售产品后给予一定比例的提成奖励,这导致两家公司高度利益相关。从逐利的角度来说,投资顾问公司很容易逆向选择**。同时,投资顾问的很多专业服务条款晦涩难懂,选取投资标的的过程也不透明,如果投顾公司为了产品提成,推荐提成比例更高的产品,而不是收益更好的产品,就会造成损害投资者利益的现象发生。智能投顾在金融产品选择范围、收取费用等方面都需要被充分披露,客户随

---

* β 收益:美国经济学家 William F. Sharpe 等人提出资本资产定价模型(CAPM),该模型中提出股票投资中期望收益与风险之间的关系,并引入 β 系数来表述股票期望收益随股票市场收益变化的敏感度,即对投资所承担的不确定风险的一种补偿。

** 逆向选择:由交易双方信息不对称和市场价格下降产生的劣质品驱逐优质品,进而出现市场交易产品平均质量下降的现象。

时随地可查看投资信息,这在一定程度上减少了道德风险,从而更容易赢得客户信任。

另外,智能投顾服务会动态跟踪和调整为客户指定的投资组合策略。投资组合再平衡指当资产组合在随着市场变化而偏离目标投资配置时,智能投顾会定期自动通过买进或卖出,将组合占比重新复原到目标投资配置比例。传统的投资顾问在完成这一操作时,通常要结合近期市场情况分析和客户的风险承受能力,经过长时间的沟通,最终对资产进行再配置,这一系列的操作需要大量的时间和人力投入,也是导致人工投资顾问成本居高不下的原因,而智能投顾可以根据用户问卷调查和市场情况自动调整配置比例,大幅提升效率,降低成本。

第二节 区块链技术背景

一、"拜占庭将军问题"

曾经的拜占庭位于如今的土耳其伊斯坦布尔,它曾是东罗马帝国的首都。一个流传已久的数学问题,可以被描述如下:拜占庭帝国为了防御目的,给帝国的周边部署了十支防御军队。每个军队分隔很远,在没有通信手段的基础上,将军与将军之间只能靠信差传递消息。十支军队单独作战,都会失利;只有当其中十支军队的一半以上同时应敌时,拜占庭帝国的防御力量才有可能不被攻破。

换句话说,如果十支军队其中的一支或者几支本身答应好一起应敌,但实际过程出现背叛,那么军事行动可能都会失败。所以在拜占庭将军问题里,将军们如何能达成共识,在同一时间出发去攻打敌国,成为关键。

达成共识并非坐下来开个会那么简单,联盟军队内口心非,因为单独出击的国家反而容易被其他联盟友军占领。于是每一方都小心行事,不敢轻易相信邻邦。如果有叛徒,可能会出现各种问题:

(1)叛徒可能欺骗某些邻国军队自己将采取进攻行动。

(2)叛徒可能怂恿其他军队行动,自己静观其变。

(3)叛徒可能迷惑其他将军,使他们接受不一致的信息,从而感到迷惑。

这就是拜占庭将军问题。针对拜占庭问题的深入研究,科学家们得出一个结论:如果叛徒的数量大于或等于1/3,拜占庭问题不可解。

将军们决定采用书面协议的方式,即:10个国家,每个国家都可以派人向各个国家派信,比如一起约定"周六早上六点钟,大家一起进攻拜占庭,同意就签个字"。收到信的国家如果同意的话,就可以在原信上签名盖章。但在现实中仍然可能面临以下几种问题。

(1)中世纪的邻邦之间沟通只能靠信使骑马,将军们互不信任,也不可能亲自聚在一起开会,物理距离导致信息传输延迟。

(2)真正可信的签名体系难以实现。签名造假的问题也没法避免。

(3)签名消息记录的保存难以摆脱中心化的机构。

(4)当每个国家都各自向其他9个国家派出信使时,这个网络需要90次的传输才能完成一轮信息交流,可是每个国家可能回馈不同的进攻时间,在这种异步通信的条件下,要能协商一致仍然是个大问题。

从分布式系统的角度来说,如果要保证分布式系统的一致性和可用性,就必须处理错误节点,防止系统出现用户可以观察到的错误。拜占庭假设是对现实世界的模型化,由于硬件错误、网络拥塞或断开以及遭到恶意攻击,计算机和网络可能出现不可预料的行为。拜占庭将军问题提出了一个错误模型,即错误节点可以做任意事情(不受协议限制),比如不响应、发送错误信息、对不同节点发送不同决定、不同错误节点联合起来干坏事等。在这样的情况下,分布式系统会受到严峻挑战。

二、区块链技术基础

(一) 区块链定义及其技术解决思路

区块链(blockchain)是指通过"去中心化"和"去信任"的方式集体维护一个可靠数据库的技术方案。该技术方案主要让参与系统中的任意多个节点,通过一串使用密码学方法产生数据块(block),每个数据块中包含了一定时间内的系统全部信息交流数据,并且生成数据指纹用于验证其信息的有效性和链接(chain)下一个数据库块。

区块链技术是一种全民参与记账的方式,或者说区块链其实是一种数据库账本。该技术过去主要应用在比特币(P2P形式的数字货币)上。

首先,没有一本中央大账本了,所以无法摧毁。每个节点都仅仅是系统的一部分,每个节点权利相等,都有着一样的账本。摧毁部分节点对系统一点都没有影响。

其次,无法作弊。因为除非你能控制系统内大多数人的电脑都进行修改,否则系统会参照多数人的意见来决定什么才是真实结果,结果会发现修改自己的账本完全没有意义。

最后,由于不存在中心化的中介机构,所有的东西都通过预先设定的程序自动运行,不仅能降低成本,而且能提高效率。每个人都有相同的账本,能确保账本的记录过程公开透明。

总之,区块链是要解决信任和安全问题。分布式计算机技术、数字技术以及互联网技术的飞速发展,尤其是其中的区块链技术给我们提供了解决这些问题的一种方法。

在信任问题上,集权式的秩序不需要高度的信任,而分布式的秩序需要高度的信任。信任是最重要的社会资本,由理念、规则、法律、治理等长期积累而成。区块链有助于建立非人格化的信任,为演变出新型的数字经济和网络秩序提供了一种可能。

区块链技术的一个前提是人们传递信息和建立信任的困境,这被分布式计算数学家称为拜占庭将军问题。区块链技术可以接纳陌生人之间不能建立起信任的联系,但区块链技术通过对网络上的每一笔交易建立起集体核查的完整数据库,从而建立起算法式信任,解决了陌生人之间不信任的问题。

这种摆脱人格的信任关系,由代码、协议、规则建立,在当前诚信度不高、金融风险高、金融监管水平不高的经济环境中,有着非常广泛的应用场景,被许多金融技术专家热捧为金融业的下一个大事件,从一定意义上来说它为互联网金融的健康发展打开了一扇新的大门。

信任是整个数字经济的基石。不仅仅限于金融,区块链可以通过分布式账本技术对付经济中的两个顽疾——消费中的假货、金融中的欺诈。

区块链在解决交易的信任和安全问题的基础上,有以下四个技术创新。

(1)分布式账本:交易记账由分布在不同地方的多个节点共同完成,而且每一个节点记录的都是完整的账目,因此它们都可以参与监督交易合法性,同时也可以共同为其作证。不同于传统的中心化记账方案,没有任何一个节点可以单独记录账目,从而避免了单一记账人被控制或者被贿赂而记假账的可能性。另一方面,由于记账节点足够多,理论上讲除非所有的节点被破坏,否则账目就不会丢失,从而保证了账目数据的安全性。分布式的账本技术也可以用来清晰界定和保护财产权,诸如数字货币、房地产交易、证券交易等所有权频繁变化的领域。例如,那些在网络上广泛传播的作品,原创者的权益可以利用区块链技术得到保护。把法律与代码有效地结合起来,可以解决法治、监管、权利、效率、诚信等经济生活的内在要求。

(2)对称加密和授权:存储在区块链上的交易信息是公开的,但是账户身份信息是高度加密的,只有在数据拥有者授权的情况下才能访问到,从而保证了数据的安全和个人的隐私。

(3)共识机制:所有记账节点之间如何达成共识,去认定一个记录的有效性。这既是认定的手段,也是防止篡改的手段。区块链提出了四种不同的共识机制,适用于不同的应用场景,在效率和安全性之间取得平衡。以比特币为例,采用的是工量证明,只有在控制了全网超过51%的记账节点的情况下,才有可能伪造出一条不存在的记录。当加入区块链的节点足够多的时候,这基本上不可能,从而杜绝了造假的可能。

(4)智能合约:基于这些可信的不可篡改的数据,可以自动化地执行一些预先定义好的规则和条款。以保险为例,如果说每个人的信息(包括医疗信息和风险发生的信息)都是真实可信的,那就很容易在一些标准化的保险产品中去进行自动化的理赔。

总之,区块链技术是金融科技所需的一种新的信息技术,它能利用IT技术解决目前很多金融行业所急需解决的问题。对于区块链技术,我们可以看作:区块链是一门集数学、金融学、法学、信息技术等学科为一体,解决人与人之间信任问题的科学;区块链是信息技术发展到一定程度后产生的技术,利用"信息冗余"和"高速传递"以及"分布式"的概念产生的一种难以被破坏和群体间相互信任、相互协作的世界一体化的数据存储机制。由于到目前为止的大多数计算机技术以集中控制为主,基于分布式控制的区块链技术也许是信息产业的一个重大的转折点,几乎是和工业革命所带来的深刻变革相同的重大转折。目前还处在这个变革的早期阶段,这个变革不仅仅是新技术指数级、数字化和组合式的进步与发展,更多的是理念上的进步。随着应用的逐步升级,也许会带给这个世界更多的改变。

(二)比特币的出现和由此带来的变革

1. 区块链技术的起源

区块链技术源自点对点(P2P)技术,是把需要下载的文件分成无数碎块,扩散到不同的电脑,这些电脑之间可以分别承担一些碎块的下载,同时彼此传输已经获得的碎块,最终各电脑都可以根据需要合成一个完整的文件。网络视频公司最早大量使用P2P技术,因而也是最早对区块链技术感兴趣的行业。P2P技术实现众多电脑之间点对点的计算、存储、传输,开辟了分布式的存储。

另外，网络中的电脑共同维护一个视频文件的完整性，人们通过网络进行交易时，一件数字资产的整个交易过程会被记录在"账本"上，这个账本是由网络中的电脑共同维护的，不掌握在某个机构或者个人手中，而是分布式账本。引用R3公司CTO布朗的话来说，"当账本中加入一批条目时，也加入了上一个批次的索引值，让所有参与者都可以验证账本上所有条目的出处。这些批次就被称为'区块'，而所有区块在一起则被称为'区块链'"。

区域链是比特币的底层技术，区块链技术符合开源与分布的互联网和软件技术的大趋势。这些技术带来的分享、高效、民主化、去中心化、基于透明的信任，在互联网普及之后，具有广泛的应用前景。

2. 神秘的中本聪

2008年11月1日，一位自称中本聪（Satoshi Nakamoto）的人在一个隐蔽的密码学讨论组上发布了一篇研究论文《比特币：一种点对点的电子现金系统》，这篇论文描述了他对一种新的数字货币的设计，该数字货币名叫比特币（bitcoin）。这个设计解决了几十年来密码破译界的大难题。这种数字货币方便而且难以追踪，脱离了政府和银行的掌控，这样的理念成为互联网有史以来的热门话题。

比特币利用公开分布总账的方法废除了第三方管理，中本聪将其称之为"区块链"。用户乐于奉献自己电脑的CPU力量，运行一款特殊的软件进行"挖矿"，并形成一个网络来共同维持区块链。

该概念在中本聪的白皮书中提出，中本聪创造了第一个区块即"创世区块"。2009年1月3日，中本聪在创世区块里留下了一句永不可修改的话："The Times 03/Jan/2009 Chancellor on brink of second bailout for banks."（2009年1月3日，财政大臣正处于实施第二轮银行紧急援助的边缘。）当时，正是英国的财政大臣达林被迫考虑第二次出手缓解银行危机的时刻，这句话是《泰晤士报》当天的头版文章标题。

区块链的时间戳和存在证明，永久性地保留了第一个区块链产生的时间和当时正发生的事件。

3. 金融世界的区块链变革

在比特币出现后，基于区块链的各种虚拟电子货币纷纷出现，直到银行意识到其中的变革和机遇。2015年9月，13家顶级银行包括汇丰银行、德意志银行等加入了一个由金融技术公司R3领导的组织。宣布加入的银行有花旗银行、美国银行、摩根斯坦利、德国商业银行、法国兴业银行、瑞典北欧斯安银行、纽约梅隆银行、三菱UFJ金融集团、澳大利亚国民银行、加拿大皇家银行和多伦多道明银行等。此前，其中9家银行已经签署了R3的初创协议，这代表着银行之间对于如何将区块链用于金融层面首次达成了共识。

2015年10月，首届全球区块链峰会"区块链——新经济蓝图"在上海举办，来自央行金融研究所、央行征信中心、上海证券交易所、陆金所、德勤会计事务所等全球约200位包括银行、支付、证券、大宗商品等金融行业及其他对区块链技术应用前景有兴趣的行业专业人士参加了此次会议。主办方为万向区块链实验室（Wan Xiang Block Chain Labs），会上举行了区块链技术投资基金成立仪式。中国万向控股有限公司设立一支5 000万美元的专门投资有商业前景的区块链应用技术项目的基金，用于在全球范围内投资区块链商业应用相关的各类项目，包括区块链技术商业应用、早期项目（天使投资、种子基金）与中后期的项目投资。

2015年10月中旬,国家互联网信息办公室的文件中再次提到了区块链技术:"虽然有人认为比特币及其区块链技术还不够稳定,但也无法忽视其对于支付带来的革命性变化。究其根源,是互联网和新技术发展带来了分布式支付清算机制的拓展,进而可能推动分布式金融交易创新。"

2016年2月3日,由世纪互联公司联合清华大学、北京邮电大学等高校,中国通信学会、中国联通研究院等运营商,以及集佳、布比网络等公司发起的中关村区块链产业联盟正式成立。

2016年4月19日,中国分布式总账基础协议联盟成立,这是由中证机构报价系统股份有限公司、中钞引用卡、浙商证券、前海交易中心等11家机构共同发起的区块链联盟。

2016年5月31日,金融区块链联盟在深圳成立,旨在整合及协调金融区块链技术研究资源,形成金融区块链技术研究和应用研究的合力与协调机制,提高成员在区块链技术领域的研发能力,探索、研发、实现适用于金融机构的金融联盟区块链,以及在此基础之上的应用场景。发起成员共25个,分别是安信证券、京东金融、博时基金、重庆股转中心、第一创业证券、富德保险控股、国信证券、恒生电子、南方基金、平安银行、齐鲁股交中心、平安金科、微众银行、金证股份、深金信会、赢时胜、致远速联、四方精创、铝锌科技、深证通、武交中心、招商证券、招银网络、中股集团、中证信用。

(三) 区块链的基本结构

1. 区块链的基本组成结构

图5-7是区块链的基本组成结构示意图,区块链由区块组成,这些区块前后有序衔接,构成一个链状结构进而组成区块链。

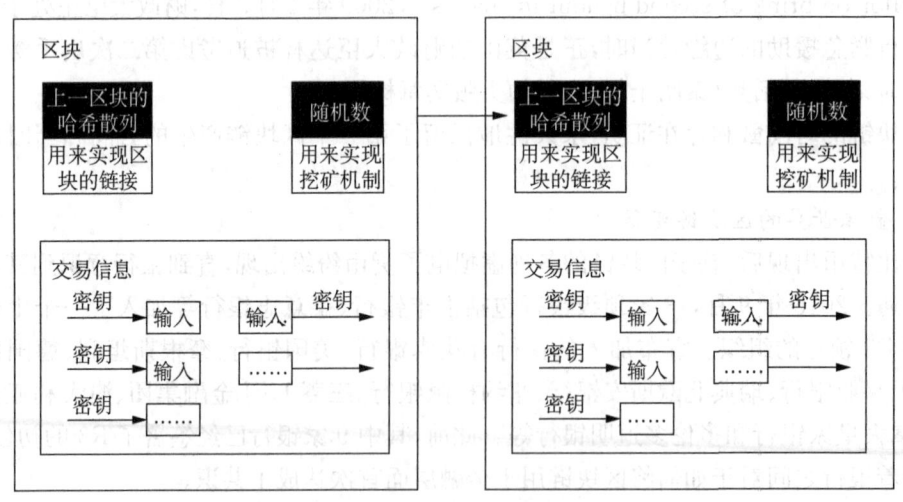

图5-7 区块链的基本组成结构

2. 区块的基本结构

图5-8是区块的基本结构,一个区块存储区块的序列号、前一个区块的哈希(hash)值、区块具体内容、时间戳、数字签名以及共识约定,当然不同的区块链其内容和共识约定会不同,但其他结构是一样的。比特币是其中的一种应用。在构造区块链应用时,核心就是组织区块内容与论证共识约定合理性。

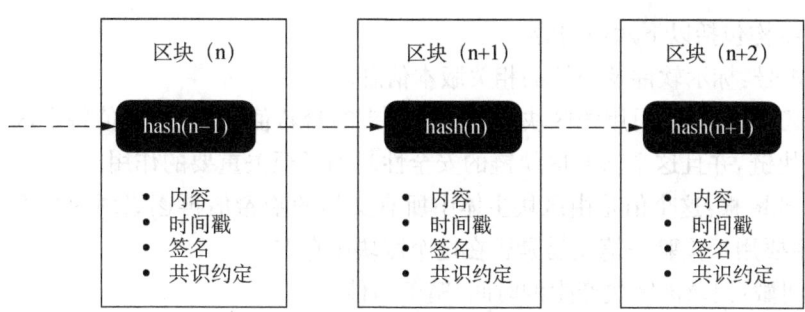

图 5-8　区块的基本结构

3. 区块头结构

图 5-9 是区块头结构示例。

图 5-9　区块头结构示例

区块头结构包括以下六项内容。

(1) 版本号:标示软件及协议的相关版本信息。

(2) 父区块哈希值:引用的区块链中父区块头的哈希值,通过这个值每个区块才首尾相连组成了区块链,并且这个值对区块链的安全性起到了至关重要的作用。

(3) Merkle 根:这个值是由区块主体中所有交易的哈希值再逐级两两哈希计算出来的一个数值,主要用于检验一笔交易是否在这个区块中存在。

(4) 时间戳:记录该区块产生的时间,精确到秒。

(5) 难度值:该区块相关数学题的难度目标。

(6) 随机数(nonce):记录解密该区块相关数学题的答案的值。

4. 主要术语

以下是区块链组成结构中的相关概念。

(1) 区块。是区块链中的一条记录,包含相关的交易信息。

(2) 挖矿。指通过计算形成新的区块,是交易的支持者利用自身的计算机硬件为网络做数学计算进行交易确认和提高安全性的过程。以比特币为例,交易支持者(矿工)在电脑上运行比特币软件,不断计算软件提供的密码学问题来保证交易的进行。作为对服务的奖励,矿工可以得到他们所确认的交易中包含的手续费,以及新创建的比特币。

(3) 哈希(hash)散列。hash,一般翻译做"散列",也有直接音译为"哈希"的,就是把任意长度的输入(又叫作预映射,pre-image),通过散列算法,变换成固定长度的输出,该输出就是散列值。这种转换是一种压缩映射,也就是散列值的空间通常远小于输入的空间,不同的输入可能会散列成相同的输出,所以不可能从散列值来唯一地确定输入值。简单地说,就是一种将任意长度的消息压缩到某一固定长度的消息摘要的函数。

(4) hash 性质。所有散列函数都有一个基本特性,即如果两个散列值是不相同的(根据同一函数),那么这两个散列值的原始输入也是不相同的。这个特性是散列函数具有确定性的结果。但另一方面,散列函数的输入和输出不是一一对应的,如果两个散列值相同,两个输入值很可能是相同的,但并不能绝对肯定两者一定相等。输入一些数据计算出散列值,然后部分改变输入值,一个具有强混淆特性的散列函数会产生一个完全不同的散列值。典型的散列函数都有无限定义域,比如任意长度的字节字符串和有限的值域,比如固定长度的比特串。在某些情况下,散列函数可以设计成具有相同大小的定义域和值域间的一一对应。一一对应的散列函数也称为排列。可逆性可以通过使用一系列的对于输入值的可逆"混合"运算而得到。

(5) 常用 hash 函数。直接取余法:$f(x)=x \bmod maxM$,maxM 一般是不太接近 2^t 的一个质数。乘法取整法:$f(x)=trunc[(x/maxX)*maxlongit] \bmod maxM$,主要用于实数。平方取中法:$f(x)=(x*x \text{ div } 1\ 000) \bmod 1\ 000\ 000$,此方法在词典处理中使用十分广泛。

(6) hash 散列应用举例——SHA256,一种求 hash 值的加密算法。SHA256 工作原理为:将任何一串数据输入到 SHA256 将得到一个 256 位的 hash 值(散列值)。其特点是相同的数据输入将得到相同的结果。输入数据只要稍有变化(比如一个 1 变成了 0)则将得到一个千差万别的结果,且结果无法事先预知。正向计算(由数据计算其对应的 hash 值)十分容易,逆向计算(俗称"破解",即由hash值计算出其对应的数据)极其困难,在当前科技条件下被视作不可能。

(7) 数字签名。数字签名涉及一个哈希函数、发送者的公钥、发送者的私钥。数字签名有两个作用:一是能确定消息确实是由发送方签名并发出来的;二是数字签名能确定消息的完整性。

(8) 数字签名工作原理。发送报文时,发送方用一个哈希函数从报文文本中生成报文摘要,然后用自己的私钥对摘要进行加密,加密后的摘要将作为报文的数字签名和报文一起发送给接收方,接收方首先用与发送方一样的哈希函数从接收到的原始报文中计算出报文摘要,接着再用发送方的公钥来对报文附加的数字签名进行解密,如果这两个摘要相同,那么接收方就能确认该数字签名是发送方的。

(9) 时间戳。用来进行比对以及验证处理,时间戳服务器是一款基于公钥密码基础设施(PKI)技术的时间戳权威系统,对外提供精确可信的时间戳服务。它采用精确的时间源、高强度高标准的安全机制,以确认系统处理数据在某一时间的存在性和相关操作的相对时间顺序,为信息系统中的时间防抵赖提供基础服务。

(四) 区块链的工作过程

区块链的工作过程中不同的区块链系统会略有差别,但其核心原理是一样的。

1. 基于区块链的电子货币交易基本工作过程

图5-10所示是基于区块链的电子货币交易基本工作过程。

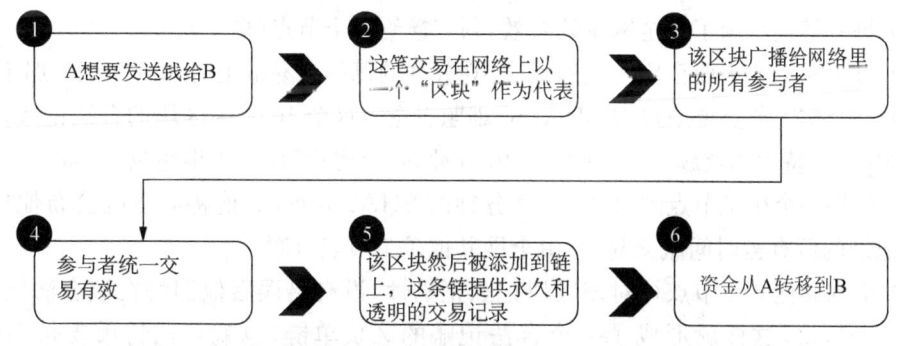

图5-10 区块链的基本工作过程

在以上的交易过程中,没有中心化的交易场所,没有第三方进行认证,由于所有参与者都"听到了"系统广播并同意交易,因此交易被判定有效,并在一个区块里进行永久保存,通过这种方式实现最终交易的确认。

2. 比特币的交易机制

比特币的交易机制是10分钟产生一个区块,意思就是每隔十分钟计算机就打包全网交易进入一个区块。矿工就是在打包游戏中争夺区块链记账权的人,谁能最快最准解开SHA256这个数学命题的值,谁就赢得了这个10分钟区块的打包记账权。而这10分钟里的每一笔交易都会被盖上一个时间戳。当然了,矿工的工作不是白辛苦的,一旦谁赢得了打包权,谁就将获得25个比特币作为奖励。图5-11所示是比特币的交易过程。

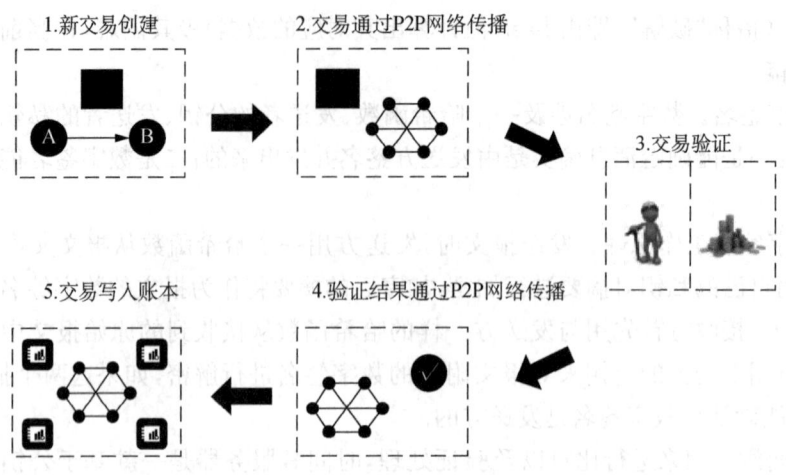

图 5-11 比特币的交易过程

1) 比特币交易证明机制

比特币交易证明机制目前主要分为两类:POS(proof of stake)权益证明机制和 POW (proof of work)工作量证明机制。

工作量证明机制即按照工作量的多少来获得奖励。这一点带来的弊端是算力很容易集中化。

2) 比特币信用系统建立过程

(1) 每一笔交易为了让全网承认有效,须广播给每个节点(矿工)。

(2) 每个矿工节点要正确无误地给这 10 分钟的每笔交易盖上时间戳并记入那个区块。

(3) 每个矿工节点要通过解 SHA256 难题去竞争这个 10 分钟区块的合法记账权,并争取得到 25 个比特币的奖励(头 4 年是每 10 分钟 50 个比特币,每 4 年递减一半)。

(4) 如果一个矿工节点解开了这 10 分钟的 SHA256 难题,他将向全网公布他这 10 分钟区块记录的所有盖时间戳交易,并由全网其他矿工节点核对。

(5) 全网其他矿工节点核对该区块记账正确性,没有错误后他们将在该合法区块之后竞争下一个区块,这样就形成了一个合法记账的区块单链,也就是比特币支付系统的总账——区块链。

一般来说,每一笔交易必须经过 6 次区块确认也就是 6 个 10 分钟记账才能最终在区块链上被承认合法交易。所以,"比特币"就是这样一个账单系统:它包括所有者用私钥进行电子签名并支付给下一个所有者,然后由全网的"矿工"盖时间戳记账,形成区块链,实现交易。

3) 区块链形成的工作步骤

(1) 新的交易需求广播到所有节点。

(2) 每一个节点把新的交易需求收集到一个区块中。

(3) 每一个节点开始不断生成随机字符串,计算随机数答案。

(4) 当一个节点得出的答案与随机数匹配时,它将生成的区块广播到所有节点。

(5) 节点对于交易进行验证,当该区块所包含的交易有效时,所有节点接受该区块。

(6) 节点开始创建新区块,并将刚刚接受的区块的哈希散列添加进去。

4）共识协议

（1）每个全节点依据综合标准对每个交易进行独立验证。

（2）通过完成工作量证明算法的验算，挖矿节点将交易记录独立打包进新区块。

（3）每个节点独立地对新区块进行校验并组装进区块链。

（4）每个节点对区块链进行独立选择，在工作量证明机制下选择最长的区块链。

5）区块形成过程

在当前区块加入区块链后，所有矿工就立即开始下一个区块的生成工作。

（1）在本地内存中的交易信息记录到区块主体中。

（2）区块主体中生成此区块中所有交易信息的 Merkle 树，把 Merkle 树根的值保存在区块头中。

（3）把上一个刚刚生成的区块头的数据通过 SHA256 算法生成一个哈希值填入当前区块的父哈希值中。

（4）把当前时间保存在时间戳字段中。

（5）难度值字段会根据之前一段时间区块的平均生成时间进行调整以应对整个网络不断变化的整体计算总量，如果计算总量增长了，则系统会调高数学题的难度值，使得预期完成下一个区块的时间依然在一定时间内。

6）区块链的哈希值形成过程

图 5-12 所示是区块链的哈希值形成过程。

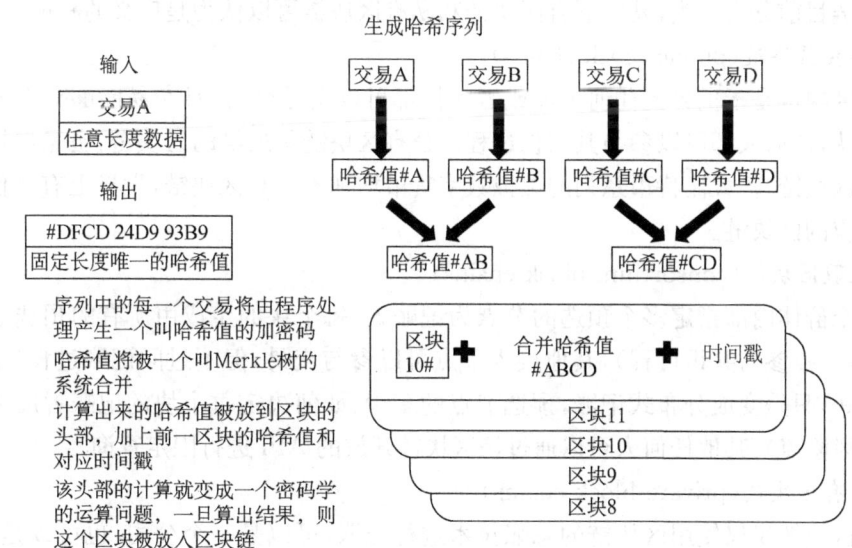

图 5-12　区块链的哈希值形成过程

7）多重处理解决机制：分叉机制

同一时间段内全网不止一个节点能计算出随机数，即会有多个节点在网络中广播它们各自打包好的临时区块（都是合法的）。

某一节点若收到多个针对同一前续区块的后续临时区块，则该节点会在本地区块链上建立分支，多个临时区块对应多个分支。该僵局的打破要等到下一个工作量证明被发现，而其中的一条链条被证实为是较长的一条,那么在另一条分支链条上工作的节点将转换阵营,开始在较长的链条上工作,其他分支将会被网络彻底抛弃。

图 5-13 是区块链对分叉的处理示意图。

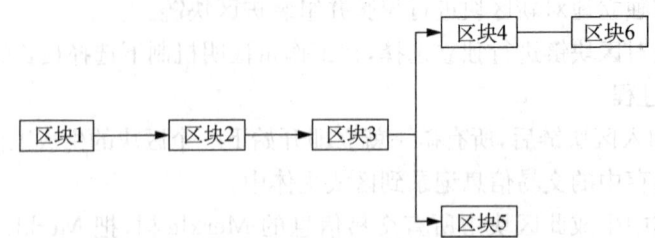

图 5-13　区块链对分叉的处理示意图

8) 双重支付的解决

双重支付是指攻击者几乎同时将同一笔钱用作不同交易。每当节点在把新收到的交易单加入区块之前,会顺着交易的发起方的公钥向前遍历检查,检查当前交易所用的币是否确实属于当前交易发起方,此检查可遍历到该币的最初诞生点(即产生它的那块区块源)。虽然多份交易单可以任意顺序地广播,但是它们最终被加入区块时必定呈现一定的顺序。区块之间以时间戳排序,这决定了任意一笔交易资金来源都可以被确定地回溯。

(五) 区块链的网络构架

区块链目前分为三类,其中混合区块链和私有区块链可以认为是广义的私链。

1. 公共区块链(public block chains)

公共区块链是指世界上任何个体或者团体都可以发送交易,且交易能够获得该区块链的有效确认,任何人都可以参与其共识过程。公有区块链是最早的区块链,也是(目前)应用最广泛的区块链,各大比特币系列的虚拟数字货币均基于公有区块链,世界上有且仅有一条该币种对应的区块链。

2. 联盟区块链(consortium block chains)

由某个群体内部指定多个预选的节点为记账人,每个块的生成由所有的预选节点共同决定(预选节点参与共识过程),其他接入节点可以参与交易,但不过问记账过程(本质上还是托管记账,只是变成分布式记账,预选节点的多少、如何决定每个块的记账者成为该区块链的主要风险点),其他任何人可以通过该区块链开放的 API 进行限定查询。

3. 私有区块链(private block chains)

私有区块链仅仅使用区块链的总账技术进行记账,可以是一个公司,也可以是个人,独享该区块链的写入权限,本链与其他的分布式存储方案没有太大区别,如表 5-3 所示。

表 5-3　几种区块链的比较

	公共链	联盟链	私有链
中心化程度	去中心化	多中心化	中心化
参与者	任何人	预先设定、具有特殊特征的成员	中心控制着指定的可以参与的成员

(续表)

	公共链	联盟链	私有链
信任机制	工作量证明	共识机制	自行背书
记账者	所有参与者	参与者协商决定	自定
优势	完全解决信任问题	容易进行控制权限定	一般而言没有挖矿过程,网络能耗低
	全球可用户访问,应用程序容易部署,进入壁垒最低	具有很高的可扩展性	规则修改容易,交易量、交易速度无限制
			节点通过授权进入,不存在51％攻击风险
缺点	交易量受限,挖矿能耗高	不能完全解决信任问题	接入节点受限;不能完全解决信任问题
使用场景	网络节点之间没有信任的场景	连接多个公司或中心化组织	节点之间高度信会场景
典型案例	比特币、以太坊	清算	R3联盟等金融领域联盟

(六) 区块链的特征

1. 去中心化

由于使用分布式核算和存储,不存在中心化的硬件或管理机构,任意节点的权利和义务都是均等的,系统中的数据块由整个系统中具有维护功能的节点来共同维护,并且采用纯数学方法代替原来的中心机构,节点间的信任关系更强。

另外,区块链系统建立在网络基础之上,权限对等、数据公开、数据分布式、高冗余存储,无法篡改。

最后,区块链系统建立在共识系统的基础上,可编程,智能化,可保密,个性化。

2. 开放性,信息透明

区块链系统是开放的,除了交易各方的私有信息被加密外,区块链的数据对所有人公开,任何人都可以通过公开的接口查询区块链数据和开发相关应用,因此整个系统信息高度透明。

3. 自治性

区块链采用基于协商一致的规范和协议(如一套公开透明的算法)使得整个系统中的所有节点能够在去信任的环境中自由安全地交换数据,使得对"人"的信任改成了对机器的信任,任何人为的干预都不起作用。参与整个系统中的每个节点之间进行数据交换是无需互相信任的,整个系统的运作规则是公开透明的,所有的数据内容也是公开的,因此在系统指定的规则范围和时间范围内,节点之间是不能也无法相互欺骗的。

4. 集体维护

分布式系统中所有节点均可参与数据区块的验证过程(如比特币"挖矿"),每个节点分享权利和义务。

5. 信息不可篡改

一旦信息经过验证并添加至区块链,就会永久的存储起来,除非能够同时控制系统中超过51%的节点,否则单个节点上对数据库的修改是无效的,因此区块链的数据稳定性和可靠性极高。

区块链系统的安全性是通过挖矿形成的强大算力保证的。由于每笔交易都是通过盖时间戳的方式顺序链接的,当一个人想要伪造一笔交易时,他不仅需要伪造该笔交易对应的区块,还需要伪造该区块所链接的所有区块。如果伪造者的计算机的算力不能支持伪造区块的速度超过区块链增长的速度,那么伪造的区块马上就会被发现并被弃用。区块链采用非对称型密码学原理对数据进行加密,借助各个节点的工作量证明算法形成强大的算力可以抵御外部攻击。

6. 可靠数据库

除非能够同时控制整个系统中超过51%的节点,否则单个节点上对数据库的修改是无效的,也无法影响其他节点上的数据内容。因此参与系统中的节点越多和计算能力越强,该系统中的数据安全性越高。

7. 匿名性

由于节点之间的交换遵循固定的算法,其数据交互是无需信任的(区块链中的程序规则会自行判断活动是否有效),因此交易对手无需通过公开身份的方式让对方对自己产生信任,对信用的累积非常有帮助。由于节点和节点之间是无需互相信任的,因此节点和节点之间无需公开身份,在系统中的每个参与的节点都是匿名的。

8. 开源性

由于整个系统的运作规则必须是公开透明的,所以对于程序而言,整个系统必定会是开源的。所有人可免费参与,共同促进区块链技术的发展和进步。

9. 无国界、跨境

目前,跨国汇款会经过层层外汇管制机构,而且交易记录会被多方记录在案。但如果用比特币交易,直接输入数字地址,点一下鼠标,等待 P2P 网络确认交易后,大量资金就过去了。不经过任何管控机构,也不会留下任何跨境交易记录。

10. 山寨者难以生存

由于区块链技术算法是完全开源的,谁都可以下载到源码,修改些参数,重新编译下就能创造一种新区块链。但创造这些山寨版需要控制正版的51%的运算能力,而想要控制区块链网络51%的运算力,所需要的主机数量将是一个天文数字,代价太高,因此山寨者很难生存。

(七) 区块链平台

区块链平台分为基础框架层(basic chain)和应用适配层(application adaptors)。基础框架层基于基本协议簇,包含货币协议、账户协议、账本协议、共识协议、P2P 组网协议等基础模块。不同的应用可配置不同的基础协议模块。

应用适配层提供上层应用所需的功能组件(资产、事务、合约等);提供账户体系所需的私钥保存与管理;提供运维管理所需的可视化工具(配置、监控、数据分析、区块链浏览器等)。

区块链概念可以应用到房地产产权保险、共享经济、电力、银行、支付、股票股权交易、防止洗钱、物联网、音乐、版权、股权证明、隐私数据、审计系统、法律数据、政府信用及认证系统等诸多领域。

三、区块链技术的风险与监管

（一）区块链技术面临的风险

新技术的发展必将面对风险，区块链也一样。只要拥有"51%"的算力就可能进行协议攻击，性能问题也有可能会限制区块链的应用场景；区块链存在哪些安全隐患、技术风险，以及发展的瓶颈与陷入的困境，具体思考如下。

区块链技术安全方面的风险主要包含三方面：私钥丢失、错误的实现和协议被攻击。

1. 秘钥安全

区块链技术的一大特点就是不可逆、不可伪造，但前提是私钥是安全的。秘钥安全问题是变得尤为重要。相比其他技术不同的是，私钥是每个用户自己生成并且自己负责保管的，理论上没有第三方的参与，所以私钥一旦丢失，便无法对账户的资产做任何操作。多重签名某种程度上能解决一部分问题，但实施起来非常复杂，而且要设计与之相配套的密钥管理和使用体系。这对于普通大众用户，或没有太多技术经验的企业用户来说，可能会觉得补私钥和补身份证或者营业执照差不多，但事实上在具体操作上会非常不同。事实上，国际通用的多因素认证体系实施的并不是很好。多因素体系最常见的维度包括以下三方面。

（1）知识。知识指的是密码这类能被记忆的知识。

（2）资产。资产包括门禁卡、令牌、手机、密码键盘、智能卡等。

（3）本征。本征包括指纹、虹膜、DNA、声纹等。

使用一种维度因素的认证方式叫单因素认证，使用两种的叫作双因素认证。目前单因素认证早已经被业界认为是不安全的，所以除了使用支付相关的应用密码以外，还需要发一个验证码给到手机，这就是对手机这一资产的因素验证。但进行大部分资产的因素验证并不具有理论上要求的可信环境，或者称之为终端安全，这大大提高了私钥暴露的风险。比如，严格地说，大部分手机都不算可信的计算环境，但是因为太方便了，所以大家做了很多妥协。这在保护低价资产的时候还可以忍受，但使用区块链的往往都是些非常重要的业务。

在本征因素方面，安全业界对使用本征因素存在非常多的争议，主要反对的理由是本征类别的特征，大部分本征类别特征是生物特征，一旦泄露将很难更改。如果用户的指纹落入不法分子手里，将有可能对用户发生破坏性的作用。

最后，私钥的补发管理与区块链的分布式是冲突的，私钥的认证需要的可信的计算环境在很大程度上可能存在缺失。

2. 错误的实现

即便是理论上很完备的算法，也会有各种实现上的错误。由于区块链大量应用了各种密码学技术，属于算法高度密集工程，出现的错误也可能发生。

历史上发生过很多这类事情，比如 NSA 对 RSA 算法实现埋入缺陷，使其能够轻松破解别人的加密信息。一旦爆发这种级别的漏洞，可以说区块链整个大厦的基础将轰然倒塌，不会有一个幸存者。即便乐观一点，假设没有人或机构存心搞鬼，也仍存在工程实现上的非主观缺陷。

假设基础类库和服务都没有问题,但能将其正确地整合到应用的技术人才也是非常少的。比如 blockchain.info 被曝没有正确生成随机数,导致严重的安全问题;以太坊 DAO 合约漏洞致使业务还没有开展的时候,准备的钱已经不见了。更加可怕的事实是,技术风险已经超过业务风险成为区块链的主要风险。以往金融机构也是涉及业务风险和技术风险,虽然技术风险也很重要,机构也十分重视,但是整个体系的建设还是围绕着防范业务风险展开。但是从区块链现在最成熟的应用比特币来说,目前比特币交易所遭遇的最大的危机都来自于技术风险而不是业务风险。

曾经的世界最大交易所 Mt.Gox 的倒闭就是因为黑客攻击导致巨额资产损失。就在最近,世界知名交易所 Bitfinex 也因为多重签名缺陷导致 12 万个比特币(6 800 万美元)的损失。所以在区块链技术层面上,技术风险的防范一定是流程中的最重要的一环。

3. 协议被攻击

比特币的成功与它强大的算力基础是分不开的。目前其他的区块链应用的算力都还与比特币无法相比(目前 1 600 000 000 hash/s),其他区块链应用难以有足够的算力来保证系统的稳定性,理论上也越容易受到比如 51% 算力攻击这样的在基础协议层面的攻击。如果"51% 算力攻击"蔓延下去,那么区块链的"不可篡改"将不复存在,任何基于区块链的信任应用都可能发生改变。除了这种已知的攻击方法,攻击协议的其他手段也会层出不穷。由于区块链本身的分布式特性导致其进行整体升级非常困难,所以一旦发现有效的攻击手段,可能在很长的一段时间内,对区块链系统都会造成持续不断的负面影响。

4. 生态圈不成熟

区块链技术不能独立于其他关联技术而发展,这与云计算类似。例如,亚马逊的云计算在进行大规模商用的时候,已经有关联的技术发展比较成熟,如计算虚拟化、网络虚拟化等技术。区块链目前还没有完整的生态社区,虽然目前有很多非常强大的公司联盟、开源组织的支持,但是生态体系的建设不是一朝一夕的事情。区块链还需要一系列为其服务的基础设施支撑,比如适用于区块链的数据库和存储方案,为区块链加速的网络服务,提高安全性的硬件密钥的广泛应用等。互联网在 20 世纪 70 年代产生、90 年代 E-mail 作为其第一个成功的应用被广泛使用,期间经历的时间比大部分人预想的都要长。构筑完善的生态系统,不但要求技术上的各种突破,也需要人们改变一些思维定式,这并不是那么容易的。目前的区块链应用,想要形成具有规模的生产力可能还需要一段路要走。

5. 性能瓶颈

区块链在转账方面具有低成本效益,但从比特币的实际应用来看,性能实际上是困扰其发展的最大瓶颈。现在的比特币交易只能达到每秒 7 笔交易,相对于 VISA 公布的每秒 44 万笔交易还相差一定距离。虽然也有些新的区块链技术也能够做到每秒几万笔交易,但更多是基于实验室环境或者不能进行大规模应用。

性能会极大地制约区块链的应用场景。纽交所核心系统要求在每秒百万级别,上证、深证在每秒几十万级别,物联网要求在每秒几千上万级别,这也就是为什么现在国外的区块链创新都围绕在一些鉴定、存证等处理速度要求不高的场景。

目前市面充斥着各种性能评测报告,但多数都因没有具体测试方法和实验参数导致很难验证。目前比特币的交易网络有大量交易需要等待 5~6 小时才能被确认,对于提升其性能的方法也存在很大的争议。其根本原因就是在分布式、一致性保证的前提下,性能被牺牲掉。

(二)区块链监管面临的挑战

区块链自身的特征和金融监管的目的在根本上是一致的,即以低成本实现市场的透明性、效率性、确定性和稳定性。区块链技术在金融业的应用也会改变数据记录和交易结算等数据金融基础设施的建设和使用方式,理论上将使金融业监管更具"共享经济"和自我智能监管的发展特征。但是现有的兼容监管模式还面临着以下主要问题。

(1)对监管者分析数据的能力提出挑战。随着金融区块链和数字货币的发展,区块链金融将拓宽该应用监管的边界,理论上将全网金融区块链的数据都纳入监管范围。监管者面临如何利用大数据技术来精准监管,以及作为一个中心化的监管机构如何对接监管去中心化平台的问题。同时,由于当前金融区块链存在共有链、私有链、联盟链,它们的透明性和中心化程度不一。监管规则要求加强信息披露,共有链的透明性和可追溯性保留了历史的所有交易信息,但是该技术的匿名性则对这些信息加密保护,为监管者跟踪交易链条和寻找响应密钥带来极大困难。而对私有链、联盟链监管者还必须对其进行对接并确保其业务数据的可审查性。

(2)对监管者应对风险的能力提出挑战。首先,由于区块链交易发生即清算,风险传播速度将大大快于以前。其次,区块链的发展趋势是与现有中心化的金融系统对接,当金融区块链系统出现巨大风险如何迅速做到风险隔离考验着监管者的能力。最后,由于区块链高度自治的特点和交易的不可逆性,如何将撤销交易、限制交易权限或冻结账户等中心化监管措施与去中心化区块链的共识机制整合是一项系统性工程。

(3)确定责任对象的挑战。区块链具有替代传统金融中介的作用,而传统的金融监管主要针对金融中介,而相对于传统的互联网,该应用程序存储在一个特定地点的服务区,去中心化组织直接将数据和应用部署在区块链,它们跨越国家地理边界和司法管辖的边界而没有确切的地理文志。相对于传统的公司或组织,去中心化的自治组织不被任何单一的企业、政府机构或个人拥有或控制,然而它们却可以像传统公司一样服务公众,并带来特定的权利和义务。去中心化组织可能成为某种不道德行为的来源。法律如何界定这些组织的负责人以及特定商业活动的负责人需要根据产品责任法,一个去中心化自治组织的创造者应承担任何可预见的连带责任。因此,补偿要由创造者支付,其资金来源于提取自组织利润的风险补偿基金。然而,这样的组织可能有成百上千个匿名者创建,难以认定去中心化自治组织的创造者。去中心化自治组织本身应对其行为承担责任。然而,由于区块链分布式的特质,受害者从去中心化自治组织获得赔偿或取得对自治组织的禁止令几乎是不可能的,除非这些措施已经在智能合约中具体编码。由于去中心化自治组织难以关闭,直接禁止某些网上活动的法律可能难以发挥作用。

(4)协调中心化与去中心化机构的发展。在区块链技术成熟前,去跨离岸金融应用的大规模部署不可能一蹴而就,需要经历一个中心化金融机构自我革新、去中心化金融机构逐步获得社会认可,以及它们相互渗透借鉴的过程。随着区块链技术应用的推进,区块链平台与传统金融机构的界限越来越模糊。一方面,区块链平台与传统金融机构相互竞争、相互合作,风险和收益的联系会变得更加紧密,因此需要适当控制两者的业务边界。

(5)改革监管职能的挑战。区块链即服务,服务即监管的模式可能会导致监管机构自由裁量权和影响力的下降,甚至职能的变革。通过撤并监管系统中不适应科技发展的部分,如传统的证券交易分为交易、清算,监管也是分别进行,而区块链则做到交易即清算,这需要归并监管,这可能减少旧有监管岗位工作,并提高金融科技、大数据分析等岗位的数量。未来,监管科技将涉及大数据分析、人工智能、云计算和智能合约,比如,监管规则写入智能合约,对智能合约条款的代码需要在云中进行审查,对区块链相关运营商和制造商的行为需要监管,这需要大量新兴的金融科技人才加入监管队伍。

第三节　信息技术下的金融创新

一、金融领域智能合约

智能合约的理念可以追溯到 1994 年,几乎与互联网同时出现。因为比特币打下基础而受到广泛赞誉的密码学家尼克·萨博(Nick Szabo)首次提出了"智能合约"这一术语。"一个智能合约是一套以数字形式定义的承诺(promises),包括合约参与方可以在上面执行这些承诺的协议。"

(一) 智能合约的关键要素

1. 承诺

一套承诺指的是合约参与方同意的(经常是相互的)权利和义务。这些承诺定义了合约的本质和目的。以一个销售合约为典型例子。卖家承诺发送货物,买家承诺支付合理的货款。

2. 数字形式

数字形式意味着合约不得不写入计算机可读的代码中。这是必须的,因为只要参与方达成协定,智能合约建立的权利和义务是由一台计算机或者计算机网络执行的。

更进一步地说明以下三点。

(1) 达成协定。智能合约的参与方什么时候达成协定呢?答案取决于特定的智能合约实施。一般而言,当参与方通过在合约宿主平台上安装合约,致力于合约的执行时,合约就被发现了。

(2) 合约执行。"执行"的真正意思也依赖于实施。一般而言,执行意味着通过技术手段积极实施。

(3) 计算机可读的代码。另外,合约需要的特定"数字形式"非常依赖于参与方同意使用的协议。

3. 协议

协议是技术实现(technical implementation),在这个基础上,合约承诺被实现,或者合约承诺实现被记录下来。选择哪个协议取决于许多因素,最重要的因素是在合约履行期间被交易资产的本质。

以销售合约为例。假设,参与方同意货款以比特币支付。选择的协议很明显将会是比特币协议,在此协议上,智能合约被实施。因此,合约必须要用到的"数字形式"就是比特币脚本语言。比特币脚本语言是一种非图灵完备的、命令式的、基于栈的编程语言。

从本质上讲,这些自动合约的工作原理类似于其他计算机程序的 if-then 语句。智能合约只是以这种方式与真实世界的资产进行交互。当一个预先编好的条件被触发时,智能合约执行相应的合同条款。

智能合约在区块链之前就有,但是更多只是停留在概念层面,直到区块链到来后才开始有了实用价值的应用,特别是金融和物联网领域。日常生活中也一样。比如在欧洲杯期间,如果两个人决定赌球,一方赌西班牙夺冠,另一方赌法国,双方就把赌注放到智能合约控制的账号里,当欧洲杯结束后,智能合约会自动判断谁赢谁输并自动转账。这个过程的全程高效、自动、透明,而且不需要第三方。当确保你的赌伴不会不支付赌资时,当你能降低抵押贷款利率时,当你能更加容易地更新遗嘱时,世界将会怎样?这些和那些应用,是智能合约向我们许诺的未来,由于密码学货币的出现,智能合约这一技术正越来越走近现实生活。智能合约是能够自动执行合约条款的计算机程序。未来的某一天,这些程序可能取代处理某些特定金融交易的律师和银行。智能合约的潜能不只是简单的转移资金。一辆汽车或者一所房屋的门锁,都能够因连接到物联网上的智能合约而被打开。

(二) 智能合约的困境

现在的智能合约更多是理论上它的计算能力和我们用的计算机是完全等价的,所以它会带来非常大的好处,是区块链质的飞跃,但同时也会带来与之相对应的灾难。比如计算机出现后出现了计算机病毒,智能合约理论上也可能存在智能合约病毒。这种病毒通过感染修改其他合约的方式来实现合约作者意图之外的功用。

另外,智能合约很难与人的真实意图完美对应,理论上也不存在这样的系统。智能合约的编写需要专门的技术,短时间内这方面的人才会非常短缺。由于智能合约在编写上的困难性,会导致一批衍生机会,比如智能合约律师,负责验证智能合约与法律的衔接问题;智能合约保险,一旦智能合约不能表达产权人的真实目的可以获得一定的赔偿。

现阶段的智能合约有非常大的限制,就是升级非常困难。一旦发现合约漏洞,将很难通过升级的方式来解决问题。现实的合同基本都有一条"未尽事宜协商解决",那么智能合约的协商解决如何定义、如何同步可能就存在问题。

智能合约和普通合约并不完全类似,也就是不可以靠在智能合约里面写入文字说明来实现技术约束。传统的合约或者合同里面文字的说明可以实现法律上的约束,但是这个不等同于技术约束,也就是说到期还款这种行为是无法进行直接技术约束的。要实现基于智能合约的技术约束,对于这种金融行为,必须有数字资产的抵押担保。但是一个缺钱的人,通常不会有数字资产来提供担保。特别是在同一种链上的同一种代币的担保,是完全无意义和不可行的。

能够实现智能合约内抵押担保的场景通常是用基础币(比如说以太坊)来换取该合约发行的一种代币。这种担保有可能需要借贷出去的代币的同等价值乘以一个大于 1 的系数(比如说 1.5 甚至 2)的基础币来抵押在合约内。

如果借贷者到期不还,抵押的基础币会被全部打给放贷者,也就是放贷者可以自由支配该笔借贷者的抵押资金。但是问题是,抵押的资产可能相对借贷出的代币在贬值,所以规划抵押的资产不一定能换回借贷出去的价值。在这种情况下,通常需要让借贷者及时补仓,确保借贷出去的价值在智能合约里面有对应比例的抵押值。如果借贷者没有及时做到补充,通常会有基于中心化触发的强平操作(margin call),最终导致损失的是借贷者,所以借贷者通常不会这样操作。另外,借贷者也需要按照一定比例的贷款利息以单期或者分期随同本金一起偿还。那么问题来了,为啥借贷者明明有大于借贷金额的资产还要通过这种合约借贷呢?这通常是因为借贷者不想放弃拥有的基础币但是又有此类代币的资金需求。此类代币通常是1∶1锚定某一种法币。这种情况和传统金融里面的抵押贷款像房抵贷或者车抵贷类似。但是借出去的总归是要还的,且有额外的贷款利息需要支付。

二、数字货币

(一) 数字货币与电子货币

货币在人类文明的发展历史上的各个阶段都是重要的里程碑,它不仅仅是交易市场上的一般等价物,更是宏观经济、微观经济和居民日常生活中的重要参与角色。货币的发展,从诞生起已经经历了五个发展阶段,分别是实物货币、金属货币、纸币、电子货币、数字货币。

其中电子货币和数字货币的主要区别在于以下两点。

(1) 电子货币是用确定数额的现金或存款,在货币发行方处兑换并获得代表等值金额的数据,通过电子化的方式,将该数据交由特定的计算机系统实现转移和支付的功能。电子货币通常用于完成交易和清偿债务。典型的电子货币是银行账户中的货币。

(2) 数字货币则是依托于互联网技术发展而产生的,同样也是电子化形式的货币,可以作为电子货币形式的替代物。目前尚无对数字货币的明确定义,通常意义上人们说电子货币时,是指通过计算机算法运行而获得可编程的加密数字化形式的货币。它具有电子货币所拥有的一切属性,还拥有去中心化、存储成本更低、安全性更高、支付更便捷等优势。目前,关于数字货币的发行主体,世界各国尚存在不同的争议。但有一点是非常明确的,数字货币并不等同于虚拟世界中的虚拟货币。

(二) 数字货币的理论依据

关于货币理论的研究从未停止过。凯恩斯理论强调需求管理,没有特别关注对供给方面的结构性改革;弗里德曼的货币数量理论是假想用一个自动化系统取代中央银行,以稳定的速度增加货币供应量从而消除通货膨胀;奥地利经济学家哈耶克曾经首次论述过非主权货币的构想,即政府不应该垄断货币的发行,而允许私人自由竞争产生货币。而数字货币具有的总量固定、交易信息公开透明等特点,在一定程度上确实能弥补当前国际货币体系中惯常遇到的内部缺陷。

从另一个角度来看,货币的发展基础需要达成货币共识。也就是说不仅仅需要货币发行主体拥有足够强的强制力,还需要货币发行者和货币接受者达成必要的共识,接受者同意且愿意使用发行的货币,是人们在经济生活中所共同遵守的基础协议。货币与账户密切相关,很多时候货币变换主人只要完成"记账"即可。可以说没有货币共识,就没有货币,货币供给更无从谈起。

数字货币的货币供给,是一个单纯的数学解决方案,经过一系列严密的计算机算法,数字货币通过区块链技术,在链网上运行,所需信息公开透明和不可篡改,非常有利于交易参与方之间达成信任共识。数字货币作为一种价值资产,其价值是通过货币的供给和需求关系决定的,它只是存在于计算机内的一套分布式记账系统,没有实际的物品。换句话说从实物角度观察时,数字货币的自身价值为零。新的数字货币的产生也完全是由计算机协议来决定,每一种数字货币都定义了不同的长期供给和货币创造预设规则。

(三) 中国的数字货币探索实践

目前根据中国银行发布的《中国银行全球银行业展望报告》所指出,截至2018年3月10日,全球数字货币种类超过1 500种,国际上比较活跃的数字货币包括比特币(Bitcoin)、莱特币(Litecoin)、狗狗币(Dogecoin)、火币等。从数字货币发行现状看,数字货币的主要发行方是私人部门,金融机构、大型电商平台等也在积极探索开发数字货币。此外,突尼斯、塞内加尔、厄瓜多尔、委内瑞拉四个国家已官方宣布正式发行法定数字货币。

我国同样在积极探索对于数字货币的研究和实践。早在2014年,中国人民银行(俗称"央行")就启动了对数字货币的研究,成立了发行法定数字货币的专门研究小组,论证央行发行法定数字货币的可行性。

2015年,央行对数字货币发行和业务运行框架、数字货币的关键技术、数字货币发行流通环境、数字货币面临的法律问题、数字货币对经济金融体系的影响、法定数字货币与私人发行数字货币的关系、国际上数字货币的发行经验等进一步深入研究,形成了人民银行发行数字货币的系列研究报告。这些研究成果,有的已经向国家知识产权局递交了专利申请书,有的则以专题形式已择要发表。

2016年1月20日,中国人民银行数字货币研讨会在北京召开,会议明确了央行探索发行数字货币的战略意义和战略目标。这也是全球中央银行就法定数字货币的首次公开发声,引起业内诸多关注。

2017年1月,由中国互联网协会、中国网络空间安全协会、中国电子金融产业联盟、中国互联网协会互联网金融工作委员会主办的"首届中国金融科技创新大会暨第十届中国互联网金融年会"上,中国工商银行金融市场部资深经理、博士周永林参加了会议并发表了关于《央行数字货币RMBCoin实现模式探讨》的演讲,对央行数字货币进行了探讨。他指出以下四点。

(1) 一定要建立一套新的支付体系架构。

(2) 要满足普惠金融需要,使人民币真正成为"人民的货币",都能够用它。

(3) 便于跨境支付和人民币国际化。

(4) 提供新的货币工具,货币流向跟踪分析,货币精准投放回笼。而新的金融服务,可能会创新更多的新的金融服务。就是假设我们原有支付体系还在,再新设一套基于区块链的数字货币体系。

央行认为,发行数字货币可以降低传统纸币发行、流通的高昂成本,提升经济交易活动的便利性和透明度,减少洗钱、逃漏税等违法犯罪行为,提升央行对货币供给和货币流通的控制力,更好地支持经济和社会发展,助力普惠金融的全面实现。未来,数字货币发行、流通体系的建立还有助于中国建设全新的金融基础设施,进一步完善我国支付体系,提升支付清算效率,推动经济提质增效升级。

(四) 比特币

货币自身具有价值尺度、流通手段、支付手段、贮藏手段和世界货币五种职能,其中价值尺度和流通手段是两个最基本的职能。从金属货币到现在的信用货币,这五大职能在不同时期也会呈现部分的弱化和部分的增强。

比特币占全球数字货币市值的40%以上,以比特币为例,我们分析以上五大职能时不难发现,商品交易中价值尺度的职能体现了比特币的使用价值;购入计算机的费用和挖矿时的电耗、时耗等获取比特币消耗的劳动的固化转化,使比特币天然具有货币的价值,即比特币具有使用价值和货币的价值。但因为它既缺乏金属货币背后的商品职能,又缺乏信用货币的强制力法律保证,它的价值取决于有多少人、多少商家所提供的商品或服务愿意接受比特币付款,即人们对比特币和其机制所营造的信心——如果比特币能够在较长时间内,认可度越来越高,交易范围越来越广,它的货币属性就会越来越强;如果比特币只被局限在某些特定领域内,在一定范围内有交换支付功能,那它的货币属性就会比较弱,更像是一种特殊商品,像是俱乐部的代金券。

三、数字票据交易平台

票据,特别是汇票,是供应链金融的一种重要金融工具,具有交易、支付、信用等多重属性,为我国实体经济特别是中小企业提供便捷的融资渠道和低成本资金发挥了重要作用。当前汇票业务以银行承兑汇票为主,商业承兑汇票仅占极小的比例。

但是银行承兑汇票有自身难以解决的矛盾:首先,由于银行天然缺乏对贸易背景的实际掌控,只做形式上的要件审核,因而风控的穿透存在天然的缺陷;第二,由于票据的审验成本及监管对银行时点资产规模的要求,市场上催生了众多的票据掮客,不透明、不规范操作和高杠杆错配等乱象丛生,甚至成为了行业的潜规则;第三,近年来票据大案频发,暴露了银行票据业务的诸多弊端,银行遭受了重大损失,对中小企业的票据融资支持力度明显减小。在现有的银行承兑汇票的业务逻辑下,银行很难深入地了解企业端的实际供应链的健康情况,很难为供应链上的中小企业提供一视同仁的便捷到位的金融服务。

随着互联网技术和区块链技术的发展,人们越来越寄希望于用技术创新去解决业务难题,尤其是信用环境。票据市场规模大、参与方众多,而且拥有非常典型的长业务链条,因此国内外金融机构都倾向于认为票据交易是区块链技术极佳的应用场景之一。

2016年年初,时任央行行长周小川在接受《财新周刊》专访时曾透露,人民银行深入研究了数字货币涉及的其他相关技术,比如区块链技术、移动支付、可信可控云计算、密码算法、安全芯片等;他还表示,未来实体货币和数字货币有可能会长期共存。

2016年7月,央行启动了基于区块链和数字货币的数字票据交易平台原型研发工作,借助数字票据交易平台验证区块链技术。而数字货币研究所主要牵头负责底层区块链平台以及数字货币系统票交所分节点的研发任务。

2016年9月,票据交易平台筹备组会同数字货币研究所筹备组,牵头成立了数字票据交易平台筹备组,启动了数字票据交易平台的封闭开发工作。项目研发采用迭代式增量软件开发模式,每两周作为一个迭代周期滚动开发,整体目标是于2017年初实现数字票据交易平台原型上线模拟运行(包括与数字货币系统原型的对接)。

(一)区块链与票据融合的优势

区块链技术是一种通过去中心化和去信任的方式集体维护一个可靠数据库的技术方案,能够让区块链中的参与者在无须相互认知和建立信任关系的前提下,通过一个统一的账本系统确保资金和信息安全。这项技术给票据业务从业者很大的启发,利用区块链技术可以搭建一个可信的交易环境,避免信息的互相割裂和风险事件。

我们可以从四个角度来预判业务的可行性。

1. 数据层面

这应该是区块链技术在这个场景下最大的价值所在。通过分布式总账的建立,实现数据的分布式记录,而不是存储在某一个中心服务器上,并且数据按照时间先后顺序记录,不可篡改,可以有效地保证链上数据的真实性和透明性。而且,部分节点受到攻击或者损坏,也不会影响整个数据库的完整性和信息更新。

2. 治理层面

与银行承兑汇票不同,商业承兑汇票具有自偿性,一般以核心企业自身的信用做担保。在区块链联盟链里,不需要中心化系统或强信用中介做信息交互和认证,而是通过共同的算法解决信任问题,保证每个参与角色都是扁平的、互信的,甚至创造信用。

3. 操作流程层面

在数字票据环境下,区块链通过时间戳反映了票据的完整生命周期,从发行到兑付的每个环节都是可视化的,可以有效地保证票据的真实性。而加入智能合约的特性,可实现端对端的价值传递和可追溯性。

4. 监管合规层面

得益于区块链技术的特性,在必要的条件下,监管机构可以作为独立的节点参与监控数字票据的发行和流通全过程,实现链上审计,提高监管效率,降低监管成本。未来随着技术的更加成熟,甚至可以引入央行数字货币,实现自动实时的券款对付、监控资金流向等功能。

(二)数字票据的定位和功能

电子票据诞生于 2009 年 11 月,由中国人民银行设计和主管。电票较纸质票据具有明显的先进性,可以有效地保证票据的真实性,但发展还比较缓慢。央行数据显示,2013 年电票的占比为 8.3%,2014 年达到 16.2%,2015 年上半年达到 28.4%,市面流通的票据还是以纸质银票为主。而纸票与电票的主要区别在于信用环境,票据大案中以纸票为主。未来,数字票据的信用环境将主要构筑在企业与企业之间的贸易环节,通过构造托管于智能合约的票据池,实现实时支付、融资和清算等,可以为中小微企业提供更好的数字普惠金融服务。而由于业务上的强关联性,风险系数将大大降低。

(三)智能合约

每个数字票据都有一个完整的生命周期,其中智能合约承担着区块链最核心的功能,包括票据开立、流转、贴现、转贴现、再贴现、回购等一系列业务类型。这些业务类型、交易规则以及监管合规,理论上都可以通过智能合约编程的方式来实现,并可根据业务需求变化灵活变更升级。但是,目前基于 Fabric 架构的智能合约还不够成熟,比如产品版本更迭,需要手动实现数据迁移,不易保证稳定性与安全性。

(四)票据发行示意

原则上每个验证节点代表单位都是强信用企业,由自己保管公私钥,所有参与方在票据平台上的交易、查询等业务操作需要使用私钥进行认证与数据加密。同时,承担上下游企业参与方身份识别和管理等职能。此外,平台会员登记以及票据资产上链均需要经过严格审核,一旦上链,数据将不可篡改,就进入一个可信的交易流通环境,完成 KYC 环节,并且所有会员均可见,避免不同参与方之间重复 KYC 流程,极大地提高了效率,减少信用风险。

扩展阅读

当前区块链技术的商业应用,除了用于数字货币和金融交易平台外,还在更多生动的应用场景里被主流商业机构所采纳。

1. 在物流体系中的应用

物流是电子商务中极其重要的一环。2015 年 11 月,天猫、京东等电商纷纷刷新了各自的销售额记录,但物流行业却在短时间内承受着 6.8 亿个包裹的派送压力,而且在派送的过程中时时刻刻也都有风险的存在,例如:网上采购的商品迟迟不发货,寄丢了,原地打转,被快递人员私自侵占,在运送途中发生交通意外导致的包裹损毁、丢包爆仓、错领误领、信息泄漏,这些风险严重的困扰着物流企业。但是这种问题是可以通过区块链技术来帮助解决。

区块链作为一个几乎无法篡改的数据库,应用到物流行业,同样能起到有效的作用。在实际应用中,每个快递员或快递点都有自己的私钥,是否签收或交付只需要查下区块链即可。包裹每次传递一次,都需要发送人和接收人的私钥签名来确认,以证明交接完成;包裹信息及其哈希值同时保留在区块链上,当包裹状态发生变化,更新信息也会即时追加到区块链上,以便追踪历史状态。收件人的公钥地址,可由寄件人预先设定,当包裹到达收件人地址,自动完成签收;收件人也可以设置可信的代收点的公钥地址(如小超市、物业、门卫等)来提升物流的派送效率;在区块链上的物流详情,仅参与者和监管机构有权查询,既满足国家对快递物流实名制的要求,又能确保用户的隐私。

无法篡改和承载大数据是区块链在物流领域应用的优点。每一个环节都需要进行确定,最终用户没有收到快递就不会签收,快递员无法伪造签名,可以杜绝快递员通过伪造签名来逃避考核,减少用户的投诉。同时,对于快递行业来讲,通过区块链可以掌握产品的物流方向,提高物流速度和工作效率,防止窜货,保证线下各级经销商的利益。

举例说明:京东物流已于 2018 年 1 月 31 日正式加入全球区块链货运联盟(Blockchain in Transport Alliance, BiTA)。BiTA 成立于 2017 年 8 月,目的是希望卡车运输业能融入区块链技术,以促进发展。该联盟成立的首要任务,是开发出一套与区块链相关的普遍性标准,范围从促进交易到资料传输保护等。联邦快递和 UPS 也于近日加入该联盟,此外还有 PENSKE、SAP 等超过 200 家国际物流与技术企业已加入。京东物流则为国内首个加入该联盟的物流企业。联盟快递通过使用区块链技术,解决了储存数据的争端,并且建立了永久分类账数据库,通过这个操作可以缓解物流商和收件客户之间的纠纷。在交易过程中,区块链平台可以让客户更有效地追踪包裹,对公司来说,系统每天有数百万条记录信息,可以通过区块链技术来大规模存储物流信息。

京东原先"销售→物流"的战线将会被区块链拉长,商品从离开生产线到消费者手中实现一条龙服务。这个过程的实现完全依靠区块链技术,京东已把超过 100 个品牌、300 个热销商品的防伪追溯数据区块链接入。另外,京东物流也通过联合中国出入境检验检疫协会等行业权威机构,以及沃尔玛、达能、莎莎、eBay 精选等二十大全球知名品牌商和德迅、亚致力等国际货运服务商成立跨境溯源联盟。以区块链和大数据为技术支撑,以全球性的品牌商和零售商、国际运输服务提供商为主要支撑,整合提货、运输、仓储、清关和配送服务,打通了保税备货和跨境直邮两种形式的跨境电商供应链信息,形成跨境物流领域的全链条服务。

2. 在供应链体系中的应用

在当今的社会,大数据已经在多个领域进行应用,而且应用的深度也越来越大,商品的供应链体系在流程环节和效率提升等多个方面受到了越来越多的挑战,已经突破了传统的行业边界、企业边界,改变了传统的商业运作模式。区块链技术在供应链体系的应用,基于供应链平台可以获得高质量的数据源从而保证数据的真实性和有效性,而且可以通过流程的智能化管理和高效运行提供升级换代的核心驱动力。在供应链整个流程中,数据获取方面变得非常重要,由于数据的电子化和互联网化,生产产品的机器设备、供应链的渠道、各种物联网传感器和各种电商销售数据都可以作为大数据的高质量数据源。通过对供应链的流程环节的数据相关性分析,可以精确把握各环节的具体需求,成为供应链相关环节能够顺利运行的可靠保障。灵敏的销售预测可以优化库存策略,生产制造环节的安排和物流管理直接影响对客户的订单交付,而客户的需求可以直接反馈给生产设计的优化。大数据通过有效的、定性和定量的预测分析手段和模型,并结合历史需求数据和安全库存水平,可以综合、精确地指导供应链的各个环节,实现效率的提升和风险预警,带来更佳的供应链管理。

区块链的本质是希望消除供应链的各环节之间不信任的问题,包括供应商、制造商、物流、销售等方面之间的摩擦成本。多方数据库信息交互,共同维护供应链快速、准确的判断和反应能力,提升运作效率。大数据的数学模型、优化和模拟技术为复杂的生产与供应问题找到优化解决方案,惠及参与各方。

区块链除了可以使供应链供给更流畅,在提高供应链的渠道相匹配资金运作效率,降低供应链整体的管理成本,也是当前各方对供应链的渠道发展的一个迫切需求。供应链金融(supply chain finance,SCF)是商业银行信贷业务的一个专业领域,也是企业尤其是中小企业的一种融资渠道。

另外,供应链金融的创新有可能填补8%~20%的融资利率空白。假设一家供应商(中小企业)拿到了一笔大额订单,三个月之后才能获得客户回款,而这三个月的资金周转可能会遇到困难,银行不愿意承受过高风险,不愿意给中小企业贷款。

供应商一般会去找保理公司,但扣除利息之后可能只换到90%的现金。还有一些供应商被迫向民间借贷,利率更要高出不少,这对供应商而言无疑增加了生产成本。

中小企业由于信用和风险识别成本高,很难从银行取得资金支持。于是,账销售已经成为此类企业最关注的支付方式。这样供应链金融的价值也就逐渐被挖掘出来。

如果把区块链嵌入到供应链体系中,有可能会碰到一些问题。例如,在供应链链条中,核心企业及上下游企业的信息流、物流、资金流的信息整合是至关重要,而且这中间面对的挑战还包括第三方是否愿意全面地提供全部的数据,无保留地加入供应链平台的大数据。而很多企业习惯于自己维护自己的数据信息,不愿意和上下游分享,这种信息孤岛增大了信息整合的难度。供应链平台中的各环节的数据统一化运作会变得非常关键。

在供应链的支付场景中(即商品从卖家到买家的同时会伴随着货币支付活动),区块链的使用也会提供用户体验。在高额信贷成本和企业现金流需求的背景下,金融服务公司提供商品转移和货款支付保障,通常称为供应链融资或者贸易融资。银行常见的贸易融资业务是保理业务,通常是银行在买家支付货款前代付货款,当然也会收取费用,但是仍然存在买家延迟甚至拒绝付款的风险。商品供应商需要负担商品保护和保理业务的高额成本,大大降低了利润,给货款支付带来不安全因素。另外,保理业务还潜藏了很多风险因素,包括拒付、重复支付甚至诈骗。除此之外,人工操作、纸质文件、汇兑等也增加了操作成本。而区块链可以重新塑造供应链的信用体系,增加了交易各方之间的信任,同时降低交易成本,从而解决了供应链融资中的信用风险问题。而且,区块链确保了资产贸易的真实性。区块链网络全方位、全透明地显示完整的供应链,将网络的每一个节点、每一份资产以数字化的形式在网络上展示。因此,区块链上任何节点的交易都会被全网认定,物流信息也可通过产品地理位置信息的改变在网络中体现,从而保证了数据的安全性和不可被篡改。供应链上的所有企业,特别是金融服务企业,可以依据区块链网络展示的真实、不可篡改的供应链的交易方信息做相应的金融服务。这样不但实质性地降低了自身的风险,而且降低了供应链相关参与的企业获得服务的门槛和难度,降低了企业的成本,同时也促进了供应链的健康发展。

据麦肯锡统计测算,区块链技术在全球范围供应链金融业务中的应用,能帮助银行每年缩减运营成本 135 亿~150 亿美元,减少风险成本 11 亿~16 亿美元。应用区块链供应链的买卖双方企业,一年预计能降低资金成本约 11 亿~13 亿美元,减少运营成本 16 亿~21 亿美元。

区块链技术未来会促使供应链体系发生技术体系变革,并颠覆传统的商品生产、市场推广、购买和消费的方式。从长远角度来看,提高供应链的透明度、可追溯性和安全性,能够促进一种信任和诚信的环境氛围,防止供应链系统中的一些不规范做法,从而有助于构建更安全、更可靠的经济体系。

思考题

1. 掌握"机器学习"和"深度学习"的基本概念。在金融科技相关业务领域,从原理上设想它们各自分别适用的场景,并能够陈述设计理由。

2. 理解区块链的基础原理。在生活中发掘适合这类技术应用的情景,总结归纳它们的共同点。

3. 新的技术应用促成新的金融业务形态,从"金融智能合约"和"数字货币交易平台"中任选一个应用方向,收集企业产品或服务实例,在学习小组中分享。

第三篇

金融科技的商业应用

Chapter

第六章 金融科技在网络借贷中的重点应用

第一节 信用评级与信用管理

一、信用评级的定义

信用评级又称资信评级,是一种社会中介服务为社会提供资信信息,或为单位自身提供决策参考。最初产生于20世纪初期的美国。1902年,穆迪公司的创始人约翰·穆迪开始对当时发行的铁路债券进行评级。后来延伸到各种金融产品及各种评估对象。由于信用评级的对象和要求有所不同,因而信用评级的内容和方法也有较大区别。我们研究资信的分类,就是为了对不同的信用评级项目探讨不同的信用评级标准和方法。信用评级有狭义和广义两种定义。狭义的信用评级指独立的第三方信用评级中介机构对债权人如期足额偿还债务本息的能力和意愿进行评价,并用简单的评级符号表示其违约风险和损失的严重程度。广义的信用评级则是对评级对象履行相关合同和经济承诺的能力和意愿的总体评价。

常见的信用评级范围主要包括对企业信用的综合评估和对特定债券产品的单项评估。

(1) 综合评估。是对评估客户的各种债务信用状况进行评级,提出一个综合性的资信等级,它代表了对企业客户各种债务的综合判断。

(2) 单项评估。即对某一具体债务进行的有针对性的评估,例如对长期债券、短期债券、长期存款、特定建设项目等信用评级。债券评估属于单项评估的典型例子,通常采用"一债一评"的方式。

关于信用评级至今没有统一的说法,但内涵大致相同,主要包括三方面:首先,信用评级的根本目的在于揭示受评对象违约的风险大小,而不是其他类型的投资风险,如利率风险、通货膨胀风险、再投资风险和外汇风险等。其次,信用评级所评价的目标是经济主体按合同约定如期履行债务或其他义务能力和意愿,而不是企业本身的价值或业绩。第三,信用评级是独立的第三方利用其自身的技术优势和专业经验,就各经济主体和金融工具的信用风险大小所发表的一种专家意见,它不能代替资本市场的投资者本身做出选择。

需要指出的是信用评级不同于股票推荐。前者是基于资本市场中债务人违约风险做出来的,评级债务人能否及时偿付利息和本金,但不对股价本身做出评价,后者是根据每股盈利(earning per share, EPS)和市盈率(price-earnings ratio, P/E ratio)做出的,往往对股价本身的走向做出判断。前者是针对债权人,后者针对股份持有人。

二、信用评级调整的触发因素

动态信用评级离不开信用评级调整的触发。当触发因素出现后,金融机构则根据触发因素的影响程度和相应的内部预先设置的评级规定,实施评级更新。这里指的触发因素通常指国内外经济或金融环境发生重大变化、客户发生重大经营变化或财务变化等情况,这些情况预期会影响客户违约预测。触发因素包括但不限于以下类别。

1. 宏观经济和行业因素

指国内外经济环境、经济周期或经济增长模式、关键要素供求关系、国家经济政策、我行授信政策等发生重大变化,导致相关行业或客户经营风险增大的情况。

2. 经营管理因素

指客户出现经营管理方面的重大事件,或客户出现重大风险事项,对客户违约预测产生负面影响情况。

3. 财务因素

指对客户履约情况产生影响的关键财务指标、财务信息质量等出现重大变化,导致客户财务风险显著增加的情况。

4. 履约因素

客户在授信履约情况和他行授信履约情况恶化或好转,并将影响客户信用等级。

5. 关联企业负面因素

指与客户存在关联关系的企业,发生经营管理、财务、关联交易复杂、在银行存在违约的行为等负面因素,可能对授信客户产生影响的情况。

6. 其他因素

全球上市公司的预期违约频率(expected default frequency,EDF)大幅增长,向上波动率超过50%且波动后达到较高的水平(低于对于标普评级B级或穆迪评级B3级)或有必要进行动态评级更新的其他情况。

三、信用信息获取渠道分析

为有效实施客户评级更新,需要建立动态的信息获取渠道,及时发现客户重大情况变化。信息获取渠道包括内部渠道和外部渠道。

(一)内部渠道

内部渠道指通过建立内部信息共享机制,及时获取金融机构内部关于客户的管理信息。当以商业银行等以借贷融资管理的主体机构为例时,内部信息具体包括但不限于以下九方面。

(1)总分行发布的各项授信政策、宏观/行业分析报告、客户准入清单等。

(2)业务部门获取的客户审计财务报告。

(3)尽责审查报告、授信审批信息。

(4)风险分类信息、信贷系统中客户授信逾期信息。

(5)风险监控信息。

(6)贷后管理信息。

（7）内部审计报告。

（8）授信核批信息。

（9）银行购买的各类外部信息资源，例如 MKMV EDF、Bloomberg、信息专网等。

（二）外部渠道

外部渠道指通过各外部机构获取授信客户的相关信息。外部信息具体包括但不限于以下七方面。

（1）国内外权威媒体、大专院校、科研院校所公开发布的经济政策、经济信息数据、经济研究报告等。

（2）企业征信系统信用报告。

（3）银行监管部门监管检查报告、信贷风险监测系统信息。

（4）国家审计机构审计检查信息。

（5）各类行业协会披露信息。

（6）具有公信力的会计师事务所审计信息。

（7）上市公司公告或披露信息。

四、信用评级方法

在传统的信用评级中，金融机构对客户做信用风险分析时常采用"专家分析法"，即重点放在定性指标上，通过专业人员与客户的经常性接触而积累的经验来判断客户的信用水平。另外，美国信用评级公司在以往的几十年中依然广泛采用定性分析，虽然也重视一些定量的财务指标，但最终结论还要依靠信用分析人员的主观判断，最后由评级委员会投票决定。

随着金融工程应用在风险管理领域，数学模型和数学计算逐步成为了相对于专业人员判断更为可靠的风险评价选择。因此，结合了统计手段的综合分析评级方法被越来越多的金融机构和金融服务企业所采纳。企业信用综合评级方法很多，但实际计算中普遍采用的方法主要有几种，其主要方法描述和对比如下。

（一）加权评分法

这是目前信用评级中应用最多的一种方法。一般做法是根据各具体指标在评级总目标中的不同地位，给出或设定其标准权数，同时确定各具体指标的标准值，然后比较指标的实际数值与标准值得到级别指标分值，最后汇总指标分值求得加权评估总分。

加权评分法的最大优点是简便易算，但也存在三个明显的缺点。

（1）未能区分指标的不同性质，会导致计算出的综合指数不尽科学。信用评级中往往会有一些指标属于状态指标，如资产负债率并不是越大越好，也不是越小越好，而是越接近标准水平越好。对于状态指标，加权评分法很容易得出错误的结果。

（2）不能动态地反映企业发展的变动状况。企业信用是连续不断的，加权评分法只考察一年，反映企业的时点状态，很难判断信用风险状况和趋势。

（3）忽视了权数作用的区间规定性。严格意义上讲，权数作用的完整区间，应该是指标最高值与最低值之间，不是平均值，也不是最高值。加权评分法计算综合指数时，是用指标数值实际值与标准值进行对比后，再乘上权数。这就忽视了权数的作用区间，会造成评估结果的误差。如此，加权评分法难以满足信用评级的基本要求。

(二) 隶属函数评估法

这种方法引入了模糊数学原理,利用隶属函数进行综合评估。一般步骤为:首先利用隶属函数给定各项指标在闭区间[0,1]内相应的数值,称为单因素隶属度,对各指标做出单项评估。然后对各单因素隶属度进行加权算术平均,计算综合隶属度,得出综合评估的向指标值。其结果越接近0越差,越接近1越好。

隶属函数评级方法较之加权评分法具有更大的合理性,但该方法对状态指标缺乏有效的处理办法,会直接影响评级结果的准确性。同时,该方法未能充分考虑企业近几年各项指标的动态变化,评级结果很难全面反映企业生产经营发展的真实情况。因此,隶属函数评估方法仍不适用于科学的信用评级。

(三) 功效系数法

功效系数法是根据多目标规划原理,对每一个评估指标分别确定满意值和不允许值。然后以不允许值为下限,计算其指标实现满意值的程度,并转化为相应的评估分数,最后加权计算综合指数。

由于各项指标的满意值与不允许值一般均取自行业的最优值与最差值,因此,功效系数法的优点是能反映企业在同行业中的地位。但是,功效系数法同样既没能区别对待不同性质的指标,也没有充分反映企业自身的经济发展动态,使得评级结论不尽合理,不能完全实现信用评级所要实现的评级目的。

(四) 多变量信用风险二维判断分析评级法

对信用状况的分析、关注、集成和判断是一个不可分割的有机整体,这也是多变量信用风险二维判断分析法的评级过程。多变量特征是以财务比率为解释变量,运用数量统计方法推导而建立起的标准模型。运用此模型预测某种性质事件发生的可能性,使评级人员能及早发现信用危机信号。经长期实践,这类模型的应用是最有效的。多变量分析就是要从若干表明观测对象特征的变量值(财务比率)中筛选出能提供较多信息的变量并建立判别函数,使推导出的判别函数对观测样本分类时的错判率最小。根据判别分值确定的临界值对研究对象进行信用风险的定位。

二维判断就是从两方面同时考察信用风险的变动状况:一是空间,即正确反映受评客体在本行业(或全产业)时点状态所处的地位;二是时间,尽可能考察一段时期内受评客体发生信用风险的可能性。

五、风险量化管理

风险量化(risk quantification)是指通过风险及风险的相互作用的估算来评价项目可能结果的范围。风险量化的基本内容是确定哪些实践需要制定应对措施。风险量化涉及到对风险和风险之间相互作用的评估,用这个评估分析项目可能的输出,这样首先就需要决定哪些风险值得记入观测模型。

(一) 复杂性因素

有许多因素使得风险量化变的十分复杂,这些因素包括以下四方面。

(1) 机会和威胁可能会以不可预计的方式混杂在一起。例如,进度计划的延误可能促使考虑减少整个项目历时的新策略。

(2) 单一的风险事件可能引发多个后果,由于项目的某一关键部分的延期交付将会导致成本超支、进度计划延误、罚款支出和低质量产品。

(3) 对于某一项目干系人的机遇(降低成本)的事件可能对另一项目干系人产生威胁(利润减少)。

(4) 由于使用数学方法,就可能使人们产生精确度和可靠性的错觉。

(二) 风险依据

风险量化的依据包括以下四方面。

(1) 风险管理规划。

(2) 风险及风险条件排序表。

(3) 历史资料:如类比项目的文档、风险专家对类比项目的研究成果及所在行业或其他来源的相关信息数据。

(4) 专家判断结果:专家既可以是项目团队、组织内部的专家,也可以是组织外部的专家,既可以是风险管理专家,也可以是工程或统计专家。

依据风险的不同类型,风险量化可分为确定性风险量化和非确定性风险量化。对于确定性风险,通常采用盈亏平衡分析和敏感性分析等技术在各种方案之间进行选择;而对于不确定性风险,则往往采用概率分析法、期望值法以及概率树法加以分析。

(三) 损失衡量

风险量化的损失大小要从三个方面来衡量:损失性质、损失范围和损失的时间分布。

(1) 损失性质:损失是属于政治性的、经济性的还是技术性的。

(2) 损失范围:包括严重程度、变动幅度和分布情况。严重程度和变动幅度分别用损失的数学期望和方差表示,而分布情况是指那些项目参与者的损失。

(3) 损失的时间分布:指风险事件是突发的还是随着时间的推移逐渐发生作用,该损失是马上就感受到了,还是随着时间的推移逐渐显露出来。损失的时间分布往往对于项目的成败关系极大,必须要记入模型影响中。

(四) 分析方法

QAM 是 quantitative analyzing method 的缩写,中文译为量化分析方法,其核心是建立在量化衡量和逻辑推导基础上的信息系统分析方法,也称量化需求分析方法,具体的执行过程采用成熟的工程化技术。

QAM 将信息系统的实现过程区分为业务规划、业务逻辑分析和系统实现三个阶段。QAM 作用的范围是在信息系统战略计划完成到正式的程序的编码测试之前。QAM 的核心是系统分析,包括系统的核心业务和核心技术的分析,经过多年的不断发展拓展,目前涵盖了前期管理咨询和后期技术实现的所有环节。在理想情况下,可以使系统从业务逻辑设想开始到最终的每一个环节的实施的细节全部成为一个量化的整体,透明、清晰、容易把握。

采用 QAM,宏观方面,可以在当前时间把握八年内信息系统的需求变化,微观方面,可以把握千分之一秒系统 CPU 的行为。

第二节 全面风险管理

所谓全面风险管理一般针对企业的经营状况,是指企业围绕总体经营目标,通过在企业管理的各个环节和经营过程中执行风险管理的基本流程,培育良好的风险管理文化,建立健全全面风险管理体系,包括风险管理策略、风险理财措施、风险管理的组织职能体系、风险管理信息系统和内部控制系统,从而为实现风险管理的总体目标提供合理保证的过程和方法。

一、全面风险管理与内部控制

全面风险管理涵盖了内部控制。COSO 框架中明确地指出全面风险管理体系框架包括内控,将之作为一个子系统,而内部控制是全面风险管理的必要环节。内部控制的动力来自企业对风险的认识和管理,对于企业所面临的大部分运营风险,或者说对于在企业的所有业务流程之中的风险,内控系统是必要的、高效的和有效的风险管理方法。同时,维持充分的内控系统也是国内外许多法律法规的合规要求。因此,满足内部控制系统的要求也是企业风险管理体系建立应该达到的基本状态。

内部控制与全面风险管理的差异为:两者的管理范畴和活动目标都不一致。内部控制仅是管理的一项职能,主要是通过事后和过程的控制来实现其自身的目标,而全面风险管理则贯穿于管理过程的各个方面,更重要的是在事前制定目标时就充分考虑了风险的存在。而且,在两者所要达到的目标上,全面风险管理多于内部控制。全面风险管理的一系列具体活动并不都是内部控制要做的。全面风险管理包含了风险管理目标和战略的设定、风险评估方法的选择、管理人员的聘用、有关的预算和行政管理,以及报告程序等活动。而内部控制所负责的是风险管理过程中间及其以后的重要活动,如对风险的评估和由此实施的控制活动、信息与交流活动和监督评审与缺陷的纠正等工作。两者最明显的差异在于内部控制不负责企业经营目标的具体设立,而只是对目标的制定过程进行评价,特别是对目标和战略计划制定当中的风险进行评估。

二、全面风险管理框架

全面风险管理,就是对公司经营所涉及的所有风险都有识别、度量、缓解或处置措施。从公司风险体系的建设上来讲,就是在公司的风险容忍度和风险偏好的设计和计量中囊括各种风险类型,以银行作为分析主体举例,包括操作风险、法律风险、融资风险、市场风险、信用风险等。

全面风险管理框架引入了风险偏好、风险容忍度、风险对策、压力测试、情景分析等概念和方法,因此,该框架在风险度量的基础上,有利于企业的发展战略与风险偏好相一致,增长、风险与回报相联系,进行经济资本分配及利用风险信息支持业务前台决策流程等,从而帮助董事会和高级管理层实现全面风险管理的四项目标。

全面风险管理体系由风险战略、风险管理组织职能、综合内控、风险理财及风险管理信息系统五个模块组成。风险战略是指导企业风险管理活动的指导方针和行动纲领,是针对企业面临的主要风险设计的一整套风险处理方案。风险管理组织职能是风险风险管理的具体实施者,通过合理的组织结构设计和职能安排,可以有效管理和控制企业风险。内部控制作为全面管理体系的一部分,是通过针对企业的各个主要业务流程设计和实施一系列政策、制度、规章和措施,对影响业务流程目标实现的各种风险进行管理和控制。风险理财是指企业运用金融手段来管理、转移风险的一整套措施、政策和方法。风险管理信息系统是传输企业风险和风险管理状况的信息系统,其包括企业信息和运营数据的存储、分析、模型、传送及内部报告和外部的纰漏系统。

在全面风险管理的观点中,把公司可能经受的各种风险(损失),映射到公司能够抵御风险的资源上,使得公司能抵御一定程度的风险冲击。全面风险管理会涉及风险资本的规划,如果公司经历了一个市场波动,今年不赚钱,相当于利润没了;连续多年的未分配利润也填充进去了,这是伤到储备了;如果损失仍然无法覆盖,甚至需要动用资本金的时候,甚至公司的债权人都不愿意借钱给你或给你展期了,这时候就变成流动性危机,公司流动性管理良好的优势就体现出来了。最后,如果公司经历的是特大风险,只有那些声誉最卓著的企业才能继续融资或重组。

第三节 金融消费者用户画像

用户画像是对现实世界中用户的数学建模。用户画像是描述用户的数据,是符合特定业务需求的对用户的形式化描述——源于现实,高于现实;用户画像是通过分析挖掘用户可能多的数据信息得到的——源于数据,高于数据。

用户画像是在了解客户需求和消费能力,以及客户信用额度的基础上,寻找潜在产品的目标客户,并利用画像信息为客户开发产品。提到用户画像,很多厂商都会提到360度用户画像,其实360度客户画像是一个广告宣传用语,根本不存在数据可以全面描述客户,透彻了解客户。人是非常复杂的动物,信息维度非常复杂,仅仅依靠外部信息来刻画客户内心需要根本不可能。用户画像一词具有很重的场景因素,不同企业对于用户画像有着不同的理解和需求。举个例子,金融行业和汽车行业对于用户画像需求的信息完全不一样,信息维度也不同,对画像结果要求也不同。每个行业都有一套适合自己行业的用户画像的方法,但是其核心都是为客户服务,为业务场景服务。

一、金融消费者用户画像兴起的原因

金融消费行为的改变,导致当前的金融企业难以直接接触到客户。"80后""90后"总计共有3.4亿人口,并日益成为金融企业主要的消费者,他们的金融消费习惯正在改变,他们不愿意到金融网点办理业务,不喜欢被动接受金融产品和服务。年轻人将主要时间都消费在移动互联网,消费在智能手机上。平均每个人,每天使用智能手机的时间超过了3个小时,年轻人可能会超过4个小时。浏览手机已经成为工作和睡觉之后的第三大习惯,移动APP也成为所有金融企业的客户入口、服务入口、消费入口、数据入口。

金融企业越来越难面对面接触到年轻人,无法像过去一样,从面对面的对话中了解这些客户的想法,了解年轻人对于金融产品的需求。

客户群体正在出现分化,市场上很少有一种产品和一种金融服务可以满足所有客户的需求。金融产品也需要进行细化,为不同客户提供不同产品。这里的"不同客户"包含三层含义。

(1) 客户消费习惯的改变,企业无法接触到客户,无法了解客户需求。

(2) 客户需求的分化,企业需要细分客户,为目标客户开发设计产品。

(3) 金融企业需要借助于用户画像,来了解客户,找到目标客户,触达客户。

金融企业面对的客户群体基数很大,有的客户风险偏好高,希望高风险高收益;有的客户风险偏好低,希望稳健收益;有的客户金融理财意识低,只需服务较好即可;有的客户完全没有主意,倾向于听从客户经理的方案;有的客户注重体验;有的客户注重实惠;有的客户注重品牌;有的客户注重风险;等等。不同年龄、不同收入、不同职业、不同资产的客户对金融产品的需求都不尽相同。金融企业需要为不同的客户定制产品,满足不同客户的需求。对于金融企业,理财和消费是主要的业务需求。

二、用户画像的实践原则

市场上用户画像的方法很多,许多企业也提供用户画像服务,将用户画像提升到重要位置。金融企业是最早开始用户画像的行业,由于拥有丰富的数据,金融企业在进行用户画像时,对众多维度的数据无从下手,总是认为用户画像数据维度越多越好,画像数据越丰富越好,某些输入的数据还设定了权重甚至建立了模型,搞得用户画像是一个巨大而复杂的工程。但是费很大力气进行了画像之后,却发现只剩下用户画像,和业务相差甚远,没有办法直接支持业务运营,投入精力巨大但是回报微小,可以说是得不偿失,无法向领导交代。

事实上,用户画像涉及数据的维度需要业务场景结合,既要简单干练又要和业务强相关,既要筛选便捷又要方便进一步操作。用户画像需坚持三个原则,分别是信用信息和人口属性为主,强相关信息为主,定性数据为主。下面就分别展开解释和说明。

(一) 信用信息和人口属性为主

描述一个用户信息很多,信用信息是用户画像中的重要信息,信用信息是描述一个人在社会中的消费能力信息。任何企业进行用户画像的目标是寻找目标客户,其必须是具有潜在的消费能力的用户。信用信息可以直接证明客户的消费能力,是用户画像中最重要和基础的信息。一句戏言,"所有的信息都是信用信息"就是这个道理,其包含消费者工作、收入、学历、财产等信息。

定位完目标客户,金融企业需要触达客户,人口属性信息就是起到触达客户的作用,人口属性信息包括姓名、性别、电话号码、邮件地址,家庭住址等信息。这些信息可以帮助金融企业联系客户,将产品和服务推销给客户。

(二) 采用强相关信息,忽略弱相关信息

强相关信息就是同场景需求直接相关的信息,其可以是因果信息,也可以是相关程度很高的信息。

如果定义采用 0 到 1 作为相关系数取值的范围变化,0.6 以上的是强相关信息。例如在其他条件相同的前提下,35 岁左右的人平均工资高于平均年龄为 30 岁的人,计算机专业毕业的学生的平均工资高于哲学专业的学生,从事金融工作的平均工资高于从事纺织业的平均工资,上海市的平均工资高于海南省平均工资。从这些可以看出人的年龄、学历、职业、地点对收入的影响较大,同收入高低是强相关关系。简单地讲,对信用信息影响较大的信息就是强相关信息,反之,则是弱相关信息。

用户的其他信息,例如用户的身高、体重、姓名、星座等信息,很难从概率上分析出其对消费能力的影响,这些弱相关信息就不应该放到用户画像上分析,对用户的信用消费能力影响很小,不具有较大的商业价值。

用户画像和用户分析时,需要考虑相关强相关信息,不需要考虑弱相关信息,这是用户画像的一个原则。

(三) 将定量的信息归类为定性信息

用户画像的目的是为顾客筛选出目标客户,定量的信息不利于对客户进行筛选,需要将定量信息转化为定性信息,通过信息类别来筛选人群。例如,可以通过年龄段对客户进行划分,18 周岁至 40 周岁(不包括 40 周岁)为青年,40 周岁至 65 周岁(不包括 65 周岁)为中年人,65 周岁以上为老年人;可以参考个人收入信息,将人群定义为高收入人群、中等收入人群、低收入人群;参考资产信息也可以将客户定义为高、中、低级别。定性信息的类别和方式方法,金融可以从自身业务出发,没有固定的模式。

将金融企业各类定量信息,集中在一起,对定性信息进行分类,并进行定性化,有利于对用户进行筛选,快速定位目标客户,是用户画像的另外一个原则。

三、金融消费者用户画像的构建和应用

要进行用户画像的构建,首先需要了解标签,标签是对用户的社会属性、生活习惯、消费行为等进行进一步的抽象,通过简单的规则算法或大数据技术对用户行为习惯的分析提取,以及对用户简单直接的特征描述即用户标签,标签的目的使我们简单、直观的了解用户的某些特征。

通过之前的说明我们可以了解到用户画像其实就是对一个人的特征(标签)进行提炼,即对一个人打标签的过程。标签也分不同类别,宽泛的说标签主要分为基础属性标签(性别、年龄、体型、婚姻状况、所在地区、工作状况等)和行为标签(爱好、常用购物网站、关注商品类别、常出现的地点等)两大类。

用户画像其实就是提炼标签规则的过程,以基础标签为例,对一个人年龄阶段的划分:从出生到满 1 周岁(不包括 1 周岁)为婴儿;从 1(包括 1 周岁)至 6 周岁(不包括 6 周岁)为幼儿;6 周岁至 12 周岁(不包括 12 周岁)为儿童;12 周岁至 18 周岁(不包括 18 周岁)为少年;18 周岁至 40 周岁(不包括 40 周岁)为青年;40 周岁至 65 周岁(不包括 65 周岁)为中年人;65 周岁以上为老年人。这是通过人的出生日期经过年龄计算然后再根据年龄阶段规则匹配而生成的标签,规则相对简单,有许多标签规则更为复杂,规则标准没有很明确的标准,需要经过大数据、云计算技术对用户的行为习惯进一步分析才能得出,如"白富美""高富帅"等,这种没有很明确的标准,需要根据人的收入或财富、体型、长相等标准综合评判后才能获得。

综上所述,给用户打标签的过程就是对用户的行为习惯或者特定的属性进行提取和分析的过程,当一个用户被打的标签足够多的时候就产生了用户画像。

目前有很多已经被大家认可的具体的用户画像构建方法,如 Alen Cooper 的"七部人物角色法"、Lene Nielsen 的"十步人物角色法"等。事实上,当仔细了解了这些方法之后,就会发现这些方法从流程上主要可以分为三个步骤:获取和研究用户相关信息、细分用户群、给用户打标签并建立用户画像。当然,不同行业构建用户画像时因为关注点不同,所提取的标签也不同,最终构建出来的用户画像也不尽相同。

扩展阅读

风险管理中常说的要素分析,根据对要素有不同的理解,主要有下述几种方法。

(1) 5C 要素分析法。这种方法主要分析以下五个方面信用要素:借款人品德(character)、经营能力(capacity)、资本(capital)、资产抵押(collateral)、经济环境(condition)。

(2) 5P 要素分析法。个人因素(personal factor)、资金用途因素(purpose factor)、还款财源因素(payment factor)、债权保障因素(protection factor)、企业前景因素(perspective factor)。

(3) 5W 要素分析法。5W 要素分析法即借款人(who)、借款用途(why)、还款期限(when)、担保物(what)及如何还款(how)。

(4) 4F 法要素分析法。4F 法要素分析法主要着重分析以下四个方面要素:组织要素(organization factor)、经济要素(economic factor)、财务要素(financial factor)、管理要素(management factor)。

(5) CAMPARI 法。CAMPARI 法即对借款人以下七个方面分析:品德,即偿债记录(character)、借款人偿债能力(ability)、企业从借款投资中获得的利润(margin)、借款的目的(purpose)、借款金额(amount)、偿还方式(repayment)、贷款抵押(insurance)。

(6) LAPP 法。LAPP 法分析以下要素:流动性(liquidity)、活动性(activity)、盈利性(profitability)和潜力(potentialities)。

(7) 骆驼评估体系。骆驼评估体系包括五个部分:资本充足率(capital adequacy)、资产质量(asset quality)、管理水平(management)、收益状况(earnings)、流动性(liquidity),其英文第一个字母组合在一起为"CAMEL",因正好与"骆驼"的英文单词相同而得名。

上述评级方法在内容上都大同小异,是根据信用的形成要素进行定性分析,必要时配合定量计算。它们的共同之处都是将道德品质、还款能力、资本实力、担保和经营环境条件或者借款人、借款用途、还款期限、担保物及如何还款等要素逐一进行评分,但必须把企业信用影响因素的各个方面都包括进去,不能遗漏,否则信用分析就不能达到全面反映的要求。

而量化分析基本上可以分为两大类的工作,一个是建模(modeling),一个是分析(analytics)。这是紧密相连的两个业务环节,但是要求的技能会有不同。以金融机构中的商业银行为例:为什么银行后台需要有这么多理科背景的人?因为银行有海量的用户数据,它可以通过数据分析来预测风险、设计产品。那些不还信用卡的客户,都有哪些消费行为?可不可以通过分析这些行为来甄别未来有可能发生的拖欠还款?银行整体的资本金水平符不符合监管标准?什么因素会导致资本金水平变动?

这些问题必须通过建模来回答。有海量数据在数据库里存储着,怎样收集整理这些数据?怎样选分析的架构(framework)?用什么统计方法?怎么选择变量?选出来的变量要怎么测试?模型结果在商业逻辑上是否行得通?是不是有价值的?这些就是建模要做的事。所以建模的工作一般来说,需要比较扎实的数理背景和编程能力。

但是不是把模型做完就万事大吉了。模型建好是要用的,用来更好的监测和预防。所以每天银行有新的用户数据生成,就要放在这些模型里运行,生成结果。那分析这些模型的结果的工作,就是分析(analytics)来做的。

分析不需要你会建数学模型,而需要你能理解模型的原理,能分析模型形成的结果。所以说分析不要求你必须编程出身,但要有一定数理教育背景,懂一些基本的统计知识,也要会一些统计和数据库的基本语言,比如 SAS 和 SQL。

思考题

1. 当采取技术手段代替专业人员的经验积累来完成信用评级时,它可能会适用于什么样的业务形式?

2. 大数据下的信用信息处理使得动态信用评级成为可能。请问它主要评估的是违约风险还是投资风险?评价目标是被评估主体的履约能力还是真实价值?

3. 金融消费者用户画像的业务目标是为了完成风险量化管理么?请讨论并陈述理由。

第七章 财富管理与金融科技

第一节 量化投资策略和量化投资工具

华尔街的传奇人物詹姆斯·西蒙斯,出生于一个普通家庭,从小就对数学极度痴迷,本科毕业于麻省理工学院,以 23 岁的年龄毕业于加州大学伯克利分校,荣获数学博士学位。一年后就成为了哈佛大学的教授,后来任教于纽约州立大学石溪分校数学系,在数学领域的顶级期刊发表了大量文章,是数学研究领域顶尖的学者之一。在这个期间他使用传统的基本面分析投资股票,但结果并不是很好,反而有些亏损。于是他就开始思考能否用自己擅长的数学来进行投资,经过数年的研究,西蒙斯于 1989 年前往华尔街,将自己研究多年的数学模型和与金融知识相结合,开启了量化投资的新时代。

大奖章基金(Medallion)主要通过研究市场过去的历史数据,发现其统计的相关性,在一定误差情况下,预测未来股票的价格,并通过数千次的短线交易来获取稍纵即逝的市场机会。西蒙斯二十年来管理的大奖章基金实际年化收益率达到了惊人的 35%,和同时代的巴菲特和索罗斯相比,依旧领先接近 10 个百分点。从 1989 年成立,大奖章基金总共获得 2 478.6% 的收益率,超过了索罗斯的量子基金 1 710.15% 的回报率。根据 2008 年年底的数据显示,西蒙斯成为了当年对冲基金经理之王。他赚了 25 亿美金,被誉为是全世界最优秀的基金管理人之一。

一、量化投资在中国的发展

量化投资是现代金融理论、高等数学理论和 IT 科技结合的最佳典范,过去的几十年间,大量顶尖的数学家和物理学家涌入华尔街,他们将经过特别改造的数学模型应用在金融市场,获取了非常可观的收益。如 20 世纪 50 年代推出的马尔科维茨理论,70 年代提出的 ROSS 套利定价原理。到了 20 世纪 90 年代,随着非线性系统和计算机科学技术的突破性进展,投资行业逐步进入了量化投资时代,和以前相比投资行为更加客观、准确,也耗时更短。

我国自改革开放以来,金融市场快速发展,最近几年量化投资也逐步出现,但目前国内量化投资面临着投资策略不够完善,高频交易系统不完善,金融数据不够全面,衍生工具局限性较大,尤其是高端的量化投资人才不足的问题,这些问题严重制约了我国量化投资行业的进一步发展。量化投资是成熟金融市场发展的必然阶段,随着我国的金融市场逐步走向成熟,大量专注于量化投资的公募基金和私募基金出现,根据 2017 年的数据,我国有接近

100家公募量化基金,超过200家私募量化基金,还有数百只大量券商推出的量化理财产品等,管理的基金规模超过千亿人民币。

量化投资尤其是基于基本面的量化投资,在中国既存在机遇也存在挑战。从机遇方面而言,中国A股市场上目前仍以散户居多,存在大量的噪声投资者。这些噪声投资者的存在使得市场在较长时间里会处于无效状态,价格修正要比美国、日本等成熟市场花费更多的时间。同时,由于中国机构投资者采用量化策略设计产品的占比较小,策略同质化也不似成熟金融市场上那样严重,这种情况非常有利于基本面投资者或价值投资者在这个机会下通过开发投资模型从市场获利。

二、量化投资的主体思想

量化投资是指选择特定的数学模型,利用计算机科技的帮助去实现投资理念和投资策略的过程。[①] 量化投资通过将合适的投资理论、投资思想、风险偏好融合在量化模型中,利用计算机协助人脑处理信息,总结规律,建立可以重复使用的投资策略,最后建立投资决策。

股票价格具有很大的波动性,在中国市场上尤为如此。但是从长远来看,一支股票的价格还是取决于股票发行企业创造现金流的能力,即股票发行企业的基本面。在成熟资本市场上被广泛认可的"有效市场假说"描绘了这样一种趋势——当股票偏离基本面价值时,这种偏离为投资者提供了套利空间,再通过投资者的套利行为,使得股价最终回归到基本面价值。虽然存在信息不对称、流动性不足、投资者心理以及行为偏差等,导致股票价格可能长时间保持偏离基本面的情况存在,但是在更为关注价值导向的逻辑下,分析企业的基本面,利用运营指标和财务指标与股价的关系所反映的信息来指导投资策略,是量化投资的本质。

投资策略一般可以分为两种,一种是主动型投资,另一种是被动型投资(指数投资)。主动投资又分为传统的投资策略(基本面分析/技术分析)和量化投资策略,如图7-1所示。

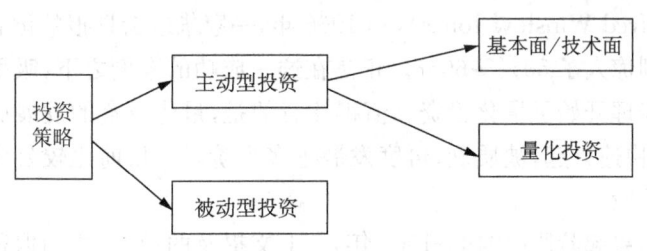

图7-1 金融投资策略分类

量化投资产生以来,很多人对其产生不少的误解。不少人认为量化投资和被动型投资一样,但事实恰好相反,量化投资是主动投资策略。被动型投资是有效市场假说(EMH)下产生的,其观念的拥护者认为市场是完全有效的,任何企图战胜市场的努力都是徒劳的,不如被动的复制指数,以达到和市场一样的收益水平。而量化是主动投资,理论基础就是金融市场是无效或者弱无效的,投资人可以对行业、金融市场和公司进行深入分析,主动构建一

---

① 丁鹏.量化投资策略与技术.北京:电子工业出版社,2012.

个可以战胜市场的投资组合,因此量化投资是经典的主动投资。① 除此之外,有少量人认为量化投资是基本面分析的对立者,事实也并非如此。以美国为例,量化投资模型主要都是基于基本面因素,同时在模型中加入了一些市场和技术因素,因此量化投资更适合被认为是对市场深入理解而形成的合乎逻辑的投资理念和投资方法。基金经理通过对个股、行业和市场的驱动因素进行分析,建立良好的投资组合,以达到战胜市场获取超额的收益。

(一) 量化投资的特点

量化投资与传统投资的异同点在于②:量化投资和传统投资的本质是接近的,前提都是在于假设市场是无效或者弱有效的,基金经理可以通过对股票的基本面、估值、成长性等方面进行研究,战胜市场,取得超额收益。传统的定性投资更依赖基金经理个人的分析和判断,量化投资则是引入了计算机的帮助,协助甚至取代基金经理进行投资。

量化投资的优点是非常明显的,第一在于其数据处理能力更强,对公司的研究,对经济数据的追踪,例如宏观周期、市场结构、公司财务指标等,需要耗费大量的精力。一般来说,一个基金经理同时追踪10~30家企业就已经是极限,但是随着量化投资的出现,计算机帮助基金经理处理大量的数据,把更多的时间节约下来思考投资策略,极大地提高了效率,这在有成千上万股票的时候优势尤为明显。第二在于及时性,以传统的证券公司研究报告为例,从发现投资机会,到调研企业,再到撰写报告一般需要花费一周左右的时间,这在瞬息万变的金融市场是个很大的劣势,很难说等完成报告后投资机会是否还存在,而量化投资可以及时的追踪市场变化,提供超额收益。

同样,量化投资的劣势也是存在的,即容易出现操作失误的情况。模型的设定只是针对常规情况,一旦出现特殊情形,模型没有经过调试就自动进行交易,很可能损失惨重。我国A股市场就出现过光大乌龙指事件,由于模型的问题,甚至导致了整个A股出现大幅波动。

(二) 量化投资的历史

量化投资的历史远比我们想象的要长,第一家对冲基金在1949年就正式成立,创始人是美国的琼斯(Alfred Winslow Jones),到1966年,一家华尔街日报的记者发现其十几年来的年化回报率达到惊人了50%~60%。正是在这一成功的案例之下,吸引了大批使用传统投资方法的基金经理开始了量化投资。值得注意的是,量化投资的发展历史不是一帆风顺的,其发展经历了快速兴起,被质疑,再度发展等多个阶段。目前比较公认的量化基金的发展可以分为5个阶段③。

第一个阶段是兴起阶段(1949—1966年)。上文提及的琼斯,之前取得哥伦比亚大学社会学博士学位,毕业后在财富杂志任记者,通过长期接触资本市场,琼斯自己开发出了一套投资模型,并发行了一只名为A.W.Jones&Co的基金。其所采取的策略就是多/空策略。第一年的收益率就达到了17.3%,十几年下来模型表现非常优异,多次超过了美股的平均收益率。琼斯的基金被誉为是世界上第一家对冲基金(hedge fund)。

第二个阶段是快速发展阶段(1966—1968年)。随着1966年华尔街日报的一位记者发

---

① 马科维茨.资产选择投资的有效分散化.刘军霞,张一驰,译.北京:首都经济贸易大学出版社,2000.
② 丁鹏.量化投资策略与技术.北京:电子工业出版社,2012.
③ 王铁琪.量化投资的转折.北京:中国时代经济出版社,2012.

现了琼斯的惊人业绩,并发表文章介绍了其投资策略和经营方式,在巨大利益的诱惑面前,大量的对冲基金成立。根据美国证监会的统计,1966—1968年全美一共成立215家合伙投资公司,大约140家是对冲基金公司。大量成立的对冲基金在侧面证明了当时人们对对冲基金的热情。

第三个阶段是衰退阶段(1969—1974年)。1969年开始,美国股市开始了缓慢而持续的下跌。到了1974年S&P指数下降了接近50%。不少大型的基金公司损失惨重,损失达30%~40%,市场交易量下降,基金经理失业,整个量化基金行业处于低潮期。

第四个阶段是缓慢发展阶段(1975—1991年)。从1975年开始,股票市场开始回暖,当时比较出名的老虎基金取得了非凡的表现,年化收益率达到了43%。对冲基金行业再次出现发展,但当时由于量化投资技术的不足,发展速度较为缓慢。

第五个阶段是大发展阶段(1991年至今)。随着冷战的结束,苏联解体,经济全球化的趋势愈发的明显。大量顶尖的数学家和物理学家来到了华尔街,他们利用高超的数学能力结合新兴的计算机科技,研发出了大量的量化投资策略。同时,随着金融管制的放松,大量对冲基金成立。根据最新的研究报告显示,全球目前的对冲基金公司大概有800万~1 000万家,管理着超过2万亿美金的资产。随着数学科学和计算机技术的持续进步,全球对冲基金进入了快速发展的新阶段(如图7-2所示)。

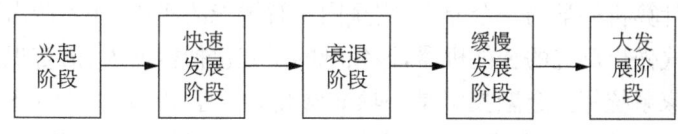

图7-2 量化投资的发展历程①

三、量化投资的主要方法

量化投资涉及大量的数学、统计学和计算机的知识,主要有数据挖掘、随机过程、人工智能等几类。

(一) 数据挖掘

数据挖掘又被称之为data mining,是从大量有噪声、模糊的、随机的数据中,提取隐含的信息。这些信息在事先通常是不知道的。在量化投资中,与数据挖掘相关的技术主要包括关联分析、分类/预测、聚类分析等。②

关联分析就是研究两个以上变量之间存在的规律性。对股票来说,就是研究股票的某些内在因子发生了变化以后,对未来一段时间股价变化的关联关系。分类通过确定数据的整体信息,对相同类型的数据进行归类。预测则是通过历史数据找出变化规律,建立模型,利用模型对未来数据的变化进行预测,主要通过方差来度量不确定性。聚类就是利用数据的相似性判断数据的整合程度,使得不同类别的数据尽可能相异,同一类别的数据尽可能相似。

---

① 王文兵.量化投资及其在我国的发展.西南财经大学,2010.
② 丁鹏.量化投资策略与技术.北京:电子工业出版社,2012.

(二) 随机过程

随机过程(stochastic process),是对一连串事件动态关系的定量描述,如一组随机变量可以定义为随机过程。在研究随机过程时,人们透过表面的偶然性描述出必然的内在规律,并以概率的形式来描述这些规律,从偶然中悟出必然。① 随机过程整个学科的理论基础是由柯尔莫哥洛夫和杜布奠定的。这一学科最早源于对物理学的研究,如吉布斯、玻尔兹曼、庞加莱等人对统计力学的研究,以及后来爱因斯坦、维纳、莱维等人对布朗运动的开创性工作。它是自然科学、工程科学和社会科学研究随机现象的重要工具,例如天气预报、运筹、经济数学、人口理论、安全科学等都要通过随机过程来建立数学模型。

研究随机过程的方法多种多样,主要可以分为两大类:一类是概率方法,其中用到轨道性质、停时和随机微分方程等;另一类是分析的方法,其中用到测度论、微分方程、半群理论、函数堆和希尔伯特空间等。实际研究中常常两种方法并用。在金融的量化投资领域,马尔科夫过程被非常广泛的应用。

(三) 人工智能

"人工智能"一词最初是在1956年Dartmouth学会上提出的。从那以后,研究者们发展了众多理论和原理,人工智能的概念也随之扩展。人工智能(artificial intelligence,AI)是研究、开发用于模拟、延伸和扩展人的智能的理论、方法、技术及应用系统的一门新的技术科学。人工智能是计算机科学的一个分支,它企图了解智能的实质,并生产出一种新的能以人类智能相似的方式做出反应的智能机器,该领域的研究包括机器人、语言识别、图像识别、自然语言处理和专家系统等。金融投资是一项非常复杂的学科,融合了经济学、金融学、政治学甚至心理学,对人工智能的要求是非常高的,能够应对在复杂情况下随机应变的人工智能是量化投资领域的研究课题。

四、量化投资的基本步骤

量化投资看似复杂,实际上基本步骤可以简化成三步,分别是量化选股、量化择时和资产配置。②

第一步:量化选股。量化投资的第一步就是量化选股,量化选股就是以精准的数量模型来确定公司是否值得在资本市场买入股票,根据某个选股的方法,如果公司的估值低于正常水平,则可以放入将要投资的股票池,如果不满足,则从股票池剔除。常见的量化选股方法有公司估值法、资金法和趋势法。

应用最广的是公司估值法。公司估值法最主要应用的地方是基本面分析,通过一系列的假设和计算确定出公司的市值,确定其理论股价和市场股价的区别,以此来判断公司是否被高估或者低估,如果公司的估值高于现在的市值,则从股票池剔除,如果低于就放进要投资的股票池。常见的估值方法有PE估值法、PB估值法、EBITDA估值法等。其核心逻辑就是"基本面决定价值,价值决定价格"。如果公司的估值偏离真实的市值,则迟早有一天会修复到正常水平。

---

① 罗特.数量化投资在中国证券市场应用研究.昆明:云南财经大学,2011.
② 何树红.金融经济学.昆明:云南大学出版社,2011.

资金法也是一个常见的选股方法,核心逻辑是追随主流资金,以期望获得短期的超额收益。投资选股应该和主力资金相同方向,如果资金流入某个行业和公司,则该板块和公司的平均股价就会上涨;反之,如果资金流出,则价格会出现下降。常见的实际操作方法就是通过追踪资金流入情况,来判断未来一段时间的股价变化情况。

第二步:量化择时。股票价格的可预测性和有效市场假说(EMH)密切相关,有效市场假说指的是如果市场强有效,则股票价格反映了所有公开和未公开的信息,即价格是随机变化的,如果市场真的是强有效的话,则股票价格预测是没有意义的。然而根据大量学者和券商基金的分析师的报告显示,中国的市场是处于弱有效的状态,即股票价格的时间序列是相关的,历史数据对股票价格有着重要的影响。正是在这一大前提下,我们才可以根据其历史信息预测价格。

正如前文介绍的研究量化投资的方法,随着分形理论、随机过程,甚至非线性动力学等数学分支的进步,人们逐渐发现,在股票这个看似随机游走、复杂变化的表面,存在着确定性的机制。可以通过使用经济预测的方法,建立在一定误差要求之下预测股价变动的预测模型。即通过历史数据找出变化规律,建立模型,利用模型对未来数据的变化进行预测。主要通过方差来度量不确定性。

第三步:资产配置。资产配置是建立在前面两步完成的情况下,通过量化选股确定了要投资的金融工具,通过量化择时确定了何时去投资。而资产配置就是最后一步,也是最关键的一步,即通过构建投资组合,通过比较不同资产的统计特征,建立数学模型,进而确定资产的配置目标和分配比例,使得各类资产适当配置妥当并进行实时的管理。现代资产配置结合了传统的投资组合,通过和量化分析技术结合,形成了现代的资产配置理论,如图 7-3 所示。

图 7-3 量化投资的基本步骤

五、常见的量化投资方法

正如前文所说的那样,量化选股就是利用数量化的方法选择股票组合,以期望该组合获得超出市场平均水平的收益率,下面介绍几个常用的量化投资模型。

(一) 多因子模型

多因子模型是最常见的选股模型,基本原理就是通过一定的标准,选取一系列的因子作为选取股票的标准,如果满足这类因子则买入,如果不满足则卖出[①]。

在成熟的股票市场,都会有价值投资者、投机者和短线交易者的存在,他们选取股票都会依据一系列的指标,如果大部分交易者都将某个因子作为其决定投资的依据时,就会造成因子有效。在我国,大家普遍认为低 PE 的股票是值得投资的,则如果出现了低 PE 的股票,随着大家纷纷买入,股票价格也就出现了上涨,这就出现了投资有效。一个市场有非常多的因子,例如 ROE、ROA、PB、PE、EPS、资产负债比等,多因子模型就是研究哪些因子对最终收益率影响最大,在市场上的表现如何。

常见的多因子模型应用情况分成五步,如图 7-4 所示。第一步是候选因子选取,为了更

---

① 王成,韦笑.策略投资.北京:地震出版社,2012.

全面的分析该股票,根据股票的情况选取大量候选因子,例如 EPS、营业收入、归母净利润等。第二步和第三步是有效性检验和冗余因子剔除,通过数学模型的分析,将不相关的因子剔除,只留下相关的因子。第四步就是根据因子来建立选股模型,通过对不同因子赋予不同的权重,对可能投资的股票进行打分,根据分数高低选取股票。最后一步就是根据实际的市场的情况,对模型进行持续优化,剔除无效的因子,加入新的有效的因子,尽可能地提高收益率。

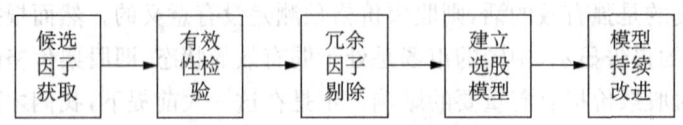

图 7-4 使用多因子模型的步骤

(二) 风格/行业轮动

在股票市场,为了更好地方便投资者,市场上的股票按照其行业被分类,如家电股、有色金属股和石化股等,或者根据市值的大小,分成大盘股和小盘股,也会根据公司的发展情况,将股票分成成长股和价值股。市场的投资者的偏好是会发生变化的,可能有时候更偏好能源股,有时候更偏好环保股。由于这种交易行为,一个合理的策略就是利用市场的风格变化,进行轮动投资。

因此行业/风格轮动,最关键的部分就在于如何判断市场风格,以及如何利用风格的轮动来构建投资策略,获取超额收益。常见的有盈利预期生命周期模型、logistics 模型、均值回归理论等,如图 7-5 所示。

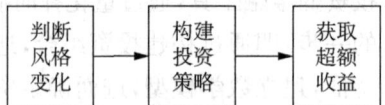

图 7-5 使用风格/行业轮动模型的步骤

(三) 一致预期

一致预期的基本原理是指市场对某支股票有一致的看法,看多或者看空,在众多分析师的一致预期下,投资者会产生羊群效应,对某支股票进行大量的买入和卖出,使得股票价格持续上涨或者下降。从历史经验来看,市场热衷于追捧一致预期看好的股票,摒弃不看好的股票。美国华尔街大量的量化投资基金的分析师,会利用一致预期构建选股模型,把握市场的看法和情绪,获取可观的阶段性收益。常见的模型由传统 EM 模型和修正 EM 模型。

以 EM 模型为例,主要关注以下几个指标,即分析师的一致性指标、分析师调整预期的信心指标、预估的预期回报率和超预期情况。按照这几个指标综合对股票进行打分,从而得到最后的评级,作出买入和卖出的指令,如图 7-6 所示。

六、全球顶级对冲基金介绍

2017 年,美国投资界最权威的机构 Institutional Investor Alpha 发布了一份研究报告,报告对世界最顶尖的对冲基金公司进行了排名。排名第一的是大名鼎鼎的桥水基金公司,该基金提出了全天候投资策略、alpha 与 beta 策略分离等理论。其中的全天候投资策略强调在不同的宏观经济时期进行不同类型的资产组合配置,从而达到始终盈利的状态。第四名就是本章开篇介绍的对冲基金管理人詹姆斯·西蒙斯所掌管的基金公司,公司雇佣的很

图 7-6 A 股分析师对某股票的一致预期

多专家几乎毫无任何金融方面的背景,包括数学家、物理学家、统计学家等,在 300 多个雇员中超过三分之一拥有这些基础科学的博士学位,被誉为数学物理最好的部门。排名第五的西格玛公司有超过 22 000 000 GB 的数据,每秒能完成 10 的 14 次方次计算,研发部门员工占比超过三分之二,超过百分之六十员工无金融背景,管理规模达到 350 亿美元。无一例外,这些对冲基金运用自己独创的量化投资策略,结合快速发展的计算机科技,取得了非常惊人的成就,如表 7-1 所示。

表 7-1 主要量化对冲基金介绍 *

排名	量化对冲基金名称	介 绍
1	桥水基金公司	桥水联合基金(Bridgewater Associates)历史超过 40 年,可谓是对冲基金中的常青树。桥水基金是世界上规模最大的对冲基金,常年在世界对冲基金榜单上位居前列甚至榜首,掌管资金规模约 1 500 亿美元。除了管理庞大资产以外,桥水基金的独特之处是它的 300 家客户都是机构投资者,包括外国政府、央行、企业和公共养老金、大学捐款和慈善基金,它们的平均投资额为 2.5 亿美元。桥水基金的经典战绩是在 2008 金融危机中获得了正收益,迄今为止获奖无数,这与它独特的投资理念不无相关。桥水基金以全球宏观策略为主,提出了全天候投资策略、alpha 与 beta 策略分离等理论。其中的全天候投资策略强调在不同的宏观经济时期进行不同类型的资产组合配置,从而达到始终盈利的状态。这也是其在 2009 年雷曼兄弟倒台之后仍然表现良好的关键原因
2	AQR 资本管理公司	成立于 1998 年,总部位于美国康涅狄格,管理资金规模高达 1 592 亿美金。AQR 的投资策略十分广泛,包括长短仓、套利、股权、全球宏观、保险、绝对收益、动量、多策略等。它的首要目标是价值股和动量股。选择投资组合时,AQR 强调基本面与量化分析和自下而上选股的结合。投资核心是三个原则:系统化方法、多样化投资和 alpha 技艺
3	摩根大通资产管理	摩根大通是美国最著名的银行之一,其旗下的子公司摩根大通资产管理买下了巴西投资银行 Gavea Investimentos 的控股权,该银行的全球宏观新兴市场基金为 2013 年巴西表现最好的对冲基金之一
4	文艺复兴科技	成立于 1982 年,管理资金规模约 650 亿美金,创始人是著名的詹姆斯·西蒙斯,23 岁就获得了加州大学伯克利分校的数学博士学位。文艺复兴科技在 20 多年前就已经在运用大数据的概念进行交易了。一直以来公司雇佣的很多专家几乎毫无任何金融方面的背景,包括数学家、物理学家、统计学家等,在 300 多个雇员中超过三分之一拥有这些基础科学的博士学位

* 表中信息均来自各公司官网。

(续表)

排名	量化对冲基金名称	介绍
5	西格玛公司	成立于2001年,是一家非常典型的量化投资基金公司,创始人大卫与约翰都是技术投资领域的佼佼者,在电脑驱动、以模型为基础的交易系统发展领域有超过40年的经验。公司有超过22 000 000 GB的数据,每秒能完成10的14次方次计算,研发部门员工占比超过三分之二,超过百分之六十员工无金融背景,管理规模达到350亿美元
6	DE Shaw&Co	成立于1988年,创始人David E. Shaw是哥伦比亚大学计算机系的教师,也担任过政府科技顾问等职位,十分精通信息技术与相关科技。在他的带领下,公司十分注重量化交易,其高速交易系统多次被媒体报道。管理规模达到300亿美元,员工数量超过1 300人。该公司十分注重量化交易技巧在投资中的应用,开发了高精尖的计算机技术用于交易。此外,公司也有私募股权投资,还将一部分资产投向科技公司

第二节 智能投研和智能投顾

一、智能投研的起源

伴随着IT技术的不断进步,全球逐渐进入了人工智能的时代,人工智能的触角已经延伸到了对技术要求极高的投资领域,AI+投资方兴未艾,智能投研横扫华尔街。

2017年5月,微软人工智能的首席科学家邓力选择了从微软离开,加入华尔街的一家名为Citadel的对冲基金公司(该公司管理约2 060亿美金的资产,同时以致力于研发顶尖的量化策略系统而出名),任该公司的首席人工智能官。与此同时,李开复在美国哥伦比亚大学进行了一次毕业演讲,根据李开复的研究,其开发的智能投资算法收益率比他的私人理财顾问高了八倍,未来有望取代大量的交易员、保险经纪人、分析师等。在华尔街,全球最大的资产管理公司贝莱德集团重点对智能投研进行了开发,期待在5年后能够为贝莱德集团带来超过30%的营业收入。由于在过去主动型基金的表现差强人意,一年之内缩水了近200亿美金,因此贝莱德集团决定对主动基金业务进行重组,裁员了超过40位员工,其中包括了7名过去被誉为金融行业上的明珠的基金经理,并选择用人工智能机器人取而代之。同时,大幅削减了向华尔街支付的研究佣金,两年前超过2 880万美元的研究佣金,到2017年只有不到一半,达到1 340万美元。

种种的迹象表明,AI+投资已经逐渐在业界崭露头角,未来随着人工智能技术的进一步进步,势必将在金融行业占据更加重要的位置。但是智能投研和智能投顾到底是什么?相比于传统就只有优势,没有劣势吗?未来智能投研和智能投顾会走向何处?目前市场上的智能投研有什么主要的公司?

二、智能投顾和智能投研的概念

目前人工智能+投资的发展方向主要有两个,分别是智能投顾和智能投研。目前发展的比较成熟的是智能投顾,而智能投研正处于方兴未艾的阶段。目前网络上针对智能投顾和智能投研的定义很多,缺乏权威的定义。

本书认为智能投顾是指为满足不同投资者的理财需求,使用计算机通过一定数学规则或算法提供组合配置建议,实现自动分配、管理和优化客户资产,如推荐适当的理财产品和资产配置建议。由于这些算法由软件执行,不需要手工干预,使人为干涉因素降到最低。

智能投研则是通过 AI 技术快速搜集信息,实现数据向信息的结构化转换,通过知识图谱进行分析研究,并最后形成投资决策[①]。智能投研有望大幅提高投资人员的效率。智能投顾和智能投研两者有着很大的协同性,如智能投顾可以在智能投研对个股和行业的分析基础上,形成更准确的资产配置建议。

三、智能投资方向的商业模式和技术原理

(一) 智能投研:实现数据搜索到投资观点的一步式跨越

投资研究作为金融行业的核心之一,最重要的就是给出前瞻性的分析预测。传统的投资研究主要是由证券公司的研究所、基金公司的研究部和一些独立的第三方研究机构进行,一般来说分为四个步骤,分别是搜索、数据/知识的提取、分析研究和最后的观点呈现。第一步搜索的主要目的是寻找行业、公司或者产品的信息,一般来说会从百度、谷歌、书籍或者当面和公司进行交流获取。第二步的数据/知识提取则是从搜索到的杂乱无章的信息中获取需要的数据/知识,常用的传统工具包括 WIND 和 Bloomberg 等。第三步的分析研究则是投研最核心的部分,通过 Excel 等工具进行逻辑推演,完成分析研究。第四步则是将之前得到的观点通过 PPT 和 WORD 的形式展示出来。

可以看出,传统的投资研究有一套非常成熟的流程,但是问题也是显而易见的。其中最容易出现问题的包括搜索途径可能不够完善,数据获取不一定准确,报告产生时间较长,等等。尤其是最后一条,在目前研究同质化,对投资研究报告的时效性要求越来越高的背景下,提高投资研究的效率,减少投资报告产生的时间成为未来制胜的关键要素。

从目前来看,人工智能的帮助可以使投资研究的效率得到极大的提高。首先从第一步搜索来看,通过目前的自然语言查询词义联想和语义搜索等技术的发展,AI 可以进行构建智能搜索引擎,增加有效信息的来源。从第二步数据/知识提取来看,通过实体提取、段落提取和表格提取等技术的帮助,AI 可以自动进行公告和新闻的自动化摘要、智能的财务分析,有效的帮助投资者从杂乱无章的信息中提取出有用的数据。第三步则是分析研究,利用知识图谱技术,AI 可以进行事件因果分析、大数据的统计分析,得出有价值的投资建议。最后一步则是通过自然语言合成、可视化和自动排版技术,能够快速地将分析结果呈现出来。过去分析师通常会花费大量时间在排版上,而在 AI 的帮助下,报告可以自动化生成,分析师可以花更多的时间针对研究本身,可以极大地提高效率。

迄今为止,美国是智能投研技术做得最好的国家,其很多关键科技已经进行了商业化的运用,如 Kensho 在华尔街取得了巨大的成功。而中国则是恒生电子等公司处于领先状态。具体如表 7-2 所示。

---

① 智能投研:华尔街之狼 Kensho 来了.东吴证券,2017.

表 7-2 人工智能提高投研效率

	搜索	数据/知识提取	分析研究	观点呈现
目的	寻找行业、公司、产品的基本信息	从搜索到的信息中获取数据/知识	通过工具和研究完成分析研究	将分析结果呈现出来
传统工具	百度、谷歌、书籍、交流等	WIND、Bloomberg、媒体	Excel	PPT、Word
AI能做的	智能资讯推送、智能搜索引擎	公告/新闻自动化摘要、产业链分析、智能财务分析	事件因果分析、大数据统计分析	报告自动化生成
关键技术	自然语言查询、词义联想、语义搜索	实体提取、段落提取、表格提取、关系提取	知识图谱	自然语言合成、可视化、自动排版
智能投研公司	文因互联、萝卜投研、恒生电子、Alphasene	Trefis、Dataminr、数据科技	Kensho、Palantir、Watson、同花顺	文因互联、萝卜投研

(二) 智能投顾：利用 AI 为客户提供最优的资产配置和投资建议

智能投顾即人工智能+投资顾问，为了更好的理解智能投顾，首先我们需要了解什么是投资顾问和金融产品。① 金融产品可以理解为是为普通民众和专业投资者提供的基础投资工具。从大类来看，主要的金融产品可以分为以下结果大类：股票（指数基金、QDII 基金和股票基金），货币（货币资金、逆回购）、债（ABS、P2P、存款、公司债券），大宗商品（黄金、原油和商品期货），其他（风险投资、对冲基金和 REITs）。作为投资顾问的主要职责就是通过和客户进行充分的沟通，判断用户的风险偏好水平，根据用户的风险偏好水平制定最优的理财配置方案，如图 7-7 所示。

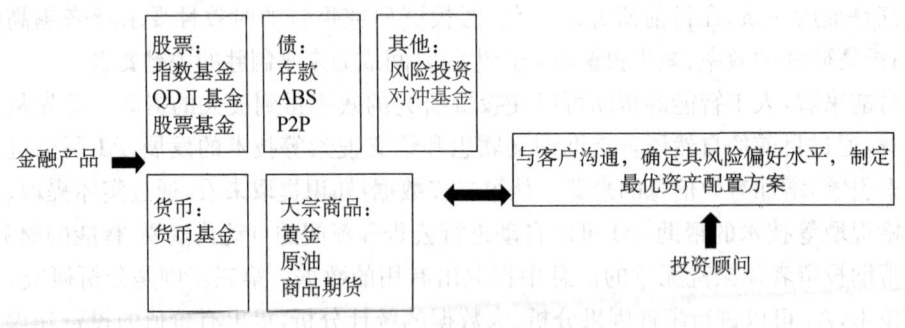

图 7-7 投资顾问的作用

值得注意的是，投资除了收益以外，最值得关注的就是风险。所谓资产配置，就是在风险确定的情况下，为客户提供一套组合方案，以获得最高的收益率。比如，如果客户希望追求高收益率和高流动性，则应该配置高比例的股票基金；如果客户对风险的承受能力很低，则应该配置更多的货币型基金，这样流动性很高的前提下，风险也是几乎为零的。常见的资产配置理论有 Modern Portfoilio Theory 等，具体理论本书不进行赘述。

---

① 姜海燕,吴长凤.智能投顾的发展现状及监管建议.证券市场导报,2016.

在理解了投资顾问的作用以后,我们就可以更好的对智能投顾进行定义,简单地说,就是把人工智能的技术应用到投资顾问上,即首先利用大数据技术得到用户的风险偏好,利用算法针对用户的风险偏好进行个性化的资产建议,在用户可以接受的风险范围内实现收益最大化。最后还会根据实际状况,随时调整投资建议,更改资产配置的情况。[①] 智能投顾有着以下明显的特点:第一是高效便捷,服务优质化;第二是低金额门槛,收费较低。以美国为例,传统的投资顾问收取的手续费是 1.5%,而智能投顾的手续费只有 0.5%,甚至 0.25%,仅手续费一项就可以为投资者增加 1.25% 的收益率,因此智能投资顾问服务一经推出,就受到了投资者的广泛欢迎。

智能投顾主要运用了以下三项技术。

(1) 智能代理(IA)。通过数据监测和对外界数据的实时分析,根据结果对股票快速进行操作,如平仓、建仓、调仓等。IA 涉及的包括事件监听器、学习系统、决策系统和智能执行几个板块。

(2) 现代投资组合理论(MPT)。针对用户的风险偏好进行个性化的资产建议,在用户可以接受的风险范围内实现收益最大化,即预期收益率达到最高。

(3) 生成投资策略模型(ISM)。利用算法针对用户的风险偏好提供相应的资产建议,保证所有的投资组合都是符合投资人的风险偏好的。

(三) 智能投顾的商业模式

1. 美国智能投顾业务蓬勃发展,传统金融机构纷纷涉足

近十年来,美国的智能投顾业务得以迅速发展。新兴的智能投顾公司如 Wealthfront、Betterment 等已经管理了数十亿美金。Wealthfront 成立于 2008 年,管理资金规模约 50 亿美金,服务费率仅为 0.25%,核心是基于 MPT 理论的资产配置,投资范围涵盖 11 类 ETFs。除此之外,传统的金融机构为了抢占这一新兴市场也开始涉足智能投顾业务,例如,Schwab Intelligent Portfolio 于 2015 年 5 月成立,最大股东是嘉信集团,投资范围为 54 支嘉信的 ETF 和其他公司,没有服务费。根据市场咨询公司 Statista 的统计,Vanguard(先锋集团)是使用智能投顾管理资产最多的公司,达到 470 亿美金;排名第二的是嘉信智能投资组合(Schwab Intelligent Portfolio),管理资产为 102 亿美金;排名第三的是新兴智能投顾公司 Betterment,管理资产接近 73.6 美金,如图 7-8 所示。2017 年美国智能投顾管理的资产约

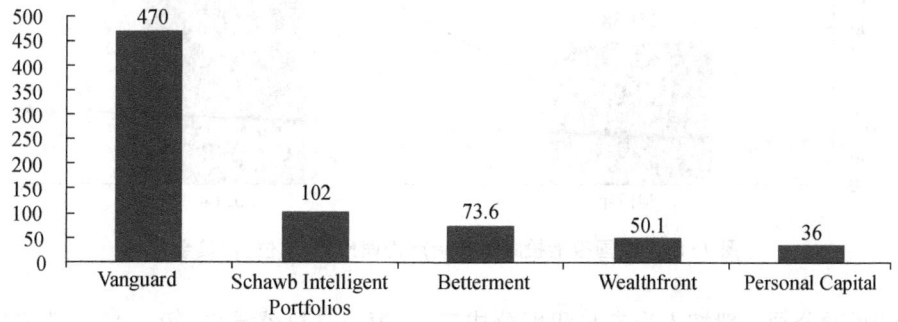

图 7-8 美国分公司智能投顾资产管理规模(单位:亿美金)

---

① 李晴.智能投顾的风险分析及法律规制路径.南方金融,2017.

为 2 248.02 亿美金,而根据 Statista 的预测,到 2021 年,预计全美智能投顾的资产管理规模为 5 095 亿美金,具体如图 7-9 所示。

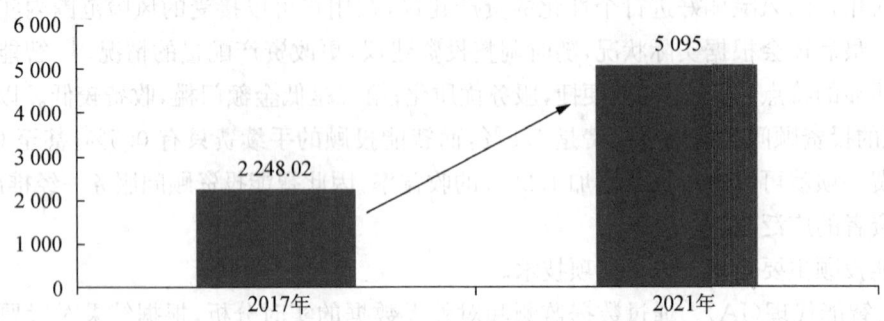

图 7-9 美国智能投顾管理资产管理预测(单位:亿美金)

2. 我国智能投顾行业发展迅速,规模未来有望翻倍

在我国大力倡导发展 AI 的大环境下,近几年来,我国出现了一系列优秀的智能投顾公司,如弥财、蓝海智投、璇玑、资配易。璇玑成立于 2016 年 10 月,是端到端的资产配置解决方案,内含数据处理引擎、资产配置算法、机器学习应用、资产产品化引擎、交易最优实现算法五大功能模块,并在底部拥有持牌合规的资产支持能力和接入合作伙伴合规资产的能力,为各类潜在合作伙伴提供定制化专业金融服务。而在招商银行旗下的摩羯智投,2016 年 2 月成立,是运用机器学习算法,并融入招商银行十多年财富管理实践及基金研究经验,在此基础上构建的以公募基金为基础的、全球资产配置的"智能基金组合配置服务"。在客户进行投资期限和风险收益选择后,摩羯智投会根据客户自主选择的"目标—收益"要求来构建基金组合,由客户进行决策、"一键购买"并享受后续服务。虽然在总体规模上距离美国还有较大的差距,但是发展速度非常快,有着巨大的发展空间。

根据市场咨询公司 Statista 的预测,2017 年我国智能投顾资产总额约为 271.38 亿美金,到 2021 年有望达到 467.8 亿美金,年复合增长率接近 103.8%,如图 7-10 所示。

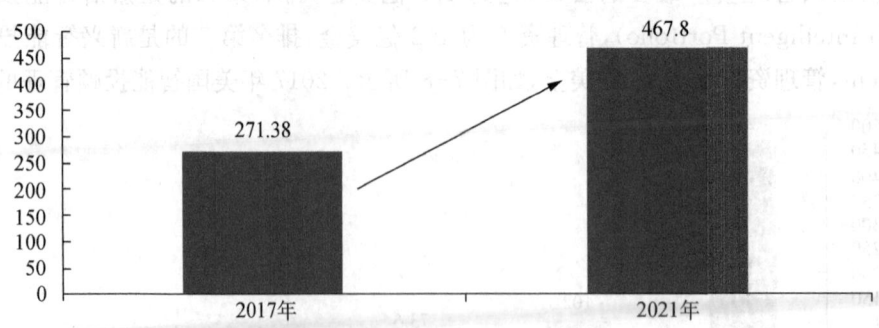

图 7-10 中国智能投顾管理资产管理预测(单位:亿美金)

智能投顾公司一般按人力参与程度分成三种,第一是机器导向,第二是人机结合,第三是以人为主。在智能投顾业务刚刚兴起的时候,主要是以机器导向为主,其特点就在于费用较低,门槛也较低,可是很难吸引高净值的客户,因此发展往往陷入一个瓶颈期。典型的代

表公司美国如 Wealthfront、Betterment,国内则是弥财、蓝海智投等。为了更好地吸引高净值客户,人机结合是必不可少的。像世界上最大的智能投顾公司 Vanguard 就是人机结合进行服务的。2017 年 3 月嘉信推出的人机结合新业务,投资者除了运用智能算法为用产提供投资参考,还可以随时通过电话和视频联系到专业的理财顾问,获取专业的建议。Betterment 则在 2017 年 1 月提出了 Betterment plus 业务,门槛为 10 万美金,服务费用率为 0.4%,每年可以和专业的理财顾问进行一次电话咨询。国内的恒生电子则在发布的智能投顾产品 BiRobot 3.0 中特别表示,将同时实现财富管理自动化+智能理财+有人值守。未来随着 AI 技术的进步,更可能出现的将是 AI+人类共同为投资者进行服务。海内外主要智能投顾公司如表 7-3 所示。

表 7-3　海内外主要智能投顾公司介绍 *

		公司	简　介
机器导向	国外	Wealthfront	2008 年 12 月成立,管理资金规模约 50 亿美金,服务费率仅为 0.25%,核心是基于 MPT 理论的资产配置投资范围涵盖 11 类 ETFs
		Betterment	2008 年 8 月成立,管理资金 73.6 亿美金,服务费率根据投资产品的不同为 0.15%～0.35%
		Schwab Intelligent Portfolio	2015 年 5 月成立,最大股东是嘉信集团,投资范围为 54 支嘉信的 ETF 和其他公司,没有服务费
	国内	弥财	2014 年 4 月成立,投资范围主要是美国的 ETF,力图打造中国的 Wealthfront
		蓝海智投	成立于 2015 年 10 月,产品分为美元产品和人民币产品。境外业务上,蓝海智投在美国有注册公司,通过获取投顾牌照和与券商合作来配置资产,面向个人提供美元理财业务,底层资产以配置海外基金为主;境内业务上,蓝海智投主要是服务金融机构,直接面向 C 端的产品正在研发中
		璇玑	2016 年 10 月成立,璇玑是端到端的资产配置解决方案,内含数据处理引擎、资产配置算法、机器学习应用、资产产品化引擎、交易最优实现算法五大功能模块,并在底部拥有持牌合规的资产支持能力和接入合作伙伴合规资产的能力,为各类潜在合作伙伴提供定制化专业金融服务
		资配易	2014 年成立,北京资配易投资顾问有限公司(以下简称"资配易")以大数据、人工智能为核心技术,为投资人提供基于大数据的证券投资人工智能服务。资配易也是唯一一家上榜亮相毕马威中国 Fintech 50 强的财富投顾领域企业
		摩羯智投	2016 年 2 月由招商银行提出,摩羯智投是运用机器学习算法,并融入招商银行十多年财富管理实践及基金研究经验,在此基础上构建的以公募基金为基础的、全球资产配置的"智能基金组合配置服务"。在客户进行投资期限和风险收益选择后,摩羯智投会根据客户自主选择的"目标—收益"要求来构建基金组合,由客户进行决策、"一键购买"并享受后续服务
		同花顺	2016 年推出,专门针对 A 股的智能投顾服务

---

* 表中信息均来自各公司官网。

(续表)

		公司	简介
人机结合	国外	先锋集团(Vanguard)	2014年上线,管理资产高达470亿美金,排名全球第一
		Schwab Intelligent Advisory	2017年3月,嘉信推出人机结合新业务,投资者可以通过电话和视频获得专业理财顾问的建议,并由智能投顾运用智能算法,为用户提供投资建议,门槛25 000美元,服务费率0.28%,每季度收费在900美金以下
		Betterment Plus, Betterment Premium	2017年1月提出的人机结合新业务,门槛为10万美金,服务费用率为0.4%,每年可以和专业的理财顾问进行一次电话咨询
		Personal Capital	2017年成立,主要是提供免费的在线财务管理工具和线下的智能投资顾问服务,门槛10万美元左右,服务费0.49%~0.89%
	国内	恒生电子	成立于1995年,是中国领先的金融软件和网络服务供应商。恒生电子聚焦于财富资产管理,致力于为证券、期货、基金、信托、保险、银行、交易所、私募等机构提供整体的解决方案和服务,为个人投资者提供财富管理工具
		七分钟理财	2015年10月上线,理财机器人+智能投资顾问的模式,不参与任何的金融产品买卖
以人为主	国外	Motifinvesting	2010年6月成立,社交化选股投资平台是一个致力于投资组合的投资平台,让用户不追随基金也能有主题投资组合,就像是Facebook+网络券商eTrade+个人金融平台的组合体
		Covester	2006年成立,选择跟投的模式,对于没有提成费的组合,平台收取0.25%的管理费,对于有提成的组合,收取增值部分的2%
	国内	雪球	2010年成立,是一个咨询、交流讨论、交易在内的社交投资网络
		金贝塔	金贝塔公司成立于2014年8月,金贝塔App是一款供投资者找寻股票买卖好想法的手机应用。金贝塔组织"官方研究团队、一流证券分析师、投资达人"发布好的投资想法,这些好的想法以清晰持仓、透明记录、专业理念的方式在App内的投资组合里直观呈现。金贝塔App还提供社区互动交流服务,用户可以和组合发布者直接沟通
		股票雷达	2011年10月成立,基于统计数据的跟投式社交投资平台

3. 智能投研初具规模,人工智能将大幅提高投研效率

智能投研对技术的要求大于智能投顾,正如前文所述,传统投研主要分为四个步骤,分别是对信息的搜索、信息/知识的提取、分析研究和最终的观点呈现。目前主要的智能投研公司都是针对一点或者两点,提供自己独特的服务,如智能搜索、公告/新闻自动化摘取、产业链分析、事件因果分析、报告自动生成等。像美国的知名智能投研公司Kensho主要针对第三步,其成立于2013年,融资接近1亿美金,公司的主要业务在寻找事件和资产之间的关系,预测资产价格的走势。Trefis则专注于第二步,通过细拆公司的销售大表,来预测各个产品和业务的收入。还有Visible Alpha,成立于2012年,投资方包括高盛、美国银行、花旗银行等,设立数据采集工具,主要业务为提高机构投资者对公司未来基本面的量化预测能

力。华尔街的知名智能投研公司 Detaminr 则是主要是通过从 Twitter 上获取实时数据,对相应的股票提出调整建议,为机构投资者服务。

4. 国内创业公司、基金公司、数据服务商稳步赶上

国内对智能投研进行研究最多的主要是三类公司,分别是以萝卜投研为代表的创业公司,以天弘基金、华夏基金为代表的基金公司,以万得资讯、同花顺为代表的金融数据提供商。例如,成立于 2009 年的智能投研公司数据科技主要是为金融机构提供智能化服务,核心产品是基于 SAM 的产业链分析;文因互联成立于 2013 年,主要是通过人工智能对金融数据进行分析,包括智能搜索引擎和自动化报告生成;金融科技公司萝卜投研成立于 2016 年,主要是致力于为分析师提高数据的处理能力,产品包括智能财务模型、智能搜索等。除此之外,传统的机构投资者也对智能投研进行了大量的研究,天弘基金 2014 年成立大数据中心,建立鹰眼系统,为股票和债券提供精准数据支撑。2016 年华夏基金和微软亚太研究院达成战略合作,就人工智能在金融服务领域的应用开展战略合作。2016 年嘉实基金成立人工智能投资研究中心,为系统化科学决策提供支撑。而过去的金融数据提供商,例如万得资讯和同花顺也分别对智能投研进行了探索。海内外主要智能投研公司如表 7-4 所示。

表 7-4 海内外主要智能投研公司介绍*

	公司	介绍
国外(创业公司)	Kensho	成立于 2013 年,融资接近 1 亿美金,公司的主要业务在寻找事件和资产之间的关系,预测资产价格的走势
	Trefis	成立于 2007 年,融资约 300 万美元,专注于细拆公司的销售人表,即各个产品和业务的收入
	AlphaSense	成立于 2008 年,融资 3 800 万美金,主要专注于为投资人士设立智能搜索引擎
	Visible Aphla	成立于 2012 年,投资方包括高盛、美国银行、花旗银行等,设立数据采集工具,主要业务为提高机构投资者对公司未来基本面的量化预测能力
	Detaminr	成立于 2009 年,融资接近 1.83 亿美金,主要是通过从 Twitter 上获取实时数据,对相应的股票提出调整建议,为机构投资者服务
国内(创业公司)	数据科技	成立于 2009 年,获得近千万美元的融资,主要是为金融机构提供智能化服务,核心产品是基于 SAM 的产业链分析
	文因互联	成立于 2013 年,获得 A 轮融资,主要是通过人工智能对金融数据进行分析,包括智能搜索引擎和自动化报告生成
	萝卜投研	成立于 2016 年,主要是致力于为分析师提高数据的处理能力,产品包括智能财务模型、智能搜索等
国内(基金公司)	天弘基金	2014 年成立大数据中心,建立鹰眼系统,为股票和债券提供精准数据支撑
	华夏基金	2016 年华夏基金和微软亚太研究院达成战略合作,就人工智能在金融服务领域的应用开展战略合作
	嘉实基金	2016 年嘉实基金成立人工智能投资研究中心,为系统化科学决策提供支撑

* 表中信息均来自各公司官网。

(续表)

	公司	介绍
国内（金融数据提供商）	万得资讯	国内机构投资者使用最多的数据提供商，通过整理数据信息，为智能投研打下基础
	同花顺	通过知识库构建知识图谱

第三节 社交投资平台

社交投资平台蓬勃发展，开启投资新渠道。近年来的互联网浪潮风起云涌，不断涌现的社交网络和社交软件极大地改变了人们的沟通方式和信息传播渠道。随着大数据技术的发展，常用的沟通软件不断发生变化，从第一代的BBS和邮箱，到十年前的QQ，近年来被广泛使用的微信，以及针对不同用户群体如陌陌、探探等。除了社交软件在不断地更新，人们交流的东西也越来越丰富，逐渐从较浅的信息沟通、娱乐社交到深层次的价值社交，比如针对某一特定领域的社交，如股票交流、外汇交易等。本节介绍近几年快速兴起的社交投资，主要想回答几个问题：什么是社交投资平台？社交投资平台是怎么兴起的？其运营机制又是什么样子？最后会为大家介绍几个著名的社交投资公司。

一、社交投资平台成为新渠道

什么是社交投资？社交交易的核心在于跟单交易，指社交投资平台会邀请一些著名的交易者在平台上公开自己的交易持仓记录，当其他投资者觉得该交易者会在交易中盈利，他就可以跟随和复制该交易者的交易。如果交易者获利，则跟随者也会获利，反之也会亏损。在社交交易平台上，除了跟随者可以自动跟随和复制其他交易者的交易，交易者也可以相互沟通，分享自己的想法和经验。

在过去的几十年间，主要的金融交易都是通过证券经纪人进行的，客户委托证券经纪人在金融交易所买卖各类的金融资产。在当时，许多投资者都会通过口口相传及新闻资讯等方式去寻找成功的证券经纪人，将自己的资产委托其管理，或者跟随其交易，往往可以因此获得相对较高的收益率。

在20世纪90年代后，随着信息技术的快速发展，电子交易成为金融交易的主流方式。互联网时代的到来更是出现了一系列的专注于股票资讯分享的社交平台，例如中国的雪球网和美国的StockTwits。在这些网站上，许多投资者会分享自己的投资经验和投资决策，社交网络的出现使得金融市场更加的透明，不过这类平台并不能支持金融交易。

近几年，许多传统的经纪商发现，如果能把这些相关的投资高手请到他们自己的平台分享交易，那么零成本、低限额的跟投高手将会吸引到很多投资者的加入，极大的增加经纪业务的收入。因此不少支持跟随交易的社交投资平台纷纷兴起，具有代表性的投资平台有Etoro、Ayondo、Tigerwit老虎外汇等。这类平台最大的特点就是可以随时获取信息和数据，跟随交易，如图7-11所示。

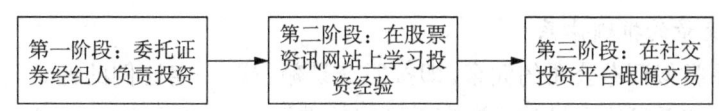

图 7-11　社交投资平台的发展阶段

二、社交投资平台的运营机制

每一个商业平台都有自己的针对客户群体,社交投资平台最主要的客户群体就是散户投资者,尤其是愿意去学习投资但是不愿意把钱交给专业投资者的散户,因此,模仿交易高手对他们来说就是最好的选择。

投资交易平台上除了管理者以外,主要是两种人。第一种是交易信号提供者(signal provider),是最关键的部分,也就是散户说的投资高手,主要做的就是在平台上复制自己的交易记录,如果散户跟随后获利,则交易信号提供者可获得一定比例的报酬。第二种是交易信号接收者(signal follower),也就是投资者,或者是散户。他们通过确认自己愿意跟随的投资者,当投资高手每完成一笔交易,系统就会自动帮助投资者跟随,即跟随其持仓。目前社交投资平台上允许跟随交易的金融产品并不是很多,大部分社交平台主要提供的是外汇交易,只有少部分提供股票指数、股票和大宗商品的交易,如图 7-12 所示。

图 7-12　社交投资平台的运营机制

社交投资平台的关键在于,为什么会有人愿意将自己的投资记录分享给其他人,为了解决这一问题,社交平台参考了很多私募基金的做法,通过设立合理的报酬体系,一方面促进了交易信号提供者的积极性,一方面也减少了道德风险。目前针对主理人的报酬体系有以下四种。

1. 基于交易信号的报酬体系

这种报酬体系指的是,如果投资者分享了一个很好的投资信号,就可以拿到报酬,反之就不能拿到。虽然这个理论上来说,最符合社交投资平台的理念,但问题在于该体系需要核实每一笔交易,同时如何给这个好"信号"定价也是一个重要的争议部分。因此,该报酬体系目前使用的比较少。

2. 基于用户数量的报酬体系

该报酬体系比较简单,就仅仅根据主理人的跟单人数来支付服务费,如果投资者的跟随者越多,报酬也就越多;购买份额越多的用户,管理费也越多。这类似基金的管理费用。

3. 基于收益的报酬体系

该报酬体系即跟随主理人,如果获取收益,则按照收益提成一定的比例,亏损则不予提成。

4. 基于成交量的报酬体系

该报酬体系类似证券公司的佣金,即按照交易额收取一定比例的佣金,如千分之一、千分之二等。但该体系可能会导致投资高手频繁的进行交易,买入再卖出,提高自己的佣金收入,产生道德风险。

四种报酬体系的比较如表 7-5 所示。

表 7-5　四种报酬体系优劣点

	基于交易信号	基于用户数量	基于收益	基于成交量
优点	最符合社交投资理念	方便确定报酬,激励性强	激励性强	激励性较强
缺点	难核实,报酬不易确定	其交易信号准确度不一定高	盈利获得报酬,亏损不需要补偿,道德风险较高	可能会出现过于频繁交易,赚取手续费
使用情况	较少	较多	较多	较多

三、国内外典型社交投资公司

正如我们在前文介绍的那样,在互联网快速发展的背景下,结合了社交元素、交易功能的社交投资平台如雨后春笋般悄然兴起,不仅在美国,在国内也掀起了一阵建立社交投资平台的潮流。在 20 世纪 90 年代,在线个人交易系统逐渐成熟起来,而后面最早出现的投资平台主要就是在线金融交易公司,以美国为例,出现了一大批运营模式成熟的交易平台,例如 ZuluTrade、Ayodo、Covester 和 Etroro 等,而在大洋彼岸的中国,乘着互联网时代的春风,也诞生了一批较为成熟的社交投资平台,如新浪理财师、雪球、牛股王等。以下是对国内外主要社交投资平台的一个整理,如表 7-6 所示。

表 7-6　中美两国主要社交投资平台公司介绍*

国家	社交投资平台	简　介
美国	Zulutrade	2007 年正式成立,总部位于希腊,主要的经营的是外汇交易,据统计和 ZuluTrade 合作的外汇经纪商多达 60 家,例如 FXCM、SAXO、ODL 等。Zulutrade 最著名的一个系统是用户可以在系统里使用回测模拟(simulator),通过不断交易测试交易高手,找到最合适的交易高手
	Ayondo	2009 年成立于德国,目前主要的业务收入来自欧洲,主要关注的是外汇交易,该公司最特色的地方是可以发现最好的跟单者
	Convester	总部位于美国波士顿,成立于 2007 年,是一家著名的在线智能投顾公司,根据官网的信息显示,公司的特色系统是可以进行高手分级,即注册投资顾问可以收取管理费和业绩提成
	Etoro	2007 年成立于以色列,在美国、欧洲和澳大利亚均开有分公司,其著名的社交互动平台可以显示投资高手的关注人数量和历史业绩数据,超过 400 万的注册用户,是全世界最大的社交平台

* 表中信息均来自各公司官网。

(续表)

国家	社交投资平台	简介
中国	新浪理财师	新浪理财师是新浪财经于2014年6月推出的服务于广大互联网投资理财用户的咨询平台,是专属于投资理财顾问的互联网金融平台。有大量执业注册的理财规划师在线为客户提供专业的理财服务,可以在线对股票交易策略进行观摩
	雪球	雪球网是最早关注美国股市的平台,里面有大量的专业投资者,其最大的特点是具有社交属性,有晒实盘的功能,让业余的投资者也可以学习专业的投资实践,目前有些投资组合是收费的
	牛股王	主要是量化交易软件,该APP对海量的用户的交易记录进行了大数据分析,筛选出了稳健的投资组合,与牛股王合作的券商是海通证券
	一起牛	基于好友关系的社交投资平台,登录需要绑定微信账号,且必须是好友才能查看对方的投资组合和持股比例

第四节 普惠金融产品的大数据营销

大数据时代下,互联网金融创新性的应用大数据技术实现了全方位的信息收集,为每个中小微企业解决资金问题,努力实现"一对一"式的精准营销。所以,互联网金融常见的运营模式是"普惠金融"搭配"大数据精准营销"。

普惠金融产品的大数据营销初看起来是一个非常复杂的概念,实际其运营的模式是非常简单的,即普惠金融+大数据精准营销。普惠金融的概念来源于英文 inclusive financial system,是联合国率先在宣传2005小额信贷年时广泛运用的词汇。其基本含义是:能有效、全方位地为社会所有阶层和群体提供服务的金融体系。而大数据精准营销,则是利用大数据的技术,通过处理海量数据,针对不同的消费者提供不同的服务。常见的大数据营销是指基于多平台的大量数据,依托大数据技术的基础上,应用于互联网广告行业的营销方式。大数据营销的核心在于让网络广告在合适的时间,通过合适的载体,以合适的方式,投给合适的人。在普惠金融领域的大数据营销,就是应用大数据技术实现了全方位的信息收集,为每个中小微企业解决资金问题,努力实现"一对一"式的精准营销。通过大数据搜集企业实际控制人的信用度、政策合规性、团队执行力等各个方面,对贷款企业进行综合评分,并基于该评分体系对不同的企业推荐不同的服务。

大数据营销主要分成两步,其中第一步就是利用大数据技术全面对贷款消费者(企业)进行评估,第二步就是基于大数据分析的结果对消费者(企业)进行精准的个性化营销。

1. 利用大数据技术全面对贷款消费者(企业)进行评估

这个第一步可以被简单的理解为对消费者进行画像,例如专门针对企业普惠金融的产品,就是通过对贷款企业的数据,如管理层管理水平、信用度、财务风险、未来发展潜力预测,并结合适当的模型形成贷款企业画像。一般而言目前市场上常用的分类是四维度,分别是低能力、低信用;低能力、高信用;高能力、低信用;高能力、高信用,如表7-7所示。

表 7-7 对贷款者分类

指标	低能力	高能力
低信用	风险极高	风险适中
高信用	风险适中	风险较低

2. 利用大数据分析的结果进行针对化的精准营销

通过大数据分析的结果,对贷款企业未来的预期价值进行分析,对个性化贷款进行评分,识别风险并还款。测试贷款企业的还款能力,从而评估效果,进而反复设计和不断优化贷款方案,实现精准营销。

近几年来,伴随着互联网金融的快速发展,普惠金融也出现了一定程度的发展,总体来说还处于发展的初级阶段。国内最早引进这个概念的是中国小额信贷联盟(原名中国小额信贷发展促进网络)。2006 年诺贝尔和平奖得主、孟加拉乡村银行总裁尤纳斯教授的理念是"信贷权是人权"。就是说,每个人都应该有获得金融服务机会的权利。随着我国社会的进一步发展,金融服务的范围不断扩大,越来越多的普惠金融产品出现。

 扩展阅读

案例 1 智能投研领域的 AlphaGo:Kensho

公司简介:

Kensho 公司成立于 2013 年 5 月,总部位于美国马萨诸塞州剑桥市,由一名名叫 Daniel Nadler 的哈佛经济学博士创立,该公司招募了大量来自谷歌、苹果、脸书以及美国联邦储备系统的专家与工作人员。在过去几年,Kensho 一直被财富杂志认为是全球最热的五家科技公司,被福布斯杂志评为最具创新力的私营科技公司。Kensho 的自我定位是数据分析与机器学习公司,为金融、国家安全、医疗健康行业解决分析问题。其中,它在金融领域的成就更广为人所知。旗下拥有一款名为 Warren 的分析软件,主要利用大数据和机器学习,将数据、信息、决策进行智能整合,并实现数据之间的智能化关联,从而提高投资者的工作效率和投资能力。另外,Kensho 目前披露的投资方除了谷歌、中央情报局风险投资部门(In-Q-Tel)外,就是数家知名的金融巨头,如标普全球、高盛、摩根大通、花旗银行、摩根史丹利等。2017 年 3 月 7 日,Kensho 被标普全球以 5.5 亿美金收购,这是华尔街最大规模的人工智能公司收购交易。

Kensho 这家公司的名字源于佛教禅宗,ken 在日语里是看的意思,sho 在日语里是自然的意思,即通过现象理解事物的本质。这个名字在侧面也反映了这家公司的定位。公司目前拥有大约 80 名员工,团队成员包括来自谷歌、苹果的 IT 工程师,还有华尔街的分析师、物理学家、数学家等。同时聘请了前美国国家情报总监詹姆斯-希恩博士加入其顾问委员会。大部分员工在马萨诸塞州工作,同时在纽约和华盛顿也有办事处。

Kensho 自成立以来,做出了许多的漂亮的预测结果。从英国大选结果对汇率的影响,到美国 2017 年科技股的股价变动情况和美元的走势。在华尔街,其准确的预测也取得了很

大的关注,由于其可能取代大量的华尔街金融分析人员,被华尔街日报称之为"华尔街人神共愤的企业",被东吴证券称为"华尔街之狼"。

公司产品:

Warren类似于谷歌,是专门针对金融分析师的。使用极其的方便,用户可以用非常简单的英语询问Warren金融分析的问题,比如台风对建筑行业的股票价格影响是如何;朝鲜如果试射导弹,哪只国防股会长的最多。然后Warren可以将用户的问题转换成机器可以识别的信息,从数据库里寻找大量的数据,运用大数据技术进行分析,根据市场走向自动生成研究预测报告,回答投资者的问题。Warren这个软件给了非专业人士一个机会,以较低门槛就可以获得专业的分析结果,其使用步骤如图7-13所示。

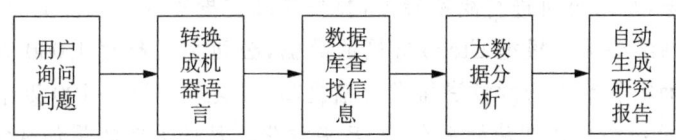

图7-13 Kensho的使用步骤

产品优点:

Kensho这个产品的优点是显著的,总体来说可以有以下三点。第一是良好的人机交互性,在过去Kensho并不是第一家智能投研公司,但其他公司的系统使用起来非常不方便,要求专业人士的时刻指导,服务人群不广。但Warren的出现给了广大普通投资者获取专业服务的机会,只需要以正常的英语提问,就可以快速得到分析预测报告。这在智能投研领域是头一回的。第二是强大的数据库和计算分析能力。Kensho建立了民用的全球最大的非结构化地缘政治和全球自然事件的数据库,丰富的数据使得公司有能力去寻找事件和资产价格的相关性,即基于事件对资产未来价格走势进行预测。第三是深度学习能力,云计算系统的优点在于可以通过经验的积累,快速成长。对Warren提问的问题越多,其学会的东西也就越多。

产品缺点:

Warren最大的问题在于无法区分因果关系和相关关系,同时也无法形成新的因果关系。举例来说,Warren使得数据库只包含了过去的历史事件,如果出现新的政策,比如美国特朗普上台,特斯拉把汽车发送到了太空等,这些在过去没有相应的历史事件进行对比,那么Kensho是无法提供正常服务的。再比如,如果一个资产A和资产B被发现价格变化具有相关性,则Warren就会基于两者关系去预测走势。但是很有可能,这两个资产的价格变化都是事件C导致的。所以并不是用了Kensho就可以万事大吉了,仍然需要分析师判断其背后的关联性是否正确。因此,在未来相当长的时间里,Warren不会抢走分析师的饭碗,而是作为新的辅助工具,极大提高分析师的工作效率。

未来会怎样:

Kensho的终极目标是可自动触发事件对资产价格的影响。未来随着AI技术、语音识别、知识图谱等技术的发展,如果Warren可以区分两个事件的相关性和因果性,深度分析未来价格走势,自动生成深度研究报告,等到那个时候,绝大部分的金融分析师都会失业了。

不过话又说回来,真的到了这一天,又有什么工作不受到冲击呢?

案例 2 英企 Etoro 大受追捧,社交投资网络平台首个独角兽有望出现

一个来自于英国的社交投资平台——Etoro,近期大受追捧,获得了超过 1 亿美金的投资。Etoro 其实一开始设立于以色列,不过目前的总部设立在英国。该公司在近期先后收到了日本、美国、德国、俄罗斯和中国在内的金融巨头的追捧,估值超过了 8 亿美金。中国平安和中国民生金融也参与了投资,到底是什么使得 Etoro 这么受追捧的呢?

Etoro 为何会成功?

首先,主要在于产品多样化+AI 跟单基金技术。Etoro 成立于 2007 年,一开始仅仅是做传统的外汇交易,后来公司进行战略转型,抓住了社交投资的风口。成为全球第一家跟单复制的社交投资网络公司。根据 Etoro 官网的数据,公司拥有超过 1 000 万的数据,而仅仅是 2017 年,由于加密货币市场的投资需求大幅提高,公司就超过了 100 万个新注册用户。

其次,Etoro 是一个非常开放的平台,产品多样化。虽然主营的是加密货币投资交易,但平台同时还提供了丰富的交易产品为交易者提供分散风险的可能。拥有超过 900 个欧美股票、中概股、49 种外汇、53 种 ETF 基金以及 7 种大宗商品和复制基金等多样化的投资产品。丰富的投资组合可以使得投资者不断优化投资组合,合理控制风险。

最后,Etoro 拥有独特的 AI 跟单技术。2015 年 Etoro 与微软进行了正式的技术合作,借助微软的技术,Etoro 成功的研发了多个 AI 跟单基金,如 Quarterly Gainers、Top active traders 等,通过复制多个投资者上一季度持续获利,通过风险较低的投资组合来自动构建新的投资组合。根据公司官网的消息,公司新开发的数字货币跟单基金(crypto currency copyfunds),通过 AI 的核心算法,对包括比特币、以太币等主流数字加密货币每月进行比例调整,同时进行风险评估、控制。

总结一下,Etoro 是社交投资网络领域的先行者,通过其平台中丰富多彩的投资产品和独特 AI 跟单技术,公司受到了全球投资者的一致看好。2016 年开始,Etoro 通过和中国平安的战略合作正式走向了中国,超过 8 亿美元的估值使得其有望成为社交投资平台首个独角兽公司。

思考题

1. 思考"智能投顾"和"智能投研"的异同。
2. 国内投资市场的特点和政策约束决定了我国金融科技产业应用和产品形态在投资角度主要集中于哪些方向?
3. 搜集国内一个社交投资平台案例,分析我国的投资类金融业务平台设计思路在参考国外同类业务时可以得到哪些启发,又可能存在哪些差异?

Chapter

第八章 第三方金融大数据服务

第一节 大数据技术优化征信体系建设

一、个人征信第三方服务

征信体系是重要的金融科技基础设施之一,因为风险仍然是普惠金融、互联网金融面对的主要风险。对于普惠金融平台来讲,风险控制能力仍是平台的核心竞争力,这不仅仅依靠公司的模型与算法,更重要的是外部基础的征信数据与征信体系建设。完善的征信体系,降低了信用信息获取成本,加大了失信惩戒,提升了信用价值,提升了信贷服务效率。

所谓征信体系是按照一定的数据标准采集,对信用主体的信用信息进行采集、加工、核实和更新,以实现信用信息在体系内互联互通的一种信用管理运行机制。整个征信体系包括法律体系、行业管理、行业标准、征信机构、征信市场这五个部分。对于互联网金融企业来说,它的风险分析能力主要是来源于其依托于互联网所扩大的征信信息覆盖面。引入了用户行为数据的信用评估,极大地增强了个人和企业信用评估体系的准确性。因此,互联网金融企业自身的征信系统和外部征信服务都变得尤为重要,互联网+征信成为征信常态。

(一)中国的大数据个人信用服务

中国互联网络信息中心(China Internet Network Information Center,CNNIC)发布的第42次《中国互联网络发展状况统计报告》显示,截至2018年6月30日,我国网民规模达8.02亿,互联网普及率为57.7%;2018年上半年新增网民2 968万人,较2017年年末增长3.8%;我国手机网民规模达7.88亿,网民通过手机接入互联网的比例高达98.3%。每人每周花费20余小时在社交网站、消费平台、生活服务应用软件等,在互联网系统中留下各种痕迹,这些信息可以充分地描绘出客户的喜好、生活习惯、消费习惯、家庭背景等。随着互联网技术在各个行业内更深入地渗透,产业互联网与消费互联网并行发展,产品和服务的数字化程度越高,生产效率就会越高。全球从信息时代进入数字化时代,因此基于大数据的征信体系更契合现在和未来的经济与金融环境。

我国在个人征信系统的建立上也一直在探索和尝试。除央行构建的征信系统外,企业力量的加入也是对征信系统的完善不断做出的有益补充。上海资信有限公司成立于1997年7月,作为当时全国唯一的个人征信建设试点于2000年7月正式开通。个人信用联合征信服务系统和上海移动、中国联通上海分公司以及16家商业银行在内的18家单位建立了业务合作关系。信息搜集范围远远超过了信贷范围,涵盖工商、税务、海关以及水电煤卫等日常消费记录,全面搜集个人信用信息;2001年11月,这家公司创办了上海市企业联合征信系统,2009年4月,中国人民银行征信中心正式成为上海资信的股东,上海资信公司也与P2P平台对接,为网络借贷提供征信服务。网络金融征信系统(NFCS)于2013年7月1日起上线运行。NFCS搜集并整理了P2P平台借贷双方客户的个人基本信息、贷款申请信息、贷款开立信息、贷款还款信息和特殊交易信息,通过有效的信息共享,帮助P2P平台机构全面了解授信对象,防范借款人恶意欺诈、过度负债等信用风险。截至2013年12月31日,NFCS签约P2P网贷企业102家,已报送机构累计49家,报送客户数总数超过11.5万人,累计黑名单人数1 034人,入库记录140.95万条,入库率84.63%,为23家机构开通了查询权限,在业内产生了良好的影响。

阿里巴巴的"芝麻信用"是通过分析大量的网络交易及行为数据,从而对用户进行信用评估,这些信用评估可以帮助互联网金融企业对用户的还款意愿及还款能力做出结论,继而为用户提供快速授信及现金分期服务。"芝麻信用"基于阿里巴巴的电商交易数据和蚂蚁金服的互联网金融数据,并与公安网等公共机构以及合作伙伴建立数据合作,与传统征信数据不同,"芝麻信用"数据涵盖了信用卡还款、网购、转账、理财、水电煤缴费、租房信息、住址搬迁历史、社交关系等。"芝麻信用分"是"芝麻信用"对海量信息数据的综合处理和评估,主要包含了用户信用历史、行为偏好、履约能力、身份特质、人脉关系五个维度。①

根据《征信业管理条例》,经营个人征信业务的征信机构,需经中国人民银行批准,取得个人征信业务经营许可证,并接受中国人民银行的审慎性监管。中国人民银行于2015年1月5日,正式批准了包括腾讯征信、芝麻信用、中诚信征、中智诚征信、拉卡拉信用、华道征信、前海征信、鹏元征信在内的8家机构获得中国人民银行个人征信牌照,正式开启了互联网企业和社会机构提供个人征信服务之路。

(二) 大数据个人信用服务国际借鉴

美国消费者信用报告协会制定了统一的征信数据搜集标准格式,为美国个人征信机构高效率地上报原始数据提供了便利。在此基础上,美国个人征信机构利用搜索引擎、云计算、数据挖掘等新技术在个人征信业的应用,对原始数据进行了数据变换和数据加工,建立前瞻性的个人征信业务分析模型,如信用行为分类模型(credit be-havior segmentation model)、预测触发模型(predictive triggers model)等,更好地把握、预测市场和信息主体的行为,实现数据、技术、应用三者合一。

美国三大征信机构(Eqifax、Experian、Trans Union)关于个人征信的产品比较丰富,除了提供个人信用报告外,更多能够提供预先筛选和列举清单(prescreens and lists)、触发器(trigger)、警示(alert)、响应管理(response management)、特征变量(attribute)、批量服务等个人征信增值产品,满足个人各种征信需求。

美国个人征信机构均在信用报告中添加欺诈警示,运用网络工具大量挖掘客户碎片信息,通过关联分析和交叉分析,帮助信贷机构及时发现欺诈迹象,识别个人信用风险。新加坡金融机构定期对内部系统和网络进行安全漏洞评估,并通过触探检测识别和纠正安全漏洞。

---

① 资料来源:根据芝麻信用官方网站相关信息整理。

二、大数据企业金融服务

任何数据丰富的企业,在未来都有可能参与到金融业中,在未来的金融产业链中找到自己的位置。数据作为特殊的资产,将会在金融企业中交易、分析和运营,大数据交易所应运而生。大数据技术应用既是开展互联网金融业务的基础,也是加快传统金融产业重构、加快金融科技发展的必经通道。伴随着应用场景的激增和细分,越来越多的企业选择将第三方大数据服务商作为自己的合作伙伴,这些企业也是金融服务和金融科技基础设施的有力建设者。

九次方大数据是金融大数据服务平台,平台涉及大数据全产业链,形成面对商业银行、政府征信系统、互联网金融企业、P2P 公司、小额贷款公司、担保公司、基金企业和证券企业等众多金融专业领域的大数据解决方案;百分点公司专注于大数据与推荐引擎,是第三方消费偏好数据平台,利用网络用户行为产生的大数据进行精准刻画,旗下的百融金服专注于金融征信服务和风险管理服务,通过完成消费者的全网行为用户画像,形成个人信用评价,从而提高金融机构客户获取、客户筛选和风险控制能力;TalkingData 是移动数据服务平台,提供由开发者服务平台、数据服务平台、数据商业化平台为中心的数据生态体系,覆盖超过 20 亿独立智能设备,服务于 10 万款移动应用以及 8 万多应用开发者,与传统金融机构和互联网金融企业包括中国银联、招商银行、中信银行、平安保险、国信证券、腾讯金融等合作,提供移动互联网用户数据分析、管理和趋势预测;海云数据则专注于数据交互可视化服务,利用大数据技术和图像处理技术为金融行业提供可视化解决方案,通过展现金融交易动态流向而帮助机构进行业务分析和决策,如表 8-1 所示。

表 8-1 中国部分金融大数据分析企业

企业名称	成立年份	主要模式
九次方大数据	2010 年	平台运营、金融终端、平台开发、交易服务、数据平台
百分点	2009 年	分析引擎和推荐引擎研发
Talking Data	2011 年	开发者服务平台、数据服务平台、数据商业化平台
海云数据	2013 年	数据可视化服务
拓尔思	1993 年	大数据管理系统、机器数据挖掘引擎、社会媒体分析云服务
华院数云	2002 年	数据挖掘、商业智能、精准营销、集中云平台

三、大数据征信与传统征信的关系

传统征信业的思维模式是通过搜集客户的信用信息进行分析处理,依托所处理收集的信息进行严谨的因果推导,进而评判出客户的信用状况。而大数据的思维模式是把全部数据收集存储,进行加工分析,它关注的是信息数据间松散的相关关系,尤其可以揭示在以前数据量较少的情况下无法发现的相关关系,即关注客户行为之间的相关性,进而对客户的行为进行预测,而不是探索什么原因导致客户目前的行为。大数据的思维模式有助于征信机构有效捕捉以前忽略的细节信息和小概率事件,并更好的预测被分析对象的总体发展趋势。

随着《征信业管理条例》的颁布实施,征信市场竞争将更加有序、规范和市场化,掌握大量客户数据的互联网企业将借助于数据优势进入征信市场。比如第三方支付的电商金融，之所以能够依赖电商平台开展内部的商户信贷业务，并通过频繁的资产交易做大规模，最本质的优势在于电商用户的交易数据和频率，信贷不良率控制在很低的水平，明显优于银行的小微信贷业务。如阿里金融，通过数据化的平台开展征信操作，将商户的信贷风险控制在较低的程度。其他的电商，如苏宁、腾讯、京东等，不管是自己开展小贷业务，还是和银行合作开发信贷产品，所利用的均是电商平台上的客户数据。

传统的征信产品主要包括信用报告、信用评分、信用评级和信用风险管理类产品等。在大数据时代，大数据思维模式有助于推动征信业务扩展，大数据技术不仅将有效提升征信产品质量，而且还将推动征信产品的创新，使产品设计更加注重客户体验，产品服务范围扩展到更加广阔的社会生活领域。比如根据对客户的生活工作习惯等数据进行分析，预测客户的潜在需求，并有针对性的推销相应的征信产品或为客户量身定做相应的征信产品。在对传统征信产品的改进方面，以信用报告为例，大数据时代的信用报告可以结合客户的生活习惯、性格特点、财务状况、兴趣爱好等信息数据综合评判个人信用状况。与此同时，征信产品的形式也将更加多样化，可以是上报的报表、提交的报告、可视化的图表、详细的可视化分析或者简单的微博信息、视频信息等。

第二节　大数据金融应用

一、大数据风险控制

大数据风险控制，是指利用大数据技术对特定领域和特定目标客户进行风险评估、风险计量和风险定价，以达到风险控制的目的，这里边也包括了第一节中提到的大数据信用评估。传统的信用评估模型主要根据客户的历史数据来判断，良好的信用记录会得到较高的信用评级。但是从金融业务的角度出发，关注的是客户的还款能力，尤其未来的现金流情况。未来的现金流意味着客户的还款能力；同时，借贷项目是否能如约还款还需要客户的还款意愿，还款意愿则主要由个人品质和其他个人因素所决定。

随着互联网技术，特别是数据挖掘和分析技术的进步，通过多维度大数据分析而设计风险评估模型成为首选。大数据区别于传统数据挖掘的地方在于它处理的数据大多是非结构化的数据，包括视频、音频、图片等难以量化的数据，在大数据时代都被纳入了数据处理的范围。通过这样的数据处理，我们能够更准确地描述一个人的性格、爱好、社交、衣食住行等方面的实际情况。

大数据风险控制主要包括几个步骤：①挖掘出数以千计的不同变量；②寻找这些变量之间的关联性；③将这些变量重新集合为一系列较为"高级"的变量；④将这些"高级"的变量引入不同的数据模型来进行试算，每一个数据模型会得出一个结论分数；⑤把这些分立的结论分数整合为一个信用评级分数，这个信用分数是基于海量用户行为数据、大量社交网络数据和大量的其他非结构化数据而形成的一个处理结果。

因此，可以看到，大数据风险控制模型一方面依赖于结构化的数据，另一方面导入了大量的非结构化数据,通过数据维度的丰富性,使不同数据之间能够在某种程度上进行交叉验证,从而能够对风险的真实性进行分析和评价,做出比较精确的风险图景或风险关联图谱。

二、大数据资产交易

影响大数据技术行业应用的最主要问题是数据割据和数据孤岛。数据孤岛的问题始终是困扰大数据发挥作用的主要障碍之一。

(1)数据割据——因为制度、部门保护主义或者小团体利益等人为的因素造成的数据分散的现象。

(2)数据孤岛——因为技术差距和遗留问题等形式的数据分散与无法集中共联的现象。

(3)数据质量——主要包括数据的真实性、完整性和一致性。数据质量的好坏直接影响着"数据资产"的价值,但提高数据质量绝不是一蹴而就,需要各方面的综合提升,比如技术、制度、文化等多领域的努力。

而应对这一问题的措施则是对应的数据开放。数据开放包含三个层级的含义:数据的共享和交易、提取能力的开放、基础处理和分析平台的开放。大数据应用所带来的经济价值会驱动大数据全产业链加速形成。目前,从数据采集、数据存储、数据处理,到数据分析、数据销售、数据应用,围绕着分工环节已经产生大批不同的大数据生产商、服务商、运营商和交易商。金融机构通过数据资源获取更多客户和拓展服务边界,互联网金融企业通过数据来增强核心风控能力,企业通过数据资产来盘活自身融资渠道。

大数据交易,顾名思义,是以数据资源、数据服务为标的的市场,参与主体涵盖数据供给方、数据需求方、数据交易平台、评估机构、服务机构,以及外围的其他部门。数据交易平台以第三方的身份为数据提供方和数据需求方提供数据交易撮合服务,同时数据交易平台还可提供数据定制服务,根据数据需求方的特殊需求,由用户进行采集或者标注大规模数据。而数据产品的主要交付方式包括 API、数据集、数据报告及数据应用服务等。

大数据交易平台的主体主要分为两类:一类是以企业为主导的大数据交易平台,这些交易平台多为企业独资或合资运营,以阿里云、京东万象、浪潮天元数据、数据堂为代表,约占82%;另一类是由政府主导的大数据交易中心,这些中心多为政府/国企独资,或国企与民企合资,如贵阳大数据交易所和上海数据交易中心等,约占15%,其中60%左右为政府控股,如图8-1所示。

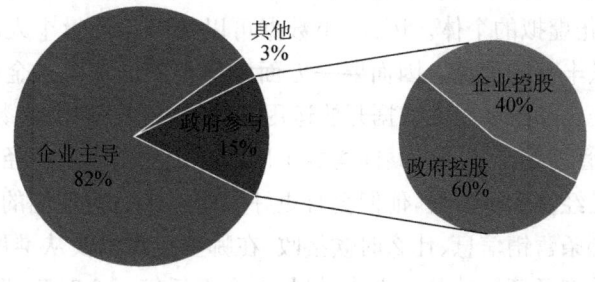

图 8-1 交易平台特性

调查数据显示,国内目前大数据交易业务涉及的行业主要为金融征信、交通地理、移动通信、企业管理及医疗数据等,这与国内大数据企业主要业务方向基本一致,其中金融征信及企业管理数据交易近两年增长迅速,如图8-2所示。

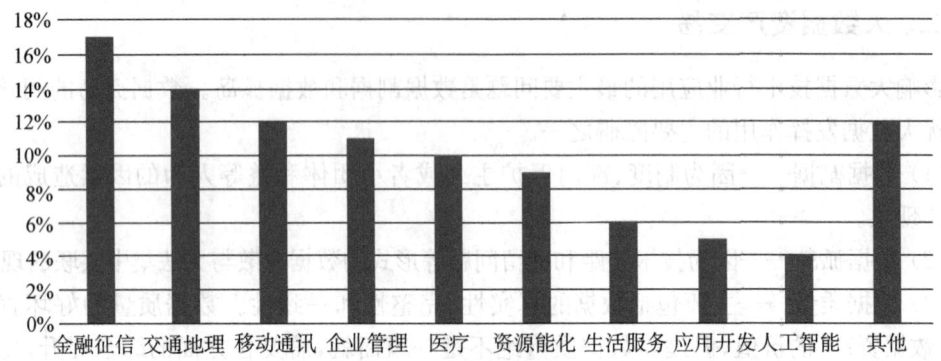

图 8-2 大数据交易行业分布

大数据交易平台主要盈利模式为提供平台服务、撮合交易收取佣金、销售自有数据、提供增值服务等。目前,虽然大数据交易市场的规模逐渐增大,但大部分平台仍处于推广阶段,收取平台费用及交易佣金的平台相对较少,整体交易行业营收偏低,如图 8-3 所示。

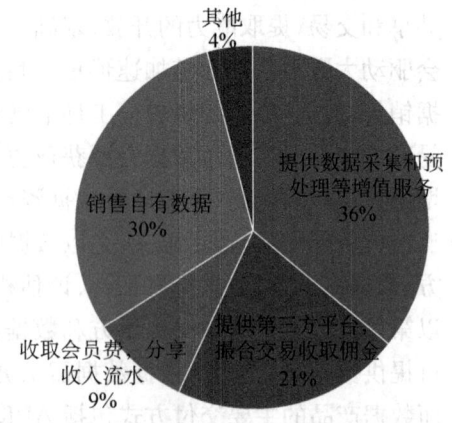

图 8-3 大数据交易平台主要盈利模式

三、大数据营销

大数据时代还有"小数据"。小数据(iData)指的是以个人为中心的全方位数据及其收集、处理、分析、对外交互的综合系统。小数据的小也并不是指数据量小,而是指相对于大数据来说,涵盖的范围小,是针对个人的行为数据。小数据和大数据的根本区别在于小数据记录的是个体的行为和信息,可以对个人信息进行全方位全时的精准化挖掘,从而提供针对个人的定制化服务。

大数据使用反映的是特定领域的整体情况,关注的是宽广度;而小数据精确记录了个人的所有信息,是数字化虚拟的个体。因此,小数据可以精确地衡量个人的信用,为个人信用评级体系的构建提供丰富的信息。因而要一方面发挥小数据在个人金融服务中的作用,一方面注意保护个人安全和隐私。大数据开放运用、小数据授权使用;大数据采用公共交易平台、小数据采用交互管理系统。两者共同构成了广义上大数据应用途径。

今天的消费者已经发生了改变,他们会有更好的选择来适应他们的数字生活需求,他们可以自行选择接收哪条营销信息、什么时候接收、在哪里接收以及从谁那里接收。虽然使用生命周期模式仍然是市场营销的最好方式,但是在今天任何一个时刻,跨渠道的客户都可能是线下的、线上的、一声不吭的、直言不讳的。传统漏斗形式的线性概念,甚至连续的生命周期阶段,对于策划市场活动,特别是互联网金融产品或服务市场活动,已经不再是一个有用的框架。今天跨渠道的消费者更加见多识广、消息灵通、灵活多变和难以预测。金融营销人员需要时刻留意是否有机会做关联营销。

所以,金融消费者营销分析需要对潜在金融消费者的行为和偏好数据做出更加敏捷和整体的分析,来决定营销的内容、时机以及投递营销消息的渠道。专业的金融销售人员应该整体收集客户的数据资料,包括渠道反馈和偏好数据、社会影响力等。客户分类时还应该考虑渠道偏好,根据数据流本身特性以及数据处理过程的特别环节来进行。

大数据技术应用与金融营销时,可以基于以下三类判断依据来选择最佳的设计方案:①海量消费者,持续的消费记录和交易过程;②快速动态交易和社群互动信息;③多样社交媒体以及其他非结构化数据,例如客户投诉反馈邮件、电话中心客服电话记录、平台上的结构化交易数据、结构化运营反馈数据等。

第三节 金融舆情分析

金融舆情主要指社会公众对某一金融事件的发生、发展和变化,或者对宏观经济金融运行态势所发表的观点、意见和情绪。随着互联网特别是移动互联网的兴起,社会大众不再只是金融舆情的受众,有相当多的网民加入到金融舆情信息的传播者队伍中,成为金融舆情信息的传播主体。

一、金融舆情的特征

金融舆情的新特征是发生频率更高,传播速度更快。相对于报纸、杂志等传统媒体每日或者每周甚至每月一报,金融舆情依托移动网络,通过微博、博客、微信朋友圈等自媒体可以随时随地发布,传播速度远超传统媒体。

金融舆情信息的发布者可以在某一金融事件突发时,通过照片、录音、录像、文字等第一时间现场直播事件的发生和发展进程,金融舆情瞬间形成。而网友在看到直播后,可以直接转帖,或通过论坛跟帖、微信和微博回复等进行互动,金融舆情的传播速度因此更快,更表现出群体性和互动性。

金融舆情的发展演化路径突破倒"U"字形,易出现反复现象。报纸、杂志、电视、广播等传统媒体主要针对金融热点和焦点问题进行报道评论,初期可能是单个或几个媒体的报道,之后随着媒体的跟风报道评论,舆论热点上升,但一旦有新的金融热点问题出现,传统媒体一般会转变报道主题,不会一直持续就一个金融问题反复炒冷饭,因此,金融舆情在后期会逐步消退,呈现出倒"U"字形特征。

网络媒体特别是自媒体的舆情发布成本极低,金融舆情演化可能出现反复,在阶段性平息后,极可能风波又起,金融舆情演化表现出随机化特征,部分呈现出情绪化、随意性。在全民皆是记者的时代,相对于专业的财经媒体记者和金融人士,代表基层和社会大众的草根网民在发表观点和表达意见时,容易呈现出非理性、情绪化和随意性的特点,尤其是关于涉及自身利益的金融舆情,如银行服务效率低、收费偏高等。

二、金融舆情示例分析

金融舆情信息的出现、发展和变化会对金融机构、金融市场甚至整个金融业的运行产生影响。金融系统运行过程中某一特定事件发生时,包括监管部门金融政策的调整、经济金融数据的发布、金融机构突发状况等,都可能引发广泛的社会舆论,改变大众普遍的消费和投资预期,进而对金融机构和金融市场的运行产生影响。在严重的情况下,金融舆情的发展演化可能会动摇社会大众对金融机构和金融市场的信心。信用是微观金融机构和金融市场乃至宏观经济金融稳定运行的根基和保障,且信用风险具有传染性,单个银行机构的信用危机如果没能及时控制,则可能引发区域性金融风险,甚至危害到整个金融体系的稳定性。

根据金融舆情对金融业运行的影响效果,可以将金融舆情分为积极舆情和消极舆情。积极舆情是对金融机构、金融政策、某一金融事件或金融信息所做的正面报道,或者是积极评论。积极舆情一般有利于提高金融机构和金融市场的信誉,可以进一步提升其社会影响力和行业竞争力,从而有助于金融业整体的稳定运行和健康发展。2009年3月中旬,花旗银行、美国银行、JP摩根相继发布金融信息,称第一季度可能出现盈利。社会舆论对此解读为美国银行业就此复苏,美国次贷危机也可能比预期的要更早结束,美国银行股随后出现飙升。消极舆情是对金融机构、金融政策、某一金融事件或者金融信息所做的不实、负面报道,或者是不良消极评论,包括不实的传闻,或者是针对某一金融信息,在进行逻辑推理过程中,通过运用以偏概全、断章取义、偷换概念等手段,最终得出偏激的、负面的观点。

负面舆情会给金融机构和金融市场的信誉带来损害,如果没有及时予以监测和应对,单个金融机构风险可能会蔓延至整个金融业,形成系统性金融风险,从而对宏观经济整体运行带来负面影响。如2014年3月24日中午,一则江苏射阳农村商业银行将要倒闭的谣言传出。根据公开报道,24日下午,江苏射阳农村商业银行设在盐城环保产业园的一个网点,遭遇近千群众挤兑现金,并迅速从单一银行网点向整家银行蔓延。随后其他银行的一些网点也遭遇了集中取款的危机。后来在多方的共同协助下,射阳农村商业银行的挤兑风波逐渐平息,没有形成区域性的银行挤兑危机。

三、金融舆情的良性发展

实行调查、监测、分析、应对四步走举措。

(1) 事先调查。在金融政策调整、金融数据发布或信息发布前,通过专业网站、发放问卷等方式进行舆情调查,了解社会公众的意见,掌握民众对现有形势的舆论和预期,必要时针对性地为金融舆情信息的发布创造良好的舆论环境。

(2) 及时监测。在金融舆情信息发布后,组织人员及时全面监测,第一时间获取掌握社会大众的观点、意见和态度。金融舆情的监测对象重点是主流财经媒体和网络媒体的意见领袖,监测范围包括文字、图片以及影像,监测手段包括使用搜索引擎、利用专门的智能分析软件系统、舆情信息集成等技术。

(3) 科学分析。在获取大量的舆情材料后,还需要对材料分时间点和时间段进行定量、定性的准确分析,对公众舆论观点进行分类,统计每类观点的数量和占比,分析影响舆情演化的重要因素,研判预警舆论走向。

(4) 积极应对。这主要是针对消极金融舆情。在监测分析到负面、敏感金融舆情后，金融机构或监管部门应及时采取有效的应对处置措施，将消极金融舆情对金融系统的不良影响尽力控制在小范围内，采取疏堵结合的方式，基于事实引导社会舆论向积极方向发展。

第四节 大数据反欺诈

传统欺诈主要包括申请欺诈和交易欺诈两种类型。传统金融机构，例如银行通常采用专家规则、黑名单库等方式对欺诈风险进行防范。然而传统的专家规则有许多提升潜力。首先，专家经验得出的规则存在局限性，不可能枚举所有业务场景，无法对各类交易进行全面覆盖。其次，欺诈者会针对性的对已有规则进行回避，专家规则处于被动调整的位置，无法跟上欺诈手段的更新换代。最后，规则积累达到一定数量后，误报率较高，能够影响到实际风险决策的制定。

近年来电子渠道欺诈和团伙欺诈成为新的关注重点。在实践的过程中尝试深入应用大数据价值，分别针对申请欺诈和电子渠道欺诈建立智能化模型，在机器学习技术的支持下实现了点的突破。建模思路是从数据中提取客户多维度异常模式，探索大数据反欺诈规则，并逐步实现智能、主动、精准、全覆盖的异常识别功能。

在客户管理的发展过程中曾经出现过三个名词——CRM、CXM 和 CEM，分别对应 relation、experience 和 engagement，逐步强调客户体验和融合。分析 CEM 四个维度的数据属性，同样适合于风控和反欺诈领域，其中行为(active)是目前尝试比较多的部分，另外几项则依赖于 AI 技术的发展和应用场景的丰富。

伴随移动互联网和社交网络的发展，"行为"数据积累和应用是在逐步加强的，比如借助客户行为数据的采集以及物联网技术相关的应用场景，企业能够获取客户更多的活动信息。这是目前客户画像等相关项目的重点建设目标，对客户进行 360 度全面感知，建立个性化的标签库从而更好的支持营销活动开展。采集到的数据可以应用到风控和反欺诈领域，数据视角下更加强调数据资产的价值传导和变现增值，这与传统 IT 重系统及流程建设有很大区别。因此，将这些数据应用到反欺诈过程中会涉及到人、流程和技术的改变；对大多数传统银行来说，观念的改变要优先于流程和技术。

emotional、rational 和 ethical 三部分更加复杂，并不能直接通过客户数据的简单加工获得。每个对应的客户标签都需要构建数据挖掘模型，过程中综合分析文本、语音、视频以及外部补充数据，进而探查客户的深层次标签信息。这是目前 AI 技术的主攻目标，然而基于现有公开资料，AI 的应用场景虽然存在，但理论层面的论证较多，成熟实践较少。

通过大数据的积累和应用，综合应用反欺诈规则和智能模型，建立全面反欺诈体系。模型通常包括监督和无监督两种，对应不同的反欺诈场景：一类是结合社交网络分析和信用评分技术做的申请反欺诈的量化预测模型，另一类是基于机器学习技术构建的渠道行为反欺诈模型。

社交网络分析技术对于风控和反欺诈能够发挥很好的作用，这方面在银行内部已经有类似的探索和应用。数据和算法的组合能够帮助银行提升欺诈风险管控能力。更强的算法目前更多集中于机器学习、复杂网络、自然语言处理等领域。

（1）聚类分析是典型的无监督学习方法，利用好坏客户人群区分度高的特点，将所有客户分为两个聚类，同一聚类中的客户相似度较高，而不同聚类间的客户相似度较低。选取客户数目少的聚类作为异常客户，每个异常客户到正常客户聚类中心的距离即为客户异常评分，评分越高越异常。

（2）自编码网络是深度学习中的无监督方法，利用反向传播算法训练中间层，使得目标值尽可能等于输入值。对于总体数量占比比较少的异常客户，在训练网络过程中会损失较多信息，比较每个客户损失量的多少可以给出异常客户的可能性和排名。自编码网络算法可以自动生成较多交叉项，提炼出深层次的指标特性。

（3）社交网络分析是融合多学科理论和方法，为理解各种社交关系的形成、行为特点分析以及信息传播的规律提供的一种可计算的分析方法。社交网络分析方法旨在建立一个网络与真实世界的实体与关系映射，在银行应用中的典型实体包括客户、账户、员工等。社交网络分析通常关注静态和动态两个层面的网络特征，静态特征包括提取网络指标、对网络特征刻画、识别网络群组等；动态特征主要包括描述网络如何随时间推移进行扩散、如何影响其他节点等。

建立反欺诈知识图谱，通过关联关系挖掘技术，将相关人员的数据源和行为数据打通、整合、更高效、准确地进行反欺诈分析和预测。通过构建已知欺诈要素的关系图谱，常见的包括手机、设备、账号、地域等要素，进行全量风险数据统计分析，建立客户风险特征信息库，有效进行交易阶段的反欺诈。同时，基于账户信息、信贷信息、行业信息等数据建立知识图谱，可以对显性或隐性的关联性风险进行预警，对资金流、风险的传导进行预判，从而找到潜在的风险行业和欺诈用户。

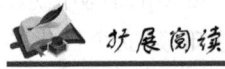

线上数据展示及交易平台案例：京东万象

京东万象是京东云旗下的大数据交易平台。其大数据供需交易服务平台实现供应方数据的接入、需求的发布以及交易流程的完成。数据类型主要包括交通地理、金融征信、经济贸易、企业管理、人工智能、生活服务、移动通信、应用开发、数据营销等领域。据统计，京东万象共上架数据商品 1 942 个，数据供应商 250 家，日均访问量（page view，PV）157 个，如图 8-4 所示。

图 8-4　京东万象供应商和上架商品数量统计（截止时间 2017 年 12 月）

调查数据显示,京东万象数据商品中,交通地理类的数据商品最多,达630个,占所有商品的41.86%;其次为数据营销及企业管理类商品,分别为320个及200个,占所有商品的21.26%及13.29%;金融征信类商品的数量也相对较多,为120个,占所有商品的7.97%。其他类商品数量相对较少,均不超过整体商品数量的5%。

在已有商品中,交通地理类数据商品的浏览人数最多,自2015年起累计浏览人数达2 119 063人次,占比达37.86%,其次为企业管理及金融征信,累计浏览人数占比分别为20.37%及12.41%,数字营销类商品虽然商品数量较多,但累计占比相对较少,仅为全部浏览人数的5.54%,如表8-2所示。

表8-2 京东万象交易数据统计(至2017年12月)

数据类别	商品数量	数量占比	浏览人数(2015年起)	浏览人数占比
交通地理	630	41.86%	2 119 063	37.86%
金融征信	120	7.97%	694 895	12.41%
经济贸易	75	4.98%	294 851	5.27%
企业管理	200	13.29%	1 140 075	20.37%
人工智能	40	2.66%	105 229	1.88%
生活服务	40	2.66%	301 383	5.38%
移动通信	40	2.66%	283 286	5.06%

数据显示,京东万象销售前十的数据商品占整体销量的35.26%,其中"蜜罐数据"(互联网金融个人征信查询)的销量最高,销量排名靠前的数据商品多数为个人及企业征信相关数据,生活服务及应用开发类的数据商品销量相对较高,如图8-5所示。

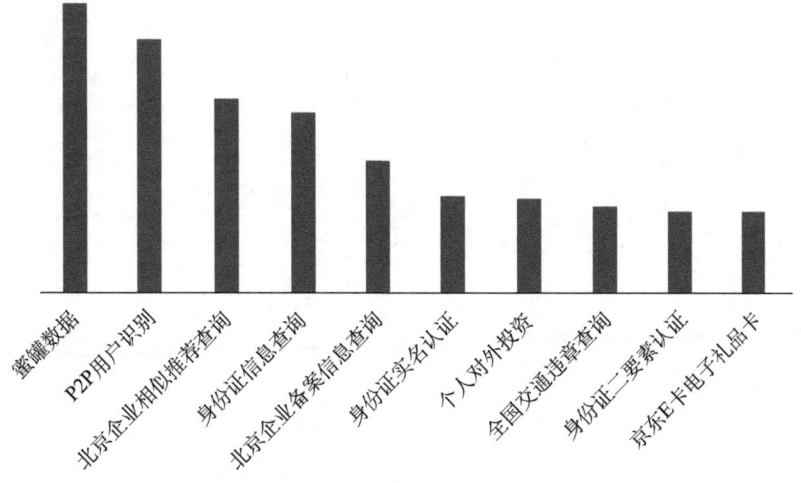

图8-5 京东万象热销商品Top10

 **思考题**

1. 如何区分大数据征信企业的信用产品与互联网金融公司自己的信用管理业务,它们两者是否是同一件事?为什么很多互联网金融公司和金融机构还要在自己的风控业务里引入第三方信用产品呢?

2. 我国正式颁布并实施的《中华人民共和国数据安全法》,对于大数据征信企业会产生什么样的影响?

3. 金融舆情信息提取后,应如何应用?设计一个金融舆情应用场景,再看看市场中现有机构或企业是否有现实验证。

第九章 创新性金融服务平台

随着互联网技术的突飞猛进,互联网在金融领域的应用也日益增多,催生出一些具有创新性的金融服务平台,如网络借贷、股权众筹、互联网支付平台等,极大地便利了人们的生活,提高了金融服务的效率。

第一节 网络借贷平台

一、网络借贷概述

网络借贷是伴随着互联网技术的兴起和民间借贷的活跃而发展起来的一种新金融模式,包括个体网络借贷和网络小额贷款。个体网络借贷,也称P2P(peer to peer)网络借贷,是指"个体对个体,或点对点"网络借贷,即个人或个人之间通过网络借贷信息中介机构实现的直接借贷。其中,个体包括自然人、法人及其他组织。网络借贷信息中介机构是指依法设立,专门经营网络借贷信息中介业务的金融信息中介公司。网络借贷信息中介机构为投资方和融资方提供信息搜集及公布、信息交互、信贷撮合、资信评估等中介服务,但不得提供增信服务,不得非法集资。在个体网络借贷平台发生的直接借贷行为属于民间借贷范畴,受合同法、民法通则等法律法规,以及最高人民法院相关司法解释的规范。P2P网络借贷突破了过去受制于地缘及血缘关系的小额借贷方式,能够快捷、高效、灵活地实现资金流转,成为银行等传统金融机构贷款的有效补充。网络小额贷款是指小额贷款公司充当投资人,通过互联网向个人或小微企业提供的小额、短期信用贷款,从而使贷款申请、贷中审核、贷款发放网络化。网络小额贷款公司必须遵守现有的小额贷款公司的监管规定,不得吸收公众存款。网络小额贷款运用大数据技术进行风险控制,有效减少了贷款违约风险,降低了贷款申请门槛,极大地缩短了放款时间,降低了客户的融资成本,是传统信贷体系的有益补充,并在一定程度上使部分小微企业的融资需求得到缓解。但是,由于其受到融资渠道限制、大数据来源限制,以及多种风险的威胁,致使其在国内的发展规模远远落后于个体网络借贷。由于网络小额贷款公司与传统的小额贷款公司的核心业务流程基本相同,只是将线下业务搬到线上来操作,因此本书的研究分析重点将放在形式多样、内容丰富的P2P网络借贷上。

二、P2P网络借贷发展历程

(一)国外P2P网络借贷发展历程

P2P网络借贷最早起源于英国。2005年3月,全球第一家网络借贷平台Zopa在伦敦成立运营。目前主要的平台有 Zopa、Funding Circle 等。Funding Circle 于 2010 年 8 月成立，是英国首家主要服务于中小企业的 P2P 网络借贷平台。得益于宽松的政策及良好的金融环境，英国的 P2P 网络借贷内容丰富、形式多样，对我国的 P2P 网络借贷具有较大的参考价值。英国是全球 P2P 网络借贷的发源地，也是欧洲规模最大区域，截至 2016 年 9 月，英国的网贷行业累计成交额超过 101.7 亿美元。最近几年，其网贷市场规模超过整个欧洲网贷市场规模的 80%，充分体现出其网贷市场的繁荣。

美国的 P2P 网络借贷平台以 Prosper 和 Lending Club 为代表。目前 Lending Club 和 Prosper 两家 P2P 网贷平台占据了美国约 80% 的市场份额，形成了典型的寡头垄断市场。Prosper 成立于 2006 年 2 月，是美国第一家 P2P 网络借贷平台，截至 2016 年 4 月，Prosper 发放贷款总额突破 60 亿美元；Lending Club 成立于 2007 年 5 月，现已成为全球最大的 P2P 网络借贷平台，其于 2014 年 12 月 11 日在纽交所成功上市，是首家上市的 P2P 公司，其通过 IPO 获得大量资金，资金总额达到 8.7 亿美元。截至 2016 年 3 月，其发放的贷款总额大于 187 亿美元。

(二) 国内 P2P 网络借贷发展历程

自 2007 年国外 P2P 网络借贷平台模式引入中国以来，国内 P2P 网贷平台经历了初始摸索期、粗放发展期及政策调整期等不同阶段，P2P 业务模式不断创新和演变。

1. 初始摸索期（2007—2011 年）

鉴于国外 P2P 网络借贷发展的成功，P2P 网贷被迅速引入中国。2007 年 6 月，拍拍贷正式运营，成为中国第一家纯信用无担保的 P2P 网络借贷平台。在随后的数年中，中国的 P2P 网络借贷平台发展缓慢。这一时期的平台数大约有 20 家，主要分布在上海、深圳等地，其中活跃的平台主要有宜信、拍拍贷等不到 10 家。截至 2011 年年底，月成交额大约 5 个亿，有效投资人数 1 万人左右。

在 P2P 网络借贷初始摸索期，绝大部分创业人员都是来自互联网行业，没有民间借贷经验及相关金融操控经验。他们借鉴拍拍贷运营模式，以信用借款为主，只要借款者在平台上提供个人资料，平台经过审核后就给予一定的授信额度，借款者基于授信额度在平台上发布借款标。但由于我国的公民信用体系尚不健全，平台与平台之间缺乏联系和沟通，随之出现了一位借款者在多家平台同时进行信用借贷的问题，各个网络借贷平台于 2011 年年底开始收缩借款者的授信额度，很多平台借款者因此不能及时还款，导致借款者集中违约。

2. 粗放发展期（2012—2014 年）

这一阶段，网络借贷平台开始发生变化，一些从事线下放贷并关注互联网的创业者开始尝试开设 P2P 网络借贷平台。这一阶段的创业者具有民间借贷经验，了解民间借贷风险。因此，他们吸取了前期平台的教训，采取线上融资线下放贷的模式，以寻找本地借款者为主，对借款者实地进行有关资金用途、还款来源以及抵押物等方面的考察，有效降低了借款风险，这个阶段的 P2P 网络借贷平台业务基本真实。同时，一些软件公司开始开发相对成熟的网络平台模板，每套模板售价在 3 万至 8 万，弥补了这些创业者开办网络借贷平台技术上的欠缺。此时开办一个平台所需成本大约只有 20 万元左右，较低的门槛使得市场上涌现出大量的网络借贷平台，各种劣质产品也混杂其中。

由于2013年国内各大银行开始收缩贷款,很多企业无法从银行获得贷款,这就使得民间一些有高额高利贷借款的投机者从P2P网络借贷平台上看到了商机。与此同时,国家明确了鼓励互联网金融创新的态度,并且在政策上对P2P网络借贷平台给予大力支持,这使得数量可观的风险投资家及金融巨头开始尝试进入互联网金融领域,组建自己的P2P网络借贷平台。在2014年,就有超过30多家P2P网贷平台获得风投融资,金额多数在数千万元,其中不乏亿元融资。大量风投的进入在某种程度上表明了资本市场对P2P网贷行业的认可。

这一阶段随着P2P平台数量的大幅增加,P2P网贷市场的竞争日趋激烈,相关风险也在不断积聚,由于个别平台管理者不能控制欲望,在经营上管理粗放、欠缺风控,致使平台出现挤兑倒闭情况。据2014年发布的《中国P2P网贷发展与评价报告》,2013年可统计的出现经营困难、倒闭或跑路的事件高达74起,超过之前所有年份总和的3倍。

3. **政策调整期(2015年至今)**

2015年12月28日,银监会会同公安部、工业和信息化部及国家互联网信息办公室等部门共同研究起草的《网络借贷信息中介机构业务活动管理暂行办法(征求意见稿)》的正式发布标志着P2P网贷行业的进入门槛大幅提高,相关细则规范了网贷行业的经营,许多不合规的平台将会淘汰或被兼并。2016年是互联网金融被列入"十三五"规划后的第一年,也是征求意见稿发布后的第一年。

2016年4月14日,央行出台《互联网金融风险专项整治工作实施方案》,各省级政府联合当地金融监管部门,主要从在工商系统登记注册的企业入手,进行业务性质界定,以便分类处置。由央行牵头成立的专项整治小组已经制定了为期一年的时间表,具体分为三个时间段:第一阶段从4月到7月月底,各省级政府制定本行政区域内清理整顿方案,同时各部门、各地区分别对各自牵头区域开展清查。第二阶段从8月到11月月底,实施清理整顿,同时工作小组和各地区分别组织自查。第三阶段从12月月底到2017年3月进行验收,形成报告并由央行会同有关部门完成总体报告,形成互联网金融监管长效机制建议。此次专项整治主要有三个核心内容:第一是打击虚假借款人和自融行为;第二是解决银行的资金存管问题;第三是整治明确违规的业务,如配资和首付贷。

自此,网贷行业进入清理整顿阶段,缺乏竞争力的中小平台正在加速退出市场。据网贷之家发布的《2016年全国P2P网贷行业半年报告》,在经历了前两年平台大幅度增长的过程后,2016年上半年P2P网贷平台数量呈现出阶梯下降的态势,2015年年底全国正常运营平台数量有2 595家,而截至2016年6月月底,正常运营平台数量已经下降到2 349家,半年时间共减少了246家平台。在这个阶段中,地方互联网金融协会也扮演了十分重要的角色,对监管的推进起到了关键作用。经过整治,国内的P2P网络借贷行业朝着更加健康的方向发展。

(三) 网络借贷的模式分析

P2P网贷在中国发展迅速,由于中国具有不同于欧美国家的国情,产生了多种多样的运营模式。在其发展初期,只有传统的P2P借贷模式,即平台只起着信息中介的作用,借款人和出借人通过竞标的方式直接实现债务对接。但随着业务的发展及实际需要,P2P网贷又衍生出了信用评级、担保模式、债券转让模式等。此外,由于中国的征信体系不发达,P2P网贷结合国情产生了一种线上线下综合的新的业务模式。根据P2P贷款的运作流程,可以将我国P2P贷款分为四种运营模式。当前,我国大多数P2P贷款平台都是采用几种模式综合运作的,很少采取单一模式运营。

1. 传统P2P模式

传统P2P贷款是最早的P2P平台运作模式,平台仅为借贷双方提供信息流通交互信息价值认定及其他促成交易完成的服务,不实质参与到借贷利益链条之中,借贷双方直接发生债权债务关系,网贷平台则依靠向借贷双方收取一定的手续费维持运营。由于中国目前的信用体系尚不健全,致使传统的P2P模式难以保护投资人利益,一旦发生逾期等情况,投资者往往血本无归。

P2P网贷的风险管理正在实践中不断探索,如在信用贷款方面引入亲友进行联保,在其他贷款方面则引入抵押或质押进行担保。同时,企业贷款项目引入第三方融资担保公司对项目进行审核及本息担保,并要求其担保规模要与担保方的担保额度相匹配,担保方也需要加强自身的风险控制管理等。

2. 债权转让模式

债权转让模式是在传统的P2P模式基础上发展而来,在此模式下,借贷双方并不直接签订债权债务合同,而是P2P平台或第三方先贷款给筹资者,形成债权,然后P2P平台或第三方再将债权拆分卖给投资者,P2P平台在此交易过程中提供服务并收取利差。

债权转让模式是传统P2P模式的拓展,借贷双方尽管没有直接关联,然而实质上仍属于个人对个人的贷款。国外平台在初期采用传统模式,后大部分都转型为债权转让模式,究其原因是此种模式极大地简化了交易步骤。债权转让模式下的P2P平台的性质与其他模式存在显著差异:由于交易平台及专业放款人的存在,平台实际上是扮演了金融机构的角色,凭借较高的投资收益率吸引投资者的资金,并通过庞大的线下人员进行有效的市场营销,把汇集的资金再以较高的放款利率借贷出去。相比其他模式,债权转让模式下的平台介入程度高。在债权转让模式中,债权一定要在资金的转移之前形成。

3. 担保模式

担保模式是指P2P平台除了提供借贷双方的相关信息之外,还对投资者(或称出借者)的资金安全提供担保及承诺。该种模式下,P2P平台主要采取线下对借款者的基本信息、资金用途及还款来源等进行审核,如果通过了审核,借款者的贷款需求就会发布到P2P平台上,而平台通过与第三方担保公司或其他合作伙伴合作等方式,提供投资者本息收益的担保。一旦借款者的还款出现逾期或者逾期超过一定期限时,则与P2P平台合作的担保公司将对出借者提供投资本息兑付。

这种模式最大的特点是,P2P平台除了提供信息服务之外,还采用担保或者提供风险准备资金等措施来承担借贷风险。

4. 平台模式

平台模式看似与传统P2P模式相似,即都为信息中介平台,但实质却大不相同。平台模式下的P2P更像P2O,而传统P2P模式则是纯粹的点对点。在该种模式下,P2P平台通过搭建线上平台并线上吸引借款者借贷,线下则与小贷公司等机构合作,最终由机构投资给借款者放贷,平台只是起到信息中介的作用。

纯平台的运作模式下，P2P网贷平台只是起到信息匹配、服务及工具支持等作用，其本身并不参与借款。P2P网贷平台最初的运作模式，是民间借贷搬到互联网上来运营的模式。纯线上模式最大的特点是借款者和投资者均从电话、网络等获取，大多数是信用借款，且数额较小，对借款者的信用评估及审核等多通过网络进行。该种模式与原生态的P2P借贷模式较相近，注重数据审贷技术，重视用户市场的细分，偏重小额、密集的借贷需求。纯线上网贷平台模式下，平台只充当"牵线人"角色，只披露信息，但不担保，投资者风险自担。当前国内已经很少有平台采取该种模式了，采用纯线上模式且规模较大的网贷平台是拍拍贷，其他公司只有部分业务采用此模式。由于不提供资金担保，容易出现逾期及提现困难等问题，这让投资者很难接受。

（四）网络借贷的风险分析

1. 信用风险

信用风险是指借款者无法履行还本付息的风险。P2P网贷平台吸收的借款者，大多数人的信用状况不符合传统金融机构贷款的要求，他们有的信用状况较差，有的缺乏信用记录。由于较低的信用评分意味着较高的违约率，而信用评分高低则是依据过去的信用行为，因此无论是信用状况较差的借款者还是缺乏信用记录的借款者，为其提供贷款都将承担较高的信用风险。

2. 法律风险

中国的P2P网络借贷行业刚刚经历了野蛮式增长阶段，之前一些平台的业务模式往往走在国家法律的边缘，有的甚至触及法律红线。2016年8月24日，《网络借贷信息中介机构业务活动管理暂行办法》（以下简称《办法》）正式颁布，其中规定了网络借贷平台不能触及的十三条"红线"，最受关注的是资金限额、银行存管、电信经营许可证。当前行业内许多平台所发标的及资金存管情况都不符合《办法》的规定。同时，我国的电信经营许可证分为若干类，其中哪类是《办法》要求P2P网贷平台需要办理持有的目前尚不明确，因此大多数P2P网络借贷平台都面临法律合规风险。

3. 流动性风险

P2P网贷的流动性风险在于平台承担了资金垫付的压力，主要来自平台的资金分拆与期限错配。伴随着行业的激烈竞争，许多平台为了规模地扩张推出了债权转让以及担保标，这就意味着一旦借款人出现违约的状况，平台必须用自有资金先行垫付，但不少P2P网贷的担保额大大超过其注册资本的数额，这样就会面临流动性风险。

P2P网贷为了顺利实现债权转让，必须通过拆期限以及拆金额实现"拆标"，也就是把长期借款标的拆成短期，把大额资金拆成小额，从而实现期限及金额的错配。但是，期限错配需要不断"借旧还新"，拆标风险由此蕴藏其中。

由于P2P网贷行业中的信任感较低，风险一旦出现，会影响新的出借者的进入信心，从而导致资金链断裂。

4. 操作风险

操作风险是指内部人员操作不当、系统的管理不善以及外部事件所导致的财务损失。借款人的信用风险与操作风险可能同时发生，造成投资者无法收回本金利息。P2P网络借贷平台中有不少采取线上与线下相结合的方式管理风险，在中国征信体系尚不完善的情形下,一定程度上削弱了 P2P 网络借贷平台对借款项目信息的全面掌握,平台对线下合作公司的依赖程度较高,这从某种意义上来说提高了平台的操作风险。

5. 技术风险

由于 P2P 网络借贷的信息提交、审核及发布都在网络上进行,借贷行为的发生不能离开信息技术及数据挖掘,因此信息传输和存储的安全就显得尤为重要。假如信息系统存在漏洞,那么系统在遭受黑客攻击时就容易发生信息泄露,则用户的资金安全及信息安全都会受到很大的威胁,平台本身的交易数据也会面临丢失以及被篡改的风险。信息是 P2P 网络借贷业务的基础,因此防范信息技术风险就显得至关重要。

6. 信息披露风险

P2P 网络借贷平台的信息提供主要包含两方面内容:一方面是信息披露的全面性及完整性;另一方面则是信息的真实性。P2P 网络借贷平台的信息披露不但要向市场披露自身的管理及运营信息,同时要向投资人做风险及项目融资信息的揭示,以便投资者能够做出明智的投资决定。信息披露是为了保护投资人利益,接受社会公众的监督,使得投资人更能了解投资项目以及平台的运营情况,防止平台的虚假宣传。

我国现在还没有一套关于 P2P 网络借贷行业的信息披露标准。P2P 行业信息披露不充分、信息不对称问题突出,造成行业的道德风险增加和信息成本上升,阻碍了行业的健康发展,因此,如何有效地进行信息披露就显得尤为迫切。

(五) 网络借贷的监管

随着我国 P2P 网络借贷的快速发展与风险事件的频发,监管部门已研究并出台了部分监管法规。2014 年,国务院明确由银监会作为我国 P2P 网络借贷的监管部门。银监会于 2014 年颁布了 P2P 网络借贷平台必须遵守的四条"红线"。2015 年,《关于促进互联网金融健康发展的指导意见》正式出台,其中提出以下监管意见。

1. 设立准入门槛,加强政府监管

P2P 网络借贷平台进入门槛低、运营成本低、利润空间大,致使最近几年 P2P 平台出现爆发式增长。然而,由道德风险导致的诈骗、跑路现象已经成为阻碍我国 P2P 行业持续健康发展的极大障碍。因此,对该行业进行严格监管,从准入环节入手对其进行管制就显得十分重要。事实上,当前我国正在对 P2P 网络借贷平台的准入门槛进行讨论,今后 P2P 平台的实缴资本有可能必须在 5 000 万元以上,这一标准将会大大提高 P2P 网络借贷平台的门槛,现有的平台八成以上都达不到要求。此外,根据《互联网金融健康指导意见》的精神,十部委对客户资金第三方存管制度作出规定,要求从业机构应该选择符合条件的银行业金融机构作为资金存放机构,对客户资金进行管理、监督,以实现客户资金与从业机构自身资金的分账管理。一般银行存放对 P2P 平台的要求会高于第三方支付公司,有时会提出超过 P2P 网络借贷平台所能负担的服务费,实际上是变相拒绝,这从某种程度上进一步提高了 P2P 网络借贷行业的准入门槛。在进行资金清算的过程中,P2P 平台首先发出清算指示,随后由出借者再对该指示进行确认,银行将款项注入借款者的账户中。在整个过程中,P2P 网络借贷平台都不能随意调动资金,而只能查看账户明细。

银行依据六个标准挑选存管 P2P 对象:①平台注册资本及实缴资本要达到一定规模。②平台正式运营满三年并已实现盈利;同时,平台经营期间也未发生过挤兑提现情况,未发生违规问题，未出现恶性事件。③平台业务模式符合监管要求，平台本身不给借款本息提供担保，不担任信用中介，不设资金池，不涉及非法集资。④平台的高管人员具有金融从业经历及互联网从业经历。⑤平台设有专门的风险管理团队及完善的风控体系。⑥平台的信息披露符合监管要求。

2. 实现信用信息共享

目前，国内的个人征信行业分为两大块，即央行征信系统及互联网金融信用信息系统。前者以商业银行报送的信贷信息为核心，后者以个人交易及社交行为为依据。从我国当前的信用体系结构来看，处于核心地位的是央行征信系统，其数据来自银行等金融机构，对借款者在金融体系的借款与还款有着比较详细的记录，这对了解借款者的负债与偿债历史较有帮助，其他商业化征信公司则提供补充。央行征信系统的主要缺陷为商业银行报送的信贷信息标准不同，致使相互之间难以横向比较；同时，征信数据渠道狭隘，主要来自线下，线上数据较难获得，这就限制了信用分析的样本数量。而来源于互联网公司的征信机构大数据积累充足，采集数据的范围早已突破了金融领域，而延伸到电商数据及社交数据等互联网大数据。然而，如何有效地运用这些缺乏验证性的弱相关的数据，来分析推导出个人信用的强相关关系，这目前仍是难题。

与其他基础公共设施行业相似，征信行业具有一定的公共性。个人征信信息的共享与整合能够有力地促进商业银行以及互联网金融公司防范网络信贷与线下信贷的各种风险，优化配置金融资源，提高金融服务效率。我国当前P2P公司通过线下人工尽职调查来取代线上的自动化征信，这并不符合P2P网贷平台的发展逻辑。应该看到，P2P网络借贷的快速发展推动了中国征信体系的建设。首先，对大数据征信技术的研究，提高了人们对互联网信息的利用能力；其次，通过劳动密集型的线下调查，可以有效弥补征信信息的缺失。由于征信数据涉及个人隐私及数据安全，商业化征信公司很难有效整合信息，由国务院出面协调，构建各部委联合组成的征信机构，同时修订个人隐私方面的相关法律，应该能够实现征信数据的有效整合。

3. 明确信息披露要求

目前，在我国信息披露不够透明已经成为制约P2P行业健康发展的严重障碍，P2P网贷平台监管的核心手段当属信息披露。2015年12月18日颁布的《网络借贷信息中介机构业务活动管理暂行办法（征求意见稿）》第五章即为信息披露，它要求网络借贷信息中介机构应该在其官方网站上向出借者充分披露如下信息：①借款者基本信息，包括但不限于年收入、主要财产、主要债务、信用报告；②融资项目基本信息，包括但不限于项目名称、类型、主要内容、地理位置、审批文件、还款来源、借款用途、借款金额、借款期限、还款方式及利率、信用评级或者信用评分、担保情况；③风险评估及可能产生的风险结果；④已撮合未到期融资项目相关信息，包括但不限于融资资金运用情况、借款者经营状况及财务状况、借款者还款能力变化情况等。

网络借贷信息中介机构应当实时在其官方网站显著位置披露本机构所撮合借贷项目交易金额、交易笔数、借款余额、最大单户借款余额占比、最大10户借款余额占比、借款逾期金额、代偿金额、借贷逾期率、借贷坏账率、出借者数量、借款者数量、客户投诉情况等经营管理信息。

网络借贷信息中介机构应当聘请会计师事务所定期对本机构出借者与借款者资金存管、信息披露情况、信息科技基础设施安全、经营合规性等重点环节实施审计,并且应当聘请有资质的信息安全测评认证机构定期对信息安全实施测评认证,向出借者与借款者、工商登记注册地省级网络借贷行业自律组织等披露审计和测评认证结果。

第二节 股权众筹平台

一、股权众筹简介

股权众筹作为资本市场一种重要的融资形式,诞生于美国,后来迅速推广至全球其他经济体。根据国际证监会组织(International Organization of Securities Commissions, IOSCO)的定义,股权众筹是指通过互联网技术,从个人投资者或投资机构获取资金的金融活动。其主体包括融资方、众筹平台、投资者三个要素。

据公开资料显示,2009年全球股权融资金额仅为5.3亿美元,到2014年迅速攀升至38亿美元。从投资地域来看,众筹融资有95%集中在北美和欧洲,而亚洲地区不到1%。从平台数量看,全球活跃的众筹网站接近3 000家,覆盖全球约90%的国家,其中美国活跃平台数量居第一位。

世界上首个股权众筹平台Angellist于2010年诞生在美国硅谷,迄今已为1 000多家创业公司成功融资,融资金额超过3亿美元。此后,美国陆续涌现了CircleUp、Crowdfunder、Fundable、Wefunder、Earlyshares等多家股权众筹平台,市场发展步入快车道。

2014年11月19日,国务院政府报告中首次提出"开展股权众筹融资试点",给予了股权众筹明确定位,股权众筹终于进入社会主流,再到2015年两会报告中提出"大众创业、万众创新",股权众筹迅速成为时下互联网金融领域中最炙手可热的一个方向。

成立于2011年6月的天使汇,是中国第一家股权众筹平台。截至2015年,其成交金额已突破10亿元。2015年,股权众筹行业成为我国风险投资的热点领域,共有人人投、天使汇、众投邦、云筹及36氪等五家股权众筹平台获得了千万级以上的投资,取得过亿的估值。

2015年也是我国股权众筹的元年,机构发展呈现出多样化趋势。有的众筹机构先发制人,垂直细分,步步为营,专注股权或消费众筹领域,如众投邦、云筹、大家投等;有的则借助原有平台的流量和资本等优势,快速发展,如京东众筹、淘宝众筹、苏宁众筹等;有的平台一波三折,在曲折中摸索;也有的平台大浪淘沙,已经销声匿迹。

2016年各大股权众筹平台逐渐向规范化、垂直化、生态化的方向发展。在进入严格的政策监管阶段后,股权众筹行业由此步入行业正规化的发展轨道,这也预示着我国的股权众筹市场即将迎来行业大发展。

二、中国股权众筹发展现状

(一)股权众筹平台的数量

据相关数据统计,到2015年年底,全国上线运营的股权众筹平台共有125家。我国最早运营的股权众筹平台是天使汇和创投圈,这两家平台的上线时间分别为 2011 年 6 月和同年 11 月。2012 年,有大家投、众投天地等平台相继开展了股权众筹模式的运营;2013 年,股权众筹平台上线 6 家;2014 年,股权众筹平台数量快速扩张,新增 54 家;2015 年,平台数量增加 60 家,继续呈现迅猛发展的态势,如图 9-1 所示。

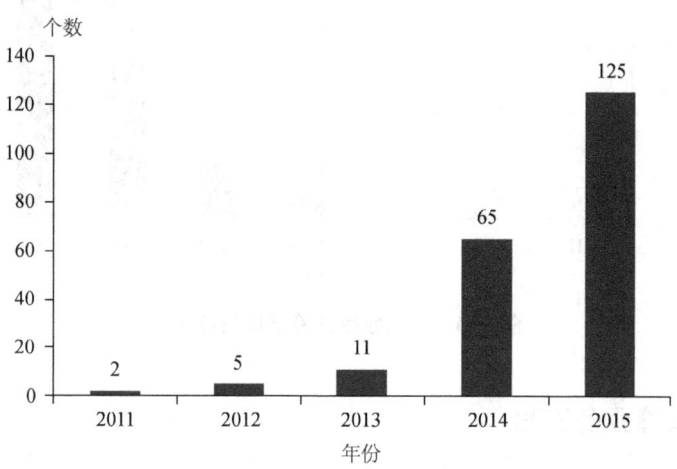

图 9-1 股权众筹平台数量

(二)股权众筹平台的地区分布

截至 2015 年 12 月,我国共有 125 家正常运营的股权众筹平台,分布在全国 18 个省市地区,其中北京、广东、上海、浙江四个地区的平台数量最多。北京平台数量达 41 家,广东平台数量达 32 家,其中深圳地区 24 家,其余 8 家分布于广州、佛山、揭阳三个地区;上海 18 家;浙江 8 家。四个地区合计共占全国股权众筹平台总数的 76.86%。其余 28 家平台分布于我国中西部地区,包括四川、河北、江苏、山东、安徽、河南、陕西、江西、天津、重庆、福建、湖南、贵州 13 个省市地区,如图 9-2 所示。

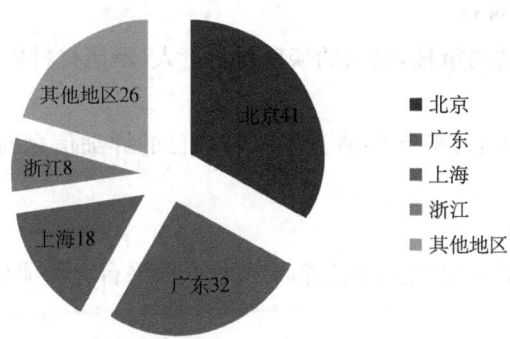

图 9-2 股权众筹平台地区分布

(三)股权众筹市场融资规模

根据艾瑞咨询统计,2014 年我国权益类众筹市场融资规模达到 4.4 亿元,同比增长 123.5%,2018 年,中国股权众筹市场融资规模达到 150 亿元,预计未来融资规模将保持较高增长速度,如图 9-3 所示。

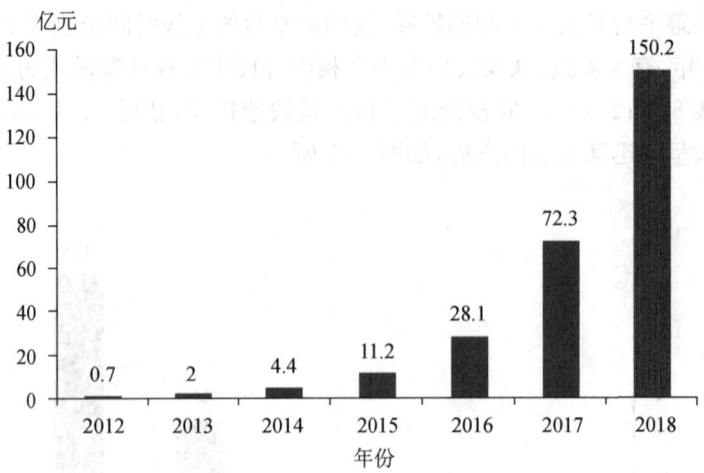

图9-3 中国股权众筹市场融资规模

三、股权众筹业务流程

股权众筹平台的参与主体主要包括融资方、股权众筹中介平台以及投资人。由于股权众筹比较适合轻资产的小微企业,因此项目融资方主要以创新型公司为主。一般情况下,股权众筹平台往往会对项目融资方有一定的资质要求,如管理团队的背景、项目的创新性与落地性、项目的目前进展程度等。此外,融资人还需要同众筹平台签署融资协议,以明确双方的责任及义务。

(一)无领投股权众筹业务流程

1. 融资者提出申请

融资者将欲融资项目信息(如项目介绍、筹资金额、出让股权比例、联系方式等)上传到股权众筹平台。

2. 平台对项目进行审核

平台对项目进行筛选与审核,包括约谈项目负责人、申请材料核对、项目尽职调查等。

3. 发布融资项目

项目通过筛选与审核后,平台将融资情况与项目的详细信息对外公布,供投资者网上阅读。

4. 投资者项目评估

用户注册个人信息并申请成为投资者,对股权众筹平台上的项目信息进行浏览与评估。

5. 投资者认筹

投资者通过股权众筹平台上的项目信息并结合自身投资经验,对合适的项目进行投资。

(二)"领投+跟投"股权众筹业务流程

在现实中,更多平台采取"领投+跟投"的联合投资模式,这种模式的优势是可以让跟投人参与领投人组织的联合投资体。跟投人在每个投资项目中只需投资一小笔资金,就可以充分利用领投人丰富的投资管理经验。而对于领投人来说,则可以通过这种方式撬动众多跟投人的资金,并且还可以额外获得投资收益的分成。通常情况下,领投人通过联合投资模式可以撬动自己投入资金的5到10倍。"领投＋跟投"股权众筹业务流程如下。

1. 项目筛选

股权众筹首先是筛选优质项目。创业者将项目的基本信息、管理团队、商业计划书及其他相关资料上传到股权众筹平台，由富有经验的平台投资团队对项目做出初步质量审核，并协助其完善必要信息，提高商业计划书质量。当项目通过审核后，创业者就可以联系投资者。

2. 尽职调查

初创型企业是天使投资的主要标的，因此众筹平台需要对众筹项目进行尽职调查，主要是从企业成立时间、经营规模、管理团队或者初创项目的负责团队、现有进度等方面对待筹者进行尽职调查。尽职调查的内容主要包涵用户信息是否真实完整、众筹项目是否真实合法、融资信息是否真实准确以及是否存在影响投资者权益的重大信息披露问题等多个方面。

值得注意的是，传统的尽职调查方式可能并不适合天使投资项目，因为众筹项目的产品并未生产可能还无市场，而决定投资与否的关键因素就是投资者与创业者之间的有效沟通。在调研过程中，多数投资者认为，创业团队人员的素质与能力、创业动机、行事风格、团队关系等因素都是评估项目的重要标准。

3. 选定领投人

挑选合适的领投人是项目能否成功的关键，平台通常会公布项目的领投人。领投人一般是职业投资者，具有独立的判断力、丰富的行业资源及影响力、很强的风险承受能力、在某个领域富有经验，能够专业地帮助项目完善商业计划书、确定估值、投资条款及融资额，协助项目路演，完成本轮跟投融资。在整个股权众筹的过程中，领投人领投项目，负责制定投资条款，并对项目进行投后管理、出席董事会以及后续退出。领投人通常可以获得 $5\%\sim20\%$ 的利益分成作为收益，具体比例则需根据项目和领投人共同商定。

4. 引进跟投人

在股权众筹过程中，跟投人也同样起着重要作用。跟投人通常不参与公司重大决定，亦不进行投资管理。跟投人只是通过跟投项目而获得投资回报，同时，跟投人有完全的责任和义务对项目进行审核。对于跟投人的投资决定，领投人不负任何责任。

5. 签订投资条款清单

投资条款清单是投资公司与创业企业就未来的投资交易所达成的原则性约定，除了约定投资人计划投资金额和对被投资企业的估值外，还包括投资者要求得到的主要权利，被投资企业应负的主要义务，以及投资交易达成的前提条件等。

6. 设立有限合伙企业

在合伙投资过程中，领投人与跟投人通常有两种入股创业企业的方式：其一是设立有限合伙企业以基金的形式入股，其中领投人作为普通合伙人而跟投人作为有限合伙人；其二是通过签订代持协议的形式入股，领投人负责代持并担任创业企业董事。

7. 注册公司

投资完成以后，如果创业公司已经注册了公司，则直接增资；如果还未注册公司，则新注册公司并办理工商变更。

8. 签订正式投资协议

正式投资协议是天使投资过程中的核心交易文件，包含了投资条款清单中的主要条款。

正式投资协议主要规定了投资人支付投资款的义务及其付款后获得的股东权利,并以此为基础规定了与投资人相对应的公司和创始人的权利义务。

9. 投后管理

除了资金之外,天使投资人利用自身的经验和资源为创业者提供投后管理服务,能够帮助创业企业更好地发展。投后管理服务通常包括发展战略、产品定位辅导、财务及法务辅导,同时还帮助企业招聘人才、帮助企业拓展业务以及帮助企业再融资等。

10. 退出

退出是投资资金流通的关键所在,只有实现了有效的退出才能将初创企业成长所带来的增值转换成天使投资人的实际收益。天使投资主要的退出方式有VC接盘、管理层回购、并购退出、IPO及破产清算等。

四、股权众筹平台盈利模式

在整个融资过程中,股权众筹平台主要充当中介的作用,同时服务于项目融资者和投资人,并在此过程中获得一定的收益。当前,国内股权众筹平台的盈利来源主要有以下五种。

(1) 融资顾问费:这是股权众筹平台最常见的一种盈利模式,也称为佣金。倘若项目融资成功,股权众筹平台就会向融资者收取一定比例的成交费。以天使汇快速合投为例,获得超过2倍认购意向的项目,佣金全免;未超过2倍认购的项目仅收取融资额的2%作为服务佣金。

(2) 跟投管理费:此费用是指股权众筹平台采取"领投+跟投"模式时,引入专业领投人进行领投,因为要开展严格的项目筛选、尽职调查、专业的项目法律文本签署以及完善的投后管理服务,而对跟投者收取的跟投管理费,用于奖励领投人以及用于股权众筹平台的运营。

(3) 投资收益分成:这是平台提取跟投人最终投资收益的10%~20%作为分成,一部分分给领投者,一部分用于平台运营及相应奖励。以Angellist为例,跟投人加入领投人的联合投资体后,领投人在投资收益中享有15%的提成。

(4) 股权回报:一些股权众筹平台,除了收取融资顾问费之外,还要求获得融资项目的部分股权(或者只要股权)。该种收费方式类似于一种投资行为。如天使汇股权众筹平台会对融资成功的项目一次性收取1%的股权。

(5) 广告收费:有的股权众筹平台在有一定的网站流量之后,自然衍生出网盟广告商业模式。

五、股权众筹业务创新

2015年7月18日,央行等十部委联合发布《关于促进互联网金融健康发展的指导意见》(简称《意见》)。股权众筹作为资本市场的重要组成部分,其地位正式确立,未来将会有更多的优质企业加入到构建股权众筹平台的大军之中。目前,京东股权众筹平台"东家"、阿里巴巴下属的"蚂蚁达客"、平安集团旗下的"前海众筹"三家平台已经率先获得公募股权众筹试点资格。可以预计,今后平台之间的竞争将更趋激烈。创新服务模式,在差异化的发展中抢占先机,是众筹平台得以成功运营的保障。

（一）平台项目专注垂直细分领域

股权众筹平台向行业垂直领域发展，有利于准确定位、突出专业性优势，精准地吸引特定投资人群反复投资，增加黏性，同时能够聚集该领域更多的优质项目。而且，垂直领域的众筹平台能够更加专注整合相关上下游产业链资源，为创业项目提供更好后续服务。当前，专注于新能源、科技、文化创意、医疗、教育、房地产等行业的众筹网站均有着广阔的市场前景。

（二）完善股权投资退出机制

股权转让交易服务与退出通道是股权众筹平台重要的投后服务，也是投资者能否退出获利的关键节点。目前我国的股权投资退出渠道还不畅通。股权众筹平台与各省的股权交易中心合作，探索如何完善股权交易与转让服务，增加投后退出渠道，将成为股权众筹平台吸引投资者的重要砝码。目前，浙江股权交易中心已经设立浙里投，今后将会有更多的股权众筹平台与股权交易所加强合作，为投资者股份转让提供方便，解决股权投资的流动性问题。

我国今后将大力发展包括主板、中小板、创业板、新三板在内的多层次资本市场，推动IPO注册制改革及新三板市场建设。当前的新三板扩容问题已引起投资者的广泛关注，新三板市场的发展提升了资产市场服务实体经济的能力，必将成为助推中小企业发展的孵化器，未来新三板对于股权众筹来说，是替代IPO的主要退出机制之一。

（三）众筹资金的银行存管与监管

根据央行等十部委联合发布《关于促进互联网金融健康发展的指导意见》（以下简称《意见》）可以推测，未来互联网金融的资金存管与监管由银行机构承担是大势所趋。互联网金融在发展过程中伴随着诸多风险因素，而传统的银行机构具有较强的风险控制能力与丰富的风险管理经验，如果能够加强互联网金融平台，特别是股权众筹平台与银行机构的全面合作，那么借助银行的信用背书将更有利于股权众筹平台走向阳光化与规范化。

第三节　互联网支付平台

互联网金融的发展依赖于发达的支付体系，支付是重要的互联网入口，关系到客户的维持与发展，因此，许多企业争相开发自己的互联网支付平台，力争抢占互联网金融市场。而网银、第三方支付以及移动支付是互联网支付的主要表现形式。

一、互联网支付概述

互联网支付是指客户通过计算机移动终端等电子设备，依托公共网络系统发起支付指令，为收付款客户提供货币资金转移服务的活动。

支付作为金融的基础功能，关系到整个金融体系的运作方式与运作效率，当支付遇到互联网，一场声势浩大的支付变革不可避免。随着互联网支付的快速发展，传统的现金支付逐步隐退，各种在线支付方式逐渐成为人们日常消费的主要支付方式。银行系统推出的网银以及各种各样的第三方支付平台大大方便了人们的日常生活，互联网支付终端也从桌面计算机扩展到移动终端和电视等多种形式的终端上。互联网支付如今正变得无处不在,很大程度上改变了原有的支付格局,也为互联网金融的发展奠定了坚实的基础。互联网支付不仅直接涉及用户的财产安全等切身利益,还关系到国家金融体系的稳定,例如第三方支付公司拥有数额巨大的沉淀资金,具备开展金融业务的潜在能力,会对整个金融体系产生重大的影响。因此,政府也在加强支付领域的监管。

(一) 互联网支付的主要特征

1. 数字化

互联网支付采用先进的技术通过数字流转来实现信息传输,其各种支付方式都是采用数字化的方式进行款项支付;而传统的支付方式则是通过现金的流转、票据的转让以及银行的汇兑等实体的流转来实现款项支付。互联网支付的工作环境处于一个开放的系统平台之中,而传统支付则在比较封闭的系统中运作。

2. 通信方式

互联网支付使用因特网、移动互联网、Extranet 等当今最先进的通信方式,而传统支付则使用的是传统的通信媒介。互联网支付一般要求联网的计算机、手机、相关的软件及其他配套设施,其对软件及硬件设施要求很高,而传统支付则没有如此高的要求。

3. 高效率低费用

互联网支付具有高效、快速、方便、经济等优势,用户只需拥有一台上网的计算机或移动终端就可足不出户,在很短的时间内完成整个支付过程,而支付费用仅相当于传统支付的几十分之一,甚至更低。同时,互联网支付可以完全突破时间和空间的限制,实现全天候的工作模式,其效率之高是传统支付所难以企及的。

(二) 互联网支付的发展历程

互联网支付的发展可以分为三个阶段。

(1) 准备期:该阶段的终点为 1992 年,以电子支付系统发展成熟为标准,即互联网被社会大众广泛接受,全球的 IP 服务器数量突破 100 万台作为标志。

(2) 初创期:时间是 1993—1999 年,即信用卡以互联网为途径开始被大众使用。

(3) 发展期:从 1999 年以来,信用卡在网上支付逐渐占据主导地位,其份额在全球市场中占据了 70%以上。

进入 21 世纪,电子商务行业呈现出快速发展态势,如 PayPal 等虚拟账户机制得到了极大的增长,在中国也出现了诸如支付宝等的第三方支付平台。

最近几年,移动互联网技术突飞猛进,其应用水平得到了很大的提升,如红包、信用卡还款等,同时基于生物认证技术的指纹识别及人脸识别也在实际运用中产生,这些方式都促进了互联网支付平台的发展。

随着互联网支付工具的创新及行业竞争的加剧,许多互联网支付平台突破了传统收取手续费及留存资金利息来获取利润的方法,这些平台推出了众多创新型消费金融产品,在服务消费者的同时帮助小微企业解决融资贷款的难题,形成了资金的良性循环。

(三) 互联网支付市场格局及规模

第三方网上支付在阿里巴巴、腾讯和百度等互联网公司的不懈努力下已具备如消费贷款、小额理财工具及中小企业贷款等多种金融服务能力,对传统银行业务形成一定的冲击,其服务的灵活性与创新性也倒逼传统银行进行改革。同时，银行的监管制度也不断约束第三方网上支付业务以促进其金融安全。

当前第三方支付和银行卡支付在移动互联网领域对决，形成了多元化主体并存的格局。2014年春节期间，大型互联网企业通过"红包"和"网上叫车"业务快速抢占移动支付市场。各大银行随后积极推广手机银行业务，同时联合银联运营商积极推出基于银联移动支付平台的NFC手机支付业务。

央行紧急叫停支付宝、腾讯的虚拟信用卡产品业务，第三方网上支付则推出"花呗""白条"业务曲线信用消费。央行的目的是确保用户的资金安全，第三方网上支付则是通过小额信用消费来消除用户疑虑。除此之外，第三方支付目前正在积极拓展跨境消费——支付宝和环球蓝联合作，对银行的海外退税服务形成竞争压力。

在互联网支付市场，支付宝以88.2%的品牌渗透率处于首位，银联支付则以41.9%的渗透率居第二位，微信支付的渗透率为21.5%，腾讯财付通渗透率是19.6%，快钱支付的渗透率为13.2%。

据中国互联网络信息中心发布的第36次《中国互联网络发展状况统计报告》显示，截至2015年6月，中国使用网上支付的用户数量达3.59亿，比2014年12月新增5 455万人，半年度增长率为17.9%。与2014年年底相比，我国网民使用网上支付的比例从46.9%上升到53.7%。同时，手机支付快速增长，用户数量达到2.76亿，半年度增长率为26.9%，是整体网上支付市场用户数量增长速度的1.5倍。

（四）互联网支付的发展趋势

1. 用户数量和交易量上升

除了交易金额的增长，业务应用领域也在不断拓展。互联网支付业务的应用领域除了网上购物领域之外，在基金、保险、跨境支付、交通（包括铁路、公路等）等新兴的细分市场不断拓展。

2. 更多的高科技技术应用于支付领域

2014年，Apple Pay的推出以及NFC结合指纹识别，引领了免密支付的新趋势。支付宝在指纹支付及声波支付等方面都进行了测试，PayPal方面也一直进行免密方面的尝试。VISA欧洲最近开展了英国年轻人对生物识别的态度调查，结果76%的人认可生物识别的支付方式。

与移动支付结合的支付功能成为穿戴式设备发展的新方向，巴克莱银行大力推广支付手环，该手环集成了金融芯片，可进行非接触支付。不仅如此，巴克莱银行还推出非接触支付手套。在冬季，人们可以不脱手套进行支付。

这些事例表明今后将会有越来越多的高科技技术应用于支付领域。

3. 互联网支付日益国际化

中国的网络购物市场拥有巨大的发展潜力，吸引着大规模的国际投资资金注入，国外的支付工具也陆续进入中国。同时，伴随着跨境电子商务的蓬勃兴起，支付宝等开始走出国门，与PayPal等在国际市场上同场竞技。

二、网银

(一) 网银的概念

根据巴塞尔银行监管委员会的定义:网银是指通过电子渠道,为其客户提供零售及小额产品和服务的银行。其中,产品和服务主要包括:存取款、银行账户的管理和维护、电子支付等。也就是说,网络银行能够在任何时候、任何地方、任何通信平台为客户提供全天候全功能的金融服务。与传统银行业务相比,网络银行存在众多优点,主要概括为以下三点。

(1) 大幅降低了银行的经营成本,有效地提高了银行的盈利能力。

(2) 无时空限制,有利于扩大客户规模。

(3) 服务便捷,具有创新性。

客户交易、咨询以及购买金融产品的需求可以通过互联网和银行支付系统得到满足,且其能够为客户提供多种类、个性化而又便利的金融服务。

(二) 网银的发展历程

1995年10月,美国三家银行联合推出全球首家网络银行——"安全第一"网络银行,从此拉开了全球网络银行的发展序幕。自从美国第一家网络银行成立以来,电子银行业务发展迅猛,在业务交易量、资产规模、客户规模等方面均远远超过了传统的银行业务。据相关数据统计,截至2011年3月月底,美国网上银行用户已经达到6 360万,其中有68%的用户使用网上支付功能。

与之相比,我国的网络银行起步稍晚,1996年2月,中国银行在国际互联网上建立了主页,首先在互联网上发布信息。2000年,网上银行业务在我国各大商业银行陆续开展,其业务种类丰富多彩、交易规模增长显著、银行品牌国内外知名。在全球互联网经济的推动下,我国网络银行发展迅速,国内银行业金融机构的平均离柜率达到63.23%。到2013年12月,我国网上银行、电子银行、手机银行、电视银行的个人客户数分别达到7.52亿户、6.14亿户、4.58亿户及383万户。

网络银行能够开展的业务种类日益增多,目前不仅查询及支付业务可以在互联网甚至移动互联网上完成,而且增值业务如信用卡办理、基金交易及大宗资产交易等也能够在网络银行完成。

根据《2015中国电子银行调查报告》,2015年我国个人网银用户比例为40%,手机银行用户为32%,电话银行为23%,微信银行为18%。同时,在主要使用渠道方面,有63%的用户主要使用网上银行,手机银行用户比例则快速增长。在2015年企业网银整个比例是73%,比2014年提高了5个百分点,手机银行是13%,小微企业银行是16%,企业微信金融服务是3%。

(三) 央行网上支付跨行清算系统

因为缺乏适合网上支付业务特点的跨行清算平台,使得网上支付的优势在跨行处理时无法充分体现,不能有效满足客户的实际需求,这种状况限制了商业银行改进网上银行服务的空间,而且也不利于电子商务的快速发展。为了解决这一问题,中国人民银行组织建立了网上支付跨行清算系统,为银行业金融机构提供跨行清算及业务创新的公共平台,帮助其改善网上银行的服务质量,减轻营业网点的柜台服务压力,更好地满足广大客户的支付需求。

网上支付跨行清算系统主要处理客户通过在线方式提交的业务,实行7×24小时连续运行。系统处理的业务主要有跨行账户信息查询业务、跨行支付业务、在线签约业务等,凭借该系统,客户通过商业银行的网上银行就能足不出户地办理多种跨行业务,并可及时获悉业务的最终处理结果。

网上支付跨行清算系统的顺利运行对广大消费者和企事业单位来说,主要有以下好处:一是建立财富管理,客户通过与银行签订协议,仅仅依托一家网上银行就可查询到在其他银行的账户信息,从而实现一站式财富管理;二是提升跨行支付的效率,客户可以便捷办理跨行转账、信用卡跨行还款等业务;三是扩大电子商务的业务范围,客户只需通过一个银行账户,就可办理公共事业缴费、网络购物等业务,方便其日常工作生活。

该系统的运行,弥补了网上支付存在的不足,极大便利了大家的生活,同时更大程度上满足了客户的需求。为有效防范业务风险,中国人民银行对网上支付跨行清算系统处理支付业务的金额上限暂定为5万元。对超过5万元的支付业务,可通过大额支付系统等其他渠道进行办理。

三、第三方支付

(一) 第三方支付的概念

据中国人民银行2010年在《非金融机构支付服务管理办法》中给出的非金融机构支付服务的定义,第三方支付是指非金融机构作为收付款人的网络支付、预付卡、银行卡收单及中国人民银行确定的其他支付业务。

也就是说,第三方支付是企业与银行之间建立一个中立的支付平台,为资金流转提供流通的渠道。在通过第三方支付平台的交易中,买方选购商品后,使用第三方支付平台提供的账户进行货款支付,由第三方通知卖家货款已到进行发货;买方检验物品后,就可以通知第三方付款给卖家,第三方再将款项转至卖家账户。这一制度设计充分保证了买卖双方的利益,可以为其资金和商品安全提供切实的保障,而提供这些服务的企业就是第三方支付公司,提供服务的平台就是第三方支付平台。

(二) 第三方支付的发展与现状

第三方支付起源于20世纪80年代的美国。1988年速汇金(MoneyGram PaynentSystem Inc.)在美国创立。PayPal在1998年成立于美国,PayPal允许具有标识身份的电子邮件来进行用户之间的转移资金,替代传统的邮寄支票或汇款的方法,也与一些电子商务网站合作成为货款支付方式,用此支付方式转账要收取一定的手续费。PayPal拥有超过2.2亿的使用者,分布于全球190个国家和地区,能够满足24种国家货币之间进行的交易需求。

国内是在20世纪90年代末出现了第三方支付。1999年起,网络购物在我国兴起,为了构建商家与消费者进行网上支付的渠道,第三方支付行业应运而生。第三方支付最初主要服务于网购领域,但伴随着互联网的普及以及消费者追求便捷的支付方式,第三方支付市场逐渐拓展到生活服务应用的众多领域。

成立于1999年3月的首信易支付是我国第一家第三方支付公司,2000年银联电子支付和上海环迅支付相继诞生。2001年国内互联网泡沫破灭,刚刚起步的第三方支付落入低谷。2003年爆发"非典型肺炎",人们尽量避免外出购物,电子商务借机兴起,第三方支付行业也随之复苏。此后大批的第三方支付企业如支付宝、易宝、快钱、付费通等相继涌现。2005年起,第三方支付行业开始全方位构建线上线下相结合的支付渠道,并着手构建资金清算平台,逐步提升资金流转效率。第三方支付市场开始从简单的支付业务,逐步向专业性更强的领域拓展,应用市场呈现出细分性的特征。同时,中国电子商务的迅猛发展推动着第三方支付市场的迅速做大。根据资料显示,自2005年以来,第三方支付每年都以100%的速度快速发展。2010年起,为加强监管,我国颁布了《非金融机构支付服务管理办法》等一系列法律法规,央行则通过授予支付许可证的方式,延伸监管领域。从发展趋势来看,未来支付行业将呈现出多元化的发展态势,并朝着全面化与专业化的方向发展。

伴随着我国金融创新的不断涌现,支付场景的不断丰富,以及电子商务环境的不断优化,第三方支付业务持续高速增长。2014年我国通过第三方支付的交易规模达到8.08万亿,同比增长50.3%。2014年中国第三方支付交易市场份额中,支付宝占49.6%,财付通占19.5%,银联商务占11.4%,快钱占6.8%,汇付天下占5.2%,易宝支付占3.2%,环迅支付占2.7%,其余仅占1.6%。牌照是构建支付平台的基础,截至2015年5月月底,央行总共发放了九批270家第三方支付牌照,获得牌照的公司包括支付宝、财付通、银联商务、快钱等。

(三)第三方支付优势及不足

1. 第三方支付优势

(1)便捷性。第三方支付平台与各大银行及电子商务网站建立合作关系。用户在电子商务网站上进行支付活动时,支付平台为用户提供一个统一的支付界面,用户无论使用哪个银行的户头,都可以通过该界面进行支付,大大方便了用户的操作。

(2)安全性。第三方支付平台采取目前最为成熟的电子支付技术,能够保障系统安全。此外,大多数支付平台有充足的资金,能够建立起完善的安全支付平台。

(3)公正性。当前第三方支付平台采取的清算模式可以避免拒付和欺诈行为的发生,催生出使买卖双方相互信任的交易环境。第三方清算保证模式采取了在网站与银行之间进行二次结算的方式,致使支付平台不再仅仅作为连接各银行支付网关的通道,而是作为中立的第三方机构能够保留商户和消费者的有效交易信息,为维护双方的合法权益提供有力的保障。

(4)开放性。所有的第三方支付平台都支持国内大部分银行的银行卡及全球范围的国际信用卡的在线支付。此外,第三方支付不但支持各种银行卡通过PC机终端进行支付,也支持手机、电话等多种终端的支付操作。

2. 存在的不足

我国目前信用体系尚不健全,法律法规相对滞后,同业中同质化竞争激烈,使得我国的第三方支付平台存在以下一些问题。

(1)国内信用体制不健全导致我国第三方支付平台发展受阻。

(2)第三方支付平台在整合方面存在许多困难。

(3)第三方支付平台竞争激烈,利润低。

(4)资金结算周期较长,资金安全也存在较大隐患。

四、移动支付

移动支付是指消费者使用移动终端(一般是手机)对所购买的商品或服务进行财务支付的一种服务方式。个人或单位通过移动设备、互联网或者近距离感应直接或间接向银行金融机构发送支付指令产生货币支付或资金转移行为,从而实现移动支付功能。

根据支付发生的距离,移动支付可以分为近场支付和远程支付两种。近场支付是指通过近距离无线通信技术的移动终端实现信息交互、进行资金转移的支付方式,主要通过蓝牙、红外线及射频识别等技术实现。远程支付是指通过移动网络与后台支付系统建立连接并完成支付的行为,主要通过短信及无线应用协议(WAP)等技术实现。

(一) 我国移动支付的发展及现状

1999年,我国就开始对手机支付进行一系列的尝试,但由于受到当时技术、政策等方面的限制,手机支付行业在早期发展缓慢。从2004年的下半年起,移动支付业务出现了快速的增长,到2005年国内的移动支付用户数量达到1 560万人,同比增长率为134%,其规模为3.4亿元。2009年,国内普及了3G网络,这促进了手机支付技术的快速发展,同时国家颁布了《电子商务发展"十一五"规划》,将移动电子商务作为六大重点引导工程之一。同年,银行、第三方支付公司以及电信运营商都推出了自己的手机支付业务,这一年可以说是移动支付业务行业蓬勃发展的一年。2013年我国的移动支付市场交易规模达到1 2197.4亿,增长率达到了707%。2014年,移动支付市场交易规模达59 924.7亿元,增长了391.3%。

近几年我国移动支付市场快速增长的原因主要有:一是移动互联网时代用户上网习惯的迁徙,移动互联网的普及使得用户从年龄、学历等各维度都呈现长尾化趋势;二是支付场景的拓展使得移动支付成为网民继现金、银行卡外常使用的支付方式;三是"宝宝"类货币基金的规模化和现金管理工具化带动了用户移动支付用户黏性的增长。

目前国内二维码支付的使用率已大幅领先于NFC手机支付。二维码支付最大的问题是安全性,而使用NFC支付用户转化成本较高。移动支付未来将会呈现多种支付方式长期并存的格局。

(二) 移动支付的特点

移动支付属于一种电子支付方式,具有电子支付的特点,但因其与移动通信技术、互联网技术以及无线射频技术相互融合,而又具有自己的特点。

(1) 移动性。移动支付顾名思义就是可以随时进行支付,消除了距离和地域的限制。结合了先进的移动通信技术的移动性,随时随地获得所需的信息、服务及消费支付。

(2) 及时性。移动支付不受任何的限制,其中包括时间及地点的限制,信息获取及时,用户可随时随地对账户进行查询、转账或进行购物消费。

(3) 集成性。以手机作为载体,通过与终端读写器近距离识别进行的信息交互,运营商可以将移动通信卡、公交卡、地铁卡、银行卡等各类信息整合到以手机为平台的载体中进行集成管理,并搭建与之配套的网络体系,从而为用户提供十分方便的支付及身份认证渠道。

(4) 定制化。基于先进的移动通信技术和简易的手机操作界面,用户可以根据自己的实际情况来定制适合自身的消费方式和个性化服务,同时账户交易更加简单方便。

（三）移动支付的安全问题

移动支付的出现带给了人们极大的便利，手机越来越像钱包，用其可随时随地支付购物，但时常发生的支付安全问题也令人们警惕。

移动支付安全的威胁可以归纳为三个方面。

（1）以电商类为代表的 APP 染毒率高，据腾讯移动安全实验室的统计，在五大类的手机支付购物软件中，有 320 个手机软件被植入了恶意病毒，除了电商类软件，理财类 APP 以及第三方支付类 APP 均有被恶意植入病毒，且这三类 APP 在被植入恶意病毒软件中排名前三。

（2）众多病毒会将手机自动联网、恶意删除短信、恶意发出短信等，这不仅会使用户话费受到损失，还会导致用户个人隐私泄露，最终造成手机银行资金被转走等风险。

（3）二维码作为传播病毒的主要渠道，手机用户因此必须要对二维码扫描提高警惕，提防不明来路的二维码，一旦扫描存在病毒的二维码，则该病毒将盗取客户手机内资料，窃取用户资金。

对于上述手机支付安全问题，用户只要从正规的渠道下载手机 APP，同时不去扫描来路不明的二维码，就能最大程度上保证手机支付的安全性。

扩展阅读

支付业务许可证是为了加强对从事支付业务的非金融机构的管理，根据《中华人民共和国中国人民银行法》等法律法规，中国人民银行制定了《非金融机构支付服务管理办法》，并由中国人民银行核发非金融行业从业资格证书。

2017 年 6 月 26 日晚间，央行发布对南京苏宁易付宝网络科技有限公司、深圳市美的支付科技有限公司、浙江唯品会支付服务有限公司等 93 家非银行支付机构《支付业务许可证》续展决定。

一、《非金融机构支付服务管理办法》主要内容

《非金融机构支付服务管理办法》规定，《支付业务许可证》自颁发之日起，有效期 5 年。支付机构拟于《支付业务许可证》期满后继续从事支付业务的，应当在期满前 6 个月内向所在地人民银行分支机构提出续展申请。2015 年 11 月，人民银行发布《中国人民银行关于〈支付业务许可证〉续展工作的通知》，明确《支付业务许可证》续展原则、续展材料要求、审慎续展情形、分支行工作机制及相关要求。

人民银行通过《支付业务许可证》续展，综合评判非银行支付机构许可存续期间的整体经营稳健性和合规性，以及支付业务的运营能力、风险防控能力、客户权益保障能力、发展可持续性等情况，充分考虑行业发展现状和监管政策导向，建立健全市场退出机制。如支付机构在许可持续期间一直未展业，或支付业务大幅萎缩甚至已停止一段时期，或存在重大违法违规行为等，其存续经营能力、合规经营意识、风控水平等均需引起重点关注。人民银行将以续展工作为契机，对机构是否继续具备支付业务经营资质、所从事支付业务是否具备可持续发展能力等进行审查，审慎作出续展决定，推进市场清理整顿，净化行业发展环境。

支付机构自主决定是否续展《支付业务许可证》有效期。确定续展的，应于许可证期满

前6个月,向法人所在地人民银行副省级城市中心支行以上分支机构提出续展申请。人民银行分支机构对支付机构的续展申请进行审查、出具审查意见,并于许可证有效期期满前3个月提交总行。人民银行全面审查和综合评价支付机构业务许可存续期间的经营情况,依法对支付机构的续展申请作出审查决定,并予以公告。

二、查询支付公司是否获得支付牌照

直接通过中国人民银行官方查询,如图9-4所示。

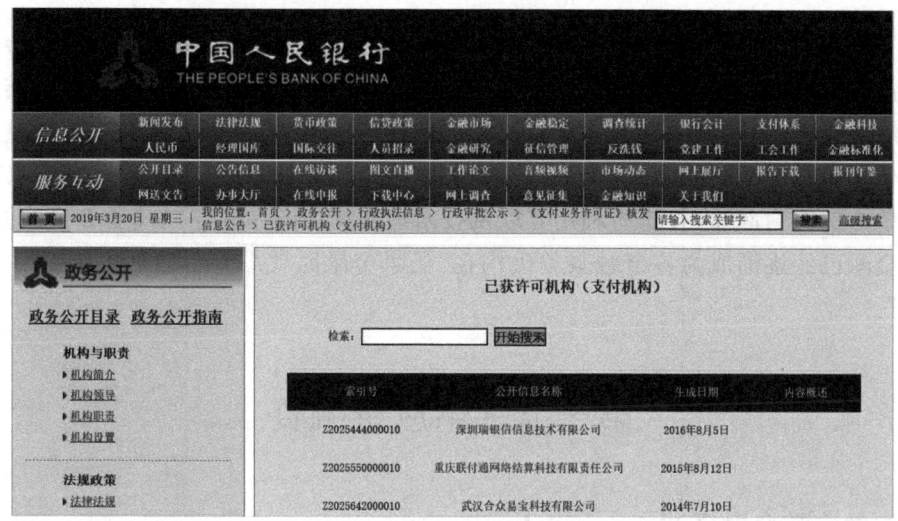

图9-4 中国人民银行查询网面

1. 创新性金融服务业务类型与互联网金融的细分行业重合度很高,如何看待这一现象?

2. 请尝试区分网络小额贷款与P2P贷款。我们可以从哪些维度来探讨其区别?它们的风险控制关键思路有哪些异同?

3. 为什么第三方支付需要支付牌照?你都知道哪些开展支付服务的企业,它们在支付的基础上,还对外提供哪些衍生服务?移动支付是否属于第三方支付?

第十章 供应链金融的发展与应用

近年来,伴随着企业生产经营向供应链模式的发展,企业对商业银行等的主要金融服务需求日益向综合化、个性化方向发展,产业经济的发展已从企业与企业之间的竞争转变为供应链与供应链之间的竞争。企业生产经营方式的转变和需求的变化为供应链金融业务的发展提供了难得的机遇。同时,供应链金融业务也已逐步成为许多金融机构夺取市场与增强竞争力的有力武器,并纷纷利用互联网技术加快相关产品服务以及业务模式的创新。供应链金融已经逐渐成为各金融服务机构在"场景金融时代"布局互联网金融的"兵家必争之地"。

第一节 供应链融资

一、供应链金融概述

20世纪80年代以来,为了适应市场结构的复杂多变,大型企业将主要资源集中在核心竞争力的开发,而把附加值低的非核心业务逐渐外包,这就形成以原企业为核心的供应链,供应链的上下游通常为中小企业,承接从核心企业分离出来的各项业务。

供应链是围绕核心企业,通过对物流、商流、信息流及资金流的控制,从原材料获取、加工、销售过程所涉及的供应商、生产商、分销商及零售商直至最终消费者等成员连接组成一个整体的功能网络结构。

供应链金融(supply chain finance,SCF)是伴随着供应链管理的研究和实践出现的,是在基于供应链的基础上,依托核心企业,在确保贸易真实的前提下,运用自偿性贸易融资的方式,通过应收账款、存货质押等手段封闭资金流或控制物权,以较低的风险向供应链上的主体提供金融服务的一种模式。供应链金融的融资方式可以概括为"M+1+N",即抓住供应链中的1个核心企业,依托其供应链,向其上游M个供应商及下游N个客户提供综合性的融资解决方案。供应链金融强调的是以核心企业为基准创建"M+1+N"的金融服务模式,将供应链上的核心企业与上下游相关企业作为一个整体,并基于交易过程,为链条中的企业提供全面且具有个性化的综合金融服务,从而提高整个供应链企业的整体竞争力。供应链金融融资模式的出现改变了传统商业银行对企业信用授权的方式,以前的银行以单一企业作为信用授权主体,信用无法辐射到上下游企业中去。在供应链金融中,银行的信用授权方式变为了以核心企业为"1",从原材料的采购与运输,到最终产品的销售与运输的整个供应链上的"M+N"家企业都能分享到由核心企业的信用外溢带来的正外部效应。银行持续对供应链中的中小企业进行融资支持,致使整个供应链的流畅程度不断增强,从而使整个供应链的价值得以提升,让供应链上的所有企业构成健康发展的金融生态链。

在国外,供应链金融最早出现在北美地区的美国、加拿大等国家,目前西方发达国家有将近90%的全球大银行已开展此项业务。主要有花旗、美洲、富国、大通、汇丰、渣打、桑坦德、德意志、联合信贷等欧美大银行。

而我国供应链金融服务最早由原深圳发展银行于2005年率先提出,伴随着深圳发展银行供应链金融业务的成功开展,供应链金融潜在的巨大市场和良好的风险控制效果吸引了业内很多同行的介入。深圳发展银行和招商银行最先开始这方面的信贷业务、风险控制及产品创新。随后,不少中小型银行也推出了各具特色的供应链金融服务,如中信银行的"银贸通",中国民生银行的"贸易金融",上海浦东发展银行的"浦发创富",兴业银行的"金芝麻"等。近年来,我国供应链金融的市场规模正在不断快速增长,根据数据显示,2014年年底我国供应链金融市场规模已经超过10万亿元,预计到2020年可达到近20万亿元。2016年2月14日,中国人民银行等八部委联合印发了《关于金融支持工业稳增长调结构增效益的若干意见》,要求推动供应链融资机制创新。可以预计,我国的供应链金融在国家政策的支持下必将迎来一个巨大的发展新机遇。

二、供应链金融的特点

1. 参与主体多元化

供应链金融不仅包括传统信贷模式中的金融机构、融资企业,还增加了核心企业及物流企业。新增的两个主体在供应链金融中发挥着重要的作用。核心企业为供应链金融提供信用支持,其运营状况直接决定了整条供应链的运行情况。物流企业扮演着供应链的"中介者""信息汇集中心""监管者":一方面,物流企业为中小企业提供专业化、个性化的物流服务,利用质押物为中小企业担保;另一方面,物流企业为银行提供仓储监管、质押价格评估以及拍卖等中间服务,发挥其在物流管理、资产设备以及人才上的优势,弥补了银行在质押物监管方面知识技能的不足。如收集多方面的数据,将分散在各处的数据加以归纳和分析,帮助实现监管业务的透明化和智能化。同时,一个完整的贸易链条涉及整个贸易的卖家、买家、中间商、物流商,资金方完全切入,从而避免了风险。

2. 自偿性、封闭性及连续性

自偿性是指还款来源为贸易自身产生的现金流;封闭性是指银行通过设置封闭性贷款操作流程来保证专款专用,借款人无法将其挪为他用;连续性是指同类贸易行为在上、下游之间会持续发生。因此,以此为基础的授信行为可以反复进行。供应链金融的风险控制更加注重贸易的真实性、交易风险以及第一还款源的风险控制。

3. 突破了传统的授信视角

首先,供应链金融的授信针对供应链整体,实现的是"M+1+N"授信方式。这就改变了供应链金融的营销方式,它不再孤立地寻找客户,而是围绕核心企业的供应链寻找客户的资金需求,大幅降低了供应链的客户开发成本,增加了企业对银行的依赖度。其次,供应链金融主要考察的是供应链金融的交易背景,而不是中小企业的静态的财务报表。

三、供应链融资主要模式

国内供应链金融融资主要有三种模式：应收账款融资、存货质押融资以及预付账款融资，这三种融资模式都离不开第三方物流企业的参与，并且都以物流控制商品的物权。

1. 应收账款模式

应收账款模式是指在产品的销售阶段，买方选择赊账支付，卖方将未到期、未收回的应收账款的所有权转给金融机构，以此为抵押，向金融机构申请贷款融资。上游的中小企业作为原料的供应商，将原料赊销给下游的核心企业，再将应收账款转让给银行或其他金融机构，从而获取融资。在整个过程中，核心企业的法律地位相当于反担保，获得融资的中小企业如果出现经营问题，致使企业无法偿还贷款，则对金融机构造成的损失将由核心企业弥补，从而减少银行等金融机构的风险。

2. 存货质押融资

又称融通仓融资模式。存货质押融资是指利用第三方物流平台作为银行对企业流动资金的监管代理人，将物流技术和金融服务结合在一起的创新模式，其目的主要在于解决中小企业的融资困难问题，主要包括质押担保与信用担保两大模式。

质押担保模式是指由物流服务企业建立融通仓，贷款的需求者和银行签署以融通仓货物为质押的质押合同，再由物流公司、银行及贷款的需求者三方签订仓库储存协议。有贷款需求的企业将购回的原材料及滞留的产成品送入到融通仓中。物流服务企业在执行仓储服务的基础上还要对货物进行估值，并给银行出具相关的证明文件以作为信用评估的依据，银行以此作为发放贷款的主要依据。滞留在融通仓内的货物仍然可以销售，不过物流公司要确定贷款的管理账户是企业申请贷款的银行。

信用担保模式是指银行可以依据企业规模、经营情况、财务状况来挑选合适的物流公司作为合作对象，并给予其一定的可支配信贷额度。在获得授信之后，物流企业再从日常合作的中小企业中挑选出信用较好的企业，成为其融资的信用担保人，而这些需要融资的企业将滞留在物流公司融通仓内的货物用来质押或反担保。企业在日常经营过程中需要不断售出仓库内的货物，生产后又不断地将货物送入仓库。物流公司出具入库与出库的证明由融通仓审核，保障滞留在仓库内的货物可以获得足够的信用担保。

3. 预付账款融资

又称保兑仓融资模式。此融资模式中，从原有的银行、物流服务企业及贷款需求企业的三角结构，变成了由生产商、承销商、物流服务企业以及银行四方构成的新的合作结构。生产商与制造商双方签署销售合同，再根据合同的具体内容和金额向银行缴纳保证金，并申请银行承兑汇票作为支付工具来支付货款，物流服务企业作为汇票承兑的担保方，货物的销售方以产品作为担保为物流服务企业提供反担保，物流企业的担保金额由货物的价值决定。

四、供应链金融的意义

1. 对核心企业的意义：有利于提升供应链的核心竞争力

供应链金融主要是基于对供应链的结构特点及交易细节的把握，从核心企业入手规划其整个供应链，着眼于灵活运用金融产品和服务。一方面，将资金有效注入相对弱势的上、下游配套的中小企业,解决供应链失衡问题;另一方面,将银行信用融入上、下游企业的购销行为,增强其商业信用、改善其谈判地位,使供应链成员更加平淡地协商和逐步建立长期战略协同关系,提升供应链的核心竞争力。

2. 对上下游企业的意义:有利于弱化银行对中小企业本身的限制

供应链金融是围绕着一个产业链条的核心企业,针对其他多个中小型企业提供的全面金融服务。因此,银行服务的主体不再局限于中小企业本身,而是整个供应链。银行的信用风险评估也从先前的对中小企业静态的财务数据的评估转为对整个供应链交易风险的评估。对银行来说,中小企业本身的资信并没有多少价值,只有与一家值得银行信任的大企业发生业务往来后资信才具有价值。银行依据该核心企业的实力和资信,对与该企业有业务往来的中小企业进行向上或向下拓展,形成一个以大企业为核心的产业供应链。

3. 对商业银行的意义

(1) 提升商业银行的产品服务和创新能力。供应链金融的理念不仅包括纯粹的理论,同时更包括一系列新的业务。银行为了与自己内部的具体情况以及客户的实际状况相适应,必然会去挑选和调整供应链金融业务,这将会促进商业银行的创新能力以及提高服务能力。

(2) 提高银行的市场营销能力。国内银行传统的营销是依靠社会关系及价格竞争,这主要针对单一企业。而供应链金融是针对供应链上各个节点的企业,银行不可能个个都能兼顾,如果某个环节出现纰漏则可能造成整个供应链企业的流失。因此银行必须提升自己的市场营销能力,不但要掌握供应链上的核心企业的经营状况,也要了解供应链上其他企业的经营情况,加强营销及维护力度。

(3) 改善商业银行的资产质量及盈利能力。供应链金融业务是在真实的贸易背景和融资的前提下进行的。这一特点决定了其风险系数较小,从而有助于降低银行的不良贷款率,改善银行的资产质量。银行还可以制定一些跟踪和检测手段,保障资金用途的准确及供应链系统的运转情况,这有助于降低信贷资金被挪用的风险,从而提高信贷资产质量。由于供应链金融大量采用了票据、保函、信用证等融资工具,这类工具往往要收取一定比例的手续费;此外,银行为供应链企业提供理财咨询、现金管理等财务服务,这能产生可观的中间业务收入;整条供应链之间产生的资金回流和存储也会为银行带来额外的存款收益。这些都有利于提高银行的盈利能力。

第二节 互联网技术在供应链金融中的应用

金融的发展离不开科技的进步,在互联网时代,科技的力量更加突出。一方面,技术创新可以提高生产力,提升企业竞争力;另一方面,技术创新的本质却是"创造性破坏",将会颠覆传统的模式,一旦企业跟不上技术创新的步伐,则被市场淘汰就是自然而然的事情。企业只有学习、运用技术创新,才能在时代的发展中立于不败之地。供应链金融作为一项金融创新,与新技术相结合,会在风险控制、反欺诈等方面取得长足进展,解决困扰其发展的瓶颈问题。

一、大数据与供应链金融

金融行业属于信息密集型服务产业,随着大数据时代的到来,金融业将面临前所未有的机遇和挑战。通过信息化建设,供应链平台上沉淀了海量的物流数据、资金流数据、商流数据以及客户行为数据等。供应链金融的提供者通过运用大数据分析技术,可以掌握平台会员的交易历史及交易习惯等。这些分析结果有助于判断资金的需求动向和需求量,帮助金融机构更好地对资金进行运营管理,更精准地调配资金,更准确及时地对供应链上的企业提供融资服务。

利用大数据分析,可以对客户财务数据、现金数据、资产负债、生产数据、订单数量、工资水平、投资偏好、水电消耗、技术水平、研发投入、产品周期、成败比例、销售分配、安全库存等进行全方位分析,提高资信评估水平,增强金融机构客户挑选及精准营销的能力,并对供应链上的"长尾"企业,能有更好的融资服务覆盖。在此基础上,信贷模式可以从质押品信贷转向信用信贷,从而实现质押品的去监管,降低监管成本。

风险控制是金融管理的核心要务,传统方式主要是根据财务报表以及交易数据来进行风险管理,而大数据风险控制则运用更多的维度和更实时有效的数据,能够更精准地描绘客户,这样就使风险分析、风险预警及风险控制更为准确。

二、人工智能与供应链金融

反欺诈是风险控制中极为重要的一道环节,而人工智能反欺诈是有效的解决办法。在人工智能中,深度学习和知识图谱是应用最多的反欺诈技术。深度学习作为机器学习的一个新的分支,是大量训练样本配合计算能力和系统使用人工神经网络机构设计的算法,深度学习算法能够替代人工提取特征。如采用大量的正常信贷数据对人工智能进行深度学习训练,人工智能就会迭代出正常信贷的特征,一旦遭遇异常信贷,就会提出预警。

基于大数据的反欺诈难点在于如何把结构各异的数据整合在一起,并构建反欺诈引擎,从而能够有效识别出各种欺诈案件,例如身份造假、代办包装及团队欺诈等。但是现实中很多欺诈案件往往会牵涉到复杂的关系网络,这就给欺诈审核带来了新的挑战。而知识图谱作为人工智能技术中关系的直接表示方式,就能够很好地解决此类问题。首先,知识图谱可以提供极为便捷的方式来增添新的数据源。其次,知识图谱本身就是用来表示关系的,这种直观的表示方式可以使得金融机构更有效地分析复杂关系中存在的特定的潜在风险。

不一致性验证可以用来判断一个借款者的欺诈风险,例如借款者甲和借款者乙填写的是同一个单位电话,然而甲填写的单位名称和乙填写的单位名称并不一样,这就构成了一个风险点,审核人员需要特别关注。

与虚假身份相比,组团欺诈是更难识别和挖掘的欺诈手段。这种组织在复杂的关系网络中隐藏着,较难发现。只有把组织关系中隐含的关系网络梳理清楚,才有可能去分析并且揭示其中的潜在风险。知识图谱作为关系网络分析工具,可以有效帮助金融机构更容易地识别这种潜在风险。如一些组团欺诈的成员会用虚假的身份去申请贷款,但部分信息是共享的,通过知识图谱的分析,可以找出这个可疑之处,并向审核人员预警欺诈风险。

三、云计算与供应链金融

高效、透明的信息平台是发展供应链金融业务的基础设施。银行等金融机构和物流公司可以通过云计算模式，构建一整套数据服务框架，按照业务属性把数据进行归类集中，形成可组合及管理的数据仓库，实现不同系统之间的数据信息的整合、交互，实现核心企业、物流企业与银行间的信息共享，从而改变传统供应链金融中信息缺失、信息不对称及信息孤岛等种种弊端，提高供应链整体的对接效率和凝聚力。通过打通业务操作系统、信贷系统及运营操作系统，可以迅速实现线上信贷。在此基础上，结合线上信息流、资金流、物流及商流所积累数据以及外部商业数据和社交数据等，整合形成大数据平台，从而为大数据分析打下良好的基础。

供应链上的中小企业往往面临着资金短缺问题，难以独立进行信息平台的建设，而云计算可以按需租用，能够按需满足中小企业对信息资源的需求，可以提供如电子商务、办公自动化及客户关系管理等方面的服务，帮助中小企业实现业务电子化、自动化。除此之外，通过规模经济，云计算能够有效降低成本，这将促使中小企业把有限的资金更多地用在核心业务上，提高资金使用效率。同时，云计算还有助于补齐供应链的短板，提高供应链的整体竞争能力。

四、区块链与供应链金融

区块链技术运用于金融领域，将改变金融领域的底层技术，成为全球金融的基础架构，因为区块链具有去中心化、去信任、可追溯以及不可篡改等特点。通常，由于信息不对称等原因，银行等金融机构往往仅愿意给核心企业的一级供应商提供应收账款融资服务，而不愿提供给更上游或更下游的供应商，主要是由于它们和核心企业没有直接的交易。将区块链运用到供应链金融中，可以很好地解决金融机构的授信限制问题。由于区块链技术能够追溯每个供应链上每个节点的交易，勾勒出可视性的交易全流程图，保证每笔交易的真实性，金融机构依据真实的交易，可以给不与核心企业直接交易的二级乃至更上游或更下游的供应商提供融资服务，提高融资服务的覆盖率，从而更好地为中小企业提供资金支持。

有实力的核心企业通常会成立金融子公司，来经营供应链金融业务。核心企业掌握着上下游中小企业的信息，但基于竞争的因素，核心企业不会对外分享这些信息，这就构成其他金融机构的进入壁垒，而缺乏竞争将会推高中小企业的资金成本，最终将损害供应链的整体竞争力。区块链去中心化的特征，将破除核心企业控制供应链的局面，可以为供应链引入更多的金融机构，比如P2P网络借贷平台、小贷公司等，促使供应链的参与主体更加多元化，这将有利于形成良性发展的金融生态圈。

银行等金融机构除了担心中小企业的还款能力外，同时也非常关注交易数据的真实性。区块链的分布式记账技术，将供应链上所有的交易数据分散记录在所有节点账本上，而且带有时间戳，即使企业能够篡改某个节点的数据，也不会影响账本的真实性，这就解决了银行等金融机构对数据造假的担忧。

银行等金融机构在操作存货质押融资的贷后管理时，必须要编列一定人数的巡核员来核实和盘点质押品，需要投入大量的人力和物力，因此会增加银行等金融机构的操作成本，同时也会增加银行等金融机构的操作风险。倘若使用区块链对质押品进行编码，通过智能合约成为智能资产，不但可以验证质押品的真实性，同时可以监控质押品的迁移，这将缩减核实与盘点质押品的人力和物力，减少操作风险并降低作业成本。

第三节 物联网技术颠覆供应链金融的经营模式

一、物联网概述

物联网（internet of things，IOT）是指通过射频识别（RFID）、红外感应器、全球定位系统（GPS）、激光扫描器等信息传感设备和技术，按照约定的协议，把任何指定的物体与互联网相连接，进行信息交换和通信，以实现对物体的智能化识别、定位、跟踪、监控和管理的一种网络。

从技术的角度来说，物联网技术主要有四个层面。第一是设备层，就是"物"的层面，此层面包含传感器、网关、终端硬件等。第二层是网络层，各种物理设备通过各种方式进行组网，形成了物联网的初级形态。第三层是数据采集和分析层，数据在第三层中被集中采集到一个计算中心，通常是云计算平台中，进行数据整理和计算，得到有用的分析结果。可以说第三层是物联网的灵魂。第四层是分析结果的展现和应用，这一层完成物联网结果的反馈和与其他系统的对接，给生产生活带来实质帮助。以上四个层面组成了在各行各业实现物联网方案的基本技术框架。

与传统的互联网相比，物联网具有其鲜明的特征，主要体现在三个方面。

（一）自动识别特征

该特征即纳入物联网的"物"必须具备自动识别与物物通信（M2M）的功能。物联网上部署了多种类型的传感器，每个传感器都是一个信息源，不同类别的传感器所捕获的信息内容和信息格式可以不同。传感器获得的数据具有实时性，按一定的频率周期性地自动采集环境信息并进行通信。

（二）互联互通特征

物联网是一种建立在互联网上的泛在网络，对联网的物通过各种有线和无线的网络与互联网融合，实现互联互通的互联网络。为了保证不同类别的海量物体所产生的海量信息在传输过程中数据的正确性及及时性，必须适应各种异构网络和协议。进一步说，物联网的连接可以分别建立在限制区域（物的内部网）或公开访问（物的互联网）等多种环境下。

（三）智能控制特征

物联网本身具有智能处理能力，能够对物体进行智能控制，对数据进行分析加工，对处理的信息进行实时反馈等自动化功能。由此可以延伸出与物联网相关的各种类型的创新服务模式。

物联网通过智能感知、识别技术与普适计算等通信感知技术，广泛应用于网络的融合中，也因此被称为继计算机、互联网之后世界信息产业发展的第三次浪潮。物联网是互联网的应用拓展，与其说物联网是网络，不如说物联网是业务和应用。

二、物联网技术对供应链金融的影响

当前,物联网技术的应用已扩展至社会生产经营的方方面面,更是对处于国家经济中枢的金融行业产生重大而深远的影响。物联网与金融相互影响渗透并不断跨界融合已经成为必然趋势。物联网对供应链金融的最大价值是提供了对客户和交易进行客观观察的手段,金融机构可以利用物联网技术和信息通信技术,提升自身的风险识别及控制能力,推进金融产品和服务创新,提供新型的支付、资金融通、投资、资产管理及信息中介等各种金融服务,扩大金融服务的广度和深度。

(一)化解交易信息不对称问题

随着物联网技术的飞速发展,世界正在成为一个庞大的信息系统。物联网提供物与物、物与人的交互信息,通过对海量数据信息的存储挖掘和深入分析,金融机构能够随时随地掌握"人"和"物"的形态、位置、空间、价值转换等信息,并且充分有效地交换和共享,从而有效解决信息不对称问题,为各类经营决策提供客观而又全面的依据。以汽车保险市场为例,由于投保人和保险人之间存在信息不对称,导致骗保时有发生。假如保险公司在投保车辆上安装物联网终端,对驾驶行为综合评判,则可以根据驾驶行为的好坏确定保费水平。一旦发生事故,物联网终端实现远程勘察,能够实时告诉保险公司肇事车辆的行为。保险员不用到达现场即可知道车辆是交通事故还是故意所为,不但有效解决了骗保问题,还可实现快速赔付、提高赔付效率。

(二)使信用体系更客观

物联网数据是实实在在的客观数据,因为它是通过底层传感器采集得来的。这就克服了互联网数据存在的社交数据多而交易数据少,采集方法主观因素多等问题。借助物联网技术,金融机构对于客户前段信息的主观调查被传感器实时采集的客观数据所代替,从而获得更加真实可靠的数据,以这些数据为基础而构建的风险控制模式将从滞后的、基于主观的信用评估进化为实时的、基于客观数据的信用评估。除此之外,物联网还将使得信息量和维度大幅提升,因而能够更为全面地反映企业和个人的自然属性和行为属性,提高信用体系的可靠性。物联网对供应链金融的革命性、颠覆性影响在于信用体系的夯实,未来甚至有可能重塑社会信用体系。

(三)优化金融资源配置

物联网技术的突飞猛进将大大改善信息不对称,使得金融机构能够以更为精细、动态的方式对信息流、资金流以及物流进行"可视化管理",在此基础上进行智能化决策和控制,合理引导资金流向和流量,促使资本集中并向高效率部门转移,从而达到优化资源配置的目的。

融合了物联网技术的金融服务,全过程电子化、实时化、网络化和自动化,可以大幅降低运营管理成本。另外,由于受益于物联网、大数据、自动化系统以及预测性算法,使得采集信息的边际成本接近于零,因此服务长尾客户再无边界限制,金融服务势必将惠及更广泛的企业和人群,这对于供应链上的许多中小企业来说,无疑是一大福音。

(四)推进智慧金融发展

智慧金融体现为金融机构能够向客户提供与其日常生活内容密切相关的洞察、建议、产品或者服务,为客户真正交付定制化体验。例如,在金融支付领域,随着互联网、移动支付及近场支付的融合发展,利用指纹、虹膜、声纹以及掌纹等进行个人身份鉴定的生物识别技术日臻成熟,传统的密码支付将逐渐被生物识别技术取代。物联网技术在支付中应用后,会感知消费者的周边环境和自身的状况,以保证支付者的资金安全以及人身安全,并且可通过透彻感知,将支付行为与企业经营状况、个人健康以及家庭情况的动态变化相关联。这就意味着,金融机构无论面对企业或个人,都能够预测客户的需求,还可以根据客户变化着的实际情况做出积极响应,及时提供相应的解决方案,帮助客户实现其目标,从而带给客户全新的智慧式金融体验。

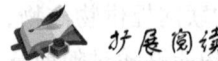

案例1 英国英杰华保险公司(Aviva)

英杰华是国际领先的保险、储蓄和投资产品的提供商,在全球有4 300万客户,公司总部设在伦敦,是英国最大的保险公司,拥有40 800名员工,年收入超过500亿英镑(约合760亿美金)。

英杰华致力于提供低利率和个性化的服务,其汽车保险部门也不例外。英杰华想要设计一个新的定价模型,为合适的客户降低保费。英杰华希望通过分析个体驾驶行为习惯来为不同的客户提供量身定做的车险定价,而不是用传统的基于统计的方法来定价,从而帮助客户省钱。

多年以来,汽车保险费定价的计算方法主要是基于驾驶员的驾驶记录和基于包括年龄和性别等统计概率的传统方法。但是英杰华希望寻找更好的方法,能给每个驾驶员提供个性化的价格。例如,一个四十多岁的驾驶员,其驾驶习惯不一定跟其他四十多岁的人一样。解决问题的关键是,如何区分不同驾驶员的驾驶习惯?

同时,一项新法规提供额外转型推动力。2004年,欧洲共同体(以下简称欧共体)发布了性别指令(Gender Directive)法案,界定性别歧视为非法。然而,包括英国在内的一些国家使用性别作为决定车险风险的一个因素。在实际案例中,为妇女提供的保险费比男性保险费可能低50%。在2012年12月,当欧共体裁定Gender Directive法案同样也适用于汽车保险费计算的时候,这种情况发生了改变。保险公司急于想告诉司机,保费将取决于司机在车里的驾驶表现而不用担心性别。

为了达到这个目的,首先需要数据来更好地了解投保人的驾驶习惯。为了更好地了解潜在客户,英杰华收集来自车辆驾驶的遥测数据。技术在不断进步,移动设备和云计算的技术进步使英杰华意识到可以通过物联网来低成本大规模地采集车辆驾驶数据,物联网为业务转型提供了一个可能的技术平台。英杰华使用移动设备上的应用程序把驾驶员行为连接上云,利用物联网云平台的能力分析数据、感知驾驶习惯,从而改进保险产品。这个新的物联网系统搭建在一个灵活高度可扩展的云基础结构上,并且利用安全简单的手机应用对相关信息进行采集。同时,通过整合社会媒体,鼓励司机使用应用程序。

通过实施基于移动设备和云平台采集驾驶遥测数据的物联网方案,英杰华实现其提供个性化报价的目标。英杰华可以更快地给市场推出创新的解决方案,帮助客户节省高达20%的保费,并通过客户使用的设备加强与客户沟通。英杰华也通过在社交网络上增加曝光度,使得英杰华以最有效的方式来推广它的产品。

案例2 阿里云

阿里云计算有限公司创立于2009年,在杭州、北京和硅谷等地都设有研发中心和运营机构。公司专注于云计算领域的研发,致力于为政府、企业等组织提供最安全、最可靠的计算和数据处理能力,让计算成为普惠科技和公共服务,为万物互联的data technology(DT)世界提供源源不断的新能源。阿里云推出的金融云解决方案,为金融行业提供量身定制的云计算服务,帮助金融机构实现从传统IT向云计算的转型。

阿里云拥有庞大的用户群体,目前阿里云生态中已经有超过230万用户。此外,阿里云具有强大的计算能力,能够在377秒内完成100TB数据排序,比之前的世界纪录快三倍。阿里云公司的增长速度也大幅领先全球云计算行业。在2016财年,阿里云营业收入超过30亿元,全年的增幅高达138%;在2016年第一季度,阿里云营业收入为10.66亿元,同比增长175%,已经连续四个季度保持三位数增长。

 思考题

1. 供应链金融的核心目标是希望解决什么问题?传统制造业中有比较明显的核心企业,那么零售行业和目前受关注更多的新零售行业中是否有核心企业呢?

2. 供应链金融还会和哪些金融科技业务形态发生关联?观察身边可以获得的新金融产品或服务,讨论并分享。

3. 大数据、人工智能、云计算、区块链这些新技术,在供应链金融方向,能够针对哪些重要的业务环节提供技术保障和解决方案支撑?讨论并分析这些环节对于金融机构或金融服务企业的重要性。

第四篇

金融科技风险及其监管

第十一章 金融科技风险的认知

回顾金融发展历史,金融行业经历过多次科技创新,如 ATM 机、互联网支付、人工智能机器人服务、网上银行、手机银行、互联网银行等。一方面,新科技的推广和应用加速了新型金融服务模式的出现,在一定阶段对金融体系产生加速影响,但并未从本质上改变金融行业业务模式、法律法规和监管体制;另一方面,当前金融行业面临的科技环境日新月异,尤其是分布式账户(包括区块链技术)被广泛认为是金融科技中最具发展潜力的代表性技术,它可能会对现行金融交易模式产生重大甚至可能是颠覆性的影响。

金融科技已广泛应用于互联网支付及移动支付、大数据分析、营销、征信及大数据画像、数字货币及区块链金融、供应链金融、智能化投资交易与智能理财等金融行业务场景方面,覆盖了银行业、证券业、保险业、证券投资业、电子商务及物流等多个行业,促进了金融变革,有效提升了金融服务效率。由于金融科技创新的不断深入应用,全面促进了传统金融系统和新型金融服务领域在金融思维、金融产品、金融业务、金融服务与金融渠道等多方面的全面创新,重新引导了金融资源配置的路径和渠道,重构了由金融主体、金融客体和金融环境组织的金融生态体系,加剧了金融系统的不稳定性。

第一节 金融科技风险的内涵及特点

一、风险的内涵及特点

风险是未来结果的不确定性,风险是损失的可能性,风险是未来结果(如投资的收益率)对期望的偏离,即波动性;风险既是损失的来源,同时也是盈利的基础。

本书认为,风险是指未来结果的不确定性(或任何变化)与预期结果的偏离度,应从波动性、偏离度去理解风险。风险恰恰是由于预期结果的变化造成的,正是因为有预期不到的变化,出现了波动后即存在了风险。例如,利率的变化会导致利率风险,信用的变化会导致信用风险,而风险恰恰又是金融产品不断创新的动力和进行风险管理的驱动力。

风险的主要特征包括以下四个方面。

(1) 未来结果的不确定性。正在由于金融机构所面临的内部、外部等多维不确定因素,故会面临复杂的金融风险。

(2) 未来结果的损益性。由于风险发生所导致的结果可能带来某种形式的损失或收益,风险的存在并不等于必然出现损失,而是对应着损失出现的可能性或概率,可理解为损失的可能。风险也可能带来潜在的收益,例如金融机构主动从事的中间业务及表外业务,已经成为金融机构利润增长的重要来源。

(3) 存在诱发风险的风险因素变化的可能性及风险事故发生的可能性。风险事件是指导致风险发生的偶然事件,是风险之所以发生的成因或诱因;而风险因素是指引起风险事故发生或增加风险事故发生机会的因素,是引发风险事件的客观条件。

(4) 风险的发生具有一定程度的扩散性。一种风险因素的变化经常可能引起其他相关风险因素的变化,一家金融机构发生的风险也可能扩散到其他金融机构,并引起类似或相关的风险,或者产生"多米诺骨牌效应"造成系统风险,甚至辐射到经济运行的各个方面,从这个角度也说明了金融机构进行监管的必要性。

二、金融科技风险的背景

近年来,金融科技的创新应用和快速发展促进了我国金融的快速发展,不断出现新的金融商业模式、金融产品与金融服务等,互联网技术、大数据技术、云计算技术、移动通信技术等深刻改变了传统金融机构、金融企业及互联网企业、金融消费者的金融交易习惯、交易模式,高度体现了个性化、场景化、高效化的特点。

国务院发展研究中心金融所所长张承惠曾明确指出,金融科技是我国发展普惠金融的重要工具,它在很大程度上解决了中小微企业的融资难问题,但金融科技的风险也在日益凸显,某种程度上,这种服务是未受到完全约束、没有严格规范的金融交易行为。

金融科技在现代金融的应用并未改变金融的本质和降低金融系统的系统性风险,金融风险也因互联网技术、信息科技的创新应用而呈现交叉风险和更为复杂的风险形态。与我国金融科技的快速发展相比,我国金融科技的行业自律和金融监管方面还存在一定的滞后状态,从法律法规、实施细则、行业准则和准入门槛、信息披露、风险防范、投资者保护等方面还存在诸多空白。另外,金融科技在发展过程中处于日益复杂的信息技术应用环境、经济环境、金融环境、法律法规环境、征信环境中,金融科技风险也因此而具有高度复杂性。

以上这些问题,迫切需要金融监管部门从监管制度、监管技术、监管模式等方面适时进行改进和创新,对金融科技风险进行有效监管,促进和规范金融科技的健康、有序发展,以确保我国金融系统的稳定和安全。

三、金融科技风险的内涵

目前,学术界对金融科技风险的内涵还没有统一的界定。我国银监会于2009年出台的《商业银行信息科技风险管理指引》中明确规定了科技风险的含义,是指信息科技在金融行业的日常运转中,受自然意识、人为因素、技术漏洞和管理不善而产生的法律、声誉和操作等风险;在操作风险内涵的定义中,将信息科技因素归为操作风险的重要构成要素和成因。

部分研究学者认为,金融科技风险是基于信息科技在金融领域中的应用后,而给金融系统所带来的不确定性和不可控性,并造成发生损失的可能性。还有学者提出,传统金融行业的信用风险、产品风险和道德风险会依然存在于金融科技领域,而由于金融科技追求速度和创新的内在驱动,也会给金融行业带来诸如技术缺陷、技术迷信、网络安全和权力异化等衍生性新生风险。

在国际金融稳定理事会对金融科技的界定中，认为金融科技指因技术而带来的金融创新，金融科技能够产生新的商业模式、应用、过程或产品，从而对金融市场、金融机构或金融服务的提供方式产生重大影响。从该界定中可以看出金融科技风险的载体，应是因金融创新而产生的新型商业模式、金融应用、金融运行过程或金融产品，对金融市场、金融机构或金融服务方式产生的不确定性影响即风险。

本书认为，金融科技风险指因现代信息技术在金融领域的深度和创新性应用过程中，对包括金融产品、金融服务、金融模式、金融市场、金融机构等金融系统产生影响的不确定性。简而言之，金融科技风险是一种因信息科技的创新应用而对金融生态体系的影响，是一种信息技术与金融进行融合的耦合性风险。

四、金融科技风险的特点

由于互联网及其创新技术日益被深度应用于金融领域，这种应用会对原有金融系统的部分体系进行重构，并会模糊原有金融系统内部的界限和边界，进而实现对金融服务、金融产品、金融营销等模式和内在流程、路径的重组。故金融科技风险既包括传统金融风险的特点，又包括科技创新深度应用后所引发的交叉性、融合性风险。

互联网技术创新的未知性和复杂性、网络开放性和交易虚拟性，使得金融科技较之传统金融具有更为复杂的金融风险，这些风险包括网络技术与信息安全风险、网络犯罪与洗钱犯罪风险、网络借贷及众筹融资平台的信用风险和欺诈风险、影子金融机构的系统性风险和金融监管的滞后风险；金融科技风险具有扩散路径的开放性及实时快速性、传染的全局性和交叉性、风险影响的巨大破坏性和冲击性、风险变化的未知性和复杂性等特点。

另外，由于信息不对称风险、信息科技特殊风险的聚合风险，较之传统金融风险，金融科技风险更具有扩散快速性、成因复杂性、影响实时性和不可预知性等重要特征，需要更加系统化的预警和科学监管。本书基于金融科技的功能、模式视角分析，金融科技风险的主要特点总结如下。

1. 金融科技风险的扩散和传导具有全局性、快速性和多路径性

金融科技具有网络交叉性、开放性和无界限性等特点，直接决定了风险在传染时其范围更广，从一个终端会快速传染至整个网络，从单个个体会传染至整个群体，从而影响整体市场的金融判断和行为，导致金融科技和金融系统秩序的无序和动荡。

由于互联网自身具备多节点性、路径开放性、信息共享性的特点，故而决定了金融信息和金融风险在扩散时，其路径选择非常复杂，其扩散速度也是实时、高速的。

另外，金融科技广泛应用了互联网及其创新技术，而掌握或开发这些技术的机构或组织纷繁众多，无法单独构建或满足覆盖金融业务全流程的技术，故多技术组织、多技术类型、多参与主体、多用户共同形成一个庞大的、需要协调和整合的松散型网络组织。这种客观情况，又会促进金融科技风险会呈开放性快速传导。

2. 金融科技风险具有隐藏的潜伏性和冲击破坏的瞬时性

随着金融业务的日益电子化和网络化，金融交易的发生、过程、交易结果等均具有高度的虚拟性，金融科技风险隐含在一个节点或各个节点，并以不同的形态存在。另外，云计算、

大数据、搜索引擎等新型科技具有高度的黑箱性,在金融领域的创新性应用或试验性应用过程中,对这些新技术可能蕴含或导致的风险,无法进行快速追根溯源或进行准确性诊断,其风险的产生机理又具有高度的关联性和交叉性。

另外,金融科技中的各种风险因素会通过网络进行风险的非线性叠加和不断耦合,从而将风险的影响传递给金融主体、金融客体。加之,互联网信息系统自身的黑箱性和复杂性,加大了对风险的预判准确性和可控性难度,故金融科技风险所带来的破坏性和冲击性远远会超过预期。

3. 金融科技风险的发展与变化具有高度的未知性和复杂性

金融科技的变化和技术创新的速度会远超过人类对于此类风险的监管认知和管控速度,这种变化和创新会产生越来越复杂的金融科技产品,而且信息的庞杂性和噪声(信息不对称性)会严重影响参与者、公众、用户对于信息有用性和准确性的判定。加之金融科技对于产品及服务的交易和处理的高度虚拟性和黑箱化,超越了地域界限和物理地址,交易对象的多重性、交易主体的虚拟性、交易过程的快速性使得识别、追踪、预警金融科技风险均处于滞后状态。另外,金融科技风险因素及风险种类会发生转化或并发式爆发各类风险,而且一旦某一单体机构或某类领域风险爆发后,会出现网络式的"羊群效应",从而快速波及其他机构、整个领域,形成系统性风险。

总结而言,金融科技风险是由于信息技术本身在金融创新、应用方面的尝试性和不稳定性,而导致的一种特殊风险,金融科技并不会因为科学技术的进步和创新使得金融风险消失。金融科技在提供跨行业、跨市场、跨机构等金融服务的同时,也使得金融风险传染性更强、波及面更广、传播速度更快。另外,由于金融科技参与机构提供的金融产品、金融服务和金融模式具有较强的同质性和网络性,故单个金融机构或单一金融业务产生的风险很容易扩散到整个金融网络,从而会影响了金融系统的总体安全与稳健。

第二节 金融科技风险成因与表现分析

一、金融科技风险的成因分析

金融科技是金融与科技的有机融合,是以信息技术作为驱动而给金融带来的多维创新,通过人工智能、云计算、大数据技术、区块链等技术应用,改变金融服务和金融产品的提供方式、时间和地点,创造全新的金融商业模式,促使原有金融系统变革或衍生出新的金融业务模式、金融流程、金融产品及金融应用等,从而对金融市场、金融机构或金融服务的提供方式造成重大影响,面对这种影响也带来了诸多的不确定性。

金融科技的本质依旧是金融,所以市场风险、信用风险、操作风险、流动性风险、法律风险、合规风险、声誉风险等传统金融风险将依然存在于金融科技体系中及金融业务、金融流程各个节点。

我国金融行业界和学术界对金融科技风险的成因从多种视角进行了相应的研究分析,主要包括以下综述。

（一）科技与金融的耦合和异化反应

以互联网、信息通信技术为代表的金融科技在推进现代金融快速发展的同时，不可否认的是其自身依然存在着固有的缺陷，如网络系统的开放性、密钥管理及加密技术的缺陷性、网络协议的安全性威胁、计算机病毒及黑客的攻击，使互联网等技术面临巨大的技术安全风险，从而引发金融科技风险。这些具有自身缺陷的新型技术应用于传统金融行业后，在金融服务和金融产品的提供过程中，往往会因技术原因（如计算机网络、软硬件系统等）出现系统故障、操作失误等操作风险，或因人为原因造成信息安全风险、数据泄露风险等。另外，由于现代科技的虚拟性和数据处理黑箱化，使得金融科技在数据流、资金流、信息流等方面的处理透明度不高，客观上对寻找金融风险源和追踪风险路径带来相当的难度，从而也影响了金融系统的安全性和稳定性。

另外，互联网技术、信息通信技术、大数据与云计算技术、人工智能与区块链技术等新型科技纷纷应用于现代金融领域中，其深度与广度正在快速扩展。因新科技与金融系统有机融合而成的新金融模式、新金融产品、新金融服务越来越具有显著的网络虚拟性和数字化，其风险也更具有深度的潜伏性、爆发的突然性和影响的网络性，如黑客风险、信息安全风险、网络安全风险、支付风险和技术不兼容风险等。

从一定程度上而言，金融领域就像是科技创新应用的实验场，具有一定的尝试性和前瞻性，处于不同体系的现代科技与现代金融进行耦合后的效果会具有极强不确定性的，甚至可能会耦合异化出与预期完全不同的新型金融风险，这种风险具有显著的网络技术特性和金融特性。

（二）科技与金融融合后导致的信息不对称

在传统金融模式下，作为金融系统中核心中介的金融机构，与金融客户之间存在资金供给之间的两端信息不对称风险。随着金融科技的快速发展，作为新型金融业务模式的网络平台充当了新型的金融中介机构，有效、快速连接了资金端与资产端，在一定程度上缓解了传统金融系统中的两端信息不对称困境，优化了资源配置和提升了资源配置效率。

但正因为网络平台——这种新型金融中介的出现，导致了新的信息不对称问题。由于不确定的资金需求方与不确定的资金出借方之间通过互联网进行非直接式接触，而资金需求方又主要借助互联网向互联网平台、互联网资金出借方提供证明其资金需求的依据证明，而平台、资金出借方并无法对这种依据证明进行充分性证实，加之征信体系、法律法规的不完善性，故这种非直接性接触、信息的无法证实性等，极易导致三方之间产生信息不对称风险。另外，由于金融科技还同时覆盖了金融尾部的小微企业客户、个人客户群体等，而尾部客户群体具有金融专业知识水平相对较低、风险意识较差、风险承受力较差的特点，这种特点也加剧了金融机构与尾部客户群体之间的信息不对称风险。

另外，由于互联网等新型科技具有去中介化、去中心化、快速性和虚拟性，以及信息传播的时空广泛性、发散性等特点，使得金融科技在提供金融产品、技术服务时，无法进行风险集中控制和实时性监测，从而导致了支付风险、清算风险的产生与扩散，大数据技术等的应用使得信息处理具有高速性和网络化，更难进行追踪和回溯其路径，这种情况也加剧了监管机构与金融交易机构之间的信息不对称风险。

(三) 金融科技业务与生态体系构成的复杂性

金融科技是由多维主体(信息技术企业、互联网企业、传统金融机构和新型金融机构等)进行的互联网技术、信息技术与金融业态的有机融合,在传统金融领域与新兴金融领域中向金融消费者提供金融服务,而这种跨界金融服务天然存在探索性、尝试性和风险防控薄弱性等缺陷,这些缺陷必然导致金融科技风险的产生。

金融科技现有业态的参与主体包括金融机构、互联网企业两大类,互联网企业包括电商企业、第三方支付公司、科技行业、非银行金融机构、房地产、制造业、能源业等大型企业,其构成成分极为复杂,而每个不同企业均有自身不同的企业基因、企业文化和金融认知。故这种复杂的金融业态会具有复杂的潜在风险因素,会从经营业务、产品设计、金融职能、金融服务、金融流程等多方向对传统金融系统、金融科技体系产生影响和作用。

另外,传统金融行业中金融机构业、保险业、证券业在经营、服务和渠道方面不断呈现混业化趋势,同样金融科技在发展过程也呈现综合化、交叉化、集成化趋势,以及金融与企业之间的边界逐渐模糊性,使得金融领域的业务、产品、服务之间的关联性越来越紧密,而金融科技风险也会通过这些网络渠道逐渐扩散、蔓延至整个金融系统,并产生叠加作用、放大作用。

金融科技的跨国性和跨业性特点,将世界各国的金融渠道打通,连接了不同的金融机构,在全球范围内促进了全球金融一体化的发展。但同时,这也使得金融风险的扩散和蔓延速度更加快速。同时,随着金融混业化、综合化趋势的不断加强,现行金融系统也面临着巨大的金融科技综合性风险和更为高昂的监管成本。

(四) 金融科技从业机构的逐利性

部分金融机构、消费信贷公司、第三方理财公司等在监管的真空期内,利用金融科技工具或平台作为追逐暴利的手段,其从业人员的道德诚信低下,从而出现信息欺诈、非法集资等现象;而金融科技的出现和快速发展,充分释放了金融消费者的金融压抑,丰富了其金融理财与投资渠道,但金融消费者过分注重收益、忽视风险的认知水平,导致其非理性和片面追求高收益的理财产品、投资回报率,客观上也助长了金融科技风险的产生。

(五) 金融消费理念的误区与风险意识钝化

从金融消费者视角来看,金融科技的支付业务、投资服务的终端和渠道日益呈现移动化、智能化趋势,金融消费者已广泛使用互联网、微信、支付宝、二维码支付等手段进行投资与理财,充分享受金融科技发展带来的普惠金融便利。但与此同时,大量存在瑕疵甚至是虚假的高收益理财产品、投资信息和服务也在各种互联网渠道进行宣传,金融科技消费者注重比较不同理财产品的收益率,而忽视了背后存在的高风险。

另外,从金融科技机构角度而言,大数据技术、云计算技术可以在极大程度上解决信息屏蔽、信息不对称问题,有效提升风险管理水平。需要指出,信息大数据技术、云技术的快速发展确实为金融科技业在融资信贷领域的企业画像、风险评级和个人征信判断等方面提供了极有利的技术手段,降低信贷风险和人为操作风险,但数据标准、数据格式、数据规范、数据质量以及数据处理模型的差异化和过量化,也会带来全量数据如何选择关键数据(key index, KI)的困难和数据的不精确性,从而衍生出新的大数据风险、数据模型风险、数据选择风险,而这些新生风险又会与传统金融风险进行叠加,产生更具破坏性的作用。

（六）金融科技监管的滞后与不完善

由于金融科技具有极其的复杂性、变化的未知性，以及金融科技业务交易的高度虚拟化、网络技术和金融科技创新速度快等特点，使得现有的金融监管手段和方式无法及时就日新月异的金融科技业态和模式进行全方位监管。加之，金融科技在一定程度上重构传统金融业态的结构和边界，在跨业、跨界监管方面，跨部门之间的监管联席机制还未形成，产生了监管的滞后性风险。故而金融科技在快速发展时，金融监管会存在一定的滞后性，即一定时间内没有对应的监管法规依据，监管模式和监管手段相对落后，监管范围和监管指标要求不够清晰。

在金融科技环境下，诸如区块链、大数据等技术的发展，对诸多金融交易的渠道、模式与方式进行了重构，传统的金融法规难以有效界定和实施监管，层出不穷的新型金融业态和新型金融交易行为又难以在现有的法律框架内进行有效的规制，故而在一定程度上存在合规性风险。如区块链技术应用在智能合约中，现行法律规则无法明确界定智能合约的法律性质，对于智能合约是否适用《中华人民共和国合同法》等已存的法律规范，学界尚无定论，对于出现的纠纷也就难以进行准确的定性与规制。

二、金融科技风险类别及表现

（一）金融科技风险的主要类别

巴塞尔银行监管委员会指出，金融科技主要覆盖四个核心应用领域——存贷款与融资服务、支付与清结算服务、投资管理服务以及市场基础设施服务。其中，存贷款与融资服务领域包括网贷、征信、众筹等产品；支付与清结算服务包括移动支付、P2P汇款等内容；投资管理服务的典型代表是智能投顾与智能投研等；市场基础设施服务的内容则最为广泛，意指人工智能、区块链、云计算、大数据、安全等技术所带来的金融产品的创新。

参考相关金融科技业务的范围与领域，金融科技主要包括互联网支付、网络借贷、股权众筹融资、互联网基金销售、互联网保险、互联网信托和互联网消费金融等七种主要模式，每种金融模式均有其自身特点，同样也有其个性化风险。本书将着重对第三方支付、网络借贷、股权众筹融资、互联网消费等模式的金融科技风险进行解析。

1. 第三方支付模式对应的主要风险

第三方支付指具备一定实力和信誉保障的第三方独立机构，与国内、国外各金融机构签约，借助金融机构卡等卡基支付工具或虚拟账户、虚拟货币等网上支付工具，提供与金融机构支付结算系统衔接的交易支持平台。我国第三方支付的典型代表为支付宝、财付通、快钱、汇付天下等支付机构。

第三方支付的方式主要包括线上支付方式（网上支付、移动支付）和线下支付方式（电话支付、电视支付、手机近场支付、POS机刷卡支付、拉卡拉及自助终端支付等）。第三方支付的主要过程为：当买方确定要购买所选的商品、服务时，资金的支付是先通过第三方支付平台提供的支付方式、支付账户进行，而资金先行进入第三方支付账户中（中间平台），待第三方将资金已支付信息通知卖方发货或提供服务，买方收货和收到服务确认无误后，再将资金划付给卖方账户。第三方支付的重要功能在于保障买卖双方的货款案例，防范欺诈。第三方支付实质是在资金转移过程中充当了资金缓冲和支付托管的职能。

我国第三方支付机构不断创新互联网支付服务方式,推出了二维码支付(扫码)、刷脸支付、空付、声波支付等方式,将支付场景和渠道拓展至生活缴费(如水费、电费、燃气费、有线电视费、物业管理费、手机通信费等的缴纳)、城市服务(诊疗挂号、交通出行购票、交通违章罚款、公证服务等)等场景,还为个人、商户等推出了多个金融机构账户连接、第三方账户间转账、第三方账户与金融机构卡间转账等支付服务,并且进一步延伸到了金融理财领域(如余额宝)、消费金融领域(如蚂蚁花呗)。

同时,第三方支付也出现了诸多的发展乱象,支付场景延伸至了赌博、赌球、洗钱等违法领域,以及支付失信、挪用沉淀资金、信用卡非法套现等非法行为。为此,2009年3月中国银监会下发了《关于"支付宝"业务的风险提示》,明确提出第三方支付机构存在信用风险、网络黑客盗用资金风险、信用卡非法套现风险、发生洗钱等犯罪行为风险以及法律风险等。2010年6月和10月,人民金融机构分别发布了《非金融机构支付服务管理办法》《非金融机构支付服务管理办法实施细则》,进一步明确了第三方支付机构的权利义务、申请许可条件以及违规处罚等规定。第三方支付模式主要存在的金融风险如表11-1所示。

表11-1 第三方支付主要风险

风险类型	风险描述
资金划转风险	由于对特约商户审核把关不严或特约商户提供虚假、伪造信息资料,导致客户的金融机构账户资金通过代扣接口被违规划扣的风险
信息安全风险	因支付平台系统数据库、资金划转路径、支付账户等存在安全漏洞,而产生客户及资金信息被盗、黑客入侵、信息泄露的风险
账户管理风险	由于第三方支付平台对应同一支付用户的多个资金账户渠道来源(金融机构账户),多个账户信息及资金均通过一个出口(多对一现象),所以在支付账户管理方面存在管理方面的诸多风险
系统中断与失败风险	由于第三方支付通过移动通信网、互联网技术对客户、商户、金融机构卡组织、清算系统进行远程结算,在网络系统运行过程中,容易受到系统的硬件、软件、网络等多重故障的影响,从而产生系统风险

针对第三方支付中存在的各类风险因素,监管部门应进一步明确监管职责和权限,尽快出台和细化支付结算管理条例、备付金存管制度,严格执行支付机构的市场准入标准,加强支付牌照资质管理和违规惩戒处置力度,及时整肃、清退开展支付清算业务的无证机构和违规机构,净化第三方支付市场。同时,第三方支付机构应及时进行系统的更新升级,在紧随业务创新的同时做好系统风险防范,以确保第三方支付平台的稳定运行。

2. 网络借贷模式对应的主要风险分析

网络借贷模式是以互联网平台作为中介为资金需求方(借款方)与资金供给方(出借方)进行信息对接和撮合,从而实现资金转移的一种资金融通模式。网络借贷平台本身是作为一种新型的金融信息中介,是信息技术与金融借贷服务的有机融合,能在一定程度上解决借款方与出借方信息不对称的困局,拓宽小微企业的融资渠道,是传统金融信贷的有益补充。

网络借贷业务有以下三种主要模式。

(1)单纯信息中介的模式——网络借贷平台作为信息中介身份,为借款方提供借贷信息的发布、信用审核等,促成出借方与贷款方之间的资金供需匹配和资金交易,网络借贷平台不对出借方提供资金保证和风险承诺。

(2) 合作机构推荐借款方的模式——网络借贷平台与担保机构、小贷机构在线下进行协议合作,由金融机构、担保机构、小贷机构等合作机构将已进行过线下风险审核的合适借款人,推荐给网络借贷平台,并由合作机构承担保责任,再向网络借贷平台在线下为其实现资金对接。该模式实现了线下借款端与线上出借端的有机对接。

(3) 第三方担保模式——网络借贷平台与第三方担保机构进行合作,平台上发布的借款项目本金由担保机构进行担保,而网络借贷平台作为中介,主要提供信息服务和不参与风险性服务。

网络借贷模式如图 11-1 所示。

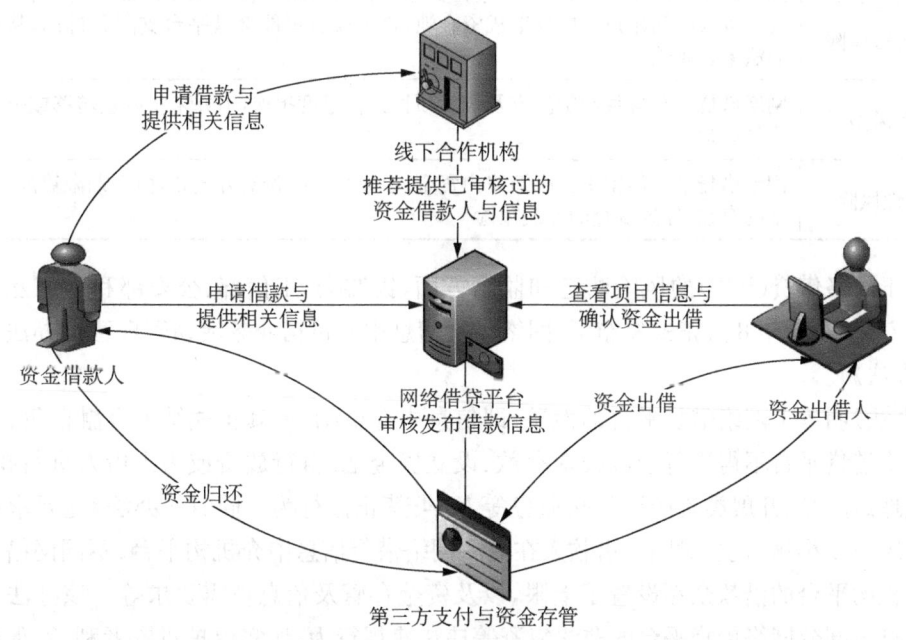

图 11-1　网络借贷模式流程

近几年,我国网络借贷业务发展呈现一些新的趋势,主要包括以下两方面内容。

(1) 服务对象范围扩展。P2P 模式逐渐向 P2B 模式发展,即由出借方的资金对应向企业(企业法人或股东)使用,资金主要用于企业经营与生产。该类贷款数额一般数额较大、期限较短。P2B 模式下对于企业(企业法人或股东)的风险审核机制严格,一般会要求企业提供担保和抵押。

(2) 服务渠道不断延伸。网络借贷平台除了自身对线上资金借款方的发掘和服务外,还实现了资金端与资产端的有效连接,即线上对接资金出借方,线下对接小贷公司、担保机构、金融机构等,由合作机构在线下进行有效和适合的资金需求寻找和开发,再通过线上将合适的资金需求在线下形成对接,这样为网络借贷平台、合作机构、资金出借方与资金借款方形成了良好的资金供应链,有效缓解投资机会供不应求的局面。

同时,网络借贷(P2P)模式并没有脱离金融的本质,故该模式下既包括传统借贷平台的风险,也包括其他衍生性风险。主要风险如表 11-2 所示。

表 11-2 网络借贷平台主要风险

风险类型	风险解析
征信判定风险	网络借贷平台需要依靠借款人相关的基础信息、抵押信息、资金数据、特征数据和财产数据等方面等进行征信判断和客户画像,而数据范围的不全面、数据质量(如虚假信息)的不定性等会导致信用判断的准确度,从而会导致信用风险。另外,网络借贷平台无法完全系统性实施对借款客户的线下尽职调查,也会导致信用风险
信息技术风险	网络借贷平台实现资金端与资产端的连接,以及对融资方的信贷核审、资金支付等,均必须以互联网技术、大数据技术和计算机系统作为依据。而信息技术自身存在诸多风险,从而对借贷平台产生相应的影响和作用
账户管理与非法集资风险	网络借贷平台在资产、资金端进行资金划转交易时所使用的中间账户为平台所有,而资金进入中间账户后极易形成资金池,资金就有可能会被平台支配和挪用,从而形成非法集资风险
担保风险	网络借贷平台自身对贷款方及贷款项目进行过度担保,但并未将风险转移或分散而形成的风险
流动性风险	网络借贷平台使用平台中间账户资金,以放贷人身份对外放款,由于期限错配、金额错配的存在,导致资金的断裂风险

对于网络借贷(P2P)的风险防范和监管方面,银监会、工信部、公安部和国家互联网信息办公室于 2016 年 8 月正式发布了《网络借贷信息中介机构业务活动管理暂行办法》(以下简称《办法》)。

《办法》明确了网络借贷平台的性质,即信息中介机构,将其正式纳入金融监管范畴,并提出网络借贷平台不得进行吸收公众存款、设立资金池、自行放贷或为出借人进行担保、发售金融理财产品、开展类资产证券化业务等 13 类禁止性行为。同时,《办法》还要求网络借贷金额应当以小额为主,对同一借款人在同一网络借贷信息中介机构平台、不同网络借贷信息中介机构平台的借款余额设置了上限,以及资金存管及信息披露要求等。该办法的实施将有力打击部分网络借贷平台的非法集资等违法违规行为,切实保护投资者利益,促进互联网贷款市场的健康发展和金融系统安全。

3. 众筹融资模式对应的主要风险

众筹亦称集众募或众融,主要是由创意者或项目发起人通过众筹平台发布创新信息、项目介绍等,寻找支持者或合作者、投资者,以获取创新实现或项目启动资金的方式。传统众筹的目标主要是为了获取项目启动资金。

随着金融科技的不断发展和创新应用,以及金融科技的快速发展,现代众筹的主体范围、客体对象和众筹方式均发生了巨大变化。互联网的时空扩展和开放性,为更多有创意、想法的各年龄层次、各种专业、各种身份的人,提供了创业、创意和创新空间;而众筹的场景对象也由咖啡馆、影视作品、软件开发、出版创作、游戏设计等,扩展到超市与酒店经营、网络课程设计、农产品营销、高校技术推广等,并为小微企业创业提供了更多的融资渠道和创新舞台。现代众筹的信息发布方式主要通过网络平台、微信以及其他社交软件、平台方式进行。

我国最早的众筹平台是2011年4月成立的点名时间,该平台期望通过众筹方式来实现项目启动资金(投资者和支持者),对项目类型进行类型细分和垂直整合,为产业中市场分析、生产供应、工业设计、渠道销售等不同群体提供资源互通的平台,实质上属于项目型众筹平台。国内股权众筹模式最早出现于2012年12月成立的"大家投"——天使式众筹平台,该平台的目的是实现天使投资与创业项目私募股权融资进行对接。其主要流程是:领投人进行筛选和发现好的目标项目,自行先期投入一定比例的资金后,在网络平台上发布项目信息和众筹信息,由其他投资者对项目信息进行判定和跟进投资(也称跟投),达到目标人数后即成立有限合伙基金入股项目公司。

相对于传统金融的融资方式和渠道而言,股权众筹融资模式创新了小微企业创业、个人初创企业的融资方式,能够在较短时间内筹集到启动资金和共同参考者、支持者。同时,相对于传统私募,众筹融资模式可以利用网络特性,在极短时间内使项目信息被传播和发布,寻找志同道合者,极大提升了定位股东和项目合作效率。另外,在股权众筹融资模式中,私人股东往往既是项目的股东,也同时是项目的参与者和实施者,有利于了解和跟踪项目的变化、资金使用情况等。作为一种新兴融资模式,众筹融资随着金融科技的快速发展也同时蓬勃发展。但同时,股权众筹也存在一些问题和不规范现象,包括众筹平台发布不实信息或虚假项目、向不特定对象募集资金、超出自身经营范围或无证照经营等。

2014年12月,中国证券业协会发布了《私募股权众筹融资管理办法(试行)(征求意见稿)》,意在对众筹融资的投资人和融资者准入门槛、项目融资额度、众筹平台用户注册和平台备案登记、项目发行宣传与信息披露、投资人保护等问题进行规范。2015年7月,中国证监会发布了《关于对通过互联网开展股权融资活动的机构进行专项检查的通知》,以规范众筹融资的业务行为和业态风险。对于众筹融资可能出现的风险,股权众筹平台需要加强自身专业化建设,尽职对项目信息进行审核,确保信息披露的真实、完整;同时,众筹平台要严格遵循相关法律法规,不能借助平台做私募基金、非法集资、网络借贷等越界经营,避免触碰和跨越过法律红线。

4. 互联网消费金融模式对应的主要风险

互联网消费金融指以互联网技术、大数据技术为手段,向消费者提供消费贷融资款的网络化、电子化、数据化金融服务。目前,我国金融市场上从事互联网消费金融业务的主体机构包括金融机构、消费金融公司,以及电商平台、网络借贷平台(P2P)。

与传统消费金融相比较,互联网消费金融借助互联网的高效、大数据的精准,在信贷效率、融资渠道、征信画像等方面极大提升了效率,并且能够提供更为丰富的消费金融场景和消费金融产品、服务。互联网消费金融主要向具有经营需要(如办公用车、办公用家居)的小微企业、社会公众中具有家庭和个人消费需求(留学和旅游、家电、家用汽车、奢侈品购买等)提供快速、便捷的消费金融服务。

2016年6月,国内移动金融科技服务平台麦子金服联合艾瑞咨询发布了《中国移动互联网消费金融行业研究报告》,该报告认为:随着社会总体财富和居民可支配财富的稳步增长、供给侧改革的推进,以及消费金融市场的认可和自身业务模式的成熟,我国消费金融具有广阔的增长空间,预计到2019年,我国互联网消费金融规模或将达到3.3万亿元。

目前,国内诸多互联网企业及电商积极参与到互联网消费金融领域中。国内芝麻信用管理有限公司运用大数据及云计算技术,呈现个人及企业的信用状态,并与支付宝、招联消费金融、苏宁消费金融进行合作,向其提供芝麻信用评分、行业关注名单、反欺诈信息验证、数据变量服务、负面信息披露等多维服务。

蚂蚁微贷向给消费者推出了"蚂蚁花呗"——"这月买、下月还"(确认收货后,下月再还款)的消费服务。京东商城推出了面向个人消费信贷服务产品——"京东白条",允许客户在购货时使用30天免息的"赊账"期,将消费金融嵌入到了网上购物场景中;另外,京东消费金融于2016年3月发布了首款现金借贷产品"金条",采用差异化授信和利率定价方式,提供最高授信额度20万、最长分期12个月的现金借贷服务,实现了"京东白条"信用在现金消费场景下的延伸。

需要注意,互联网消费金融同样也存在相应的金融风险,需要重点关注的风险包括信用风险、征信风险、数据风险等,如表11-3所示。

表11-3 互联网消费金融主要风险

风险类型	风险描述
信用风险	由于信贷审查环节审查存在遗漏、错误,或贷款申请人信息、资料造假、内外欺诈等原因,造成的已发放贷款无法正常收回形成损失的风险。另信用风险还包括已发放贷款未按规定用途使用的风险,以及欺诈风险
征信风险	对贷款申请人征信调查方面的关联数据、信息资料不全,或申请人征信信息存在舞弊情况,导致对申请人信用等级判定错误而给予过高贷款额度的风险
数据风险	数据质量风险主要指采集到的与客户关联的基础数据、行为数据、交易数据、资金数据等不够完整、客观和准确,不能完全支持准确为客户画像的风险
	数据模型风险指在对客户的数据集进行加工处理和分析时,由于场景假设、模型设计、参数设置、计算公式、模型敏感度等方面可能存在的潜在错误和缺陷,导致客户画像精确度下降的风险

对于互联网消费金融风险的防范和管控,需要从加强客户数据源的规范和统一,提升数据的关联性和核心数据质量,确保征信质量和数据模型的准确性等方面进行。从以上关于金融科技的主要风险表现可知,金融科技风险的产生,既有互联网技术和信息技术应用、金融产品与金融服务模式、多元化金融科技主体、互联网从业者道德风险、互联网消费风险意识不强等金融系统内部的原因,也有金融监管滞后和缺位、法律制度空白、诚信体系不完善等外部的原因。内因和外因之间、内外因之间会相互影响,从而作用于金融科技生态,衍生和产生出各类金融科技风险。

(二)金融科技风险的主要表现

我国金融科技发展过程中主要风险表现为以下方面。

1. 日益频发的网络技术风险与信息泄露安全风险

2012年,我国最大的程序员网站CSDN的约600万个个人信息和邮箱密码被黑客公开,引发连锁泄密事件;2013年2月,因中国人寿合作公司网站升级操作失误,导致中国人寿近80万名客户的个人保单信息被泄露。

2014年3月20日,我国国内最大的网络借贷(P2P)行业门户网站"网络借贷之家"自3

月 16 日起,其官网持续被黑客进行数万次 IP 的 CC 攻击,以及几小时内 6 亿次的连续攻击;2014 年 3 月 22 日,我国知名票务服务公司携程旅行网被曝其支付日志存在漏洞,用户金融机构卡信息可被黑客任意读取,引发大量用户被迫更换信用卡,使金融科技的三大支柱之一的互联网支付蒙上阴影。

2014 年 12 月,据专注于互联网安全漏洞报告的平台乌云网报道,12306 网站发生客户信息严重泄露事件,包括用户账号、明文密码、身份证和邮箱等 131 653 条信息数据被泄露。

2014 年 2 月 28 日,世界最大规模的比特币交易所运营商 Mt.Gox 因交易平台的 85 万个比特币被盗一空而宣布破产。

这些事件均凸显出了在互联网时代和大数据时代,互联网及其金融相关领域的数据安全面临着前所未有的威胁和挑战。

2. 层出不穷的网络借贷信用风险和欺诈风险

由于金融科技具有利用杠杆率谋取利益最大化的内在驱动力,故利用金融科技平台进行网络借贷,实施信用欺诈带来严重道德风险、信用风险的案例屡见不鲜。在 2013 年 11 月举行的九部委处置非法集资部际联席会议上,对网络借贷行业非法集资行为进行了清晰的界定,主要包括三类情况:资金池模式、不合格借款人导致的非法集资风险,以及庞氏骗局。

以网络借贷平台为例,网络借贷的风险控制策略主要采取资金托管、第三方担保(或自担保)、风险保证金提取、抵押和保证等方式,由于网络借贷承诺给放款人的收益率相对较高,加上其他成本支出和违约风险,使得网络借贷平台采取高杠杆率(即借贷资产交易规模与其注册资本额的倍数比)来进行平台规模运营,弥补其成本支出,这样极易产生严重的信用风险。据悉,网络借贷平台监管细则将于年内出台。

根据网贷之家最新统计数据,截至 2015 年年底,全国正常运营网络借贷平台数量为 2 595 家;2016 年 7 月网络借贷平台停止运营、兑付困难以及跑路的网络借贷平台数量已达到 2 236 家,接近同期正常运营的 2 349 家平台数量。

网络借贷平台的跑路事件,严重影响了社会民众对金融科技发展的信心,也影响了我国金融秩序和金融安全。对于此类问题,应尽快完善金融监管措施和细则,明确网络借贷平台的准入门槛、注册资本要求、交易规则等,切实保护消费者的利益。

3. 不断频发的网络犯罪风险与洗钱犯罪风险

随着金融科技的不断发展,网络金融机构、电子货币、网上支付等产品和服务推陈出新,传统洗钱方式与网络技术开始结合,洗钱途径和方式进一步多样化、隐蔽化、专业化,利用网络渠道进行洗钱的犯罪活动日趋频繁。

2014 年 7 月,据中央电视台新闻频道《新闻直播间》栏目报道,某国有大型金融机构涉嫌造假洗黑钱,以投资移民做掩护帮助大量不明资金外逃,让外汇管制形同虚设,令人震惊。

金融科技中的洗钱行为主要有七类:利用网上金融机构实施地下钱庄违法犯罪活动;利用第三方支付平台转移、清算网络赌博、非法集资等犯罪资金;网络炒汇、炒金;网络传销;证券期货违法犯罪活动;金融机构卡犯罪;网上制假售假。

由于金融科技交易具有便捷、快速、隐蔽的特性,决定了对交易信息资料的获取、资金活动的监测分析、客户身份和可疑交易识别等日常反洗钱工作无法有效落实,也无法对资金流向真正有效跟踪,极易引发洗钱风险。另外,电子支付行业法律体系不健全,监管体制不完善,如何有效防范网络洗钱风险,值得深入思考和研究。从国际上看,已经出现犯罪组织利用虚拟电子货币进行洗钱的现象。

三、金融科技风险的影响分析

金融科技风险会通过各种形式蕴含于金融交易活动中,且具有强大的杠杆效应;一旦科技风险暴露,其对金融发展的不利影响将是巨大的。这些不利的影响因素不仅会导致金融产品异化,还会导致金融交易秩序紊乱和金融市场信心丧失。

(一)金融科技的创新应用可能加剧金融产品的异化

金融发展离不开金融产品的开发、设计、定价和交易,在这一系列过程中,科技起着十分重要的作用。然而,一旦人们过度依赖科技而失去了理性判断能力,则很容易造成金融产品异化。以金融领域较为流行的资产证券化为例,不断地再证券化过程中,金融衍生产品的定价离其标的资产越来越远,模型的构建者不得不再次做出简化假设。这就使得资产定价模型的假设前提不断脱离于现实生活,模型的精准度仅取决于之前相关信用评级的准确度和诚信度。证券化的重复升级意味着其中任何一次证券化的违约都会造成其他证券化的重创。同时,层层叠叠的证券化造成证券化链条的投资者无法计算其面临的损失。显然,这如同一个倒金字塔的结构,上层的金融衍生产品堆积得越多,位于底部的标的资产承受的压力越大。一旦标的资产的信用风险暴露,则倒立的金字塔结构会轰然倒塌,金融危机油然而生。科技创新本来是为了提高金融衍生产品在套期保值和风险管理中的重要作用,促进资本流动和经济繁荣,但过度的创新却降低了经济运转的透明度,在提高杠杆效应的同时降低了谨慎性监管的效果,使得金融市场的系统风险和风险传染性剧增,同时也加快了金融衍生产品的异化程度。在当代国际金融危机中,创新金融产品的异化过程主导着美国次贷危机的发生和深化。即金融机构精心设计、创造和发明出来的,以规避风险和实现利润最大化为目标的金融产品最终偏离了预定轨道,成为金融机构无法真正认识和控制的异化之物,并最终发展成为危及金融机构乃至整个金融市场的一场灾难。

(二)金融科技的创新应用可能诱发更多的金融投机行为

金融市场交易秩序紊乱在电子信息技术及互联网飞速发展的背景下,金融交易活动演变为一场赌注很大却简单易行的电子游戏。高科技在直觉上让人信赖,因为科技是最可靠的风险鉴别者,它可以有效地鉴别风险资产,也可以将问题资产转变为安全资产。但是,高科技也蕴含着巨大的风险,随时可能摧毁金融市场的正常运作。以美国为例,华尔街拥有科技赋予的符号,并将技术元素翻转为信用元素,这样技术所承载的必然性判断即刻转变为人的主观逻辑判断。伴随着技术的日益发达,人们变得更加非理性,极度膨胀的科技意识必然导致对人性的奴役,必然导致交易市场上的过度自信和过度投机行为。不可否认,金融市场的正常运作需要科技的支持,如计算机、网络、通信设施等高科技产品的参与和支撑,这些因素是维持金融市场交易秩序的必要条件。然而,这些外在的、客观的事物却又会破坏正常的交易规则。如电脑黑客的侵入以及网络系统的短路,瞬间就会使金融市场陷入紊乱甚至是瘫痪的状态,从而严重影响金融市场交易秩序。又如美国次级抵押贷款债券以及其他金融衍生产品在正常交换中,其交易秩序是有序进行的,但是,当违约率上升时,科技风险的"多米诺骨牌"效应开始显现,最终因次级抵押债券的价值无法实现而造成金融市场的紊乱现象。

（三）金融科技风险对金融市场信心的冲击具有快速放大性

科技的发展及其广泛使用使得人们确信当科技运用于金融领域时,也一定能促进金融市场的健康发展。但由于金融市场的交易大多是通过网络等渠道得以实现的,并不像实物交易那样触手可及,因而在金融市场上,虚拟经济占据十分重要的地位。而虚拟经济需要信心的支持,一旦科技风险触及投资者的心理底线,将会导致金融市场整体信心的崩溃,其带来的后果可能是毁灭性的。在这一信心丧失的过程中,科技在风险的传导过程中主要起着以下两个方面的推波助澜作用。一方面,科技风险可以依托金融机构间的网络结构和网络连接而快速扩散和蔓延。源于一个金融机构的风险很容易通过网络传染至另一个金融机构,从而引发大部分乃至全部金融机构面临挤兑和信誉扫地的风险。如 2008 年 9 月 15 日雷曼兄弟申请破产保护,当天美股就下跌,第二天全球证券市场遭受重创。这种源于网络技术的发达而造成的风险快速扩散,使得各国金融市场上的交易者和监管者措手不及,使得金融发展面临的科技不确定性影响显著增加。另一方面,金融市场信心是由众多投资主体的信心构成的,而投资主体在认知偏差、有限理性,以及人性贪婪等因素的作用下,盲目地夸大科技风险,进而造成金融市场上的从众行为和投资信心崩溃。科技的杠杆作用是巨大的,在金融活动正常进行时,其会显著地促进金融市场的发展;但当金融市场出现风吹草动时,源于投资主体心理预期的因素会将科技风险成倍放大,最终造成金融市场信心防线的垮台。

金融科技的发展并非一帆风顺,在追赶潮流的同时,风险始终存在。这几次重大的"失窃"事件,不仅影响了参与其中的投资者,更是让政府和大众对此类数字货币的安全问题大大提高了警惕,或许这将延缓去中心化数字货币时代的到来。

三、金融科技风险的演进与发展

金融的发展史,是金融与科技紧密融合的过程,现代金融是科技与金融紧密融合后的金融形态。大数据与云计算技术、人工智能与区块链等技术的不断创新发展,极大缩短了科技转化为金融产品的周期,从根本上重构了现代金融系统中的金融产品设计理念、金融服务渠道、金融营销方式和金融监管体系,催化着金融生态的不断演进,变革着现行金融交易规则与监管模式。随着互联网人群持续增加,金融消费者接受新科技的能力和意愿逐渐增强,金融科技向社会公众的覆盖和渗透率也越来越高。

但与此同时,随着新金融产品、新金融平台、新金融组织、新金融业态的不断涌现,新型金融科技风险也相伴而生,金融科技使资金的提供者与需求者之间的连接费用大幅下降,实现高效率低成本的同时,金融科技风险的隐蔽性、突发性、传染性和负外部性等特征依然存在,并且金融业务、科技和网络等多重特质的风险更易产生叠加与聚合效应,使金融科技风险传递得更快、波及面更广。

（一）金融科技的技术性风险演进方面

金融科技业务的发展依赖于先进的技术和交易平台系统。在计算机计算和网络技术驱动交易的条件下,金融行业务交易的频率及交易量迅速上升。金融科技的应用确实会在很大程度上规避交易信息失真和规范市场主体的交易行为,但因技术漏洞、编程错误、参数错误或操作失误等对交易平台的影响,均会对金融市场产生巨大影响,从而演进生成新的系统性风险。

另外,使用大数据与云计算技术、人工智能和区块链等相关技术时,数据相关性不是用于检测因果性而是用于预测未来,金融机构有可能会因数据量或样本量的不足、计算模型和参数的瑕疵,导致其决策错误风险。另外,当某一体量巨大的金融科技机构出现经营异常或技术问题时,金融科技风险就会迅速传递至与它相关的各类企业,这种风险往往带来致命的危险。

(二)金融科技的操作风险演进方面

金融机构的操作风险与不适当的操作和内部控制程序、信息系统失灵、人为失误及外部事件密切相关,金融机构及业务系统会因其内部控制和信息系统存在的缺陷,而导致不可预期的损失。

当金融科技快速发展时,金融机构的金融产品、金融服务、金融模式创新程度越高时,其操作风险也会随之增加。另外,金融科技业务中的数据风险与信息安全风险相互交织,亦增强了操作风险发生的可能性。

(三)金融科技的系统性风险演进方面

由于金融科技业务具有显著的网络性、参与机构的多维性,所以金融科技风险具有传播的多路径性和爆发的突然性、破坏性。金融科技风险是一种特殊性的风险,其爆发往往不一定是因为大型"具有系统重要性"金融机构的风险因素导致,而可能是因为某一类型的小型金融机构或处于关键技术环节或业务环节的金融机构引发的风险,从而发展变化成全局性的系统性风险。

由于金融监管者尚缺乏有效的技术手段来获取金融科技市场结构和运作的可靠信息,故而对金融科技企业的监管和约束将更加困难。另外,金融科技的技术性风险和操作风险在特定的情形下,可能会由量变快速形成质变,从而引发系统性金融风险。所以,金融科技发展下的金融监管,在形式和实质方面均显著区别于传统金融监管。

部分操作风险事项

1. 消费数据未按时上传:消费数据未及时上传至支付机构,导致清算延迟或纠纷,影响支付机构和商户利益。

2. 消费数据完整性受损:消费数据上传后不完整,导致清算对账不平、延迟清算等。

3. 消费数据真实性受损:消费数据被伪造,导致支付机构受到损失,客户备付金出现短款。

4. 充值确认报文丢失:终端(含虚拟终端)返回的充值成功确认报文丢失,将导致支付机构无法确认充值是否成功。

5. 充值请求响应报文丢失:充值成功响应报文丢失,导致充值渠道与支付机构不平账,产生争议。

6. 保护密钥受损：支付机构与商户之间的保护密钥被破坏、泄露等，将导致支付机构与商户之间通信的保密性、不可抵赖性受损。

7. 交易数据上传进程发生内存泄露：交易数据上传程序由支付机构开发，上传进出存在内存泄露，导致上传进程运行异常，影响交易数据上传。

8. 交易数据上传进程发生段错（segment fault）：交易数据上传进程发生段错，导致上传进程意外终止，交易数据上传失败。

9. 交易数据上传进程其他异常：交易数据上传进程除发生内存泄露和段错外，可能发生其他异常，导致无法正常上传数据。

10. 交易数据接收进程未按时收到数据：支付机构未按时收到商户的消费数据，导致清算延迟或纠纷，影响支付机构和商户的利益。

11. 交易数据接收进程发生内存泄露：交易数据接收进程发生内存泄露，导致交易数据无法正常接收，甚至导致系统无法登陆。

12. 交易数据接收进程发生段错（segment fault）：交易数据接收进程发生段错，导致接收进程立即意外终止，无法接受交易数据。

13. 交易数据接收进程其他异常：交易数据接收进程除发生内存泄露和段错外，可能发生其他异常，导致无法正常接收数据。

14. 数据入库超时：入库数据量过大或数据库系统异常，可能导致入库时间过长，进而影响清算和对账时间。

15. 数据入库失败：数据入库失败导致清算、对账滞后，商户无法及时、准确获取款项。

16. 清分超时：待清分数据量过大等原因导致清分时间过长，影响对账、划账时间，商户无法及时获得款项。

17. 清分异常挂起或终止：清分进程异常挂起或终止，客户端陷入"死等"状态，清分无法进行，商户无法按时获得款项。

18. 清算报表无法正常生成（含超时）：清算报表无法正常生成，导致与商户对账无法正常进行，影响支付机构与商户直接的合作关系。

19. 电子对账后双方不予认可：电子对账取代纸质对账，可提高工作效率、降低交易成本，但可能出现事后双方对对账结果不予认可。

20. 后台服务器被未经授权访问：后台服务器被非法访问，导致敏感数据被非法访问，客户信息等商业秘密被泄露，支付机构、商户和客户利益受到损害。

21. 信息科技系统试运行方案实施存在重大瑕疵：信息科技系统试运行方案存在重大瑕疵，影响支付机构和合作伙伴业务开展。

22. 合作伙伴未就试运行做好准备：影响试运行效果，影响公司业务开展，影响客户正常消费。

23. 旧设备未按要求销毁：包含涉密信息的旧设备未按要求消销，导致泄密。

24. 试运行期间出现系统崩溃等重大问题：影响支付机构和合作伙伴业务开展。

25. 试运行期间敏感信息未经授权被访问：侵害公司、合作伙伴或客户的合法权益。

26. 试运行期间敏感信息被泄露：侵害公司、合作伙伴或客户的合法权益。

27. 合同审查人员对项目内容缺乏足够了解：合同审查人员对项目及其背景缺乏充足了解，出具意见不恰当，延长项目推进。

28. 缔约过失：在合同签订前，支付机构经办人员泄露合同谈判过程中获知的商业秘密；经办人员未经授权进行商务谈判构成恶意磋商；合同事项需经报批，商定事项被审批机关否决；其他违背诚实信用的事项。

 思考题

1. 金融科技风险是否来源于科技风险？金融风险管理体系是否还适用于金融科技风险管理领域？

2. 做一张表格，横向为第三方支付、网络借贷、股权众筹融资、互联网消费四种互联网金融业务模式，纵向为不同类型的金融科技风险。思考现实中的互联网金融企业其业务范围是单一模式还是综合交叉模式？

3. 2018年互联网金融行业迎来了更为明晰的监管规范。利用人民银行公开发布的监管文件和网络资料，了解监管的重点方向并讨论其可能带来的影响和效果。

第十二章　金融科技风险的监管与防范

金融科技是金融创新和科技创新有机结合的新生事物,互联网技术和创新成果已经为传统金融和其他非金融领域所广泛利用。金融科技在不断的快速发展和变化创新,新兴的业务模式和金融工具会日新月异,由于金融科技自身存在的复杂性,也会使风险在复杂环境下不断发生转化和异变。

当前,针对金融科技业态的监管还存在一些真空地带,监管规则和监管法律还不够完善,易造成金融市场的无序竞争,加之我国金融科技发展的重要支撑——征信和信用体系并未完全建立起来,难以完全有机接入金融科技,从而会制约和阻碍金融科技的健康和有序发展。

由于我国金融科技的出现时间较短,其发展方向尚不确定,发展中所存在的问题和风险还需要一定的时间进行分析。我国金融科技在金融监管处于相对滞后和金融科技规则、规范尚未完全建立起来的"真空"期。故而密切关注金融科技风险的发展,可以有效防止以避免监管为目的及脱离经济发展需要的"创新",有利于金融市场的安全高效运行。

对于金融科技已经存在和可能产生的风险,应该以科学的、客观的眼光进行审视和监管,既要为金融科技的发展和创新创造规范、健康、积极的环境,同时也要利用新型监管方式和策略,充分发挥监管工作的风险防范和风险预警作用,保护好消费者的权益、金融科技参与主体的利益,以确保我国金融科技的有序、稳定发展,维护国家金融安全。

第一节　金融科技风险监管的国际借鉴

金融科技风险既具有传统金融风险的特点,又会演进生成与科技相融合和耦合后的衍生性新生风险。对于这种具有双重特点的金融科技风险,需要深入掌握其风险特点、成因和演进规律,才能实施更具有针对性的金融科技风险监管。

同时,金融科技发展的日益国际化和全球化,也给我国金融系统和金融监管带来了新的风险与挑战。仅仅依靠一个国家的监管机构资源和力量是无法完全防范和规避金融科技风险的,故国际监管力量的协作成为必然选择。如何实施金融科技的国际化监管协作,是当前金融监管的重大挑战。

对金融科技风险监管方面的研究,最早当属是英国金融行为监管局,2015年6月设立了"监管沙盒"监管模型,对实验场景中的金融产品和服务适当放松监管以增加创新活力;其后澳大利亚、新加坡等国家也陆续建立起了"监管沙盒"监管模式。

一、金融科技的国际监管现状与共性问题

(一) 金融科技科的国际监管现状

2016年3月16日,金融稳定理事会在第16届全会中,全球金融监管机构首次正式讨论了金融科技的系统性风险及监管问题,基于全球金融稳定的视角发布了《金融科技的全景描述与分析框架报告》,该框架主要包括以下三方面内容。

(1) 深度剖析各类金融科技产品及其机构的创新内容和机构特征。即分析跨市场、跨行业的经营模式的实质,以及从事金融创新的机构管理水准和内容水平是否与金融行业特征相符,从而判断其金融服务创新的目的,是市场真正需要的金融服务创新,还是借创新来快速牟取暴利。

(2) 严格甄别金融科技产品及其创新的驱动因素。即在监管约束范围内,支持和鼓励有利于降低金融成本、促进风险管理水平、填补金融服务空白和满足市场需求的创新活动,严厉打击规避监管或监管套利行为,包括涉嫌非法集资的"伪创新"或犯罪行为。

(3) 从微观及宏观视角评估金融科技对金融稳定的传导影响。即应重点评估金融科技产品创新及活动对传统金融机构商业模式的影响,对金融市场中各个市场参与主体行为方式和风险状况的相互影响,对现在金融系统带来的影响程度等(包括对金融系统的复杂性、透明度、流动性、杠杠率、信用风险和交易对手风险方面造成实质性影响),对现行金融市场结构和金融竞争造成实质性影响(负面还是正面),以及其外部性效应大小等,以判别金融科技产品存在的必要性。

当前,金融稳定理事会主要关注金融科技(近期重点是区块链、分布式账户技术)发展对金融稳定的潜在影响;在金融稳定理事会框架下,巴塞尔银行监管委员会(Basel Committee on Banking Supervision, BCBS)成立了金融科技特别工作组,针对各成员国对金融科技的基本态度、监管框架、具体监管以及鼓励创新的具体做法等进行充分的调研,以分析金融科技对银行业的影响,从而前瞻性的确定未来的监管方向和监管应对措施。国际证监会组织(International Organization of Seranrities Commissions, IOSCO)自2014年和2016年两次发布众筹业发展报告后,也将更加全面地对包括区块链、云技术、机器人投顾等金融科技在证券和资本市场的运用及其影响进行评估。国际保险监督协会(Internationla Association of Insurance Supervision, IAIS)则于2015年11月发布了《普惠保险业务准则》,重点关注金融科技在应用于保险业务中的消费者保护、数据保护和反欺诈实施情况。

(二) 金融科技的国际监管共性问题

金融稳定理事会提出的"对于金融科技的监管评估框架"也对金融科技的监管提出了指导意见。指导意见指出,各国应参考较为一致的监管框架,监测国内的金融科技发展,与国际组织和制定国际标准的机构在业务监测、风险分析和业务应对等方面开展合作,为国际间协同监管奠定基础。

1. 金融科技监管标准与监管政策,暂无统一标准和一致性规范

目前,国际上各国的重点监管领域主要是网络融资和电子货币监管,监管规则和监管措施相对较为成熟。但由于各国金融科技的应用领域与范围、应用深度与程度差异较大,其应用效果也相差较大,故而各国监管机构对具体金融科技业务及技术的监管亦存在较大差异,

国际上对于金融科技的监管还缺乏统一标准和统一步调,监管呈现分散性和碎片化状态。

以网络借贷业务和众筹融资(crowd funding)为例,美国是根据金融产品和服务的性质决定适用的法律及监管机构,将P2P业务和众筹融资一并纳入证券市场的行为监管框架;而欧盟和英国则根据审慎监管原则对P2P业务和众筹融资实施监管,重点从最低资本水平和资本安全性方面提出监管要求,法国则将P2P业务视为银行资金业务进行监管。

在电子货币方面,各国监管机构的态度差异也十分显著。根据美国国会法律图书馆环球法律研究中心2014年的研究得知,40个被调查的国家和地区对比特币大致持正面、反对和保留三种态度,在正面态度之下,亦将其划分为商品与货币之分。美国商品期货交易委员会将比特币归类为大宗商品,而欧盟最高法院判定比特币非商品而是一种电子加密货币。

2. 金融科技的国际性和跨界特点,导致金融监管合作难度增大

金融科技本身具有网络性、信息传播性、金融属性与科技属性的融合性,故其与金融科技关联的业务具有显著的国际性和跨界性,即金融机构间出现大量跨国、跨境、跨机构的金融业务,但由于金融监管实施的主体具有国家主体性、地域属性,而导致针对金融科技业务的国际性监管和跨界监管明显滞后。

以中国的蚂蚁金服为例,目前其支付业务已覆盖全球220多个国家和地区,每年服务的海外客户超过3 000余万人,同时已在印度、韩国及东南亚部分国家参股银行或支付机构,其业务具有显著的国际性,但各国在支付、银行监管方面的政策和模式差异巨大,在金融科技业务的信息共享、跨境核查、多国协调、税务处置、消费者保护等多领域监管方面,目前尚无明确的机制安排和监管协调设置。

当前,金融科技的跨境业务尚处于初始阶段,对其监管的重点工作尚集中于市场准入领域。但随着金融科技业务的不断发展和金融科技型公司的不断扩张,对于金融科技的监管势必需要对金融科技对全球的金融系统的冲击或影响进行系统性的评估,从而促使各国金融监管机构的全球性协作,从而确定更为科学和具有前瞻性的金融科技监管手段与措施。

二、金融科技的国际监管经验与借鉴

(一)金融科技的国际监管经验

世界各国金融监管机构均在密切关注金融科技发展,不断探索和完善现行监管模式和监管手段。

(1)普遍建立起前瞻性监管机制,包括指定相关金融监管机构或工作团队承担金融科技的监管协调职能,加强对金融科技的风险跟踪研究、风险监测和风险模型完善等工作。

(2)深入探索和完善监管模式和手段,包括使用监管沙盒、创新指导窗口和创新加速器等方式。监管沙盒实质上是一种有限业务牌照的监管机制,该机制可以促进监管机构与金融科技从业机构之间的充分沟通交流,使金融监管机构可以预先性了解和监测金融科技创新业务模式的运行效果,以避免从业机构在法律和合规上"走弯路"。

(3)在现行监管框架下普遍遵循技术中立的态度,依照金融业务的本质来实施监管。虽然科技创新有利于金融服务渠道的扩展和金融效率的提升,但无法替代金融的根本功能,也并未因科技的引入改变金融风险的隐蔽性、传染性和突发性。

(4)将金融外包业务纳入金融监管范围。针对金融科技中的分布式账户、大数据、云计

算、客户身份认证等技术应用,各国监管机构普遍将其纳入金融机构的外包业务与外包风险监管范畴。在明确金融业务外包提供机构的同时,监管机构要求从事金融业务的机构需要对外包业务环节视同为自身业务进行管理,执行一致性的风险管理标准,对外包服务机构进行对应的持续监测、风险评估,并且要求在外包服务协议中清晰约定服务范围、清晰界定责任义务等。

从国际普遍做法来看,无论是怎样的金融从业机构类型(传统金融机构或是新型企业机构),无论是何种的金融渠道(线下渠道或是线上渠道),只要从事同类金融业务或金融服务,就均应依法取得金融牌照,并遵循相同的业务规则和风险管理要求。当前,国际上与金融科技相关的金融牌照包括吸收存款类、发放贷款类、支付类、资本筹集类和投资咨询类等。一般各国监管机构通过发放金融牌照来规范金融机构及其经营范围。在现行金融监管框架下,根据金融业务的本质分类实施准入管理和持续监管。其中,对吸收公众存款、公开发行证券募集资金、从事投资咨询、开展资产管理等业务均规定了严格的准入标准和监管要求。

在金融监管实践中,各国监管机构重点关注三个方面:一是牌照问题,即开展相应金融业务的机构,是否依法获取了相应的牌照;二是业务边界问题,即开展金融业务的机构,是否存在超越牌照范围边界的情况;三是监管遵从问题,即金融机构及其开展的金融业务是否遵从了监管规则,是否实施了与所承担的风险性质和水平相匹配的风险管控措施,以及是否遵守了账户实名制、客户身份验证、产品宣传销售、投资者适当性管理等方面的行为监管规则,是否依法保护了金融消费者合法权益。

世界各主要国家的金融科技监管情况如下所述。

1. 美国:金融科技应用领域广泛,强调功能监管与限制性监管

美国的金融科技发展与应用涵盖了电子鉴证、金融理财与智能投顾、金融交易的智能化监控等方面,金融科技热点主要集中于财富管理、保险科技以及人工智能领域。根据 Visual Capitalist 于 2016 年 9 月发布的相关调查报告数据显示,全球现有 27 家估值不低于 10 亿美元的金融科技私营初创企业中,美国有 14 家企业上榜;在服务对象方面,美国的金融科技主要面向有个性化需求的个人以及初创的互联网公司。

美国政府方面对金融科技发展持积极的支持态度,并出台了相关监管措施。2017 年,美国国家经济委员会发布了《金融科技监管框架》白皮书,该白皮书从政策上确认并特别强调了隐私保护、网络安全、金融稳定性等问题,对美国金融科技的发展产生了深远的影响。该白皮书全面系统地阐述了美国金融政策的原则与监管框架,包括以下相关原则与内容:广泛思考金融生态系统;将金融消费者放在首位;促进金融包容性和金融健康;认识与克服潜在技术偏见;透明度最大化;努力实现互操作性和协调技术标准;保护网络安全、数据安全以及隐私;提升金融基础设施效率与效能;维护金融稳定;加强跨部门协调。

需要指出的是,美国对金融科技的监管模式主要为功能监管与限制性监管,即不论金融科技的具体表现形式,只要是金融科技所涉及的金融业务,一律按其功能纳入现有金融监管体系。另外,美国具有相对完善的监管政策法律体系,可以在极大程度上实现对金融科技的业态特征识别和实时动态性金融监管。

2. 欧盟:注重金融科技与监管科技,重视金融消费者权益维护

欧盟中的德国、爱尔兰等国家十分重视金融科技与监管科技。德国在国际范围内首先

承认了比特币的合法地位,积极推进 The DAO、智能合约等区块链应用的相继落地,在区块链应用方面走在了世界前沿。另外,欧盟鼓励相关企业在金融服务软件方面创新不断,包括为基金服务的技术软件、记录贸易数据的追踪软件和提供合规解决方案的软件等,如德国 Alyne 集团主要提供监管科技服务,爱尔兰 Trustev 公司提供在线欺诈防范服务。

2016 年 1 月 12 日起正式生效的《支付服务法令 II》(PSD II)赋予金融从业机构可获得银行账户接入权限,构建了更为规范化的金融系统;2018 年 5 月 25 日起正式生效的《通用数据保护条例》将适用于所有涉及在线或线下存储个人资料信息的行为,为金融科技的发展提供了有益的政策支持与监管框架构建。

3. 英国:鼓励金融科技创新,加强科技监管

英国政府及金融监管机构一方面积极推进和鼓励金融科技创新,另一方面,将保障金融消费者权益作为金融科技监管的重要内容,保持适度监管,从而实现金融监管与创新的平衡,以达到鼓励相关金融科技企业发展与保护金融消费者合法权益的统一,其监管特点如下。

(1) 强调行业自律优先原则。英国金融监管机构给予金融行业一定权限的权力空间和发展空间,尊重行业发展积极性和培养行业的总体竞争力,待金融行业形成相对成熟的自律准则后,监管机构再行出台统一的监管政策,以确保行业的持续性稳健发展。

(2) 实施监管沙盒金融监管策略。英国是国际上最早推出监管沙盒的国家。2016 年,英国金融行为监管局(Financial Conduct Authority,FCA)宣布正式启动该计划,即允许在可控的测试环境中对金融科技的新产品或新服务进行真实或虚拟测试。该模式在限定的范围内,简化市场准入标准及流程,豁免部分法规的适用,在确保消费者权益的前提下,允许新业务的快速落地运营,监管机构可根据沙盒的测试情况再确定金融产品或金融服务的推广与否。

(3) 加强技术驱动型监管(RegTech,即监管科技)。英国金融监管机构注重以技术手段作为监管实施的重要手段,从而来降低合规成本和提升监管效率。英国金融行为监管局于 2016 年 4 月发布《2017—2018 年商业计划》(Business Plan 2017/18),明确指出"要充分认识到 RegTech 在生成金融监管报告、降低交易成本、实现普惠金融、增强金融领域反欺诈反洗钱能力等领域所扮演的重要作用"。

4. 澳大利亚:促进金融科技创新发展,推行监管沙盒政策

澳大利亚全力推进金融科技行业快速发展,金融科技在金融行业的发展过程中起到的积极作用日益凸显。毕马威相关报告指出,全球前 100 名的金融科技公司澳大利亚有 9 家。其中,Prospa、Tyro 和 SocietyOne 进入了前 50 强。

除此之外,澳大利亚积极推进区块链技术的研发与应用,并于 2016 年 1 月将区块链技术取代了澳大利亚股票交易所(ASX)当前使用的 CHESS 清算系统,以区块链技术作为其清算和结算系统的替代品,从而降低清算和结算交易的成本和复杂性,并节省时间。澳大利亚证券和投资委员会(ASIC)于 2016 年 6 月发布了《进一步促进金融服务创新的相关措施(征求意见稿)》,拟从两个方面促进金融科技创新:一是推行"监管沙盒"政策;二是帮助创新型金融科技企业达到高管任职资格的监管要求,从而实现有效负责监管金融市场行为和保护消费者利益的目的。

5. 日本:金融科技行业发展迅速,监管法律法规较为完善

日本政府依赖其深厚的科技实力,高度重视和推进科技金融的发展,例如乐天智能支

付、智能财富管理企业 Money Forward 和智能投顾企业 THEO 等是日本金融科技发展的典型企业代表之一。另外,日本在德国之后也承认了数字货币的合法地位,并将其作为法定的电子财产加以保护,通过对发行虚拟货币的商业银行进行授权和准入限制,控制发行总量,为之后日本央行发布法定数字货币做必要准备。

日本金融监管的核心机构是金融厅,金融厅每年制定《金融行政方针》,负责对金融产业的发展进行宏观规划,如 2016 年 3 月,向国会提出了包括《分期销售法》《金融商品交易法》《贷款业法》《银行法》和《资金结算法》等在内的一系列法律修正案,修正案内容主要以 FinTech 相关的规则为修法重点,核心是如何让金融机构尽快实现技术化。同时,日本具有相对完善的金融监管法律法规,设立了国民金融公库、中小企业厅(局)、中小企业金融公库、日本开放银行等配套政策性金融机构,这些政府金融机构与日本民间金融科技资本一起,共同构成了日本金融科技生态环境。另外,日本通过建立多层次的资本市场和构建较为完善的担保体系,从而构建起良好的投资环境与金融市场环境,从而为金融科技的发展提供了良好的金融环境。

(二)金融科技的国际监管借鉴

1. 厘清监管职责范围,纳入现有监管框架

无论金融科技如何发展,金融都会始终是其无法脱离的载体,故对金融科技的监管,应抓住金融业务本身和金融业务活动这两个重要抓手。金融科技的创新应严格遵循现行金融监管基本原则和框架,监管机构应根据金融科技业务的本质,对金融科技业务活动实施监管,以确保监管标准的一致性,这也是国际金融监管界的共识。

另外,对金融科技的监管可以继续遵从现行监管体系与监管架构,根据现有的监管部门功能来履行金融科技的监管职责。在金融科技监管的过程中,需要有清晰明确的金融科技监管职责与分工,一是监管范围的划分——需要以金融科技业务及活动的类别划分作为基础;二是监管地域的确定——由于金融科技业务具有弱地域归属性,如何确定监管实施的主体;三是监管权限实施层级——由于金融科技业务的网络性和传染性等,如何在中央和地方政府层面、央行和监管实施机构之间划分监管职责。

2. 改进金融监管理念与模式,加强金融监管的国际合作

传统金融监管的国际合作模式一般为依据金融机构的母国东道国进行金融监管合作或协作。但由于金融科技创新自身较强的跨国属性,这种模式并不适用于金融科技业务的发展与特点。各国监管机构也加强了金融科技监管方面的协作与合作,并取得了一定的进展。国际上各银行业、保险业、证券业等国际组织也在不断地修订或调整现行监管框架、指引和标准,以适应新形势下的金融科技业务变化和金融监管压力。

3. 鼓励金融科技创新,培育良好金融科技生态系统

目前,世界大多数国家政府及金融监管机构鼓励金融科技创新,并希望建立起良好的金融科技生态系统(Fintech ecosystem),通过政府部门、监管机构、传统金融机构以及金融科技从业机构、金融消费者等相关主体之间的有效沟通与协作,构建金融科技产业发展的良好金融科技生态环境,鼓励和激发金融科技创新,吸引和培养金融科技人才,提升金融市场与金融系统的整体效率,从而为金融消费者提供更为良好的金融场景、金融服务、金融产品和金融体验。

4. 金融科技监管应顺风而为，监管方式与思维应具有前瞻性

面对金融科技快速发展的挑战，不仅金融监管理念需要调整和变革，金融监管法规的有效性和科学性亦受到了相当的冲击。以区块链技术在金融中的应用为例，从技术视角、业务视角和风险视角，目前世界各国的法律和监管框架尚无法支撑区块链技术的快速发展。例如，当前法律监管旨在依据共同的信任或基础来保护交易双方，但区块链却不需要这种信任机制，区块链的"代码即法律"去信任、去中心化机制与传统法律的主观出现了冲突；但另一方面，区块链的应用引发了跨国业务出现纠纷时的法律管辖权如何确定网络执法权、如何追踪和核查区块链业务的真实性与准确性、如何对区块链数据信息失真和交易违规等进行规范和处罚等，给主权法律体系提出了一系列的挑战和问题，尤其需要国际层面的治理与法规框架层面的思考。

金融科技的发展，实质上是金融与科技、人与技术之间的相互融合、耦合；而金融科技的监管，恰恰是为处于这种融合过程、耦合过程中的金融科技主体与客体提供正能量，即业务与系统运行保障、风险管理保障和法律法规保障，这种保障措施应更为智能化、信息化、数据化，从而确保金融科技生态系统的良性循环。

第二节 金融科技风险的监管困局与监管动因分析

一、金融科技风险的监管困局

目前，金融科技在全球呈现迅猛发展的趋势。据零壹财经相关统计数据显示，2017年全球金融科技领域发生融资事件649笔，同比增加8%；涉及资金总额约1 397亿元，同比增加19%。金融科技为现代金融带来消除信息不对称、提升交易效率、降低交易成本等有利一面的同时，也在一定程度上强化了金融跨领域风险和交叉传染性，并对现有的金融监管与法律制度带来一定冲击。

以我国互联网金融监管为例，在互联网金融发展初期，采取较为宽松的"黑名单"策略，即明文规定不可为，规定之外允许尝试创新，给我国互联网金融从业机构提供了巨大的套利空间。在网络借贷融资业务方面，金融监管部门主要对网贷平台采取备案管理制度，未纳入银行监管范畴。2015年下半年起，P2P行业风险逐渐释放，对我国金融系统的稳定和健康形成了巨大的威胁。此后，我国针对P2P行业展开了具有针对性的专项监管，2016年10月，国务院办公厅牵头六家监管机构，针对网络支付、P2P、互联网保险等多个领域发布七个专项整治工作实施方案。2017年我国相关监管部门发布了严厉的监管政策，重拳整治"校园贷"和"现金贷"业务，同时限定第三方支付的交易金额，对互联网平台与各类交易场所亦展开深入的清理整顿工作。从此"合规合法"成为我国金融科技发展中的主旋律，金融科技的发展中越来越重视风险防范。

金融科技并未改变传统金融的功能和本质，金融科技监管的核心仍然是防范金融风险。但在科技驱动下，金融科技风险发生的方式、影响的广度与深度、传播的路径与速度等均与传统金融风险存在极大的不同，这就客观上要求现有金融监管体系适时转变监管理念和变革监管模式，从而有效确保金融系统的稳定性。

(一) 监管理念与监管法规的滞后性

面对科技驱动的金融创新,传统的金融监管在思维、模式、技术和法规等多方面存在明显的滞后性,科技创新往往游离至监管体系之外,或变相的规避监管,实现监管套利或引发监管空白。我国针对金融科技相关的金融监管体系尚不健全,没有独立适用的法律体系与监管规则。特别对金融科技在非传统金融业态中的应用,相应的监管规则多为摩擦性、适应性的,大多是在传统金融监管体系上衍生形成,使得监管的各个环节连接不够紧密,容易形成重准入、轻监管的局面,导致大量金融科技在非传统金融领域的应用面临监管缺位。基于金融科技自身的特点与国际金融科技的监管走向,现行金融监管理念和监管法规框架面临巨大的挑战。

(1) 传统的栅栏式、条块式监管模式在应对金融科技业的网络性、分布式扩散和传播路径多向性等方面,无法起到有效隔离作用。

(2) 当前在监管路径方面,监管机构多采取的是以金融机构或从业机构等主体作为监管对象,来监管其所从事的金融业务,但在面对具有显著跨国、跨业和跨组织的金融业务时,其自上而下式的传统监管路径无法覆盖金融科技业务。

(3) 传统的金融监管规则和模式、监管效率和资本监管手段,无法完全应对金融科技所引发的金融模式、金融产品、金融服务和金融渠道等多方面的创新发展步伐。

(4) 金融创新与作为监管依据的法律法规间存在"步调问题"。一般而言,金融创新都会早于现行监管法规。由于监管法律法规通常需要保持相对较长时间的稳定性和连续性,故和金融科技的不断创新和变化之间产生监管矛盾。另外,既有金融监管法律的预见能力一般都很有限,新型金融科技引发新的事物、活动或关系,难以明确适用于现存监管规定,或其所规范的行为因科技的发展而变得不再重要。

(二) 金融监管技术手段的滞后性

如前所述,科技创新导致传统金融风险和技术风险相互叠加交织,使风险发生了量变乃至质变。与此同时,科技创新也加大了监管者和被监管者之间的信息不对称,对监管提出了挑战。这根源于监管者无法与科技创新者同步掌握新事物,缺乏充分的技术手段进行数据触达。换言之,尽管科技驱动的金融创新提高了金融行业交易效率,降低了金融行业的信息不对称和交易成本,但既有的金融监管和监管者因为缺乏必要技术支撑而无法进行有效监管。

(三) 金融监管中的信息不对称问题

传统金融学理论认为,信息不对称是金融系统脆弱性的原因。金融监管的有效实施,需要建立在金融科技本身以及与之相关的数据基础之上,监管机构需要根据这些被甄别和筛选出的数据确定监管对象、监管范围、监管方式和监管时机。确定监管对象和监管范围的目的,主要是为了保护有序和健康的创新,规避和限制甚至取消对金融系统起到破坏性或负责作用的金融创新确定;合理的监管时机选择在监管实施中非常重要,过早的监管会抑制创新动力、阻碍金融发展步伐,过缓或过于包容的监管则又可能无法及时发现风险,或在面对突发性的创新风险时,应对不及时,从而无法将风险控制在可控范围。

在金融科技的变化日新月异和创新产品多变的形势下,金融科技业务本身产生的数据呈现体量大、维度众多、产生速度极快等特性,从而使得传统金融监管中监管对象以呈报报表方式提交结果数据,无法适应数据变化快和动态性的新形势,监管机构无法再根据结果数据来确定监管对象、监管路径和监管时机。金融监管机构将被迫面对滞后化、碎片化和结果化的数量进行监管决策,而这种滞后性的监管实施会对金融系统的风险形成失灵性的管控,并有可能对金融系统的稳定性产生更为负面的影响。

另外,在金融科技发展所引发的新型信息不对称情况下,还易出现"劣币驱逐良币"和逆向选择现象,即严格遵从监管规定的从业机构,往往会付出更为高昂的合规实现成本,同时提供真实的数据后会引发更为严格的监管;而提供造假数据或隐瞒真实信息的从业机构,反而更易避开监管约束,从而实现扩张性发展。

(四) 监管原则或监管理论的失灵

传统的审慎监管理论以"风险为本"作为监管核心,根据规定的审慎指标衡量监管对象的风险状况,以指标为导向来约束和规范监管金融企业的经营行为,并以监管处罚来降低其实施冲动经营和高风险投机的可能性。

审慎监管理论重视金融机构自身的资本充足率、资产质量、流动性水平和盈利水平等指标(微观审慎监管),以及关注逆周期管理、系统重要性金融机构监管(宏观审慎监管)。但同时相关约束条件也在相当程度上降低了金融机构的资金使用效率和运营效率,提升了运营成本。

金融科技所带来的创新风险、融合风险具有显著的不可预知性,单纯以静态监管指标和静态结果数据来约束从业机构的现行监管模式,已不能准确、及时地掌握金融科技风险的变化与演进情况,现行监管方式与手段处于低效、无效状态,甚至发挥反向作用。

传统的监管体系囿于信息的不对称、金融监管理念的固化、监管手段和监管政策的固化,故而在应对快速、多变的金融科技风险的监管方面缺乏有效的应对手段。因此,寻求有效的、快速的和更为科学的监管维度体系,成为新时代金融监管的必然选择。

(五) 金融消费者权益保护手段和措施不足

金融科技的快速发展,使得金融机构在扩展金融业务时的服务渠道不再受限于地域位置和物理网点的约束,而是通过线上渠道扩展至全国乃至境外、国外,其客户群体也面向了更为广泛的互联网用户。另外,网络借贷融资、众筹融资、互联网保险、互联网理财等新型网络金融产品的出现和低门槛投资条件,也极大吸引了更多的互联网用户。较之传统金融系统,金融消费者的结构构成更为复杂化和多样化。

由于金融科技业务本身的网络性和虚拟性,金融交易发起方往往处于信息和数据优势地位,使得金融消费者在与金融机构的交易过程中在定价方面、数据控制等方面处于弱势地位;同时,金融消费者普遍在金融专业方面知识不足,风险认知水平和承受能力相对较低。这些都加剧了双方的信息不对称。而监管机构在应对金融科技风险监管时,重心更为集中于从业机构的行为监管,而在金融消费者权益保护方面——尤其是保护虚拟网络交易中受到严重损失的金融消费者方面,更为乏力。

二、金融科技风险的监管动因分析

金融科技既具有积极作用,但也同时存在着潜在风险和监管挑战。一方面,金融科技的运用有利于扩大金融覆盖面,提升服务效率,降低服务成本。另一方面,在微观层面,可能会增加信息科技风险、操作风险、信用风险和流动性风险,对现有银行盈利模式形成挑战;在系统层面,可能会增加机构之间的关联性和金融系统的复杂性,强化"羊群效应"和市场共振,增强风险波动和顺周期性,从而对监管有效性提出了挑战。这也要求金融机构和监管机构密切关注金融科技的发展变化、潜在风险和可能产生的影响,适时采取必要的应对措施。

国际监管机构普遍认为,金融科技的发展并未脱离金融的本质,传统的功能逻辑与风险特征依然适用。由于金融科技的信息属性和网络属性,使得金融科技风险具有了更为显著的外部诱发性——科技诱发性。从风险成因视角看,金融科技突破了传统金融业务风险传导路径的限制,以网络化路径形成了风险扩散和风险外溢,在提升金融业务效率的同时,金融科技在交易处理中的黑箱特性和快速性,也在很大程度上削弱了传统金融风险管控的有效性。由于金融科技承载着新一代信息科技革命对实体经济发展引导的使命,所以金融监管机构必须积极主动作为,通过监管科技等必要风险监管手段,最大限度规避金融科技风险,保障金融体系的总体稳定和健康发展。

由于金融科技是互联网技术与现代金融的结合,但金融科技的出现和发展时间相对较短,金融科技运营模式和商业化运营经验并不充分,在风险管理和控制方面总体能力还非常欠缺,金融科技生态体系还不够稳定,金融机构参与主体和消费者的利益维护方面还缺乏强有力的政策保障和信用保障。另外,金融科技的不断扩张会对传统金融行业的业务和金融服务行业产生持续性冲击和挤压,从而会促使传统金融行业的模式及结构的不断调整和变革;金融科技的冲击以及传统金融的调整和变革,又会对传统金融秩序的稳定和金融安全程度产生不确定的影响和作用。

在金融科技快速发展的形势下,各国金融监管机构已经开始高度关注和研究金融科技中科技因素给金融系统带来的变革、创新,调整监管思路和逻辑、创新监管模式和方法,从而增加新的监管路径,来实现对金融机构和金融业务的双重监管覆盖。

金融科技的创新发展使得金融风险更具隐蔽性和交叉传染性,因此有必要开展前瞻评估金融科技风险的工作,全面评估区块链、云技术、智能投顾等金融科技的发展在证券市场和资本市场中的运用及其影响。微观层面上,要注意从金融科技企业、商业模式或产品着手,发现其潜在风险,这些工作的开展有助于我们判断是否应该鼓励或是叫停其业务,达到规避金融风险的目的。宏观层面上,应着手评估金融科技活动对整个金融行业的期限转换、流动性错配和风险转换等造成的影响,是否会对金融市场结构和金融行业的竞争造成实质性影响等。在评估金融科技系统性风险的基础上,对金融科技构建从事前摸底、事中监测、事后跟踪的整个业务流程的金融风险动态预警、监测机制。

三、金融科技业务的风险监管范围

依据金融科技的业务创新与运行特点,风险监管的类别主要包括互联网和移动支付、网络融资、智能金融理财服务以及区块链技术等,这四个部分在技术和商业模式的成熟度、对现有金融系统的影响程度等方面完全不同,故而风险监管的要求也各不相同。

(一)互联网和移动支付的风险监管

风险监管范围主要包括金融消费者的权益保护与资产安全、资金安全、系统安全与网络安全、反洗钱和反恐融资等。监管的重点为资金走向与支付路径,传统金融系统中关于资金支付和划转的监管规定大多仍能够继续适用。

(二)网络融资的风险监管

网络融资作为一种重要的融资渠道,是传统金融系统中线下融资的重要补充和资源配置方式。由于网络融资本身的技术门槛相对较低,故参与网络融资的机构类别构成十分复杂。针对网络融资的风险监管范围应主要包括两端安全,即资金端、资产端的用途安全,避免资金被挪用、侵占或以欺诈形式获取;信息安全,即资金、资产信息必须真实、有效和可靠;运营安全,即网络融资平台的运行平稳、系统安全和保持业务的连续性等。

由于世界各国对网络融资中资金、资产等方面的认定存在差异,如信息中介和非信息中介之分、金融机构与非金融机构之分、债务融资与股权融资之分,故而适用的监管方式和适用的监管规则存在一定的差异,但传统金融监管中的功能监管或行为监管的基本原则仍然可以延续运用。

(三)智能金融理财服务的风险监管

智能金融理财服务或智能投顾等业务,主要是传统金融机构或非银行金融机构借助人工智能技术为金融消费者提供财富管理的咨询顾问、电子自动交易、智慧合同等系列性金融服务。目前,该类金融服务正在快速发展过程中,由传统的小众市场正在向更为广泛的金融消费者发展,其服务领域也正在向存款、贷款、中间业务领域扩展,同时也开始出现了专门性的智能化中介平台机构,除向C端客户(个人客户)提供服务外,还开始撮合对接B端客户(机构客户)的投融资需求。

在风险监管方面,欧美金融监管机构针对此类服务和平台,依然适用现行对金融理财咨询公司的相同监管标准,特别是在金融产品信息的披露和金融消费者的保护方面。

(四)区块链技术与应用的风险监管

目前,区块链技术因其去中心、去信任的机制,以及其具有的分布式数据库、全网发布、数据不易篡改、合约执行智能化等特性,正在跨境支付、供应链金融、票据出具与验证、数字货币、证券发行与交易以及客户征信评估(价)等多维金融领域深度应用,目前国际金融行业界及中国国内相关金融机构已成立相关区块链联盟组织,积极推进区块链的技术标准制定和应用推广工作。

由于区块链技术本身的虚拟性、无中心性和去信任模式,对现行金融系统中的货币发行、金融信用评价与交易过程监管等产生诸多不确定性影响,故如何应对区块链技术对现行金融系统的监管挑战,是当前国际及中国金融监管机构面临的重大课题。

第三节 金融科技风险的监管科技

一、科技驱动型监管与监管科技手段

(一)监管科技实施动因

传统的监管模式和体系往往会造成监管机构与监管对象之间存在一定的对立关系,监管机构通过监管法规强制性要求受监管机构按照既定的监管指标进行运营和报送相关的信息与数据,监管机构通过相关信息与数据实施监管。这种强制性的信息披露义务通常会引发"劣币驱逐良币"和监管对象的逆向选择问题。通常会引发被监管主体提供假数据或者不主动提供的问题。

金融科技在为金融行业界提供金融产品、金融服务和金融模式创新的同时,也恰恰可以为金融监管机构提供有效的监管手段。监管机构应适应金融科技发展形势,树立科技驱动型监管理念,借助科技手段来快速、实时获得监管范围所涉及的数据,从而使监管由被动变为主动,由事后监管向事中、事前监管溯延,从而可以使得监管机构和监管对象处于信息获取的对等地位,构建起双方共享的数据共享机制和交互系统。

在当前形势下,由政府机构、监管机构、金融机构、关联从业机构、金融消费者等共同构成了金融系统中的主体,金融产品、金融服务则是金融系统中的客体,它们共同构成了金融科技生态系统。金融科技生态系统的复杂性和多样性,要求金融监管机构应通过新型科技来快速获取不同金融主体之间、金融主体与客体之间的数据信息,从而重构了两者之间的监管关系。大数据技术、云计算技术、区块链等金融科技,可以支撑金融监管机构在无需监管对象报送的情况下,直接获取监管对象的相关数据和对数据进行深度分析,从而实现对金融科技风险的动态监管和持续性监管,还可以避免监管对象对数据的篡改或调整,实施科技型监管即监管科技已经成为世界各国金融监管机构的普遍认同。

需要指出的是,构建监管科技体系是一个系统性、技术性极强工程,它需要金融监管机构积极调整监管思维和模式,加强金融科技生态系统中各个构成主体之间的监管协调和数据及信息的共享协作,同时要从监管治理关系层面、法律法规层面、系统与技术实施层面来确保这种共享协作机制的构建与落地。

对于监管机构而言,监管科技中的困难和挑战主要来源于多主体之间的数据标准、接口标准和系统标准,以及数据获取后如何构建科学、有效的监管科技模型,配置灵敏和适当的参数;对于金融科技生态体系中的其他构成主体而言,如何让这些主体在数据提供方面进行有效配合是主要的难题。实施监管科技应达到使监管机构、监管对象双方共同受益的目的。

(二) 监管科技主要手段

国际上多个国家的金融监管机构已经或正在推出一系列鼓励金融创新的政策举措,包括监管沙盒(regulatory sandboxes)、创新中心(innovation hubs)和创新加速器(innovation accelerator)等重要的科技型监管手段。

"监管沙盒"模式,即允许在可控的测试环境中,对金融科技的新产品或新服务进行真实或虚拟测试。该模式在限定的范围内,可以简化市场准入标准和流程,豁免部分法规的限制与约束,在确保消费者权益的前提下,允许新业务的快速落地运营,并可根据其在沙盒内的测试情况准予推广。英国是最早应用该类模式的国家,英国金融行为监管局(Financial Conduct Authority, FCA)于2016年5月正式启动了"监管沙盒"项目;澳大利亚和新加坡金融管理局(Monetary Authority of Singapore, MAS)于2016年6月发布了项目征求意见稿,其后,阿布扎比、中国香港与中国台湾等国家及地区的金融监管部门,也相继开始了"监管沙盒"计划,或实施了相近的监管措施。

"创新中心"模式,即支持和引导机构(含监管对象和不受监管的机构)理解金融监管框架,识别创新中的监管、政策和法律事项。该模式已在英国、新加坡、澳大利亚、日本和中国香港等多个国家和地区得以实施。其中,既有一对一的辅导支持,也有面向更广泛受众的支持引导。但该模式一般不涉及创新产品和服务的真实或虚拟测试,其可操作性相对更强。

"创新加速器"模式,即政府部门、监管部门与相关业界构建起共同合作机制,主要由政府部门以提供资金扶持或政策扶持等方式,促进业界加快发展和创新金融科技,实质上是一种"产业孵化器"或"行业孵化器"。

二、监管沙盒在金融监管中的应用

(一)监管沙盒的特点与作用

相对于传统的金融监管模式,监管沙盒模式有以下优势。

(1)可实现对金融风险的有效观察与隔离。监管沙盒提供了相关的金融创新环境,在此环境中可以充分观察金融创新产品或服务中的风险演进过程和发生。另外,这种环境与现行的金融系统路径是相隔离的,故而因金融创新可能引发的金融风险并不会传播和扩散到现行金融系统中,即在没有充分暴露金融创新的负面冲击之前,不会将这种金融创新产品推行至现行金融系统中,从而最大程度保护了现行金融系统的稳定。

(2)可实现真实金融环境与实验的有机结合。监管沙盒属于一种被限定和约束的真实金融环境,在此环境中金融科技的金融产品、金融服务、金融模式、金融技术创新等,可以得到最大程度的支持和自由发展,这对金融从业机构而言是非常重要的保障。

(3)可实现监管机构与监管对象的有效互动。监管沙盒的构建、申请及运行过程中,均需要监管机构与监管对象之间就金融科技创新产品及服务的特点、风险变化等,进行充分、多维的互动交流,有利于双方的相互了解,构建良好的监管治理关系。沟通与协商,是金融监管机构应对金融科技发展变化的重要途径。

金融科技的发展,不仅给金融产品、服务、销售渠道、商业模式带来了深刻改变,而且对传统的金融生态环境产生了极大冲击,因此需要重新对现行金融监管进行合理定位。金融监管理念与模式的科学性,不但影响金融科技的发展趋势,也将影响金融监管机构对风险管控程度与金融行业发展之间的平衡。监管沙盒的作用主要如下。

(1)监管沙盒模式的使用,为金融监管机构平衡金融科技的发展与风险管控程度寻找到了有效的监管模式。在该模式下,金融监管机构可以通过环境测试手段来了解创新和评估风险,来决策是否推广创新类的金融科技产品或服务项目,测试现有监管手段及措施的有效性,从而在风险可控的前提下促进健康、合规的金融创新。

(2)监管沙盒模式还能构建起金融监管机构、监管对象、金融消费者之间良好的监管治理关系,给予监管对象充分的创新自由权,而又能最大程度的保护金融消费者权益。

(3)监管沙盒模式有助于金融监管机构实施动态调整和监管效果测试。即监管机构在监管沙盒内,进行监管规则的制定与调整、风险趋势的评估和预测、风险应对措施与方案的调整等,采取多层次的信息以实现动态监管。

(二)监管沙盒的主要类型

国际上,主要监管沙盒包括监管沙盒、产业沙盒和保护伞沙盒模式。

(1)监管沙盒(regulatory sandbox)。该模式是由符合沙盒加入条件的金融科技公司,在模拟控制系统中运行相关测试软件,运行数据和结果只在沙盒中进行记录。其主要过程为:监管机构与金融科技公司需要共同讨论设计测试标准以及测试程序,确定好相关测试标准和程序后,金融科技公司即可以在此环境下进行相关测试,并具有一定的监管豁免权。

(2) 产业沙盒(industry sandbox)。该模式是由从事某一行业的诸多业内企业共同聚合而构成的一种虚拟测试环境。其主要过程为:业内企业共同基于相对的产业测试环境,在相同的环境条件下测试金融科技创新的产品、服务或模式对该环境所产生的影响,从而得出更为客观的测试结果。

(3) 保护伞沙盒(umbrella sandbox)。该模式是由金融监管单位授权的非盈利公司——沙盒伞公司,在特定或约定的产业测试环境下,针对金融科技创新对产业的影响进行系统测试。其主要过程为:由监管机构授权许可的非营利性公司——沙盒公司,作为初创型公司的代理平台,对期望测试的项目进行预先评估,然后确认这些项目是否具备相关资质和条件,之后再由沙盒伞公司代理提交正式测试申请,协助初创企业快速、便捷地进入"监管沙盒"进行测试。

基于英国、澳大利亚、新西兰等国的监管沙盒模式运行情况来看,世界各主要实施机构的监管沙盒模式共性总结如下。

(1) 进入沙盒的主体范围相对宽松。处于监管范围的监管对象或不在监管范围的从业机构,均可申请进入监管沙盒。作为新型金融从业机构的金融科技公司被纳入监管沙盒模式中后,一方面,有利于观察和充分评估其创新金融产品的不确定性风险变化与演进情况,避免风险外溢和扩张;另一方面,促使监管机构调整以机构维度作为监管对象的传统监管理念,向注重监管环境的构建、监管对象的业务本身转变。

(2) 可增强监管机构与监管对象之间的互动性和充分了解。申请进入监管沙盒者向监管机构提供其创新性金融产品或金融服务时,监管机构将全面评估其风险,并将与申请机构进行充分的信息沟通,从而了解产品与服务的个性化和特点。

(3) 进入监管沙盒的金融创新风险总体可控。监管沙盒实质上是一个测试环境,监管机构可以在该环境下充分观察创新性金融产品及服务的运行过程,以及其风险变化,并可以在该环境下对风险应对手段进行充分检验。

三、智能化的动态监管机制

科技创新让监管更加透明化与自动化,从而合规程序更加完善。通过金融科技建立的自动化报告程序使得金融机构合规工作量减少,而且自动化的监管流程将有利于更有效的风险识别和监管合规;利用有效的数据管理和市场监测手段,科技治理为适度的并以风险为基础的金融监管奠定了条件,如人工智能和深度学习可以提供自动化的消费者保护、市场监测和审慎监管;基于人工智能的监管系统可以依据监管规则即时、自动地对被监管者进行监管,避免由激励不足导致的监管不力等情况。

此外,智能化动态监管的实现依赖于金融监管规则的代码化或让机器可识别,即通过代码来进行自动化监管(regulate-through-code)。区块链技术使得诸如代码、硬件和其他约束行为方式的"结构"作用的快速扩张,至少会重新定义法律和监管规则的设计、实施和执行。去中心化技术(如区块链技术)可用于科技驱动型的金融监管。在这种模式下,监管者扮演者双重角色:制定法律法规;与技术专家合作,将法律法规内嵌于去中心化技术之中并获得全网认可,从而使法律法规的执行通过代码实现。

通过代码来实现自动化的监管建立在数据和协议基础上的解决方案,数据主要包括风险数据(risk data)、交易数据(transaction data)和流程数据(process data);协议简单说就是监管规定、监管政策和合规要求的数字化。数字化带来的主要好处是无需离线的人工干预,减少人为因素带来的判断误差,同时可以建立统一的执行标准,在金融机构与监管机构两端都采取自动化的程序进行处理,大大降低成本、提高效率和减少道德风险。监管机关可以提供机读形式的监管文件及其他文件,这明显让同步获取监管动态更加容易。立法者对现行规则的修改采用数据形式加以记录存储,这种数据形式可以被金融企业直接获取处理,反过来根据它可以自动修改其内部设置、自动更新规章制度和报告机制。

需要注意的是,因为撰写代码需要特定的专业技能,若不与去中心化技术生态系统中的专家合作,监管者将无法起草可以让机器识别的规则。只有法律的起草者和代码的撰写者之间高频合作并互相回应,才能最终产生严密且有价值的监管规则。另外,在监管者与金融科技行业合作的过程中难免要对目前监管的功能目标进行讨论,那么如何将这些目标内嵌于一个由代码支撑的体系并使其发挥同等功能将非常关键。

最为重要的是,在一个法律代码化的金融监管环境中,如何保证代码或其背后的算法可信是有效监管的前提。人工智能、机器学习、预测分析,均涉及对大量且多样数据集的数据科学复杂应用。监管者与合规管理者越来越难以理解和审查日益复杂的模型,尤其是当这些工具被用于监管目的时(如内部风险评估模型和压力测试)。由于自动化的决策系统可能产生错误、不公平或者不公正的结果,因此需要采取措施保证所构建的自动化系统是可信且可控的。但是约束自动化运行体系的信任机制和法律标准并未与技术的发展同步。目前,政策制定者、立法者和法院仅对人类决策行为有监管约束措施,因此有人认为现有的监管框架无法有效适用于计算机所产生的错误、不公平或者不公正情形。

第四节 我国金融科技风险监管的发展与展望

近年来,由于互联网金融领域风险事件集中爆发,我国金融监管部门开始加强对互联网金融领域的监管。金融科技监管在某种程度上是人与技术这一经典命题的再呈现。智能化、技术化程度越高,监管和配套机制越需要完善,金融监管机构如何通过各种规范制度来确保"技术""互联网"这些中性工具与"金融"这一负外部性很强的工具有机结合,产生提升金融服务效率的正"外部性",这是世界各国在金融科技领域都需解决的重大问题,是金融发展史上不可规避的问题。

2017年5月中国人民银行金融科技委员会成立,旨在加强金融科技的研究规划和统筹协调。2017年5月,中国互联网金融协会金融科技发展与研究工作组成立,致力于为金融科技发展规划、行业管理、标准研发等提供政策建议。

一、我国现有金融监管体系面临的挑战

1. 金融科技日益呈现混业模式趋势,其金融生态具有多元化和复杂化特点

由于金融科技具有较为复杂的运营模式,每个模式下会有不同的参与主体,多样化的金

融业务、产品特点和金融服务,对应的风险特征也不相同。金融科技和传统的金融行业在金融创新、运营模式、技术基础、实现手段等方面,存在较大差异,不能完全沿用传统金融机构的监管规则和监管方式。

由于金融科技呈越来越明显的混业趋势,参与金融科技的主体具有多元化、复杂化的特点,机构主体包括传统金融机构,以及电商企业及平台类、金融科技门户类等新型参与主体,金融机构与企业之间的边界越来越不明显;另外,多元主体之间的金融科技服务又存在重叠和交叉情况。分业监管模式对单一业务模式的业务监管是有效和清晰的,但对于综合业务模式经营的金融科技主体,以及金融科技主体经营的综合性业务方面,则现行监管模式、监管资源无法完全覆盖和及时监管。

2. 现行金融监管模式无法完全应对具有网络性、跨界性的金融科技快速发展

现行金融科技的监管方面,由不同的监管机构按照各行业的监管标准、监管指标进行分业监管,极易出现监管重叠和导致监管信息、监管数据沟通的障碍,尤其对于金融科技中存在的系统性金融风险是无法通过"各管一段"的监管模式及时发现的。现有分业监管模式无法全面识别出金融科技业态及系统性的金融科技风险,容易出现监管漏洞和监管真空地带。

因此,建议在现行金融科技监管的纵向、分割性监管体系的基础上,构建一个基于金融科技业态的横向监管体系,以便能够从总体、宏观把握金融科技整体的系统性风险、供应链风险。

二、我国金融科技风险的监管原则与思路

金融科技是一种新生事物和新兴业态,在监管方面需要注重宽严适度的监管政策,为金融科技的发展预留相应的创新空间和发展余地,使其能够淋漓尽致充分发挥优势,更多利用市场准入规则、信息技术手段、风险监测手段,来管控和净化金融科技行业环境,去莠留良,使得金融科技机构能够更好地服务实体经济。

金融监管的重要任务是营造自由开放的创新市场环境,确保行业健康有序发展,从而在金融自由化与金融监管之间找到均衡。故对于金融科技及其风险的监管,必须充分认识到其复杂性和挑战性,采取相应思路和手段加强金融科技及其风险的监管,从而规范和促进金融科技的健康发展。

(一)金融科技风险的监管原则

我国金融科技监管基本原则建议为"依法监管、适度监管、分类监管、协同监管、创新监管",鼓励创新和强化监管互为支撑,共同促进金融科技持续发展。

分业监管主要是以传统金融系统下的以人民银行为主导,银保监会、证监会分别就不同的金融科技业态实施监管,具体而言,可以按照互联网支付、网络借贷、众筹融资、区块链金融等金融科技的主要业态进行监管职责分工,落实监管责任主体,确定业务边界,建立和完善金融科技监管框架。行业自律则主要通过成立金融科技协会,制定行业规范和相关准则,推进行业的自律发展。强调金融科技行业的从业机构应在金融风险防范和金融创新中寻找平衡点,强化市场自律,并要切实保护好金融消费者权益。

需要指出的是,在金融科技创新发展下,目前的分业监管体制难以适应金融科技发展,监管机构应采取行为监管和功能监管的协同模式。面对金融的综合化、全能化的趋势,功能

监管便于发挥监管的专业性和针对性;同时,功能监管能更有效地厘清金融创新产品的监管权责归属问题。从行为监管角度而言,金融科技监管应当包括对金融基础设施、金融科技公司及有关参与者行为的监管,确保金融交易的安全性、公平性和有效性。

金融科技风险的具体监管原则包括:①金融科技创新必须坚持金融服务实体经济的本质要求,合理把握创新的界限和力度;②金融科技创新应服从宏观调控和金融稳定的总体要求;③维护公平竞争的金融市场秩序,必须遵守线下现有的法律法规和资本约束;四是切实维护消费者的合法权益;五是处理好政府监管和自律管理的关系,充分发挥行业自律的作用。

(二) 金融科技风险的监管实施策略

在实施金融科技风险监管活动过程中,金融监管机构需要做好以下工作来实现监管原则。

(1) 不仅要关注金融科技所带来风险规模的大小和变动,更要深入了解风险在金融科技生态中不同行业和不同机构等主体之间的动态演进与作用路径,还应掌握风险形成、披露与识别的清晰度等,并应建立起动态追踪、动态报告和动态预警机制等。

(2) 在监管机构的有效引导下,促进监管机构与本国金融科技从业机构在互联网支付、大数据处理与分析、智能投资与理财等方面的深度合作,构建和形成金融科技从业机构、金融监管机构、金融消费者之间和谐共赢的金融科技生态关系和监管治理关系,提升金融行业总体的抗风险能力和金融行业的国际竞争力。

(3) 面对金融科技的挑战,金融监管机构的监管理念也必须与时俱进,同步调整与创新,对金融科技的监管应松紧有度,循序渐进,不能用现有的监管原则和监管模式生搬硬套在金融科技业务中,也不能放任金融科技业务的无序发展。

(三) 金融科技风险的监管实施思路

金融科技风险的监管总体思路建议如下:遵循分类监管原则,构建包容性监管体系,积极运用监管科技手段,推行穿透式监管+持续性监管+差异化监管+创新监管。

1. 分类监管原则

目前,国内对互联网金融的监管分类如下:P2P网络贷款由银监会监管、众筹融资由证监会监管、第三方支付归央行监管、网络小额贷款由各地金融办监管。其监管原则主要包括:①各类互联网金融模式的信息科技风险主要由各归口监管部门负责监管;②重视协调监管的作用,在发挥各归口监管部门监管主体作用的前提下,应强调各监管部门之间的协调互助,建成高效的信息沟通和资源共享机制,同时可辅以财政部、工业和信息化部、商务部、公安部等其他部门的协调监管,建成多方联动横向合作的监管体系,弥补分类监管的短板;③加强规范互联网金融协会的建设和发展,借助行业协会自律管理的功能,弥补政府监管的局限。

2. 包容性的监管体系

由于金融科技的边界与传统金融不断发生冲撞,由此产生了如何平衡创新与合法合规的监管难题,因此需要建立包容性的监管体系。监管沙盒模式可以作为包容性监管体系的重要组成部分,通过建立监管沙盒并强化对消费者的保护,及时将沙盒测试数据反馈给监管机构,加强风险预警,形成鼓励创新与风险防范的良性关系,促进金融科技行业健康发展。

包容性的监管体系仍要加强对信息披露的要求。过去因为金融机构都需要持有牌照才能经营,所以人们倾向于信任正牌机构。而金融科技企业因为数量众多、形式各异,如果只由政府监管会产生很大的成本,因此对金融科技这一新兴行业的监管,在方法上也需要创新,要更加强调信息披露,并尝试用社会的力量补充监管的力量。同时,设立黑名单制度,加大对违法违规平台的惩罚力度。

3. 穿透式监管

要在金融科技和互联网商业模式的重重包装下,按照业务重于实质的原则识别项目是否符合宏观政策和监管要求,风险是否经过适当评估,相关信息是否向消费者充分披露。结合央行的职能定位和形势需要,当务之急是借鉴FSB国际法人机构识别编码(LEI)体系经验,研究制定产品标准、代码、信息分类及数据格式等的统一标准,为实现实时穿透和在线监测打好基础。穿透式监管可以透过现象看本质,揭开各种金融犯罪的伪装,应该根据金融科技的金融特征,将不同的金融科技业务属性进行分类归口监管,并且由相关监管机构进行监管,明确监管规则和手段,加强监管的主动性、针对性和时效性,实现监管全覆盖,避免监管空白。

4. 持续监管

要在金融科技企业规模较小时介入,持续动态跟踪其业务发展及风险变化,防止出现当其规模巨大时,监管当局因担心其破产所带来的冲击而难以让其倒闭的情况。从国际经验来看,各先进经济体的央行及FSB等国际金融组织普遍加强了风险监测预警方面的系统和组织建设,可资借鉴。

5. 差异化监管

随着金融科技企业的不断兴起和发展,监管将面对越来越多不同类型的金融科技参与者,一类是以提供技术解决方案为主要业务,面向金融机构提供金融服务的系统开发和技术提供者;另一类是自身持牌进入金融行业,向用户直接提供金融服务,服务领域覆盖资产管理、支付结算、财务管理、贷款、结算等诸多方面的金融领域创新者。因此,非常有必要建立差异化的监管体系。

6. 创新监管

在所有具体策略中,创新监管最受业界重视,相关讨论也最为深入。除国内热议的监管沙盒(regulatory sandboxes)外,创新中心(innovation hubs)和创新加速器(innovation accelerator)等也在英联邦国家(英、澳、新)和日本有广泛使用。从实践经验和规则文本来看,在对金融科技创新政策引导的共性基础上,监管沙盒更强调政策与消费者权益保护与创新的磨合适配,因此更适合央行采纳,而创新中心和创新加速器则重视对企业的辅导支持甚至资金或政策等的帮扶,因此可能更适合政府具体职能部门实施。

三、以监管科技应对金融科技风险监管

金融科技是一种现代科技与金融领域的融合性创新,这种创新强调应给金融行业带来效率、效益和体验的提升,有效降低运营成本和金融风险。金融科技本质上并未脱离金融,故针对金融科技的风险监管仍需遵循金融行业的内在规律、风险管理规则以及监管法律法规的要求。针对金融科技的监管,国际上多个国家已经运用监管科技实现了风险数据获取、

整合和分析、风险建模、分析和预测等,并实现了实时交易的监控和报告,并适时调整监管科技的法律法规依据。

2018年5月15日,中国人民银行成立金融科技委员会,初期定位于业务的研究规划和统筹协调。与之前互联网金融业态主要反映我国金融压抑背景下发展路径特殊因而缺乏监管的横向比较不同,金融科技因为发展逻辑的趋同,一方面在金融稳定理事会(FSB)、G20会议等国际组织层面形成了具有指导作用的监管建议,另一方面世界主要经济体金融科技监管具体措施虽有差异,但其基本原则和政策取向却保持了高度一致。他山之石,可以攻玉,丰富的域外经验为我们预测央行金融科技监管可能的实施路径提供了有效的分析框架。

监管科技的实施与应用主要体现在监管信息的数字化(将与监管实施相关的文字、图片、影像、音频等信息进行数据化存储与处理)、预测编码(将监管对象的历史数据和情景数据进行数字化和编码,运用大数据技术进行后期变化的预测,对预测值与实际值的差异结果进行编码标记)、模式分析与机器智能(运用模式识别与人工智能化的研究成果,将模式识别、图像视频处理、视频跟踪监控等先进技术运用于判别、抓取和分析监管对象的非正常行为)等方面。

监管科技对于金融监管实施的价值主体体现在以下六个方面。

(1) 实现金融监管的精准化。通过计算机系统和网络技术,构建起以大数据和云计算等技术为核心的数字化监管体系,有助于金融监管机构实现实时、动态和全方位的精准式监管,从而有效规避监管滞后的问题。比如,英国和美国等国监管部门的监管科技设计思路为:将金融监管部门的技术系统,与监管对象的业务系统进行直联,从而实时获取监管所需要的数据,并运用大数据分析技术和数据可视化技术,动态、快速完成监管报告的生成。

(2) 实现金融监管的动态化。监管科技可以合理运用信息技术和网络技术,采用动态、实时的监管模式,通过构建数据标准化、系统标准化和技术标准化体系,加强监管机构与监管对象之间的信息传递与数据交互,从而实现对金融科技风险的精准监管;同时,还可以根据监管数据的变化,实时、动态调整监管政策和监管手段,进行快速监管预警和监管应对;另外,动态化监管还可以简化监管数据报送程序和管理流程、监管路径长度,从而有效提升监管效率和效果。

(3) 实现金融监管的数字化。未来可能在信息报送、风险调查、报告自动化等方面率先取得突破,这是监管科技最基础也是最好实现的层次。

(4) 实现金融监管的交互化。监管科技不仅可以提供大数据、人工智能等"黑科技",更重要的是利用其与金融科技在技术层面天然的亲和性搭建新的交流基础和对话平台。

(5) 实现金融监管的平台化,为反欺诈、反洗钱等提供数据交流、技术交流的公共基础设施。

(6) 实现金融监管的规范化。从法律法规方面,为监管科技的实施确定依据,使得监管科技的监管范围,能够系统覆盖互联网支付(移动支付、网络支付领域业务)、智能投顾和理财、客户信息安全、金融消费者权益保护、反欺诈和反洗钱等领域。

我国金融监管部门恰恰可以利用新型科技手段和方式,如区块链技术、大数据技术和云计算技术等,快速、实时获取监测数据,以评估金融科技的金融风险状况,使得金融风险管理的全局化、系统化和动态化成为可能。而监管科技广泛应用于金融科技领域后,将进一步加强科技监管的力量,有利于提高监管的有效性。当前,我国金融监管机构正在逐步引进监管科技技术,实现穿透式监管,提升合规效率,降低监管成本,提高监管规范性和风险监测识别的能力。

四、我国金融科技风险的监管与防范措施建议

当前,金融科技逐渐广泛应用于实体经济的各行各业,应坚持正确的服务理念和价值导向,例如,有利于实体经济健康发展,有利于防控金融风险,有利于保护金融消费者权益。金融科技要服务实体企业,解决实体企业资金需求,例如,上市公司实体企业办理贷款业务,借助金融科技可以简化审批流程,从而大大节省时间成本,提高经营效率。同时,金融科技还要通过创新服务品种和模式,为实体企业实现高质量发展提供有效途径。总之,按照经济发展规律,只有服务实体经济为导向的金融科技创新才有生命力,这也是金融经济发展的必经之路。

同时,金融监管日益增多的数据报告要求,可能制约传统金融机构的运营和重大创新,因此,重置、简化或进行自动化的监管将有利于提高监管效率。监管机构应树立科技治理的思维。从金融监管改革的全局出发,科技治理对于监管规定和合规的落实具有基础性的作用,对于提升金融机构的监管和合规水平、防范风险起到积极的作用。快速发展的金融科技亟须监管科技的同步变革。

(一)注重风险监管的科技化、数据化和智能化

金融科技创新发展机制与发展原理均不同于传统金融,现有产品和业务的创新评价方法、流程以及风险监管措施已不适用于快速发展金融科技,需要借助新的科技手段开展监管活动,提高监管的有效性。金融科技的发展是基于现代信息技术、互联网技术的,随着大数据技术、云计算技术、智能终端技术、移动互联化等的不断创新发展,金融科技业态和生态将持续发生变化,而针对金融科技的监管也应建立在"大数据"和高科技的基础上,采用事后报表报送的方式不利于对具有快速性、突然性的金融科技风险的实时监管。

利用信息手段消除监管与被监管之间的"信息孤岛",运用先进算法等方法监测可疑的金融交易行为,开展信息追溯,找到可疑的被监管对象。金融科技全球化的发展趋势势不可挡,因此各国金融监管机构要顺应金融行业的发展趋势,强化金融科技监管的国际协作,研究制定全球统一的标准化监管措施,探索建立一套一致性的监管框架,强化国际监管协调,促进金融科技健康发展。金融科技作为一种金融行业发展历程上的新生事物,其特点、发展模式和业务流程都在不断完善中,各国金融科技发展程度不同且对其监管仍处于探索阶段,金融行业标准和金融监管措施间存在较大差异。

金融监管部门应构建起基于统一网络技术标准、软硬件系统标准、技术开发语言标准、网络安全标准的金融科技监测平台系统等,实现对金融产品、金融服务、金融交易、金融信息披露等全方位的大数据监测,运用监测指标体系对风险进行实时化、动态化监测,降低监管中的信息不对称情况,并采用敏感性分析、压力测试手段进行风险压力测试。

目前,对于金融科技监管主要仍采取分业监管模式。而由于金融科技业态的金融业务、金融产品复合化、交叉化、集成化的特点,在实施金融科技监管时,需要打通各监管部门相关监管信息的通道,避免监管部门各管一段和数据价值沉积的现象。监管信息和数据只有实现纵横打通,金融监管才能更有效率。

（二）构建全面完善的数据收集系统与预警系统

科技驱动型监管要求监管机构重点关注金融机构的持续运营能力和风险控制能力，并以人工智能、大数据和云计算等技术实现对风险及金融机构运营能力的精准评估。人工智能、自我学习程序将应用于数据搜集和处理；密码程序和所谓的应用程序界面（API）服务于不同用户圈子和群体数据的安全交换和后续处理。数据挖掘（data mining）技术也具有重要意义，其用于分析大容量数据包中的模板属性和相互依赖性的算法，处理完全非结构化数据，例如电子邮件或者语言数据。

另外，监管者通过鼓励采用统一的定义及数据分类，可以促进数据收集和分享，从而提高数据分析的质量。数据格式的标准化有助于不同数据库之间的整合，亦会便利数据的分析，并且有助于解决监管分割所带来的协调问题。区块链具有多中心化、增加信任、数据不可更改等特点，不仅可以实现更广泛的信息收集，更精准的数据评估，而且可以杜绝交易各方信息的不对称问题。比如，在支付结算领域，监管机构的核心目标是完善数据收集和数据评估能力，区块链技术的逐步应用将使得每一笔系统内交易都将被记录且难以被篡改，从而改变传统监管机制中依托各方自身进行信息披露并借助于监管机构进行审核信息的模式，也将改变金融机构在用户自身信用信息和资金流向进行汇报的基础上进行审核的模式，大大降低各方之间的信息不对称程度，从而实现精准收集信息的目标。

依靠大数据、人工智能、云计算和区块链等技术，有益于提前发现预防金融风险的发生，也可实现同步监管跟踪，为事中事后监管提供强有力的证据依据。监管机构对于区块链系统收集的结算信息需要进行评估，并以此识别风险。区块链下的结算体系是全方位的数据库，结合金融机构的既有交易信息，通过云计算进行数据分析，可以较好地实现对特定机构的风险水平等核心信息的分析。在此基础上，依据既有的监管规则和监管经验，为金融机构设置风险预警线等，一旦金融机构风险可能触及风险预警线，或者虽然金融机构尚未触及风险预警线，但有其他迹象表明其可能面临风险的，则监管机构可以提前介入监管、采取相应的措施。

（三）完善金融科技监管信息监管相关制度

我国金融监管机构应尽快出台金融科技行业的信息系统与数据监管的相关办法，明确监管原则和界限，制定监管规范。该监管办法的制定，应充分考虑金融科技中互联网技术、信息技术、大数据技术及区块链技术等的复杂性，明确、细化各项监管目标和监管要求，包括信息系统的合规性、可用性，从业机构对于客户信息的保护、数据管理等方面。

另外，应建立持续高效的政策法规修订机制，适时推进监管办法的修订和完善，以适应快速发展的金融科技；同时，需要协调多部门机构联合出台或优化相关制度，加快金融科技技术标准的研究与制定，通过规范金融科技的行业标准、技术标准、数据标准和信息系统标准，从技术性方面有效降低金融科技风险。

（四）构建有效的金融消费者保护体系

金融科技生态中的金融主体向金融消费者提供了金融服务、金融产品，而金融服务、金融产品的销售与交易渠道均主要在互联网络和计算机系统上完成。由于金融科技风险的客观存在，接受金融服务和购买金融商品的金融科技消费者有可能因服务与商品本身原因，或因金融科技主体的欺诈、失信以及其他原因而蒙受损失。而我国现行消费者权益保护法没有明确规定对金融消费者的权益保护条款,导致金融科技消费者在出现资产、资金损失后,无法可依、无据可依。

随着金融科技监管细则的颁布,以及金融系统的不断完善,金融科技的分业监管模式并未完全解决多种业态下的金融科技消费者权益保护问题。故成立金融科技消费者权益保护机构或成立各业态监管的联席会议制度,建立投资者分类分级制度,引导金融科技消费者的认知和风险意识,基于自身客观条件,实现金融科技产品与互联网消费客户的匹配销售,从而减轻因选择不当、信息不对称、金融科技机构违法违规而给金融科技消费者带来的损失风险。另外,金融科技消费者个人信息的隐私保护也是需要重点关注的方面之一。

另外,在金融科技产品、服务和模式的创新设计中,须设计有关金融消费者权益保护方面的考虑。同时,要积极推进监管科技发展,关注金融基础设施建设,推进业务办理电子化程度,监管机构需要利用监管科技与金融科技构建新的交流基础和互动平台,为反洗钱、反欺诈提供数据交流;应加强金融各细分行业的协同作用来保护金融消费者,同时建议消费者协会设立金融消费者保护工作委员会切实强化金融消费者保护的职能。

(五)积极参与金融科技监管的国际合作

我国金融科技企业的全球化步伐持续加快,需要全球统一标准化的监管措施并加强国际间的监管合作,通过建立一致性的监管框架,有利于国际间的监管协调,促进金融科技国际业务的健康发展。

我国监管机构应积极与其他国家的监管机构、协会构建起双边合作机制,充分利用国际其他监管力量和技术组织来实现对跨国性信息科技风险的防控。在开展国际合作的过程中,需要注意保护我国国家利益,规范合作行为,控制国际监管合作衍生的副作用。另外,应积极参与国际监管合作多边体制改革和规则的制定,在国际监管合作中争取更多的话语权和主导权。同时,我国监管机构应参考借鉴国外的监管框架,结合本国金融科技发展的具体情况,监测国内的金融科技发展,积极与国际组织和制定国际监管标的机构开展信息交换、风险分析、业务监测等方面开展合作,为国际间开展协同监管奠定基础。

(六)全面提升监管机构及队伍的稳定性和监管能力

金融监管人员稳定性是监管实施和确保监管效果的基础保证。如果监管人员变动频繁,将在很大程度上影响监管工作效率和工作实施。相关建议如下:一是完善健全考核和激励机制,保持监管队伍的长期稳定;二是适度扩充监管队伍和优化监管人员配置,加快解决监管力量不足的现实问题;三是完善监管队伍的培训体系,实行多样化的分级、分类培训,采用多种培训方式来促进监管人员对金融科技知识的学习和掌握,构建学习型监管队伍;四是学习和借鉴国际金融监管的先进监管理念,鼓励监管人员积极运用大数据、机器学习、智能搜索等前沿技术来创新监管方式,积极开发具有应用价值、自动化程度较好的监管检查工具,探索长效、具有前瞻性的监管方法,做到细致、深入的监管。

(七)将金融监管与审计相结合

金融科技业态中的互联网支付、网络借贷、众筹融资、互联网保险等,分别由银保监会、证监会进行分业监管,这种监管模式可以使监管主体清晰对所负责的业态整体进行风险把控,但存在监管时效性差、监管信息不易共享、监管数据不易关联的问题。而政府审计、外部审计在对金融科技从业主体(传统金融机构、互联网企业等专业机构)进行审计时,则可以周期性覆盖同一机构主体所同步涉及或关联的多种金融科技业态,得到相关的审计数据,但却无法实现对某一行业、某一业态风险的总体性把控。

而将金融科技的风险监管与审计紧密结合起来,则可以实现两大类方式的信息、数据共享,对数据进行横纵整合,从而实现监管的业态全覆盖、业务全覆盖,有效提升监管质量和风险监管水平。另外,金融科技监管与审计机构均构建了各自的数据库,而金融科技数据则涉及和关联到征信数据、税务数据、工商数据、公安与司法数据、金融机构资金与交易数据、社交网络数据等,两类机构需要实现多类、多种数据库的共享和云化,从而获取更为重要的金融科技线索和风险指标数据,为各自的职责目标做好服务。

另外,需要健全金融科技业务审计、数据审计和信息系统审计的审计体系(政府审计、内部审计与社会审计),强化数据安全、系统安全和业务安全意识,鼓励专业审计机构参与制定符合金融科技行业特点的审计认证标准,为金融科技从业机构提供信息系统建设、数据安全等方面的专业咨询,从而有效缓解监管机构在数据安全、信息系统安全方面的监管压力。

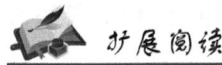

监管科技提升金融业 KYC 的能力

"了解你的客户"(know your customer,KYC),是指金融机构在与客户建立业务中,对客户身份进行识别和背景调查,了解客户及其交易目的、账户实际控制人与受益人的流程。KYC 是发现与阻止金融犯罪风险可疑交易的有效手段,也是对抗洗钱、恐怖融资的首道防线。金融机构实行 KYC 面临着花费时间长、支出成本高、改革动力不足等问题,但 KYC 监管日益趋严是未来发展的趋势。而监管科技可有效解决 KYC 中出现的问题,监管科技有利于降低 KYC 过程中的时间和金钱成本,提高效率并改善金融机构的参与意愿。

一、金融机构在 KYC 合规中面临的问题

目前金融机构主要由内部的合规与风控部门联合完成整个 KYC 合规流程。由于金融机构的数据库普遍独立,而且严重依赖合规员工人工对比评估,造成了金融机构间的 KYC 执行效率普遍低下。另外,由于数据的非中心化使用,金融机构的各分支机构可能针对同一客户发起多次客户背景调查请求,间接地导致了大量不必要的重复工作,额外地花费了大量的时间与资源。

汤森路透公司每年会发布一个针对全球 KYC 监管效率的调查评估报告,依据 2017 年该调查报告中的各项数据分析,目前金融机构面临的最主要的问题分别为以下几点。

1. 漫长的合规过程

依据汤森路透的评估报告,2017 年银行对于机构与企业客户开户的 KYC 合规流程平均耗时大约为 30 天,非银行类投资公司的 KYC 合规调查流程平均耗时为 23 天,两者的全球水平为 26 天,高于前一年平均值 2 天。按照国家对比,中国香港 2017 年新客户平均合规耗时超过 35 天,美国、英国等主要国家平均合规耗时均超过 20 天,并且超过半数的金融机构表示未来预期合规时间会比现在更久。

在整个KYC的监管环节中,客户身份尽职调查的时间成本占整体KYC合规时间成本的80%,主要原因在于金融机构需要从多方的数据库中收集信息以确定客户的身份正确无误。对于跨国运营的金融机构,各地区对于KYC监管的要求严重地缺乏一致性,造成了对信息收集处理的极大阻碍。其次,针对客户信息变更的持续性尽职调查同样耗时甚多,客户更新信息后再次进行调查的平均耗时大约为20天。由于持续尽职调查既耗时又耗力,所以只有25%的金融机构会定期对客户的信息变动进行持续的尽职调查,仅仅12%的金融机构会使所有的客户的信息保持在最新状态,90%的金融机构无法确定它们客户的各类信息是否处于最新状态。

2. 高额的资金支出

金融机构在KYC监管方面的另外一个问题是相应合规资金成本在逐年上涨,而且目前已经达到了一个难以承受的级别。同样依据汤森路透的全球KYC调查报告,银行行业平均每年在KYC合规上的支出将近7 000万美元,远高出非银行类投资公司年均支出2 300万美元。绝大多数金融机构的年均合规支出分布在2 000万美元至1亿美元之间,超过10%的金融机构年均合规花费超过1亿美元。综合得出每个金融机构的年均合规花费约为4 800万美元,并且以平均每年15%的速度快速增长(银行行业每年花费增长20%,投资公司每年花费增长13%)。

推动合规成本上涨的主要原因是金融机构在面对日益增长的客户尽职调查需求时,不得不雇佣更多的合规员工以确保工作可以按时完成。其中,43%的金融机构表示增加KYC合规员工的数量已经是一个不可避免的问题,而且KYC违规导致的处罚损失会远远高于增加员工的花费。其次,对于金融机构地违规处罚不单单造成资金上的损失,同样会对他们的商业信誉造成严重的伤害。

3. 金融机构对自身KYC方案改革的动力不足

反洗钱金融行动特别工作组在2012年提出针对金融机构KYC合规的40项建议,但是依据汤森路透的调查报告显示,在全球范围内只有37%的金融机构依据了该建议对它们的KYC合规流程进行过更改,39%的金融机构表示它们仍在考虑改变KYC合规流程的必要性,还有23%的金融机构表示它们不会对目前KYC合规流程做出任何改变。在监管较为严格的国家与地区,金融机构普遍依照反洗钱金融特别工作组的建议修改了它们的KYC合规流程,但是对于监管相对宽松的地区,金融机构普遍表示目前的KYC合规流程可以满足机构的日常运营,这也是金融机构拒绝改革的最主要原因。

在KYC监管比较宽松的澳大利亚与德国,接近50%的当地金融机构表示高额违规处罚是目前主要的担忧因素,该地区已经更改合规流程的金融机构比例未达到30%。而对于在美国等高处罚地区运营的金融机构,他们更有意向修正目前所使用的合规流程。综合全球平均,将近60%的金融机构依旧未对当前的KYC合规流程做出修改。

另外,各地对KYC的监管要求不统一也是金融机构拒绝改革的另外一个原因。由于金融机构以及它们的分支机构对于客户信息收集并没有一个标准化的偏好,每个金融机构依据所运营的地区的KYC监管条例收集客户信息,造成了同一个金融机构在不同地区间的风险偏好不同。而整体修改KYC合规流程牵扯部门与人员较多,费用过于高昂,导致了金融机构选择保持当前的合规流程。

二、KYC 监管：全球趋严、各国差异

世界各主要国家都在不断地加强对金融机构的 KYC 监管力度。2010—2016 年，美国的 KYC 监管部门对金融机构的 KYC 违规罚款总额超过 1 600 亿美元，欧美地区的监管机构近十年来对金融机构因违反反洗钱法律法规所开出的罚单总额超过 3 420 亿美元，预计在 2020 年所有罚款的总额将达到 4 000 亿美元。近期的 KYC 监管违规案例包括汇丰银行被监管机构罚款 19 亿美元、法国巴黎银行被罚款 89 亿美元、德意志银行被罚款 1.6 亿英镑等。

美国的 KYC 监管十分严格，主要由财政部下属的金融犯罪执法局对金融机构进行监管。金融犯罪执法局于 2014 年发布对金融服务业 KYC 的推广提案中明确提出金融机构应当自主评估客户的违规风险，并将客户身份尽职调查纳入现有 KYC 体系作为客户身份收集计划的职能补充。该提案也同时规定了客户身份收集计划对客户账户的定义，表示所有为客户提供资金往来的服务账户包括存款、资产管理以及信用账户等都将纳入客户身份收集计划中。

同时金融犯罪执法局也允许金融机构使用多种方式来完成客户身份信息的收集与认证，包括依据官方身份证件或第三方数据等方式。虽然金融犯罪执法局没有给出针对客户身份的具体风险因素，但是金融机构至少需要考虑客户本身是否存在相应的潜在违规风险，并根据客户公司的构成以及所属地等因素判断违规风险。

欧盟 KYC 监管同样也在不断加强，2016—2017 年，欧盟连续颁布第四套反洗钱法令与第五套反洗钱法令，其中修改了多处 KYC 监管的相关要求，并发布了针对高风险人员的判断标准，将强化客户背景调查与简化客户背景调查纳入现有 KYC 监管框架，降低高价值货物与现金交易调查阈值以及对受益人相关信息的调查并且将区块链金融机构纳入 KYC 监管体系等。这些修正的直接结果就是扩大了 KYC 的监管范围，使 KYC 监管日益趋于严格。

中国大陆地区（不包含中国香港、澳门与台湾地区）有多套法律法规明确了 KYC 监管在金融领域中的应用与实践，其中《中国人民银行关于金融机构大额交易和可疑交易报告管理办法》《金融机构洗钱和恐怖融资风险评估及客户分类管理指引》与《中华人民共和国反洗钱法》等多项法律法规明确表示金融机构应当遵循"了解你的客户"监管。中国的 KYC 监管在建立之后不断地进行完善与修改，2014 年共向监管机构提交了超过一千七百万条可疑交易报告，并且每年逐步上升，有效地表明了中国的 KYC 监管同样趋于严格。

由于监管层面的 KYC 法律法规要求不同，各国的 KYC 监管整体框架也有相应的区别。世界各主要国家（不包括日本）都包含客户信息收集与客户尽职调查这两个主要组成部分。各国 KYC 监管的主要区别在于以下两点。

1. 是否执行基于风险基础的强化客户背景尽职调查评估

对于 KYC 监管框架内是否包含强化客户背景调查，主要表现在 KYC 监管是否要求金融机构针对高风险人员进行更深入的信息挖掘。具体表现为，日本的反洗钱法律法规中只单一地规定了金融机构必须执行客户身份收集计划，对高风险人员并没有强制的加强尽职调查的要求，而英国与德国只针对除本土公民以外的其他国家的高风险人员提出强化客户背景调查的尽职调查要求。而中国、美国与澳大利亚都要求金融机构严格地对于所有高风险人员都执行客户尽职调查。

2. KYC监管覆盖行业不同

KYC监管所涵盖范围依据各国金融行业划分略有区别。具体表现为英美等国家KYC监管基本上覆盖了所有类型的金融服务机构,其中包括银行、不动产融资、信用社、支付机构、会计师事务所、赌场娱乐机构、贵重金属交易所以及古董交易公司等。其他国家根据行业划分不同,除了对金融服务业无硬性要求外,也基本上覆盖了对金融机构全面KYC监管,比较典型的国家有澳大利亚。

然而与其他主要国家的KYC监管范围相比,中国的KYC监管覆盖范围较小,中国的KYC监管的范围只单一地覆盖了银行、券商以及保险公司等大型金融机构,对于新兴的金融科技企业与金融服务相关企业的KYC监管基本属于空白。

 思考题

1. "劣币驱逐良币"和逆向选择现象,即严格遵从监管规定的从业机构,往往会付出更为高昂的合规实现成本;而提供造假数据或隐瞒真实信息的从业机构,反而更容易实现扩张性发展。如何看待这样的现象,它说明我们需要解决什么样的问题?

2. 讨论并列出"监管科技"可能涵盖的范围。它跟金融科技是否一一对应?

参 考 文 献

[1] 谢平,邹传伟,刘海二.互联网金融手册[M].北京:中国人民大学出版社,2014.
[2] 谢平,邹传伟.Fintech:解码金融与科技的融合[M].北京:中国金融出版社,2017.
[3] 谢平,邹传伟.互联网金融模式研究[J].金融研究,2012(12).
[4] 谢平,邹传伟,刘海二.互联网金融监管的必要性与核心原则[J].国际金融研究,2014(8).
[5] 谢平,刘海二.ICT、移动支付与电子货币[J].金融研究,2013(10).
[6] 凯文·凯利.新经济 新规则[M].北京:电子工业出版社,2014:7.
[7] 李耀东,李钧.互联网金融:框架与实践[M].北京:电子工业出版社,2013.
[8] 巴曙松,吉猛.从互联网金融模式看直销银行发展[J].中国外汇,2014(2):43-47.
[9] 周光友.互联网金融[M].北京:北京大学出版社,2017.
[10] 陈中放,胡军辉.互联网金融[M].北京:高等教育出版社,2017.
[11] 冯军政,陈英英.P2P信贷平台:新型金融模式对商业银行的启示[J].新金融,2013(5).
[12] 陆磊.发展具有中国特色的普惠金融体系[J].中国农村金融,2014(16).
[13] 吴晓求.中国金融的深度变革与互联网金融[J].财贸经济,2014(1).
[14] 吴晓求.互联网金融的逻辑[J].中国金融,2014(3).
[15] 狄卫平,梁洪泽.网络金融研究[J].金融研究,2000(11).
[16] 张晓朴.互联网金融监管的原则:探索新金融监管范式[J].金融监管研究,2014(2):6-17.
[17] 姚文平.互联网金融[M].北京:中信出版社,2014.
[18] 戴建兵.金融业的网络时代[J].河北经贸大学学报,2000(4).
[19] 钟向群.探索互联网金融新模式[J].中国金融,2013(24).
[20] 帅青红.网上支付与安全[M].北京:北京大学出版社,2010.
[21] 帅青红.电子支付与结算[M].大连:东北财经大学出版社,2011.
[22] 帅青红,苗苗.网上支付与电子银行[M].北京:机械工业出版社,2015.
[23] 何崇阳.P2P融资模式及其对银行业的冲击——以 Zopa 和 Prosper 互助借贷平台为例[J].银行家,2007(7).
[24] 何崇阳.网上互助借贷平台兴起新型融资风潮[J].当代金融家,2008(1).
[25] 杨燕青,涂殷康.新常态下的非常态金融风险[M].北京:中国金融出版社,2015.
[26] 翟学文.新金融 新生态[M].北京:中信出版社,2015.
[27] 吴晓求.互联网金融——逻辑与结构[M].北京:中国人民大学出版社,2015.
[28] 梁冰.我国 P2P 网络借贷平台发展研究[J].中外企业家,2013(30).
[29] 肖本华.美国众筹融资模式的发展及其对我国的启示[J].南方金融,2013(1).
[30] 王光宇.互联网金融蓬勃兴起[J].银行家,2013(1).
[31] 王石河.互联网金融时代的挑战[J].现代经济信息,2012(10).
[32] 保罗·西罗尼.金融科技创新[M].马睿,汪吕杰,译.北京:中信出版社,2017.
[33] 刘纪鹏.中国金融新秩序[M].北京:东方出版社,2017.

[34] 巴曙松,杨彪.第三方支付国际监管及借鉴[J].财政研究,2012(4).

[35] 李继尊.关于互联网金融的思考[J].管理世界,2015(7).

[36] 蔡自兴.人工智能及其应用[M].北京:清华大学出版社,2016.

[37] 鲍军鹏,张选平.人工智能导论[M].北京:机械工业出版社,2009.

[38] 葛庆稳.对当前我国P2P网络借贷平台发展的思考[J].时代金融,2014(5).

[39] 胡涛.民间P2P网络借贷平台的现状及规范化发展路径研究[J].中国证券期货,2013(2).

[40] 李雪静.国外P2P网络借贷平台的监管及对我国的启示[J].金融理论与实践,2013(7).

[41] 陈一稀.美国纯网络银行的兴衰对中国的借鉴[J].新金融,2014(1).

[42] 陈云.金融大数据[M].上海:上海科学技术出版社,2015.

[43] 龚鹏程,藏公庆.美国众筹监管立法研究及其对我国的启示[J].金融监管研究,2014(11).

[44] 黄震,邓建鹏,熊明.英美P2P监管体系比较与我国P2P监管思路研究[J].金融监管研究,2014(10).

[45] 廖岷.金融科技发展的国际经验和中国政策取向[M].北京:中国金融出版社,2017.

[46] 顾晨.法国众筹立法与监管制度评述[J].金融服务法评论,2015.

[47] 韩立岩,部慧.金融资产风险与定价[M].北京:机械工业出版社,2014.

[48] 张染,汪荣飞.基本面量化投资:运用财务分析和量化策略获取超额收益[M].北京:北京大学出版社,2017.

[49] 迟永慧.第三方支付的风险与监管对策[J].现代管理科学,2016(11).

[50] 樊志刚,王雅娟.银行系电商的竞争策略[J].中国金融,2015(14).

[51] 苏治.金融科技时代:冲击与变革[M].北京:经济科学出版社,2017.

[52] 韩刚.德国"直销银行"发展状况的分析及启示[J].新金融,2010(12).

[53] 胡吉祥,吴颖萌.众筹融资的发展及监管[J].证券市场导报,2013(12).

[54] 范家琛.众筹商业模式研究[J].企业经济,2013(8).

[55] 范铁光,刘岩松.大数据应用于信用评分模型的实践与启示[J].征信,2015(2).

[56] 黄卓,王海明,沈艳,等.金融科技的中国时代:数字金融12讲[M].北京:中国人民大学出版社,2017.

[57] 廉薇,边慧,苏向辉,等.蚂蚁金服:从支付宝到新金融生态圈[M].北京:中国人民大学出版社,2017.

[58] 方胜,徐尖.美国移动支付监管现状评析:兼论对中国的启示[J].武汉金融,2016(2).

[59] 陈曲,林凯燊.第三方支付企业跨境发展初探——以支付宝为例[J].特区经济,2013(9).

[60] 黄健青,辛乔利."众筹"——新型网络融资模式的概念、特点及启示[J].国际金融,2013(9).

[61] 杨毅.大数据技术基础与应用导论[M].北京:电子工业出版社,2018.

[62] 段伟常.区块链供应链金融[M].北京:电子工业出版社,2018.

[63] 黄文妍,段文奇.互联网金融:风险、监管与发展[J].上海经济研究,2015(8).

[64] 李果.我国直销银行运营模式探索[J].新金融,2014(7).

[65] 李麟.银行的智能化发展[J].中国金融,2015(15).

[66] 宋华.供应链金融[M].2版.北京:中国人民大学出版社,2016.

[67] 宋华.互联网供应链金融[M].北京:中国人民大学出版社,2017.

[68] 王雷.供应链金融:"互联网+"时代的大数据与投行思维[M].北京:电子工业出版社,2017.

[69] 陈红梅.互联网信贷风险与大数据:如何开始互联网金融的实践[M].北京:清华大学出版社,2018.

[70] 赵志红.银行产品工厂——创新能力评价解析[M].北京:中国金融出版社,2012.

[71] 中国银行业协会.小额信贷[M].北京:中国金融出版社,2012.

[72] 刘军.物联网技术[M].2版.北京:机械工业出版社,2017.

[73] 桂小林,安健,何欣.物联网技术导论[M].2版.北京:清华大学出版社,2018.

[74] 高广阔,吴世昌.基于风控视角的互联网金融业监管与自律研究[J].经济与管理,2016(4).

[75] 李伟华.商业银行供应链金融模式的演进分析[J].金融电子化,2016(1).

[76] 小杰伊·D·威尔逊.金融科技——FinTech定义未来商业价值[M].王勇,段炼,等,译.北京:中国工信出版集团,人民邮电出版社,2018.

[77] 张晓燕.金融科技行业发展与监管2018[M].北京:人民邮电出版社,2018.

[78] 李麟.智慧银行开启未来银行服务新模式[J].中国银行业,2016(8).

[79] 李勇,徐荣.大数据金融[M].北京:电子工业出版社,2016.

[80] 林玲.金融创新视角下我国直销银行发展的思考[J].上海金融,2014(12).

[81] 黄武.小额贷款评估技术与风险控制[M].北京:中国金融出版社,2013.

[82] 单良,茆小林.互联网金融时代消费信贷评分建模与应用[M].北京:电子工业出版社,2015.

[83] 刘新海.大数据征信应用与启示——以美国互联网金融公司ZestFinance为例[J].清华金融评论,2014(10).

[84] 刘颖,李强强.从蚂蚁金服看大数据背景下互联网金融征信的兴起[J].河北金融,2016(2).

[85] 徐忠,孙国峰,姚前.金融科技:发展趋势与监管[M].北京:中国金融出版社,2017.

[86] 李扬,孙国峰,朱烨东,等.金融科技蓝皮书:中国金融科技发展报告(2018)[M].北京:社会科学文献出版社,2018.

[87] 邱勋,陈月波.股权众筹:融资模式、价值与风险监管[J].新金融,2014(9).

[88] 宋仁杰,袁海威.第三方支付的性质界定[J].电子商务,2008(11).

[89] 宋首文,郑天游,柴若琪.互联网+银行:传统商业银行模式的新突破[J].新金融,2015(6).

[90] 陆磊,刘海二.第三方支付监管的有效性[J].中国金融,2015(1).

[91] 赵大伟.P2P网络借贷如何实现转型发展[J].清华金融评论,2016(7).

[92] 赵国栋,易欢欢,糜万军.大数据时代的历史机遇:产业变革与数据科学[M].北京:清华大学出版社,2013.

[93] 孙海华."大数据"时代观点综述[J].经济研究参考,2015(26).

[94] 王达.宏观审慎监管的大数据方法:背景、原理及美国的实践[J].国际金融研究,2015(9).

[95] 王守仁.股权众筹的定位与模式[J].中国金融,2015(3).

[96] 王韦雯,田蓉.第三方互联网支付的现状、风险及对策建议[J].时代金融,2016(4).

[97] 乔海曙,邹承慧.金融科技蓝皮书:中国金融科技行业研究报告(2018)[M].北京:社会科学文献出版社,2018.

[98] 黄震,邓建鹏.做让用户尖叫的产品:互联网金融创新案例经典[M].北京:中国经济出版社,2015.

[99] 徐超.第三方支付体系:兴起、宏观效应及国际监管[J].经济问题,2013(12).

[100] 徐京平,王润珩.中国股权众筹风险及其防范[J].宏观经济研究,2016(9).

[101] 于斌.金融科技概论[M].北京:人民邮电出版社,2017.

[102] 阿尔文德·纳拉亚南.区块链:技术驱动金融[M].北京:中信出版集团,2016.

[103] 姚前,李连三.大数据分析在数字货币中的应用[J].中国金融,2016(9).

[104] 姚前.数字货币与银行账户[J].清华金融评论,2017(5).

[105] 中国人民银行数字货币研究项目组.区块链的优劣势和发展趋势[J].中国金融,2016(17).

[106] 黄余送.金融科技发展分析[J].中国金融,2017(5).

[107] 王良明.云计算通俗讲义[M].2版.北京:电子工业出版社,2017.

[108] 汤兵勇.云计算概论[M].北京:化学工业出版社,2016.

[109] 孙国峰.共建金融科技新生态[J].中国金融,2017(13).

[110] 孙国峰.从 FinTech 到 RegTech[J].清华金融评论,2017(5).

[111] 赵大伟.区块链能拯救 P2P 网络借贷吗?[J].金融理论与实践,2016(9).

[112] 中国人民银行金融研究所互联网金融研究中心.新金融时代[M].北京:中信出版社,2015.

[113] 赵增奎,宋俊典,庞引明,等.区块链:重塑新金融[M].北京:清华大学出版社,2017.

[114] 唐塔·普斯科特,亚历克斯·塔普斯科特.区块链革命:比特币底层技术如何改变货币、商业和世界[M].凯尔,孙铭,周沁园,译.北京:中信出版社,2018.

[115] 黄余送.我国数字普惠金融的实践探索[J].清华金融评论,2017(1).

[116] 张伟.互联网+普惠金融:理论与实践[M].北京:电子工业出版社,2016.

[117] 伍旭川.互联网借贷:风险与监管[J].金融市场研究,2014(2).

[118] 伍旭川,王鹏.区块链技术在金融领域的应用及趋势[J].清华金融评论,2017(1).

[119] 梅内里,钱伯斯,帝拉吉.大数据分析:决胜互联网金融时代[M].阿里巴巴集团商家业务事业部,译.北京:人民邮电出版社,2016.

[120] 巴塞尔委员会监管和实施委员会金融科技课题组.金融科技发展对银行及其监管机构的影响[R].中国银行业监督管理委员会工作论文,2017.

[121] 赵晶.针对运营商的大数据建设方案研究[J].电信工程技术与标准化,2015(3).

[122] 张杰,张泽伟,刘丽娟.完善我国股权众筹融资的监管制度研究[J].经济纵横,2016(1).

[123] 中国人民银行征信中心与金融研究所联合课题组.互联网信贷、信用风险管理与征信[J].金融研究,2014(10).

[124] 中国区块链技术和产业发展论坛.中国区块链技术和应用发展白皮书(2016)[R].工业和信息化部信息化和软件服务业司,2016.

[125] 周伟,张健,梁国忠.金融科技——重构未来金融生态[M].北京:中信出版集团,2017.

[126] 苗文龙.互联网支付:金融风险与监管设计[J].当代财经,2015(2).

[127] 罗明雄,唐颖,刘勇.互联网金融[M].北京:中国财政经济出版社,2013.

[128] 梁志峰.开放数据才能走出"信息孤岛"[N].人民日报,2015-08-03.

[129] 黄余送.网络借贷与互联网征信[J].征信,2015(5).

[130] 浦发银行战略发展部智慧银行课题组.FinTech 技术是构建智慧银行的驱动力[J].中国银行业,2016(8).

[131] 任曙明,张静,赵立强.第三方支付产业的内涵、特征与分类[J].商业研究,2013(3).

[132] 徐少同,沈子荣,李成武.面向智慧银行的大数据整合对策[J].中国银行业,2016(8).

[133] 陈晨.股权众筹投资者适当性制度研究[J].上海金融,2016(1).

[134] 陈一稀.电商系网络银行的金融生态问题探析[J].上海金融,2014(4).

[135] 莫非,赵大伟.科技重塑金融:Fintech 实践与展望[M].北京:中国金融出版社,2017.

[136] 零壹财经,零壹智库.金融科技发展报告[M].北京:中国经济出版社,2019.

[137] 叶强,卢涛,闫相斌,等.客户关系管理中基于云模型的动态客户细分方法研究[J].管理科学学报,2006(4).

[138] 张维,李根,熊熊,等.资产价格泡沫研究综述:基于行为金融和计算实验方法的视角[J].金融研究,2009(8).

[139] 柴建,梁婷,周友洪,等.不同区制工业化水平下的石油消费分析——基于 Path-STR 模型的实证研究[J].中国管理科学,2017(11).

[140] 卫敏,余乐安.具有最优学习率的 RBF 神经网络及其应用[J].管理科学学报,2012(4).

[141] 余乐安,查锐,贺凯健,等.国际油价与中美股价的相依关系研究——基于不同行业数据的分析[J].中国

管理科学,2018(11).

[142] 郭琨,周炜星,成思危.基于热最优路径法的动态分析——基于热最优路径法的动态分析[J].管理科学学报,2012(1).

[143] 谢晔,文凤华,杨晓光.基于调查与实验的个体投资者羊群行为研究[J].中国管理科学,2008(05).

[144] 牟刚,袁先智.大数据架构下企业内部信用评级的实证研究[J].系统工程学报,2016(6).

[145] 迟国泰,于善丽,袁先智.基于LM检验的小型工业企业债信评级模型及实证[J].管理工程学报,2019(1).

[146] 曾勇,舒欢,胡江平,等.基于BP神经网络的自适应伪最近邻分类[J].电子与信息学报,2016(11).

[147] 丁杰,李悦雷,曾燕,等.P2P网贷中双向交易者的双重信息价值及信息传递[J].南开管理评论,2018(2).

[148] 修永春,范铁光.供应链金融的创新路径与管理实践[J].银行家,2019(3).

[149] 李文红,蒋则沈.金融科技发展与监管——一个监管者的视角[J].金融监管研究,2017(3).

[150] 徐宗本,冯芷艳,郭迅华,等.大数据驱动的管理与决策前沿课题[J].管理世界,2014(11).

[151] 马江洪,张文修,徐宗本.数据挖掘与数据库知识发现:统计学的观点[J].工程数学学报,2002(01).

[152] 周涛,陆惠玲.数据挖掘中聚类算法研究进展[J].计算机工程与应用,2012(12).

[153] 胡海波,王科,徐玲,等.基于复杂网络理论的在线社会网络分析[J].复杂系统与复杂性科学,2008(6).

[154] 吕金虎.复杂动力网络的数学模型与同步准则[J].系统工程理论与实践,2004(4).

[155] 胥月,马小峰.基于区块链的学生行为综合评价体系的研究与实现[J].信息技术与信息化,2016(12).

[156] 丁兆明,杜学军,王治平.大数据存储和分析技术应用及标准化[J].大数据与云计算标准研究专题,2013(5).

[157] 吴晓光.金融业大数据安全标准框架探讨[J].清华金融评论,2018(1).

[158] 孟小峰,慈祥.大数据管理:概念、技术与挑战[J].计算机研究与发展,2013(1).

[159] 郭文惠.数据湖:一种更好的大数据存储架构[J].电脑知识与技术,2016(30).

[160] 张晓剑.基于数据池的异构数据集成[J].微处理机,2009(2).

[161] 何清,李宁.大数据下的机器学习算法综述[J].模式识别与人工智能,2014(4).

[162] 李延佳.数据挖掘技术的研究与实现[D].北京:北京邮电大学,2008.

[163] Altman E. Financial ratios, discriminant analysis and the prediction of corporate bankruptcy[J]. Journal of Finance, 1968, 23(4): 589-609.

[164] Altman E, Haldeman R P, Narayanan P. ZETATM analysis: a new model to identify bankruptcy risk of corporations [J]. Journal of Banking & Finance. 1977, 1(1): 29-54.

[165] Altman E, Sabato G. Modeling credit risk for SMEs: evidence from the US market [J]. Abacus, 2007, 43(3): 332-357.

[166] Anderson, R. The Credit Scoring Toolkit: Theory andPracice for Retail Credit Risk Management and Decision Automation [M]. Oxford: Oxford University Press, 2007.

[167] Yuan G, Wang H. The general dynamic risk assessment for the enterprise by the hologram approach in financial technology [J]. International Journal of Financial Engineering, 2019, 6(1):1-48.

[168] Lin L, Yuan G, Wang H, et al. The stochastic incentive effect of venture capital in partnership systems with the asymmetric bistable Cobb-Douglas utility commun [J]. Communications in Nonlinear Science and Numerical Simulation, 2019, 66(1): 109-128.

[169] Goldstein I, Jiang W, Karolyi G. To Fin-Tech and beyond [J]. Review of Financial Studies, 2019, 32

(5): 1647-1661.

[170] Biais B, Bisire C, Bouvard M, et al. The blockchain folk theorem [J]. Review of Financial Studies, 2019, 32(5): 1662-1715.

[171] Chiu J, Koeppl T. Block chain-based settlement for asset trading[J]. Review of Financial Studies, 2019, 32(5): 1716-1753.

[172] CongL H. Blockchain disruption and smart contracts[J]. Review of Financial Studies, 2019, 32(5): 1754-1797.

[173] Foley S, Karlsen J, Putnins, et al. Drugs, and bitcoin: how much illegal activity is financed through cryptocurrencies? [J]. Review of Financial Studies, 2019, 32(5): 1798-1853.

[174] Fuster F, Plosser M, Schnabl P, et al. The role of technology in mortgage lending [J]. Review of Financial Studies, 2019, 32(5): 1854-1899.

[175] Tang H. Peer-to-Peer lenders versus banks: substitutes or complements? [J]. Review of Financial Studies, 2019, 32(5): 1900-1938.

[176] ValleB, Zeng Y. Marketplace lending: a new banking paradigm? [J]. Review of Financial Studies, 2019, 32(5): 1939-1982.

[177] Acunto F, Prabhala N, Rossi A. The promises and pitfalls of robo-advising[J]. Review of Financial Studies, 2019, 32(5): 1983-2020.

[178] Zhu C. Big data as a governance mechanism[J]. Review of Financial Studies, 2019, 32(5): 2021-2061.

[179] Chen M, Wu Q, Yang B. How valuable is Fin-Tech innovation? [J]. Review of Financial Studies, 2019, 32(5): 2062-2106.

[180] Ruhl J. Financial complexity: regulating regulation [J]. Science, 2016, 352(6283): 301-301.

[181] Stanley H, Amaral L, Scala A, et al. Classes of small-world networks [J]. Proceedings of the National Academy of Science of the USA, 2000, 97(21):11149-11152.

[182] Strogatz S, Watts D. Collective dynamics of small-world networks[J]. Nature, 1998, 393(6684): 440-442.

[183] Vespignani A. Complex networks: the fragility of interdependency[J]. Nature, 2010, 464 (7291): 984-985.

[184] Feng L, Li B, Podobnik B, et al. Linking agent-based models and stochastic models of financial markets [J]. Proceedings of the National Academy of Science of the USA, 2012, 110: 8388-8392.

[185] Dai J, Vasarhelyi M. Toward block chain-based accounting and assurance [J]. Journal of Information Systems, 2017, 31: 5-21.

[186] Jenik I, Lauer K. Regulatory Sandboxes and Financial Inclusion[R]. Working Paper, 2017.

[187] Castri S, Plaitakis A. What's Next for Financial Technology Innovation[EB/OL]. (2017-11-28). Stanford Social Innovation Review.

[188] Edward L, Praveen R. Creating Value in Financial Services Strategies, Operations and Technologies [M]. Nayyar, 2000.

[189] Citi. Digital Disruption: How Fintech is Forcing Banking to a Tipping Point[R]. 2016.

[190] CPMI. Payment aspects of financial inclusion[R]. 2016.

[191] IMF. Virtual Currencies and Beyond: Initial Consideration[J]. IMF Staff Discussion Note, 2016(1).

[192] FSB. Fintech: Describing the Landscape and a Framework for Analysis[R]. 2016.

[193] McGill R. Technology Management in Financial Services[M]. Palgrave Macmillan, 2018.
[194] Mendes W, Silva D. Individual Behaviors and Technologies for Financial Innovations [M]. Springer, 2019.
[195] Erik H, Strewe M, Bosia N. Supply Chain Finance and Blockchain Technology-The Case of Reverse Securitisation[M]. Springer, 2018.
[196] Blakstad S, Allen R. FinTech Revolution-Universal Inclusion in the New Financial Ecosystem[M]. Palgrave Macmillan, 2018.
[197] Hong Kong Steering Group of Financial Technologies. Report of the Steering Group on Financial Technologies[R]. 2016.
[198] IOSCO. Crowd-funding: 2015 Survey Responses Report[R]. 2016.
[199] U.S. Department of Treasury. Opportunities and Challenges in Online Marketplace Lending [R]. 2016.
[200] Walport M. Distributed Ledger Technology: Beyong Blockchain[R]. Report to UK Government Office for Science, 2016.
[201] Walport M. Fintech Futures: The UK as a World Leader in Financial Technologies[R]. 2015.
[202] BIS. Survey of Developments in Electronic Money and Internet and Mobile Payment[R]. Working Paper, 2004.
[203] Nicoletti B. The Future of FinTech-Integrating Finance and Technology in Financial Services[M]. Palgrave Macmillan, 2017.
[204] Puschmann T. Fintech[J]. Business & Information Systems Engineering, 2017, 59(1):69-76.
[205] Alt R, Beck R and Martin T. FinTech and the transformation of the financial industry[J]. Electronic Markets, 2018, 28(3):235-243.
[206] Gomber P, Alexander J and Siering K. Digital Finance and FinTech: current research and future research directions[J]. Journal of Business Economics, 2017, 87(5):537-580.
[207] The World Bank. Crowdfunding's Potential for the Developing World[R]. 2013.
[208] Armstrong M. Competition in two-sided Markets. RAND Journal of Economics[J], 2006(37): 668-691.
[209] Schwienbach A, Larralde B. Crowdfunding of small entrepreneurial ventures[M]. Oxford University Press, 2013:368-392.
[210] Mollick E. The dynamic of crowdfunding: determinants of the success and failure[J]. Journal of Business Venturing, 2013(6):1-18.
[211] Rochet J, Tirole J. Platform Competition in Two-sided Markets[J]. Journal of European Economic Association, 2003.
[212] BIS. Innovations in Retail Payments[D]. Working Paper.
[213] De Neder landsche Bank. Technological Innovation and the Dutch Financial Sector[R]. 2016.
[214] Pinna A, Ruttenberg W. Distributed Ledger Technologies in Securities Post-trading [J]. ECB Occasional Paper Series No. 172, 2016.